『質的心理学研究』第17号
巻　頭　言

スタンダードを超えて

　2017年9月に首都大学東京で開催された日本質的心理学会第14回大会で，「質的研究評価基準への展望——『Sage質的研究キット』とAPAにおける議論を手がかりに——」というシンポジウムが行われた。"APAにおける議論"というのは，アメリカ心理学会（APA）がついに2014年から質的研究の専門学術誌「質的心理学」（*Qualitative Psychology*）の刊行を始めたが，それに伴って質的研究の評価基準を整備しようという動向を指しており，その後「アメリカン・サイコロジスト」（*American Psychologist*）の2018年1月号に20ページ超におよぶ詳細な評価基準が掲載された（ちなみに同誌の同じ号には，心理学における量的研究の評価基準も掲載されている）。

　このようなスタンダードが登場したことは，質的研究の裾野が拡大を続けていることの表れであり，意義深いことである。これまで以上に質的研究を体系的に学ぶ（あるいは，教える）手引きにもなるだろう。しかしスタンダードを満たせばただちによい研究になるかといえば，そういうわけでもない。

　質的心理学は，まだそのような呼称をもたない黎明期から，既存のスタンダードに抗い，その枠を広げ，創意工夫を凝らして自由に研究をすることに価値を置いていたように思う。そのような姿勢が，数多くの独創的な論文を生み出してきた。もちろんスタンダードは無用だとか，それを無視しろと主張したいわけではない。しかしこれだけ質的心理学の裾野が広がりスタンダードができたからこそ，そのスタンダードの枠を広げ，超えるような挑戦を続ける『質的心理学研究』でありたいと願っている。

　独創的で挑戦的な論文の投稿をこころからお待ちしています。

編集委員長　　**永田素彦**

目　次

巻頭言　永田素彦　スタンダードを超えて

特集：レジリエンス

（責任編集委員：松嶋秀明・伊藤哲司）

■ 安藤成菜・松本光太郎 7
「ろう者の行動・生活実践」に「立ち会う聴者」の観点から探るろう文化と聴文化

■ 花嶋裕久 25
ひきこもりの息子をもつ親の体験プロセス
　── ひきこもりへ移行してから危機的状況を脱するまで

■ 平野真理・綾城初穂・能登眸・今泉加奈江 43
投影法から見るレジリエンスの多様性
　── 回復への志向性という観点

一般論文

■ 渡辺恒夫 66
他者になる夢の現象学的解明
　── フッサール志向性論に基づく主題分析

■ 上原美穂 87
外国籍生徒の学校適応と進路選択
　── 日系人青年の語りから

目 次

■ 中川善典・桑名あすか ……… 105
民芸・民具の作り手のライフ・ストーリー研究
── 高知県芸西村の竹の子笠を事例として

■ 香川七海 ……… 125
教室において生活のリアリティを問うということ
── テレビドラマ『鈴木先生』の映像分析を事例として

■ 大瀧玲子 ……… 143
成人期にある知的障害を伴わない発達障害者のきょうだいの体験に関する一考察
── ある姉妹の「羅生門」的な語りの分析からきょうだいの多様性を捉える試み

■ 水谷亜由美 ……… 164
幼児はいかに友達と食べ物を分かち合うか
── 「森のようちえん」のお弁当場面にみる食の自律性

■ 浅井亜紀子 ……… 185
職業アイデンティティ・ショックと対処方略
── 来日インドネシア人看護師候補者の自己をめぐる意味の再編過程

■ 横山草介 ……… 205
「意味の行為」とは何であったか？
── J. S. ブルーナーと精神の混乱と修復のダイナミズム

BOOK REVIEW

■ 《書評特集》 レジリエンス

「レジリエンス」ってなんでしょう？（松嶋秀明） ……… 226

「心」の問題にとどまらないレジリエンス概念の広がりを（評：伊藤哲司） ……… 229
　枝廣淳子（著）『レジリエンスとは何か ── 何があっても折れないこころ, 暮らし, 地域, 社会をつくる』

非行からの立ち直りにリジリエンスはどう作用するのか（評：河野荘子） ……… 230
　S. T. ハウザー・J. P. アレン・E. ゴールデン（著），仁平説子・仁平義明（訳）
　　『ナラティヴから読み解くリジリエンス ── 危機的状況から回復した「67分の9」の少年少女の物語』

悲嘆を科学する（評：川野健治） ……… 231
　G. A. ボナーノ（著），高橋祥友（監訳）『リジリエンス ── 喪失と悲嘆についての新たな視点』

質的心理学研究　第17号／2018／No.17

ある若手医師のリジリアンス（評：小森康永）………………………………………………………232
　　　F. モラン（著），改田明子（訳）『がんサバイバー ―― ある若手医師のがん闘病記』

万華鏡の光と陰（評：矢守克也）…………………………………………………………………………234
　　　清水美香（著）・山口和也（写真・絵）『協働知創造のレジリエンス ―― 隙間をデザイン』

しなやかな復活力（評：やまだようこ）…………………………………………………………………235
　　　A. ゾッリ・A. M. ヒーリー（著），須川綾子（訳）
　　　『レジリエンス 復活力 ―― あらゆるシステムの破綻と回復を分けるものは何』

編集委員会からのお知らせ…………………………………………………………………………………237

『質的心理学研究』規約……………………………………………………………………………………241

投稿に際してのチェックリスト……………………………………………………………………………244

『質的心理学研究』特集と投稿のお知らせ………………………………………………………………245

英文目次………………………………………………………………………………………………………248

『質的心理学研究』バックナンバー ………………………………………………………………………249

表紙デザイン　臼井新太郎

特　集
レジリエンス

　近年, レジリエンス（resilience）という言葉を耳にすることが多くなった。国際的にもデータベースに登録される"resilience"をキーワードとして検索可能な研究は指数関数的に増大している。復元力, 回復力, しなやかさ, 打たれ強さなどと訳されることが多い。精神医学, 心理学, ソーシャルワークといった領域では「逆境やリスクの存在にもかかわらず, 良好な適応をしめすこと」とされる。

　現在, レジリエンスが注目される領域は多岐にわたる。精神障害のリスクを抱える人々の予防にはじまり, 虐待や, 貧困, 戦争や自然災害を経験して育った子どもが, 不適応に陥ることなく育つことを保証する観点から, あるいは, 末期ガンの人々や家族への支援に関わってレジリエンス研究の必要性が広く認識されるようになっている。個人のみならず, 自然災害によって, 人間関係のつながりを失ったコミュニティをどのように再生していくのかといった議論もあれば, 工学的な立場から, 災害にあってもいち早くたちなおる街づくりを目指すという意味で「レジリエント社会」「レジリエントな街づくり」といった用語がきかれるようにもなった。筆者のひとりである伊藤は, 所属大学におけるサステイナビリティ学の研究・教育拠点を牽引しているが, 文理が融合したこの領域では「レジリエンス」がまとまるためのキーワードのひとつとなっているという。

　このようにレジリエンス研究は増大しているが, 大部分はレジリエンスを一変数とした, 数量的な手法によるものである。その具体的な様相を, どう記述するのかという方法論に関する議論はいまだ十分ではないように思われる。

　例えば, レジリエンスを, どのような概念としてとらえるか。逆境やリスクをはねかえす個人的特質としてとらえる言説もあるが, その一方で, レジリエンスとは個人の特質であるというよりは, 逆境にあるなかで, 周囲の環境との相互作用の結果としてうみだされるものとしてみることもある。

　また, レジリエンスとは, 単に逆境やリスクにみまわれる以前の姿にもどることでもないといわれる。例えば, 自然災害に見舞われたコミュニティがレジリエンスを発揮するという場合, それは当初の状態にもどることではなく, 災害の教訓をいかして新たなコミュニティへと生まれ変わっていく過程であるかもしれないといったように, である。例えば, 西條剛央は『チームの力——構造構成主義による"新"組織論』（ちくま新書, 2015）のなかで, 2011年に東日本をおそった震災・津波にかかわって「この悲惨な出来事を肯定することは決してできないけど, あのことがあったからこんなふうになれたと思うことはできる。それが僕たちが目指すべき未来なのだ。」（p.58）と述べている。虐待にさらされて育った子どものようなケースでも, 同じことがいえる。そもそも, 子どもの発達はそれぞれに個性的であって, もどるべき以前の状態が想定できないようにも思われる。

　また, 研究者のスタンスも, 自然に生じたレジリエンスの観察に専念する立場から, 積極的にレジリ

エンスを育てようとする援助の提供者の役割もまた担うようになってきた。例えば，マイケル・ウンガーの『リジリアンスを育てよう——危機にある若者たちとの対話を進める6つの戦略』(松嶋秀明・奥野光・小森康永 訳，金剛出版, 2015) では，社会的に逸脱してしまいそうになる若者との対話のなかで，大人がよかれと思って口にだしてしまう（若者にとっては迷惑な）忠告や，いくらなんでも目にあまると口をついて出る（若者を幻滅させる）説教に警鐘がならされている。そして，子どもの声をありのままに聴くところからはじめ，危機にある若者が社会的に受け入れられる行動がとれるよう援助するためのノウハウが書かれている。このような援助実践のなかであらわれてくるレジリエンスを記述するためには，援助者がどのような意図や狙いをもって介入したのか，あるいは，複数の援助者がどのように協働したのかといったことや，援助者自身の認識の変化の過程が注目されるだろう。その一方，そうした周囲の環境が，レジリエンスを発揮する人々にどのように意味付けられるのか，その意味の生成過程に着目することも重要だろう。

　このように時間の流れのなかで，多様なエージェントが関わっておこる複雑な相互作用過程を記述するうえで，質的研究が役立つのは間違いない。とはいえ，それはけっこう難しいことかもしれない。そこにはどのような工夫が必要になるだろうか。筆者のひとりである松嶋はこれまでレジリエンスを援助過程のなかで相互作用のなかであらわれるものとして，エスノグラフィーなど質的に記述することが多かったが，レジリエンスを個人的特質ととらえて質問紙調査をしている人のなかには，そうしたとらえ方を乗り越えたいと考えている人もいるだろう。多様なレジリエンスのとらえ方同士，いますぐには相容れなくても，影響をあたえあってレジリエンスの研究が盛んになるような対話がうみだせるかもしれない。

　今回の特集は，多様な領域において，レジリエンスの生成過程を豊かに記述した経験的研究や，方法論をめぐっての論考を期待して企画をたてた。その結果，オーソドックスなスタイルのみならず，多くの萌芽的で，挑戦的な論考がよせられたと思う。この特集を通して，レジリエンス研究をよりよく発展させるような建設的な対話がうまれることを期待したい。

特集　責任編集委員　　**松嶋秀明・伊藤哲司**

質的心理学研究　第17号／2018／No.17／7-24

「ろう者の行動・生活実践」に「立ち会う聴者」の観点から探る ろう文化と聴文化

安藤成菜　神栖市役所
ANDO Ayana　Kamisu City Hall

松本光太郎　茨城大学人文学部
MATSUMOTO Kotaro　College of Humanities, Ibaraki University

要約
ろう者たちに共有される行動様式・生活様式の体系であるろう文化を明らかにする手段として，聴者である筆者がろう者の日常場面に同行した。筆者がろう者の行動・生活実践に立ち会うなかで直接観察した記録には，ろう者の行動・生活実践に対する気がかりや，聴者の当たり前が破られ，驚きを伴う聴者の行動・生活実践への逆照射が含まれていた。本研究の目的は，ろう者の行動・生活実践に聴者が立ち会うなかで記録した事例の検討を通して，ろう者の行動様式・生活様式であるろう文化および聴者の行動様式・生活様式である聴文化を明らかにすることであった。事例検討を経て，ろう文化と聴文化として2点が明らかになった。1点目に，ろう者と聴者では，同じ環境に取り囲まれるなかで，知覚する対象や対象から読み取る意味が異なっていることを明らかにした。2点目は，ろう者が聴者を相手にした相互行為と聴者がろう者を相手にした相互行為が異なることを明らかにした。

キーワード
ろう文化，聴文化，行動・生活実践，行動様式・生活様式，立ち会う

Title
"Deaf Culture" and "Hearing Culture" from the Perspective of a Hearing Person Accompanying Deaf People in Their Behaviors and Activities

Abstract
"Deaf culture," defined as behaviors and lifestyles of Deaf people was investigated. The author, who is a person with normal hearing (a hearing person) accompanied Deaf people and observed their daily life while taking notes. Conditions of "Deaf culture" and "hearing culture" were compared and investigated by examining the recorded notes of cases, which resulted in two main findings. The first result indicated Deaf people and hearing people perceived different objects and gave different meanings to objects in spite of being surrounded by the same environment. Secondly, interactions between Deaf and hearing people differed in their relationship to each other.

Key words
deaf culture, hearing culture, behaviors and life activities, behavioral and life styles, accompany

1　背景と目的

本研究では，ろう者の日常場面に同行し，聴者がろう者の具体的な行動・生活実践に立ち会うことを通して，ろう者の行動様式・生活様式であるろう文化を明らかにする。また，聴者の行動様式・生活様式である聴文化も併せて明らかにしていく。

1.1　ろう者と手話，そしてろう文化

「ろう者」という呼び名は，耳が聞こえない「聴覚障害者」とは異なる意味が込められている。アメリカでは，耳が聞こえない人をdeafと表し，ろう者をDeafと表す（Padden & Humphries, 2003/1988）。アメリカ人をAmericanと表すように，固有名詞は頭文字を大文字にする。Deafと表すことは，英語とは異なる固有の言語であるアメリカ手話を用い，独自の文化を持つコミュニティとしての位置づけを意味している。この位置づけを日本に応用したのが，冒頭『「ろう者とは，日本手話という，日本語とは異なる言語を話す，言語的少数者である』——これが，私たちの『ろう者』の定義である」(p.8) という文言で始まる「ろう文化宣言」（木村・市田, 1996）であった。日本手話は日本語と異なる文法体系に基づいていて，日本語に対応していない。日本手話と日本語の言語の違いは，関西手話カレッジ（2009）に詳しい。

人類学者である亀井（2009）によれば，事例から理論や概念を作り上げる帰納法に則って，耳の聞こえない人たちが用いている手や顔の表情で表現される視覚的な言語が「手話」であり，その言語を用いる人たちが「ろう者」である。一方で，耳の聞こえる人たちが声で話す言葉が「音声言語」で，その言語を用いる人たちが「聴者」である。

そして，ろう者特有の文化であるろう文化とは，ろう者たちによって習得され，共有され，伝達される行動様式ないし生活様式の体系である（亀井, 2010）。耳の聞こえない人たちが手話を用いるろう文化は，ろう者の行動様式・生活様式を通して明らかにできると考えられる。

1.2　ろう文化を探る手段[1]

ろう者特有の行動様式・生活様式の体系であるろう文化を明らかにするために，いくつかの手段が挙げられる。

（1）ろう者が自ら語る

ろう者が自ら行動様式・生活様式を語ることが，ろう文化を明らかにする手段として考えられるだろう。

ろう者である木村（2007）は，自分の普段の生活のありのままを具体的にかつ体系的に記す「ろうの民族誌（エスノグラフィー）」を目論んでいた。しかし，ろう者当人が「ろうの民族誌」を書くことは困難を伴う作業である。なぜなら，ろう者にとって当たり前のことが，聴者にとって当たり前でないことが往々にしてあり，ろう者にとって当たり前であることの何が聴者にとって当たり前でないのかが分からないからである（木村, 1996）。また，あらためて「ろう文化とは何か」を聴者に説明しようとして，自分の生活のなかのどれがそれに当たるのか考えあぐねてしまった経験を語るろう者たちがいる（亀井, 2010）。

哲学者であるライル（Ryle, 1987/1949）は，行為を自らある程度行うことができる能力を「方法を知ること（knowing how）」として，行為を説明する方法論を知っている「内容を知ること（knowing that）」と区分している。そして，前者が後者を伴うものでは必ずしもないことを指摘した。ろう者は，ろう者特有の行動様式・生活様式を実践している点で，ろう文化の方法を知っている。しかし，方法論は行為の実践を批判的に探究した結果得られるものである（Ryle, 1987/1949）。そのため，ろう者がろう文化の方法を知っていることと，ろう者がろう文化の方法論を知っていることは一旦分けるべきだろう。

自分を対象にして見ることの構図を図1に表した。ろう者に限らず，自分の行動・生活実践を対象にして見ること，すなわち自分の行動・生活実践を自覚することには限界がある。よって自分自身の行動様式・生活様式を知ること，すなわち自ら知ることができる方法論は一部に限られるのではないだろうか。

図1　自分の行動・生活実践を対象にして見ることの構図

(2) 聴者の質問にろう者が答える

　ろう者を対象にした質問紙調査やインタビュー調査が行われてきた。山口（1997）は，ろう学生を対象に聴者のコミュニティとの葛藤に関する質問紙調査を行い，①聴者に耳が聞こえないことを伝えることやそれに伴う配慮を求めることができないこと，②聴者とのおしゃべりで一緒に笑えないことなど疎外感を感じていること，③聴者とは互いに理解できない乖離を感じていることを明らかにしている。カースティング（Kersting, 1997）は，ろう学生を対象に社会的相互作用に関する半構造化インタビューを行った。聴学生との相互作用では，「物理的バリア」と「先入観」を経験していた。教室にて講師や手話通訳を見るために，ろう学生は最前列に集まって座る。そのため，聴学生と物理的に離れてしまい，両者がやりとりすることが難しくなっていることを物理的バリアとして挙げていた。先入観は，ろう学生はそれぞれ違う個性を持っているのに，聴学生がろう学生をあくまでもろう者の1人と見なしていることを挙げていた。そして，広津（2011）は，ろう者がやりとりの相手（ろう者，手話を使う聴者，手話を使わない聴者）をどう受け止めているのかについて，手話による半構造化インタビューを行っている。①聴者は言語に限らず土台が違い，ズレが存在していること，②手話を用いない聴者のコミュニティのなかでのやりとりが悩ましい課題であること，③聴者が歩み寄ろうとすることを好意的に受け止めていて，つながりたいと願っていることなど，ろう者がやりとりの相手をどう受け止めているのか明らかにしている。

　聴者からの疑問・質問にろう者が答える質問紙やインタビューであれば，先述した「ろう者にとっての当たり前」（木村，1996）を照らし出し，ろう文化を明らかにできそうである。しかし，質問紙調査やインタビューを通して明らかにできるろう文化も，以下の理由でろう文化の一部に限られることが考えられる。

　聴者の疑問・質問にろう者が答える質問紙やインタ

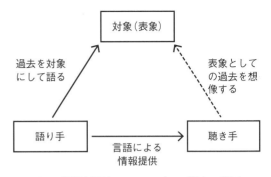

図2　質問紙調査やインタビュー調査の構図

ビューの構図を図2に表した。語り手であるろう者は，行動・生活実践を経て形成された過去に関する言語情報を聴き手である聴者に提供している。一方の聴き手である聴者は，語り手の言語情報に基づいて，表象としての過去を想像する。

　知覚と想起に関する松島の議論によれば，過去は言語的であり，かつ，知覚とは別次元にある（松島，2002）。具体的に体験した知覚から持続と変化を経て言語により語られることが過去である。森（2010）がナラティブ研究の課題として挙げていた「時間のズレ（現在と過去の私のギャップ）」と「具体－超越のズレ（動的な体験者の身体と静的な言語記述のギャップ）」は，図2に表したように，ろう者を対象にした聴者による質問紙調査やインタビュー調査においても課題となるだろう。

　聴者からの疑問・質問にろう者が答える質問紙調査やインタビュー調査は，「ろう者にとっての当たり前」（木村，1996）を照らし出すため，ろう文化を知るうえで妥当な手段ではあるものの，上述の「時間のズレ」と「具体－超越のズレ」からろう文化の一部を知ることに限られることが考えられる。

(3) ろう者の行動・生活実践を直接観察する

　本研究で採用するろう者の行動様式・生活様式を明らかにする手段は，質問紙やインタビューといった言語報告を経ずに，ろう者の行動・生活実践を直接観察することである。

　スティンソンとリュー（Stinson & Liu, 1999）は，第1研究として，ろう生徒もしくは難聴生徒が一般クラスに参加してコミュニケーションする際のバリアやサ

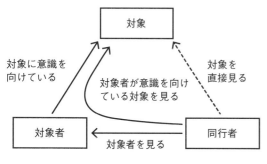

図3 直接観察することの構図

ポートについて，スタッフ（ろう教師，通訳，ノートテイカー）からフォーカスグループインタビューを通して言語報告を収集した。その後に第2研究として，4名のろう生徒が一般クラスに参加している場面にてスタッフ（ろう教師，聴教師，通訳）や聴生徒，そしてろう生徒がコミュニケーションにどう貢献するのかについて観察を行い，言語報告と観察の対応関係を確認している。

言語報告から観察へと研究の方法を変えていくことについて，山田（2009）は，論文「インタビューとフィールドワーク」において，インタビュー時に対象者の語りの収まるべき社会・文化的文脈が自分で捉えられず，もどかしく・悔しく感じたことから，その後対象者の生活世界を知るためにフィールドワークに着手した経験を振り返っている。

本研究で注目するろう文化，すなわち，ろう者の行動様式・生活様式を知ることを求めるとき，行動・生活実践を直接観察する手段も妥当ではないだろうか。対象者であるろう者の行動・生活実践を，同行者である聴者が直接観察することの構図を図3に表した。同行者は，対象者が意識を向けている対象を見ること，対象に意識を向けている対象者を見ること，そして対象を直接見ることができる。この方法であれば，目下具体的に研究対象を見ているので，「時間のズレ」と「具体－超越のズレ」（森, 2010）は生じない。

(4) ろう者の行動・生活実践に立ち会う観察者

ろう文化は，ろう者たちによって習得され，共有され，伝達される行動様式ないし生活様式の体系と定義されていた（亀井, 2010）。このように定義した利点として，観察可能な現象のリストにより，ろう者の文化を聴者の文化と比較できるものとし，ろう者の行動様式・生活様式を人間行動のヴァリエーションの一部として位置づけできることがある。

ろう文化を多様な文化のなかの1つとして位置づけたとき，ろう文化は聴文化との違いを通して，また聴文化はろう文化との違いを通して，それぞれの文化の特徴を明らかにすることができる。そのようにろう文化と聴文化を位置づけると，その両文化を比較する観察者の位置づけについて考慮しなければならない。なぜなら，両文化を公平に比較するためには，ろう者でもあり聴者でもある中立の観察者が必要であるが，誰しもろう者と聴者のいずれかに偏っているからである。観察者がろう者もしくは聴者に偏っていることを前提に，両文化の比較を構想しなければならない。

作道（2010）によれば，フィールドワークは自己の変容を通じて他者理解をめざしているのだが，このときの「自己の変容」とは他者の痕跡を自己に見ることである。フィールドノートには何をどのように書くのかという点で自己の変容が含まれていて，フィールドノートは研究者と相手のセンスのズレによる「気がかり」を記したものとされている。筆者が観察して記録したろう者の行動・生活実践は，聴者としての自己の変容が含まれていて，ろう者とのセンスのズレである気がかりであったといえる。また，南（1996）は，文化を共有する人々が日常の当たり前の世界を編成し解釈する仕方を，社会学者ガーフィンケルの用語から「エスノメソッド（文化の方法）」と呼んでいる。そしてエスノメソッドは，それが破られたときに，驚きや戸惑い，怒り，嫌悪など強い感情を伴って逆照射されるとしている。ろう文化と聴文化はそれぞれ多様なエスノメソッドの1つで，ろう者としての行動様式・生活様式は，聴者の行動や生活実践との比較によって破られたときに逆照射される。一方で，聴者としての行動様式・生活様式は，ろう者の行動や生活実践との比較によって破られたときに逆照射されるといえるだろう。

他者理解には自己と他者とのセンスのズレによる気がかりが含まれているという作道（2010）の見解と，自分たちの当たり前が（他者によって）破られたときに自己理解が可能になるという南（1996）の見解

は，他者を対象に研究することが，自己を介した他者理解と他者を介した自己理解を並行して引き出すことを示唆している。ろう者を対象に聴者が研究することは，聴者を介したろう者理解およびろう者を介した聴者理解を並行して引き出すことになる。

ろう者単体ではなく，ろう者と聴者に注目する探究はすでに散見される。ろう者と聴者の夫婦が日常生活を営むなかでそれぞれの立場から行動や生活実践を観察して，ろう者と聴者それぞれの当たり前の世界を照らし合うことを通して，ろう文化と聴文化を提示しようとするユニークな試みがある（秋山・亀井，2004）。また，ろう者だけを研究対象者とするのではなく，ろう者，聴者，そして難聴者を含む手話会話がろう者のリアリティを反映したものであるとして，手話会話の分析からろう者特有のコミュニケーションの方法に迫ろうとする研究がある（坊農，2010）。

これまで，ろう者の行動様式・生活様式であるろう文化を明らかにする妥当な手段を検討してきた。先行研究によって明らかにされてきた行動様式・生活様式はあるものの，直接観察することにより明らかになるろう者の行動様式・生活様式は残されていると考えた。

本研究では，ろう者の日常に聴者が同行し，ろう者と一緒に移動することで，聴者がろう者の具体的な行動・生活実践に立ち会うことを研究の手段として採用する。そして，ろう者の行動・生活実践に聴者が立ち会うなかで記録した事例を検討することで，ろう者の行動様式・生活様式であるろう文化および聴者の行動様式・生活様式である聴文化を明らかにすることが本研究の目的である。

---

2 研究概要

2.1 実施内容

ろう者に同行して，ろう者の行動・生活実践や第一著者（以下，筆者）とのやりとりを記録した。食事や買い物に同行することが多かった。記録は主に同行終了後に行った。同行中に記録をとる際には，対象者が席を外している間に手帳に書き込むようにした。また，

研究を行うことについて，記録開始からしばらく経過した後，対象者に報告して了承を得た。

2.2 対象者

筆者が所属している手話サークルのメンバーである2人のろう者（Uさん，Oさん）に同行した。このサークルは，研究の実施当時，ろう者6名，難聴者2名，聴者10名が所属していた。同行した2人の概要は，以下の通りである。

(1) Uさん

40代の男性。先天的に耳が聞こえず，両親もろう者であった。2人の姉は聴者である。現在は会社員として働いている。

がっしりとした体格をしている。スポーツが好きで，ジムに通い，ゴルフの大会にもよく参加している。教えることが好きで，ろうの子どもたちにゴルフを教えることや，茨城県内の大学の手話サークルで手話を教えることを時々していた。日本語の文章の読み書きができる。

(2) Oさん

60代の男性。先天的に耳が聞こえなかった。また，若い頃から足が不自由で，常時車椅子を使用している。車椅子を使用しているためか，周囲の人から声をかけられることがよくある。現在は裁縫関係の仕事をしている。

外見は，いつもにこにこしていて，優しそうな雰囲気である。茨城県内の大学の手話サークルで学生に手話を教えることがあり，学生と交流する機会は多い。日本語の文章の読み書きは苦手である。[2]

2.3 実施日と概要

2012年11月29日〜2013年11月23日の間，Uさんは10回，Oさんは3回，食事や買い物に誘われた際に同行した。同行の実施日と概要は表1の通りである。

質的心理学研究　第17号／2018／No.17／7-24

表1　同行の実施日と概要

Uさん1回目	2012年11月29日（木）　18:30〜　　事例9 Uさん，友人（筆者と同じ手話サークルに通っている聴者），筆者の3人でラーメン屋で夕食をとった後，レストランへ移動し雑談をした。
Uさん2回目	2012年12月23日（日）　18:30〜　　事例3 Uさんとラーメン屋で夕食をとった後，Uさんの欲しい本の取り寄せをしに書店へ行った。その後，レストランへ移動して雑談をした。
Oさん1回目	2012年12月24日（月）　10:00〜　　事例10, 13, 14 Oさんと電車でショッピングセンターへ行き，買い物や食事をした。その後，市街地に戻り，駅構内で買い物をして，レストランで夕食をとった。
Uさん3回目	2013年1月18日（金）　19:30〜 Uさんとラーメン屋で夕食をとった。帰りにコンビニエンスストアに寄り，雑談をした。
Uさん4回目	2013年2月9日（土）　19:00〜 Uさんと，Uさんが通っているジムに行き，夕食をとり，卓球をした。
Uさん5回目	2013年2月16日（土）　18:30〜　　事例1, 8 Uさん，Uさんの友人3人（3人ともろう者），筆者の5人でラーメン屋で夕食をとった。
Uさん6回目	2013年3月30日（土）　14:00〜　　事例12 Uさんとゴルフ練習場へ行き，ゴルフを教えてもらった。その後レストランへ移動し，夕食をとった。
Uさん7回目	2013年5月3日（金）　19:00〜 Uさんと飲食店で夕食をとった。
Uさん8回目	2013年6月16日（日）　19:00〜　　事例5 Uさんとショッピングセンターへ行き，レストランで夕食をとり，食料品売り場で買い物をした。
Uさん9回目	2013年7月11日（木）　18:30〜　　事例4, 6, 11 Uさんがギフトカードを購入するのに付いて行った。その後，飲食店で夕食をとった。
Uさん10回目 Oさん2回目	2013年11月9日（土）　13:00〜　　事例2 Uさん，Oさん，ろうの男性，難聴の女性，筆者含む聴者4人の8人で筆者の通う大学の文化祭をまわった。筆者が所属している手話サークルに全員所属している。
Oさん3回目	2013年11月23日（土）　10:00〜　　事例7, 15 Oさんと電車でショッピングセンターへ行き，買い物をして，昼食をとった。

2.4　筆者（同行者）

　筆者は聴者で，当時茨城県内の大学に通っていた。小学校の総合の授業で少し学んだ手話に興味があり，大学2年が終わった春休みに手話サークルに通おうと思い立った。大学3年生の5月から手話サークルに参加し，筆者はろう者と初めて関わった。初めはろう者につい声で話しかけてしまい，気づいてもらえないことがよくあった。そのたびに，彼らには自分とは違った世界が見えていることを感じた。そして，彼らが聞こえないのと同様に，筆者自身も聞こえない世界を見ることはできないと気づかされた。サークルに通ううちに手話で少しずつ話せるようになり，ろう者と色々な話ができるようになった。彼らと親しくなり，サークル活動の場から離れて一緒に出かけるようになると，ますます聞こえる自分と彼らの違いが見え，聞こえない人が筆者と同じものを見たときに何を経験しているのか知りたいという気持ちが強くなった。これが本研究を始めた経緯である。

　Uさんと筆者の会話は日本手話を中心に行われた。Uさんは，聴者と話す際に相手が分からないであろう単語については日本語の口の動きをつけて話してくれた。筆者もUさんの口の動きを参考にした。また，Uさんは自分の話したことを筆者が理解していないときには，指文字で補ってくれることや日本語対応手話に

言い換えてくれることがあった。

Oさんと筆者の会話は日本手話を中心に行われた。Oさんはジェスチャーをしばしば用いていた。Oさんは，日本語の読み書きが不得手であるために，筆者との会話で，日本語対応手話を用いることはなく，口話が付くこともなかった。Uさんに比べると，Oさんの話を筆者が理解できなかったことは多かった。

筆者の手話能力は日常会話に支障がない程度であった。記録は，日本手話を中心とした対象者とのやりとりを筆者が日本語に変換した。日本手話は日本語に対応していないので，英語から日本語に翻訳するときと同様に，日本語への変換が難しいことがあった。そのため，日本手話から日本語への変換において，ニュアンスが違っていたことはありうる。

---

3 事例検討

ろう者に同行するなかで立ち会った行動・生活実践を分類・整理することを通して，ろう者と聴者の行動様式・生活様式を検討していく。事例における「　」内は声による会話を，『　』内は手話による会話を表す。

以下各事例の始めに，［年月日］を表記する。年月日は，2013年10月4日であれば，2013年は13，10月は10，4日は04で，まとめると［131004］になる。

3.1 ろう者の行動・生活実践に立ち会う

知覚の違い

ろう者と聴者における知覚の違いを行動や生活実践に関する3事例を検討して確認する。

事例1 ［130216］
　Uさんの車に筆者は同乗させてもらい，Uさんの友人たちとの待ち合わせ場所に向かっていた。車のテレビがついていて，音量がとても大きかった。運転しているUさんに筆者が『音量下げてもいいですか？』と尋ねると，『いいよ。ごめん，音大きかった？』とUさんは応えた。

事例2 ［131109］
　筆者が通う大学の文化祭をOさんとDさん（難聴者）と回る。バンド演奏をしているステージの前を通りかかったとき，Oさんがステージを指さして，『何やっているの？』と尋ねてきた。筆者が『ギターとか，歌とか，ドラムとか……』と答えると，Oさんが頷く。Dさんが「うるさい」『うるさい』と口話と手話で発話すると，Oさんも顔をしかめながら『すごい音だ』と言う。筆者にとっても大きな音だったので，筆者も頷き顔をしかめた。

事例1では，筆者にとって車載テレビの音が大きく，うるさく感じた一方で，Uさんは音が聞こえていない様子だったことを記録している。Uさんと筆者において，音の知覚に違いがあることが確認できる。

事例2では，Oさんがバンド演奏の大きな音に『すごい音だ』と顔をしかめて反応していた。Oさんの『何やっているの？』という問いかけに対して，筆者が楽器演奏や歌っていることを教えたことやDさんが『うるさい』と発話したことで，Oさんは音が鳴っていることを知り，『すごい音だ』と顔をしかめた可能性はある。他方，バンド演奏の大きな音が身体に響いていたので，Oさんは筆者に『何やっているの？』と尋ねた可能性もあるだろう。多くのろう者にとって低周波数域はもっとも聞きやすい音で，ろう者は床や家具の振動を通して聞こえている（Padden & Humphries, 2003/1988）。Oさんにおいても，大きな音が身体に振動を起こすことで音を知覚していたことは間違いないだろう。

事例3 ［121223］
　車に乗ってUさんと会話していた。Uさんは『この前電車で東京に行ったけど，電車は慣れない。電車って停まった時に駅名聞こえるの？』と筆者に尋ねた。筆者が『はい』と答えると，Uさんから『（電車で）寝ていても，停車した時にいちいち起きて駅名の表示を探して見なきゃいけない』と返ってきた。

最近の電車には，車内放送に加えて，駅名が表示される画面が備えつけられていることが多い。筆者は

以前電車に乗った際に，表示画面があれば停車駅が分かって，ろう者は困らないだろうと考えていたことがあった。しかし，この事例でUさんは，停車駅を知るためには，駅名表示に視線を向けなければならないことを教えてくれた。

聴くことは方向を選ばないのに対して，見ることは視界に限られてしまう。亀井（2009）において，ろう者に対して照明の点滅で合図することが紹介されている。包囲する光を変化させることで，ろう者に見ることをうながしているのである。

事例3では，ろう者が情報を得るためには，対象に視線を向けることや対象を視界に入れなければならないことが分かる。その一方で，秋山・亀井（2004）によれば，手話という見る言語を用いるろう者同士はガラス越しに会話することが可能である。

先取りするろう者の行動・生活実践

前項ではろう者と聴者の知覚の違いについて事例を通して確認した。本項では，ろう者の行動・生活実践のなかで，聴者の行動・生活実践を先取りしていた3事例を紹介・検討する。

事例4　［130711］

筆者の自宅近くにUさんが車で迎えに来た。Uさんは前日のゴルフ大会の賞品であった豚肉の味噌漬けを筆者にプレゼントしてくれた。Uさんは豚肉の入った箱を筆者に手渡し，『冷凍庫に入れてきな』と言った。筆者は『ありがとうございます』とお礼を伝えて，冷凍庫に入れようと自宅のアパートに向かった。Uさんから50mほど離れたところで，後ろから声が聞こえた。筆者が振り向くと，Uさんが声を出しながら手招きをしていた。Uさんの近くまで戻った筆者に『その箱，要らなかったら持ってきな』とUさんは言った。

Uさんは普段，筆者と手話で会話するので声を出すことはあまりない。このときUさんは筆者を呼ぶために声を出した。筆者はUさんの声に気がついて振り向いた。Uさんは離れた場所にいた筆者を呼び止めるために，声を発したのだろう。Uさんは，筆者が聴者であることを踏まえて，声を出して呼び止めれば筆者が

気づくことを先取りしていたと考えられる。

事例5　［130616］

Uさんと筆者は一緒に夕食を食べに行った。レストランに着いた時，店は混んでいた。入り口に置いてある台に，待っている客を順番に呼ぶための名前を記入する紙があった。Uさんはペンを取り，そこに筆者の名字を書き，『待ってよう』と筆者に言葉をかけて台を離れた。

事例6　［130711］

Uさんからギフトカードを買うのに付いて来てほしいと頼まれたので，一緒に買いに行った。お金を払い終え，最後に購入者の氏名や連絡先を記入する紙を筆者が店員から渡されたので，その紙をUさんに手渡した。Uさんは氏名，住所を記入していき，最後に電話番号を書く欄に番号を書き，その番号の後ろに（FAX）と書き添えた。

事例5では，レストランにて順番待ちをしているとき，Uさんは筆者の名字をさりげなく書いた。事例6では，電話番号を記入する際に，Uさんは末尾に（FAX）と記す手が滞ることなく書いていた。

聴者はレストランの順番待ちで自分の名前を書くことが通常だろうし，電話番号を記す際に（FAX）と書き足すことはないだろう。聴者は，聴者から声で名前を呼ばれても，応答に困ることはない。同様に，聴者は，聴者から声で電話がかかってきても，応答に困ることはない。

しかし，ろう者において，聴者から声によって，順番待ちで名前を呼ばれたり，電話がかかってきたりしたとき，応答が困難であることが予想される。そのような将来の聴者からの声による働きかけを先取りするがゆえに，筆者の名字を書くことや（FAX）と記すことになったと考えられる。

聴者が対応できないろう者との相互行為

前項では，聴者を先取りしていたろう者の行動・生活実践を検討した。本項では，聴者が対応できなかったろう者との相互行為について，1事例のみ検討する。

> **事例7** ［131123］
>
> 　レストランにてOさんと2人で昼食をとっていた。Oさんは先に食べ終わり、『今日は首までファスナーがあるセーターを買いたいんだ』とまだ食べている筆者に話しかけてきた。その後Oさんの話は5分程続いた。筆者は話を聞くため、また相槌を打つため、Oさんの方へ顔を向けていて、食事を進めることがなかなかできなかった。筆者が話を聞くことで食事が進んでいないことにOさんは気づき、『ごめんね。食べて、食べて』と筆者に食事をするようにうながした。

　Oさんは筆者よりも先に食事を終え、筆者に話しかけていた。しかし筆者は、Oさんの話を聞き（手話を見て）、相槌を打つために、食事を続けることが難しかった。聴者である筆者にとって、声や音を聞くことは、顔の向き・視線の向きが拘束されないので、食事をしながらできる。一方、筆者にとって、手話を見ることは、顔の向き・視線の向きが拘束されるため、食事と一緒に行うことは難しい。西垣（1996）において、聾学校の給食場面で、生徒は話しかけられているときも視線はしっかりと話者を見据えながら食物を口に運ぶことが紹介されていた。

　坊農（2010）では、聴者における食事中の手話会話の難しさを研究課題に据え、手話会話の観察・分析から、手話会話と音声会話について検討していた。音声会話では、聞いている姿勢を示す受け手性の表示や会話参与の姿勢を示すことはあるものの、話し手と受け手の姿を注視していなくとも、会話の進行を聴覚でモニターして、会話の中盤で参与することが可能である。一方、手話会話においては、会話に割って入る際、相手の視覚的注意を得られていなかったために、相手の腕に触れようとして視界に入り、相互注視の獲得が明確になった後に、次の発話を始めていた。手話会話では、相互注視の獲得と会話参与の姿勢を同時達成している可能性があるとされている。この研究が興味深いのは、音声会話は聴覚、手話会話は視覚という情報伝達の仕方の違いを強調するのではなく、それぞれの言語コミュニティの住人のふるまい方に注目している点である。事例7において、筆者がろう者に対応できなかったのは、手話会話者のふるまいに不慣れだったことが

考えられる。

3.2　ろう者同士の行動・生活実践に立ち会う

　ろう者同士の行動・生活実践に立ち会うなかで、ろう者同士が道具（鏡）を介して会話していることを確認した。

ろう者同士の会話

> **事例8** ［130216］
>
> 　Uさん、Uさんの友人3人（いずれもろう者）、筆者の5人で夕飯を食べに行った。Uさんの車で行くことになり、Uさんが運転席に、筆者が助手席に、Uさんの友人3人が後部座席に座った。筆者が後ろに顔を向けると、後部座席で3人が手話で会話をしていた。車が動き始め、しばらくして運転席のUさんに目を向けると、Uさんは後部座席の3人の会話をバックミラーで見て、バックミラー越しに後部座席の3人に向けて手話をして、鏡越しに会話をしていた。

　運転手であったUさんと後部座席に座っていたろう者である友人たちが、バックミラー越しに手話で会話をしていた。亀井（2009）によれば、ろう者は自動車の運転中に片手でハンドルを握り、片手で手話を話すことがあり、後部座席のろう者の返事はミラーで見ていることがある。

　運転手と後部座席に座っている人が聴者であれば、運転手は前を向いたままでの会話が可能である。声はどの方向からも聞こえてくるからである。

　鏡を使用した会話は、ろう者が視界の範囲を知覚していることと関わっている。ろう者間の会話について、ハリス、クリベンス、ティビットとチェシン（Harris, Clibbens, Tibbitts, & Chasin, 1987）の報告によれば、ろう母とろう児の間では、母親の手話発話の3分の2が子どもの視界内で表示されていて、子どもによる対象への注意が実現している（Loots, Devisé, & Jacquet, 2005）。また、先述した坊農（2010）によれば、手話会話コミュニティでは、相互注視の獲得が明確になった後に、次の発話を始めていた。

　事例7で検討した聴者が手話会話者のふるまいに

不慣れだったことと対照的に, ろう者同士は車のバックミラーを使用して, 互いの視界に手話を入れることで会話を成立させている。そして, ろう者はバックミラーという対象から, 事例5と6と同様に聴者とは異なる使用法を見出していることが分かる。

3.3 ろう者と聴者の行動・生活実践に立ち会う

ろう者に同行するなかで, 筆者が強い感情を伴い驚きや戸惑いを感じるのは, ろう者が聴者に出会う場面が多かったように思える。以下では, ろう者と聴者の行動・生活実践に立ち会った事例を紹介・検討していく。

聴者に対するろう者の行動・生活実践
事例8では, ろう者同士が鏡を使用して, 視界に手話が入るように会話をしていた。また事例7では, ろう者が筆者に手話で話しかけ続けたため, 筆者は視線を外すことができず, 食事をとることが難しかった事例を紹介した。次に紹介する2事例では, 筆者以外の聴者に対しても, ろう者は聴者の視線を引きつけたうえで意思疎通を図っていた。

> **事例9　[121129]**
> Uさん, 筆者の友人 (聴者), 筆者の3人でラーメン屋に夕食を食べに行った。ラーメンを食べ終え, 会計を済ませた後のことだった。Uさんは受け取ったお金をレジに入れている店員の肩をたたいて自分の方を向かせ, 笑顔で親指を立て, ラーメンがおいしかったことを伝えていた。

> **事例10　[121224]**
> Oさんと2人でお昼にバイキングを食べに行った。店内に入り, テーブルへ向かった。Oさんは車椅子なので, 席の椅子を退かしてもらわなければならない。筆者が店員に椅子を退かしてもらうことを伝えようとしていると, Oさんは案内をしてくれた店員の背中を軽くたたき, 椅子を指さして退かしてもらった。

事例9でUさんは, 店員の肩をたたいて, 注意を自分に向けさせ, おそらく聴者である店員にラーメンがおいしかったことを伝えようと, 笑顔を作り, 親指を立てて見せた。事例10でOさんは, 背中を手で直接軽くたたくことで注意を自分に向けさせ, 椅子を指さすことで店員に椅子を退かせることを依頼している。

ろう者同士の会話では, 視界に入り, 相互注視の獲得が明確になった後に, 次の発話を始めていた (坊農, 2010)。また, ろう者の家庭では, 肩をたたくことや, テーブルや床を軽くたたくことで相手の注意を引く方法はよくとられる (Padden & Humphries, 2003/1988)。

事例9と10からろう者は, 肩をたたくことで視線を自分に向けさせて, 笑顔を作ることや親指を立ててみせること, それから椅子を指さすといった行動・生活実践によって, 聴者との間で意思疎通を成立させている。

次に検討する事例は, カースティング (Kersting, 1997) の研究にてろう者が語っていた聴者とお互いに理解し合えない乖離を示す相互行為である。

> **事例11　[130711]**
> Uさんの買い物に同行した。Uさんが所望するタオルがどこに置いてあるか店員に聞いてほしいとUさんから頼まれた。そこで筆者はタオルの場所を店員に尋ねた。店員は, Uさんに向かって「首に巻いたりする冷たいタオルですよね?」と確認した。筆者がUさんの方に振り返ると, Uさんは筆者の方を見ていた。筆者は店員に「はい」と答えながらUさんに向かって頷いた。筆者が頷いたのを確認してからUさんは店員の方を見て頷いた。筆者がUさんの方に振り返った時, Uさんは筆者を見ていた。

Uさんが店員とのやりとりを事前に筆者に依頼したことは, この事例と同日の事例6にて, Uさんから『話せないから代わりに買ってほしい』と頼まれてギフトカードを購入した際にもあった。

Uさんは, 店員がUさんに向かって話しかけてきた内容を把握できないために, 筆者が頷いたのを見て店員の言っていることが正しいと判断して, 店員に向かって頷いている。一方の店員は, Uさんが所望しているものを筆者経由で間接的に把握しているけれども,

Uさんから直接教えてもらったわけではない。すなわち筆者による翻訳が正しいのか妥当であるのかは両者において不明である。望んだものが手に入ったのか、筆者の翻訳の正しさや妥当さは結果によって判断するしかない。このように、筆者を介して間接的な相互行為にとどまっていた。

ろう者であることを知らない聴者との相互行為

広津（2011）が行ったろう者を対象にしたインタビューで、言語に限らず土台が違うことで、ろう者と聴者の間にズレが存在していることをろう者は語っていた。ろう者に同行するなかで、目の前にいる相手がろう者だと知らない聴者とのぎくしゃくした相互行為に立ち会ったことはすくなくなかった。記録した事例のなかから、2事例を紹介・検討する。

事例12　[130330]

ゴルフ用品店で筆者はUさんにゴルフ用の手袋を買ってもらうことになった。Uさんがレジに手袋を置いた。筆者は会計の様子をUさんの横で見ていた。店員がUさんに値段を告げると、Uさんはレジに表示されている金額を確認して、ズボンのポケットから財布を取り出した。店員が「ポイントカードはお持ちですか？」と尋ねた。Uさんは下を向いて財布からお金を取り出していた。Uさんが取り出したお金を渡すと、店員は少し怪訝そうな顔をしていた。Uさんは店員の様子の変化には気づいていないようで、何事もなかったようにお釣りと手袋を受け取って、筆者と店を出た。

事例13　[121224]

Oさんとお昼にバイキングを食べに行った。店に入り、テーブルの手前に車椅子に乗るOさんが、奥のソファに筆者が座った。Oさんの斜め後ろから店員がバイキングのシステムを説明し始めた。筆者は説明を聞いていたが、Oさんは斜め後ろで説明をしている店員に気付かず、筆者に『お腹すいたね』と話しかけてきた。筆者が店員の方を指さすと、Oさんは背後にいた店員を見て"あっ"というような顔をした後、少し申し訳なさそうに笑いながら筆者に『ごめんね』と伝えた。

事例12では、値段を告げた店員の声が聞こえなくても、Uさんはレジの表示を見ることで、支払うべき金額が確認でき、やりとりは滞りなく進んでいた。滞りなくやりとりが進んでいたことで、店員は目の前にいる客に自分の声が届いていない可能性を察知することなく、「ポイントカードはお持ちですか？」と声をかけ続けた。店員がポイントカードについて尋ねたとき、Uさんはお金を取り出すために財布に視線を落としていた。そのため、店員が尋ねていることに、Uさんは気づくことができなかった。もしもこのとき、Uさんが店員の方に顔を向けていたら、聞こえなくても店員がUさんに話しかけていることは分かったはずである。そして、声が聞こえないことを店員に伝えて筆談を依頼したり、筆者に通訳を頼んだりといった対応をとることができた。しかし、Uさんの視界に店員が入っていなかったため、店員の問いかけに対応することができなかった。

Uさんの立場からは、問題なく手袋の会計を済ませることができた。一方の店員の立場からは、「ポイントカードはお持ちですか？」という問いかけに応じてもらっていない。

事例13は、店員がOさんの斜め後ろに立って説明を始めたため、店員がOさんの視界から外れてしまい、Oさんから店員の姿は見えなかった。店員が説明をしていることに気づかなかったOさんは筆者に話しかけた。店員が説明していることを筆者がOさんに教えると、店員の存在に気づき、店員の説明を聞いていた筆者に話しかけてしまったことを申し訳なく思ったのか、Oさんは筆者に対して『ごめんね』と謝った。

Oさんの死角で店員が説明をしていたので、Oさんは店員の存在に気づきようがない。Oさんの立場からは、ただ筆者に話しかけていた。店員の立場からは、自分が説明しているにもかかわらず、Oさんが説明を聞かずに筆者に何かサインを送ったように見えたのではないかと考えられる。

事例12と13から聴者が目の前の相手はろう者であることに気づいていない相互行為において、ろう者の視界から聴者が外れることで、それぞれの立場からはすれ違いが生まれていることが分かる。

ただし、聴者の視界からろう者や聴者が外れることでもすれ違いは生まれている。[131123]に、電車の

乗車時に車椅子用の板を置いてもらい，車椅子の乗車を手伝ってもらった際に，Oさんが駅員を見ながら両手を合わせて，頭を軽く下げた。しかし駅員は板を片付けていて，Oさんの方を見ていなかった。改札口の方向に戻っていった駅員を見て，『あの人，怒っていた？』とOさんは少し心配そうに苦笑していたことがあった。また，聴者同士が声でやりとりできない場面で，一方の聴者がサインを出すものの，もう一方の視界にサインが入っていないことがある。たとえば，狭い道路での車同士のすれ違い場面がある。すれ違いをするときに，相手の配慮に対して，手を挙げて感謝を示すことがある。その際に，車を動かすことに懸命になっていると，相手からのサインを見逃すことがある。サインを出した方は感謝の気持ちが伝わった気になっているものの，もう一方は何のあいさつもなかったと憤ることになる。聴者においても音や声が聞こえないときには，視界から相手が外れることですれ違いを生むことがある。

　ところで，事例12と13にて，両者のすれ違いに気づいた筆者が，ろう者に聴者が話しかけていることを伝えれば，もしくは聴者には相手がろう者であることを伝えれば，すれ違いは回避できた可能性がある。そうしなかったことから，筆者はろう者と聴者の相互行為内のメンバーとして立ち会いつつも，ろう者と聴者における相互行為を対象として外から観察しようとしていた姿勢が読み取れる。

ろう者であることを知っている聴者との相互行為

　前項では，ろう者であることに気づいていない聴者との相互行為について事例を検討してきた。本項では，相手がろう者だと知っている聴者との相互行為に立ち会った事例を検討したい。

事例14　［121224］

　Oさんのネックウォーマーを一緒に買いに出かけた。Oさんがネックウォーマーを持ってレジに向かう途中，スタッフルームから男性店員が出てきて，Oさんに気づくとこちらに近づいてきた。Oさんがレジにいた女性店員にネックウォーマーを渡し，女性店員がバーコードを読み取っている間，男性店員が白い紙に「いつもありがとうございます」と書

き，Oさんに見せた。Oさんは紙を見て笑顔で頷いていた。そのやりとりを見てOさんがろう者だと気づいた女性店員が「すぐお使いになりますか？」と紙に書いてOさんに見せた。紙を見たOさんはすぐに頷いた。女性店員がネックウォーマーのタグを切り，袋に入れずにOさんに渡すと，Oさんは受け取ったネックウォーマーを車椅子の下の荷物入れにただちに入れてしまった。

　この事例の後［130107］に，Oさんの友人Cさんから届いたメールの文面「［太陽の絵文字］おはようございます　C→O［門松の絵文字］年賀状　住所，教えてください［笑顔の絵文字］」を筆者に見せて，『何て書いてあるか分からない』と書かれてある内容を教えることを求められたことがあった。Oさんは日本語を読むことがほとんどできないことは，「2　研究概要」にてすでに述べていた。

　事例14で，Oさんは，女性店員の「すぐお使いになりますか？」という筆談での問いかけに対して頷いたにもかかわらず，ネックウォーマーを受け取ってすぐに荷物入れに入れてしまった。このことからOさんは，女性店員が書いたメモを理解しないまま頷いていたことが推測できる。Oさんはこの店に買い物によく来るそうで，男性店員はOさんがろう者だと知っていたため，筆談でやりとりをした。それを見て女性店員も筆談でやりとりをしようとしたが，Oさんは日本語を読むことがほとんどできないので，このようなすれ違いが起こってしまった。男性店員が書いた「いつもありがとうございます」についても，Oさんは理解して頷いていたのかは分からない。

　鈴木・佐々木（2012）において，ろう者とのやりとりに備えてメモ用紙を用意することをうながしているが，メモがあっても，やりとりがうまくいかないことがある。

ろう者であることに気づいた聴者との相互行為

　前項ではろう者だと知っていた聴者との相互行為を検討した。本項では，ろう者と気づかず相互行為が生まれていたのに，ろう者と気づくことで相互行為が生まれなくなった場面に立ち会った事例を検討する。

事例15 ［131123］

　ショッピングセンター内の眼鏡屋でOさんと筆者はそれぞれ眼鏡を見ていた。Oさんの方を見ると，女性の店員がOさんに眼鏡の説明をしていて，Oさんは頷いていた。しばらくしてもう一度Oさんの方を見ると，今度は男性の店員が眼鏡を一つひとつ口話で説明しながらOさんに手渡していた。Oさんは頷きながらその眼鏡を受け取って，1つずつ試着して，鏡を見ていた。筆者はその男性の店員の言っていることをOさんに伝えた方がいいだろうと思い，Oさんに近づくと，Oさんに『この眼鏡どう？』と聞かれた。筆者は『いいですね』と答えた。店員は筆者がOさんに近づいていった時，Oさんに試着をしてもらう次の眼鏡を選んでいたようだったが，少しこちらを見て，その後Oさんに眼鏡を持って来なかった。Oさんとしばらく話をした後，再度Oさんと筆者は分かれて眼鏡を見ていたが，その後店員はOさんに話しかけなかった。

　Oさんは店員の説明が聞こえていない。けれども，店員の説明に対してOさんは頷いていて，周りから見ると相槌を打っているように見えた。店員からもそう見えたようで，熱心に説明を続けていた。しかし，筆者がOさんと話した後，男性の店員はOさんに眼鏡を持って来なくなった。店員は，筆者とOさんが手話で話しているのを見てOさんがろう者であることが分かり，眼鏡を持っていくのを止めたように思えた。筆者はOさんに店員の説明の内容を手話で伝えた方がいいと思い近づいたのだが，Oさんが筆者に手話で話しかけたことで，Oさんがろう者であることに店員は気づいた。その後，店員はOさんに説明するのを諦めてしまったようであった。

　広津（2011）にて，ろう者は聴者が歩み寄ろうとすることを好意的に受け止めていた。車椅子で眼鏡を手に取りづらいOさんにとって，店員の説明が分からなくても，眼鏡を手渡してくれるだけでも，店員が話しかけてくるメリットはあった。けれども，Oさんに筆者が手話で話しかけたことによって，聴者である店員は話しかけている相手がろう者だと分かり，話しかけるのを諦めてしまったようであった。

4　考察

　ろう者の日常場面に同行し，聴者がろう者の具体的な行動・生活実践に立ち会うことを通して，ろう者の行動様式・生活様式であるろう文化を探ってきた。併せて，聴者の行動様式・生活様式である聴文化を探ることも本研究の目的であった。

4.1　ろう文化と聴文化

　結果では，ろう者の行動・生活実践に筆者が立ち会うこと，ろう者同士の行動・生活実践に筆者が立ち会うこと，そしてろう者と聴者の行動・生活実践に筆者が立ち会うことに分けて事例検討を行い，ろう文化と聴文化を探ってきた。本研究で明らかになったろう文化と聴文化は，以下の2点である。

知覚する対象，対象から読み取る意味

　ろう者が順番待ちの紙に聴者である筆者の名字を書いたこと（事例5）や，電話番号を記入する際に末尾に（FAX）と書き加えたこと（事例6）があった。事例5と6において，筆者とは異なる対象を知覚していることや対象から異なる意味を読み取ることの構図を図4に表した。そのような行動・生活実践の背景には，ろう者と聴者における聞こえることの知覚の違い（事例1，2）があり，ろう者は聴者による将来の対応を先取りしていること（事例4）が考えられた。

　加えて，ろう者同士がバックミラーを介して手話で会話をしていること（事例8）があった。このようなバックミラーの使用は，ろう者が手話を言語とすることに関連して，手話は相手の視界のなかで展開しなければならないこと（事例3，7）から，ろう者特有の行動様式・生活様式といえるだろう。事例8において，異なる対象を知覚していることや対象から異なる意味を読み取ることの構図を図5に表した。

　これらの行動・生活実践が興味深いのは，ろう者と聴者が後述する「環境内の参加者」（Ittelson, 1973）として，同じように環境に取り囲まれるなかで，ある対象をろう者が聴者にはない方法で使用していたことで

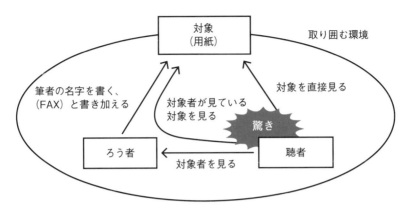

図4　事例5と6において異なる対象を知覚すること，対象から異なる意味を読み取ることの構図

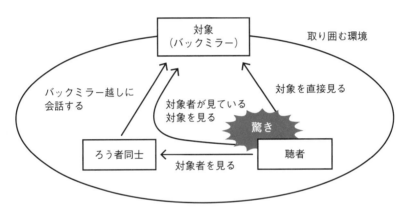

図5　事例8において異なる対象を知覚すること，対象から異なる意味を読み取ることの構図

ある。順番待ちの用紙に自分以外の名字を書き，用紙に電話番号を記入する際に（FAX）と書き加え，会話を媒介する道具としてバックミラーを使用していた。ろう者における対象の使用は，ろう者と聴者は同じ環境に取り囲まれながら，異なる対象を知覚していることや対象から異なる意味を読み取ることを示している。

環境知覚に関するイッテルソン（Ittelson, 1973）の議論によれば，人を取り囲んでいる環境は大きく，人が処理できる以上の情報をいつも提供している。私たちは，環境の一部を知覚し，提供されている情報の一部を処理している。そのため，人は「環境内の参加者」という形態でのみ定義可能で，人と環境は独立したものとして出会うことは決してない。麻生（2009）は，雑踏を移動する母娘の観察記録を題材に，観察と記録について検討するなかで，観察者の行動や感じた

ことの記録を求めていた。なぜなら，観察者を取り囲んでいる状況は，観察対象である母娘を取り囲んでいる状況だからである。本研究で紹介した事例では，ろう者と聴者は同じ環境に取り囲まれながら，ろう者は聴者が使用することのない方法で対象を使用していた。

また，インタラクション（相互行為）に関する高梨（2010）の議論に倣えば，インタラクションは本質的に，環境を含む三項関係的現象であって，二者の関係だけを分析することは不可能で，それぞれの主体が環境との間で有している関係をも視野に含めなければならない。

三項関係は，ろう児を含む親子関係の共同注意に注目した研究において取り上げられてきた。プレズビンドゥスキー，アダムソンとレーダーバーグ（Prezbindowski, Adamson, & Lederberg, 1998）は，ろ

う児と聴児（2歳前後）におけるモノ，人，そしてシンボルへの注意を比較するために，2つの母子グループ（ろう児－聴母，聴児－聴母）を対象に共同注意に関する研究を，おもちゃを使った母子間の自由遊びを記録することで行っている。スペンサー（Spencer, 2000）は，4つの母子グループ（ろう児－ろう母，ろう児－聴母，聴児－ろう母，聴児－聴母）を対象に，共同注意に関する研究を縦断的（9か月，12か月，18か月）に行った。実験室に用意されたおもちゃを対象にした母子間の共同注意を記録し，分類し，グループ間で比較検討を行っている。ルーツとデヴァイス（Loots & Devisé, 2003）では，18か月から24か月のろう児と父母（ろう者，聴者）のペアにおける視覚・触覚，手話／口話といった相互主観的コミュニケーションの方法について，おもちゃを対象にした自由遊びを通して検討している。

　これらの研究はいずれも実験室における親子間の自由遊びに注目していた。プレズビンドゥスキーら（Prezbindowski et al., 1998）が今後の課題として挙げたように，より自然な状況における三項関係を観察する必要がある。なぜなら実験室では，周囲の環境は統制されていて，知覚対象（おもちゃ）は事前に用意されているため，知覚対象は固定される。その結果，共同注意は子どもや親の特性，能力，もしくは親子のスタイルに帰属させられるのである。これらの研究において，知覚対象は事前に用意されているため，ろう児が取り囲む環境のなかから対象として何を知覚するのか／しないのか，自ら知覚した対象からどのような意味を読み取っているのか（どのような行動・生活実践をとるのか）は問われてこなかった。

　同じ環境に取り囲まれているろう者と聴者は，環境のなかから同じ対象を知覚しているのだろうか。仮に同じ対象を知覚する三項関係を形成していたとして，同じ意味を読み取っているのだろうか。同じ行動・生活実践をとっているのだろうか。ろう者と聴者が知覚する対象や，対象を知覚した際に読み取る意味は，ろう者および聴者の行動様式・生活様式であり，ろう文化および聴文化であるといえるだろう。

相互行為におけるろう者にとっての聴者，聴者にとってのろう者

　ろう者と聴者が直接やりとりするのではなく，筆者が間に入ることで間接的なやりとりに終始していたことを記録していた（事例12）。これは両者における聞こえることの知覚や言語の違いが背景にあることが考えられる。知覚や言語の違いがあるなかで，ろう者にとって聴者を相手にした行動・生活実践に，また聴者にとってはろう者を相手にした行動・生活実践に，筆者は立ち会った。

　ろう者は聴者の視線を自分に向けさせた後に，笑顔や親指を立てる，対象を指さすといったサインを示し，意思疎通を成立させていた（事例10, 11）。ろう者の言語である手話が視界内で展開されることやろう者自身の知覚の範囲が視界であることから，聴者の「視覚的注意」（坊農，2000）を得る行動・生活実践をとっていた。また，ろう者が聴者に笑顔や親指を立てるといったサインを示したことは，聴者が理解できるサインが限られていることを，ろう者は先取りしていたことが考えられる。

　前出のプレズビンドゥスキーら（Prezbindowski et al., 1998）の研究では，ろう児－聴母は聴児－聴母に比べて，おもちゃに関する言葉やシンボルを示すジェスチャー，そしてふり遊びといった「シンボルが注入された（symbol–infused）共同注意」は短い時間しか見られなかった一方で，親子が共同でおもちゃに注意する「調整された（coordinated）共同注意」は長い時間見られた。聴者を相手にした際に，ろう児は聴児に比べて共同注意を，シンボルを含んで達成するよりも互いに調整したうえで達成していることが読み取れる。ろう者が聴者を相手にした行動・生活実践である相互行為では，聴者の視線を一旦確保したうえで，聴者に分かるサインを提示していた。これはろう者が子どもの頃から培ってきた聴者を相手にした際の行動様式・生活様式であり，ろう文化といえるだろう。

　一方の聴者は，目の前にいる相手がろう者であると，知らない，知っている，気づいた，それぞれの行動・生活実践をとっていた。目の前にいる相手がろう者であると知らない聴者との相互行為では，聴者がろう者の視界から外れた際に，聴者にとって不可解であろうすれ違いが起こっていた（事例13, 14）。また，目の前

にいる相手がろう者であることを知っている聴者との相互行為において，聴者は筆談にてやりとりしようとするものの，目の前のろう者は日本語の読み書きがほとんどできないために，聴者にとって相互行為がちぐはぐなものになっていた（事例15）。そして，目の前にいる相手がろう者であることを知らないときに成立していた聴者との相互行為が，ろう者であることに気づいた後には成立しなくなっていた（事例16）。聴者がろう者を目の前にしたときに，「先入観」（Kersting, 1997）から対応の仕方が分からず，結果相互行為を諦めてしまったのだと考えられる。

　先述したように，ろう児－聴母は聴児－聴母に比べて，おもちゃに関する言葉やシンボルを示すジェスチャー，そしてふり遊びといった「シンボルが注入された（symbol–infused）共同注意」は短い時間しか見られなかった（Prezbindowski et al., 1998）。ルーツ，デヴァイスとジャケ（Loots, Devisé, & Jacquet, 2005）によると，音声言語に親しんできた聴母は，ろう児をシンボリックな共同注意から締め出してしまうリスクがある。三浦・川島・竹本（2016）では，ろう児－聴母の遊びのなかで，母親は疲れたことを口話で話しかけるものの，子どもには届いていないために，子どもは『もう一回』と母親に手話で伝え，遊びが続いてしまう場面が報告されていた。

　聴者がろう者を相手にした行動・生活実践である相互行為では，ろう者であると知らない場合には聴者にとって不可解であろうすれ違いが起こってしまうこと，ろう者であると知っていても相互行為がちぐはぐなものになることがあること，それからろう者であることに気づいたことで相互行為を止めてしまうことがあった。音声言語に親しんでいる聴者において，シンボルが注入された共同注意を達成することに偏り，他のオプションを持っていないことが，ろう者を相手にしたときの聴者にとってのつながらなさの背景にあることが考えられる。相手がろう者だと知っていたとき，知らないとき，気づいたときにつながらないことが，聴者の行動様式・生活様式であり，聴文化であるといえる。

4.2　手段の妥当性

　ろう文化は，ろう者たちによって習得され，共有され，伝達される行動様式・生活様式とされていた（亀井，2010）。このろう者の行動・生活実践に聴者が立ち会うなかで，ろう者の行動様式・生活様式を明らかにする手段として，1つに，聴者はろう者の痕跡を自己に見る自己の変容を通してろう者理解をめざすこと（cf. 作道，2010），2つに，驚きなど強い感情に伴って，聴者のエスノメソッドが破られ，逆照射されること（cf. 南，1996）を挙げていた。聴者の視点からろう者の行動・生活実践を観察することは，ろう者の行動様式・生活様式と併せて，聴者の行動様式・生活様式を必然的に問うことになった。

　研究の実施，事例の検討，そして考察を行った結果，「知覚する対象，対象から読み取る意味」，「相互行為におけるろう者にとっての聴者，聴者にとってのろう者」の2点をろう文化と聴文化として明らかにした。

　この結果に至る手段として，ろう者と聴者は一緒に移動して，ろう者の具体的な行動・生活実践に筆者（聴者）は立ち会った。事例検討では，ろう者の行動・生活実践に立ち会った筆者の役割が書き込まれている事例を検討した。筆者の役割として以下の3点があったように思われる。

　1点目に，筆者は同行者であった。ろう者に同行して，ろう者の行動・生活実践に立ち会うことで，ろう者の行動・生活実践に関する記録を収集することができた。

　2点目に，筆者は行為者であった。ろう者との相互行為のなかで筆者は，ろう者の行動・生活実践に気づくとともに，聴者としての行動・生活実践を自覚することができた。

　3点目に，筆者は観察者であった。ろう者と聴者の相互行為に立ち会っていた筆者が両者のすれ違いに気づいたとき，すれ違いを回避できる可能性はあった。そのようにしなかったのは，筆者はろう者と聴者の相互行為内のメンバーとして立ち会いつつも，相互行為を対象として観察しようとする姿勢があったからだったと振り返る。相互行為のメンバーとして立ち会いつつ，対象として相互行為を観察することができた。

これら3点の役割を筆者が果たすことで，ろう者と聴者の行動様式・生活様式の一部を明らかにすることができた．以上より，ろう者の日常場面に同行して，ろう者の具体的な行動・生活実践に筆者が立ち会った手段は，ろう者と聴者の行動様式・生活様式，すなわちろう文化と聴文化を明らかにする手段として妥当であったと考えられる．

注

1) 後述するライル（Ryle, 1987/1949）において，「方法」という言葉が使用されている．混乱を避けるために，通常「方法」とするところを「手段」としている．

2) 日本のろう教育は，明治時代の黎明期を除き，主として口話法により進められてきた（鳥越, 1999）．しかし，昭和初期，東京市に聾学校が開校された当時生徒だった卒業生を対象にしたインタビュー調査からは，口話での授業は聞こえないために理解できなかった一方で，手話を交えると教師の口話が理解できたことや，先輩に手話を習い，友人とはもっぱら手話で会話をしていた当時の様子をうかがい知ることができる（野呂・中川, 2005）．また，Oさんが生まれた第2次大戦後の混乱期に聾学校は義務教育化された（1948〔昭和23〕年）ものの，戦時中や戦後の混乱期が学齢期だった高齢ろう者は言語獲得環境が十分ではなかったため，文章の読み書きが苦手な人は多いとされている（東京都聴覚障害者連盟, n.d.）．一方のUさんは，口話，手話，指文字を同時に使用するトータルコミュニケーションが広がりつつあった時代（1980年代）に学童期を過ごした．Oさんが学童期を過ごした時代には，日本語はもっぱら口話で学んでいたために，結果日本語の読み書きを身につけることが難しかったことが考えられる．

引用文献

秋山なみ・亀井伸孝 (2004) 手話でいこう——ろう者の言い分 聴者のホンネ. ミネルヴァ書房.

麻生武 (2009)「見る」と「書く」との出会い——フィールド観察学入門. 新曜社.

坊農真弓 (2010) 手話会話における分裂——視覚的インタラクションと参与枠組み. 木村大治・中村美知夫・高梨克也（編）, インタラクションの境界と接続——サル・人・会話研究から (pp.165–183). 昭和

堂.

Harris, M., Clibbens, J., Tibbitts, R., & Chasin, J. (1987) *Communication between deaf mothers and their deaf infants.* UK: Proceedings Child Language Seminar.

広津侑実子 (2011) 聴覚障害のある人の他者とのやりとりに関する質的検討——心理臨床的支援の足掛かりとして. 聴覚言語障害, *40*(1), 41–48.

Ittelson, W. H. (1973) Environment perception and contemporary perceptual theory. In W. H. Ittelson (Ed.), *Environment and cognition* (pp.1–19). New York: Seminar Press.

亀井伸孝 (2009) 手話の世界を訪ねよう. 岩波書店（岩波ジュニア新書）.

亀井伸孝 (2010) 実感されるろう文化——コミュニケーションの逸脱の事例. 木村大治・中村美知夫・高梨克也（編）, インタラクションの境界と接続——サル・人・会話研究から (pp.110–122). 昭和堂.

関西手話カレッジ (2009) ろう者のトリセツ 聴者のトリセツ——ろう者と聴者の言葉のズレ. 星湖舎.

Kersting. S. A. (1997) Balancing between deaf and hearing worlds: Reflections of mainstreamed college students on relationships and social interaction. *Journal of Deaf Studies and Deaf Education, 2*, 252–263.

木村晴美 (1996) ろうの民族誌. 現代思想, *24*(5), 200–211.

木村晴美 (2007) 日本手話とろう文化——ろう者はストレンジャー. 生活書院.

木村晴美・市田泰弘 (1996) ろう文化宣言——言語的少数者としてのろう者. 現代思想, *24*(5), 8–17.

Loots, G., & Devisé, I. (2003) The use of visual-tactile communication strategies by deaf and hearing fathers and mothers of deaf infants. *Journal of Deaf Studies and Deaf Education. 8*, 31–42.

Loots, G., Devisé, I., & Jacquet, W. (2005) The impact of visual communication on the intersubjective development of early parent-child interaction with 18- to 24-month-old deaf toddlers. *Journal of Deaf Studies and Deaf Education. 10*, 357–375.

松島恵介 (2002) 記憶の持続 自己の持続. 金子書房.

南博文 (1996) エスノメソドロジー——自明な世界の解剖学. 浜田寿美男（編）, 発達の理論——明日への系譜（別冊発達20）(pp.135–154). ミネルヴァ書房.

三浦麻依子・川島大輔・竹本克己 (2016) 聾学校乳幼児教育相談における母子コミュニケーション支援に関する一考察. 質的心理学研究, No.15, 47–64.

森直久 (2010) 語りによる体験の共約可能性. 質的心理学フォーラム. No.2. 27–36.

西垣正展 (1996)「対峙」と「共存」と——『ろう文化宣言』から見えてくるもの. 現代思想, *24*(5), 40–45.

野呂一・中川辰雄 (2005) 大正・昭和初期におけるろう教育の歴史的考察——卒業生夫妻の証言にみる東京市立聾学校の教育の実際. 横浜国立大学教育人間学部紀要Ⅰ（教育科学）, 7, 83–105.

パッデン, C., & ハンフリーズ, T (2003) ろう文化案内（森壮也・森亜美, 訳）. 晶文社. (Padden, C., & Humphries, T. (1988) *Deaf in America: Voices from a culture*. Cambridge, Mass.: Harvard University Press.)

Prezbindowski, A. K., Adamson, L. B., & Lederberg, A. R. (1998) Joint attention in deaf and hearing 22 month-old children and their hearing mothers. *Journal of Applied Developmental Psychology, 19*, 377–387.

ライル, G. (1987) 心の概念（坂本百大・井上治子・服部裕幸, 訳）. みすず書房. (Ryle, G. (1949) *The concept of mind*. London: Hutchinson.)

作道信介 (2010) 共約と共在——アフリカ牧畜民でのフィールドワークから. 質的心理学フォーラム, No.2, 46–52.

Spencer, P. E. (2000) Looking without listening: Is audition a prerequisite for normal development of visual attention during infancy?. *Journal of Deaf Studies and Deaf Education, 5*, 291–302.

Stinson, M. & Liu, Y. (1999) Participation of deaf and hard-of-hearing students in classes with hearing students. *Journal of Deaf Studies and Deaf Education, 4*, 191–202.

鈴木理子・佐々木倫子 (2012) ろう児のコミュニケーション環境の課題——手話と手記日本語をつなぐ辞書を例に. 桜美林言語教育論叢, No.8, 71–83.

高梨克也 (2010) インタラクションにおける偶有性と接続. 木村大治・中村美知夫・高梨克也（編）, インタラクションの境界と接続——サル・人・会話研究から（pp.39–68）. 昭和堂.

東京都聴覚障害者連盟 (n.d.)「聴覚障害者とは」. http://www.tfd.deaf.tokyo/（情報取得2013/10/17）

鳥越隆士 (1999) ろう教育における手話の導入. 兵庫教育大学研究紀要 第一分冊 学校教育・幼児教育・障害児教育, No.19, 163–171.

山田富秋 (2009) インタビューとフィールドワーク. 質的心理学フォーラム. No.1. 7–12.

山口利勝 (1997) 聴覚障害学生における健聴者の世界との葛藤とデフ・アイデンティティに関する研究. 教育心理学研究, *45*, 284–294.

付　記

　本論文は, 第一著者が茨城大学人文学部に提出した卒業論文「ろう者の主観への同行による接近」を改稿したものです. 調査に協力してくださったUさん, Oさんに感謝します.

（2014.9.22受稿, 2016.12.27受理）

質的心理学研究　第17号／2018／No.17／25-42

ひきこもりの息子をもつ親の体験プロセス
——ひきこもりへ移行してから危機的状況を脱するまで

花嶋裕久　帝京大学心理臨床センター
HANASHIMA Hirohisa　Center for Clinical Psychology, Teikyo University

要約
本研究は，30歳を過ぎても社会的自立をしていないひきこもり状態の息子と同居する親が，その長い年月のなかでどのような体験をしているのかについて検討したものである。息子がひきこもり始めてから家庭内暴力などの危機的状況を脱するまでのプロセスに焦点を当てた。息子が見過ごせない状況になり，わかり合えないやりとりを繰り返していた親は，第三者に助けを求める。しかし，よき相談相手がすぐに見つかるとは限らず，批判されたり，期待外れの対応をされたりしてかえって傷つけられることがあった。また，初期の母親の孤立感は大きく，育て方への後悔や反省を繰り返していた。一方，夫の理解や一緒に問題に取り組む姿勢が母親の支えになっていた。よき相談相手と出会うことによる親の変化とは，息子への具体的な対応の仕方がわかること，問題を共有することで気持ちが楽になること，知識や情報を得ることで息子と距離を置けるようになることだと考えられた。

キーワード
ひきこもり，親，体験，プロセス，複線径路・等至性モデル

Title
Experiences of Parents with a Socially Withdrawn Son: From Transition to Social Withdrawal and Overcoming Critical Situations

Abstract
Long-term experiences of parents living with a son aged over 30 years, who was socially withdrawn and dependent were investigated. The processes from initial withdrawal to overcoming critical situations, such as domestic violence, were examined. The parents asked for help from a third person when their son's condition could no longer be ignored, and because the parents could not understand him even after repeated communication attempts. However, it was not easy to find a good advisor. Sometimes they were criticized or hurt by disappointing responses. Especially, the mother felt a strong sense of isolation during the initial period. She often regretted and reflected on her child rearing methods. On the other hand, her husband understood her and supported her by dealing with the problems together. The parents changed after meeting a good advisor and they came to understand distinct methods of dealing with their son, felt relaxed as a result of sharing the problems, and became able to keep an appropriate distance from their son by obtaining accurate knowledge and information.

Key words
social withdrawal, parents, experiences, processes, Trajectory Equifinality Model

問題と目的

ひきこもりはどのようにして始まるのか。そしてどのような経過を辿るのか。本稿ではその過程を親の視点から探索する。ひきこもりに至るきっかけや体験する出来事は人によってさまざまであるが、ひきこもりの息子と共に生活している親たちはどのような体験をしているのだろうか。ここでは、親の語りからその体験を記述し、そのプロセスにおいてどのようなことが生じているのかを探究していく。

ひきこもりの理解を困難にしている特徴の一つは、その問題が長期化するところにあるといえる。一度ひきこもり始めると数年、あるいは十年以上を費やすケースも珍しくない。初期には、部屋から全く出てこない、家庭内暴力がおさまらないなど難しい対応を求められるケースもあり、親の苦労は想像に難くない。かといって激しい衝突の時期がいつまでも続くわけでもない。外出はする、買い物にも出掛けるなど、人と関わらないこと以外にはあまり心配事はないという時期があったりもする。長期化の要因や変容の契機といったものはどこにあるのか。いずれにしても、収入がない彼らの多くは親との同居を続ける。親元を離れるだけの経済的・心理的余裕ができない限り、親子の同居生活は続いていく。親たちはこのような長期戦をどのように乗り切っているのか。そこにともなう苦労や悩みはどのようなものなのだろうか。

ひきこもりの子をもつ親の体験は長年にわたるプロセスであるため、その全体像が明らかになっているとは言い難い。近年、ひきこもりの子をもつ親の語りから、親の心理的変容や親子の相互作用について質的に検討した研究が出てきている。例えば斎藤・本間・真壁・内藤・本間（2013）は、高校・大学時でひきこもりとなった子どもをもつ母親12名に半構造化面接を行い、母親がひきこもりの「親の会」への参加を決断するまでの心的体験を検討している。さらに斎藤・本間・真壁・内藤（2013）は、ひきこもりの「親の会」に継続的に参加している母親23名に半構造化面接を行い、親の会で母親が子どもとの新たな関わり方を見出していくプロセスを検討した。また、廣瀬（2013）

は、ひきこもり者の親（父親4名，母親8名）の語りから本人の社会再接続へとつながる親の関わりの変容プロセスについて検討している。これら3つの研究は親へのインタビューデータをGTA（Grounded Theory Approach）で分析しており、親が「親の会に参加する」「子どもを支援機関につなぐ」なかで心理的・行動的に変容していくプロセスを示したという点で意義ある研究である。しかし、親の会に参加する、子どもを支援機関につなぐといった体験は、ひきこもる子と親が過ごす長い年月のなかのごく一部分を切り取ったものにすぎない。そこで扱われているプロセスは限局的なものであり、親が辿るプロセスの全体像を掴むには至っていない。部分的なプロセスの探索に満足するのではなく、これまでの研究で示されたプロセスに上積みし、より広範なプロセスを明らかにする段階にきていると筆者は考えている。

ひきこもりの性差について言及している調査がいくつかあり、集約すると概ね7〜8割が男性である（例えば、内閣府、2010；全国引きこもりKHJ親の会家族会連合会、2014）。子どもの性別によって親の辿るプロセスが異なることも想定されるため、本研究では息子がひきこもりの家庭に焦点を絞る。高校・大学を卒業して就職するという規定のレールから外れ始めた息子に、親はどのように向き合いどのような葛藤を経験しながらその生き方を容認していくのか。限られた紙面、一つの研究で明らかにできることの限界はあるが、こうした長期的なプロセスを俯瞰するモデルを提示することには意義があると考える。息子がひきこもり始めてからその息子の生き方を親が容認するまでの体験プロセスを見通せるようになれば、それぞれの段階で親が直面するであろう課題や心の動きを把握し、適切な手立てを講じることが可能になると考えられるからである。

そこで本研究では、次の3点を目的とする。①既存の研究が示したひきこもりの親の体験プロセスを包含しつつも、より広範なプロセスモデルを作成する。具体的には、息子がひきこもり始めてからその息子の生き方を親が容認するまでの体験プロセスである。②生成したプロセスから「長期化の要因」と「変容の契機」を検討する。③ひきこもりの息子と同居する親の心理的負担、あるいは親にとって支えになるものは何

表1　調査協力者の概要

調査協力者	父親／母親	年齢	息子の名前／年齢と性別	ひきこもり始めてからの年数	家族構成	息子のこれまでの経過と現在	インタビュー時間
Aさん夫婦	Af	61歳	Aさん／33歳男	14年	父, 母, 姉, 本人, 弟	アルバイト歴あり。現在は無職で, 医療・支援機関には通っておらず, 求職もしていない。	2時間06分
	Am	59歳					
Bさん夫婦	Bf	61歳	Bさん／33歳男	12年半	父, 母, 本人, 妹	アルバイト歴あり。現在は無職。医療には継続的に通院しているが, 求職はしていない。	2時間15分
	Bm	60歳					
Cさん夫婦	Cf	68歳	Cさん／36歳男	16年	父, 母, 姉, 本人	アルバイト歴あり。現在は無職。医療にも支援機関にも通いながら求職中。	2時間11分
	Cm	67歳					
Dさん夫婦	Df	67歳	Dさん／36歳男	14年	父, 母, 本人, 妹	アルバイト歴あり。現在は無職。医療・支援機関には通っていないが, 就労トレーニング中。	1時間48分
	Dm	63歳					

※本研究における「本人」とは,「ひきこもりの息子」のことを指す

かについて検討する。

方　法

1　調査協力者

　息子がひきこもりの家庭を調査対象とし, その夫婦にインタビュー調査を行った。首都圏近郊に在住し, 息子がひきこもり始めてから10年以上が経過している長期化した家庭である。サンプリングの方法は, 民間のひきこもり支援団体である「Zクラブ」を利用したことがあるひきこもり経験者の両親, あるいはZクラブが主催する家族会に参加したことがある夫婦に調査協力を依頼した。最終的に承諾を得られた4組8名の夫婦にインタビューを行った。調査協力者の概要を表1に示す。

2　データの収集

　データ収集の方法は面接法を採用した。面接実施前に研究目的の説明, 面接における協力者の権利について（インタビューの中止や回答拒否の権利など）, 面接を録音する許可, プライバシーの保護などを説明し承諾を得た。なお, 面接の構造は, 夫婦同席による半構造化面接である。インタビューガイドは, ①子どもの異変に気づいたきっかけ, ②子どもがひきこもり始めてからの困難やエピソード, ③子どもが外部との接触を取り戻すまでの経緯, ④相談機関や医療受診の有無と来歴, ⑤子どもが家族以外との接触を取り戻してからの困難, ⑥これまでの両親の対応について, である。インタビューガイドに沿いながらも流れに応じて自由な対話が進められた。その他, 基本情報として現在の年齢やひきこもり始めてからの年数, 家族構成や職歴・通院歴などを確認した。調査時期は2010年6月～2011年4月, 所要時間は概ね2時間程度であり, 面接はすべて筆者が行った。

　なお, データ収集を開始した時点で筆者（インタビュアー）はZクラブにスタッフとして関与し始めてから5年ほどが経過していた。調査協力者となった母親とは家族会で何度か話をしたことがある間柄であり, その息子とはZクラブの活動で関わりがあった。母親からすると筆者は家庭の事情をある程度把握している相手と認識されていたと思われる。一方, 父親とは初対面か挨拶を交わしたことがある程度の間柄であった。父親からすると筆者は親しい相手ではないが, 自分の妻や息子, 家庭のことを知っている相手と認識されて

いたと思われる。

3 データの分析方法

　本研究の目的は，規定のレールから外れたひきこもりの息子の生き方を親が容認していく体験プロセスを探索し，その変容過程を説明する仮説とモデルを生成することである。このようなまだよく知られていない現象や人々の体験の特徴を探索的に知ろうとする場合，特に有効性を発揮するとされるのが質的研究法である（能智，2000）。ひと口に質的研究と言ってもさまざまな分析方法が存在する。なかでもGTAはその代表的な分析方法である。GTAのパラダイム（枠組み）は，「**状況**」「**行為・相互行為**」「**帰結**」の3つの部分で構成される。その現象のなかに，一体どういう「**状況**」があって，それを基にどういう「**行為・相互行為**」が起こったのか，そしてどのような「**帰結**」が生じたのかをとらえることで，明らかにしたい現象の構造とプロセスを見出すことができる（戈木クレイグヒル，2005）。したがってGTAは「状況と人」「人と人」などの相互作用の構造を表現するのに適した分析方法といえる。但し，人を取り巻く現象というものは極論すればほとんどがこの「状況→行為・相互行為→帰結」の連続であり，すべてを表現しようとすれば煩雑になる。明らかにしたい現象を検討するのには適しているが，本研究のようなより長期にわたるプロセスを表現するのには不十分である。

　そこでデータの分析方法はTEM（Trajectory Equifinality Model: 複線径路・等至性モデル）を援用した（サトウ，2009）。TEMの概要と援用理由は以下の通りである。TEMは個人の経験の多様性を記述するのに適した手法であり，非可逆的時間（時間の流れ）における「等至性」と「複線径路」という概念を特徴とした新しい質的研究である。等至性（Equifinality）とは，人が経験を重ね，異なる径路を辿りながらも類似した結果に辿りつくということを示す概念である。その等至性を実現する点を等至点（Equifinality Point = EFP）と呼び，これは研究上の焦点化がなされるポイントである。そのため，研究者が設定することになる。本研究では，ひきこもりの子をもつ家庭が「危機的状況を脱する」ことを等至点とみ

なし，そこに至るまでの親の心の動きや体験を記述し，そのプロセスを提示することにした。複線径路とは，一つの等至点までの径路の多様性を表す概念である。必須通過点（Obligatory Passage Point=OPP）という概念は，多くの人が経験すると思われるポイントである。個々人の経験の多様性を描き出すTEMにおいて，必須通過点は個人の多様性を制約する契機を見つけやすくする働きがある。分岐点（Bifurcation Point=BFP）とは，ある経験において実現可能な複数の径路が用意されている状態であり，複線径路を可能にする結節点のことを分岐点と呼ぶ。以上に述べた等至点（EFP），必須通過点（OPP），分岐点（BFP）などの概念を用いて，個々人の経験の流れ及び個人のなかに存在する可能性としての複数体験の流れを比較分析することを可能にするのがTEMである。このようなTEMの特徴は，本研究のように親が辿る長期的かつ継時的なプロセスを表現するのに適していると考えられた。また，等至点（EFP）や必須通過点（OPP）によって多くの親に共通する経験を可視化することはプロセスの経過を視覚的にも理解しやすくすると考えられた。

　なお，本研究における「息子」「本人」「当事者」とは，「ひきこもりの息子」その人を指すものとする。

4 データの分析手順

　夫婦4組8名のデータを基に，以下のプロセスで分析を行った。

　まず，逐語記録を繰り返し精読し，各家庭がひきこもりの息子とどのような生活を営んできたのか，そのライフヒストリーの全体像を把握した。その後，GTAを援用し，各事例の逐語記録を最初から順に，データの意味まとまりごとに切片化し，その意味を的確に表すような短い言葉でコーディングしていった。この作業をこれ以上まとめられないところまで繰り返し，最終的なカテゴリーを時系列で並べたうえで，研究上焦点化された体験を等至点として，ひきこもりの子をもつ親の多くが体験すると考えられる出来事を必須通過点として定め，TEM図に表した。

　TEM図で表す際には，切片化した各体験を実線で囲み，必須通過点を二重線で，等至点を三重線で囲み，その経験を示した。また，各経験をつなぐ実線の矢印は，

実際に調査協力者から語られた径路である。点線の矢印と点線の囲みは，実際のデータにはよらないが社会通念上，理論的に存在すると考えられた径路と体験である。さらに，「時間の流れ」という時間の非可逆性を示す概念をTEM図下方に示した。

　GTAと違ってTEMの直線的な表記方法では個人内あるいは親子間の相互作用をうまく表現することができない。TEMは個人の体験を（図の左から右へ）非可逆的時間の流れで表現するため，行きつ戻りつの循環的なプロセスを表現するのに向いていない。だが親子関係は直線的に，あるいは右肩上がりに良くなるようなものでもない。関係が悪化したり好転したり，前進と後退を繰り返したり，あるいは何度も同じことを繰り返したりしながら関係が変化していくものである。また，人が体験する出来事は必ずしも順次的に起こるとは限らず，A→B→Cの順に経験する人もいれば，B→C→AあるいはC→A→Bという順に経験する場合もある。文章による補足は可能であるが，非可逆的時間の制約があるためTEM図ではこういった経緯を十分に表現することが難しい。そこで本研究では，TEMのプロセスにGTAのパラダイムを部分的に組み込むことでその弱点を補うことを試みる。具体的には，生成されたいくつかのカテゴリーをまとめて「円」に内包し，その円内で（GTAで表現されるように）循環的なプロセスを図示することを試みた。また，別の円内ではあえて径路の矢印（→）を引かず，カテゴリー間に継時的なつながりを持たせないことで体験順には個人差があることを表現できるようにした。このように本研究では既存のTEMの表現方法に一つのバリエーションを提案したい。

結果と考察

　本研究の目的は次の3点である。①息子がひきこもり始めてからその息子の生き方を親が容認するまでのプロセスモデルを作成すること。②作成したプロセスモデルから「長期化の要因」と「変容の契機」を検討すること。③ひきこもりの息子と同居する親の心理的負担，あるいは親にとって支えになるものについて検討することである。以下，目的に対応する順で結果と考察を記述する。

1　TEMによるモデルの作成

　ひきこもりの子をもつ4組8名の夫婦の語りを基にTEM図を作成した。なお，必須通過点は □ で，等至点は ▢ で，その他の選択や行為は □ で，語りからは得られなかったが考えられ得る選択や行為は ┈ でそれぞれ表した。また，語りから得られた径路は ─→ で，語りからは得られなかったが理論的に仮定される径路は ┈→ で示した。文中のインフォーマントの語りは「　」で記述し，末尾のアルファベットは発言者を表している。また，研究者が命名したカテゴリー名は【　】で示した。

(1) ひきこもりの息子をもつ親の体験プロセス
　　──四つの時期

　得られたデータを分析していくなかで，息子がひきこもり始めてから息子の生き方を親が容認していく体験プロセスは便宜的に四つの時期に分けられると考えられた。そこで，各時期を〈第一期：ひきこもりへの移行と事態の深刻化〉，〈第二期：第三者の介入と危機的状況の克服〉，〈第三期：親子関係の再構築と社会参加の見守り〉，〈第四期：就労の後押しと働かない生き方の容認〉と名付けた。

　一つの研究のなかで四つの時期を扱うにはデータのボリュームが大き過ぎると判断したため二つの研究に分割することにし，本研究では第一期と第二期を扱う。なお，本研究で扱う第一期と第二期を合わせて《ひきこもりへ移行してから危機的状況を脱するまで》と名付けた。

(2) ひきこもりへ移行してから危機的状況を
　　脱するまで
　【危機的状況を脱する】を等至点（EFP）として焦点を当て，等至点に向かって分岐していく経験をTEMによって可視化した（図1）。調査協力者たちは，等至点までの必須通過点（OPP）として，息子が【見過ごせない状況になる】，息子と【わかり合えないやりとりの反復】をする，解決に向けて【第三者に力を借り

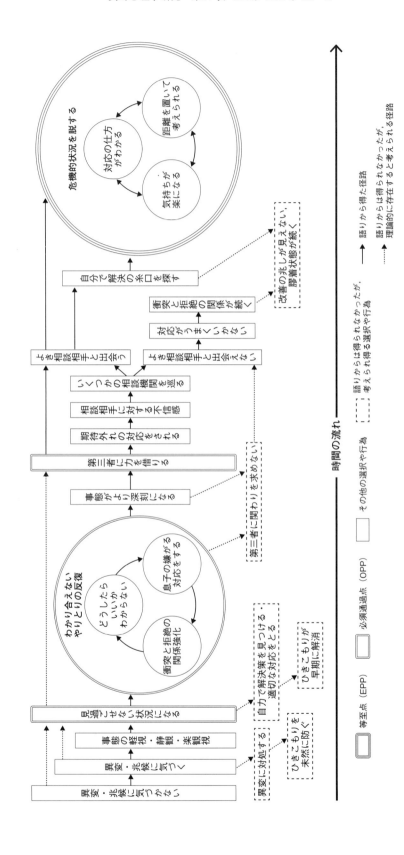

図1 ひきこもりへ移行してから危機的状況を脱するまで

る】を経験していた。以下，第一期と第二期のTEM図を基に詳細に述べる。

a）第一期：ひきこもりへの移行と事態の深刻化
〈第一期：ひきこもりへの移行と事態の深刻化〉の詳細を図2に示す。子どもが抱える課題や学校での不適応について，親が必ずしも正確に把握しているわけではない。「授業に出ないで体育館の裏に一人でいたとか，（中略）そういうのを後で聞いてびっくりした（Am）」など，息子の学校でのつまずきやトラブルが「思っているよりも見えていなかった（Bm）」と振り返る親もいる。また，大学に「行ったふりをしていた（Bf）」など本人が学校の様子を隠している場合もある。ひきこもりに至るまでには子どもの【異変・兆候に気づかない】時期が少なからずある。そして，「単位がほとんど取れていない（Bm）」，「就活している様子が全くない（Df）」ことで【異変・兆候に気づく】ようになる。しかし，「大学に行っていないことがあっても大丈夫だろうと少し楽観的な時期があって（Bm）」「自分で乗り越えていくんじゃないかと思った（Cf）」「（就活をしていなくても）それほど大変なこととは受け止めなかった（Df）」と，【事態を軽視・静観・楽観視】する。ところが家から出ることがなくなるとやがてさまざまな問題が生じてくる。学校に在籍していれば「進級できるかできないか（Cm）」とすぐに留年の危機が迫ってくる。やむを得ず休学をしても「大学には7年いた（Bm）」「2回復学したけど結局だめだった（Cm）」というように学生生活に長い年月を費やしたうえに退学になるということもある。その間に払い続ける学費もばかにならず，「収めた授業料はかなりの額（Bm）」になり，親によっては「ドブにお金を捨てるようなものだ（Cf）」と退学を選ぶこともある。学校生活や就職活動でうまくいかない時期が続くと，家庭内で息子の暴言が増えたり，物に当たることが多くなる場合がある。「家の壁には何度も穴が空きました（Cf）」といった不穏な行動が増えてくるなどいよいよ【見過ごせない状況になる】。

見過ごせない状況になっても，親は【どうしたらいいかわからない】。原因や理由を知ろうにも本人に「聞いても言わない（Am）」ために「何を考えているのかわからない（Af）」。会話があっても，「正直言っ

て何でこうなったのかはよくわからない（Df）」とひきこもりに至る理由がはっきりしないし，「なかなか本人の本当の心の中ってわからなくて（Dm）」と気持ちを掴むことも難しい。「（大学に）はっきり『行かない』とも言わない（Cm）」「『じゃあ何をしたいの？』っていう質問にも答えない（Am）」と，明確な意思表示をするわけでもない。原因や気持ちだけでなく，本人が望んでいることもわからず，親はますますどうすればいいかわからなくなる。

どうしたらいいかわからない状況で親がとる対応はしばしば本人への配慮を欠いたものとなり【息子の嫌がる対応をする】。例えば「ちょこちょこ小言を言って（Df）」「随分叱った（Df）」と，息子の現状を批判したり責めたりしてしまったり，しつこく本人を問いただしてしまったりする。また，「この先どうするつもりだ（Df）」と進学や就職など本人の嫌がる将来の話をしようとしたりする。さらに「常識的なことを返しちゃうと反発される（Cf）」というように，正論や一般論を話すことで息子の反発を呼ぶこともある。この時期，言葉によって本人の行動を変えようとする親の試みはうまくいかないことが多い。それでもどうにか本人を動かしたい親は強硬手段をとることがある。例えば，「何度か部屋から引っ張り出そう（Af）」と力ずくで部屋から連れ出そうとしたり，本人が多くの時間を費やしているゲームや「パソコンを取り上げ（Bf）」たりする。また，お金が必要になれば働くだろうと「小遣いはやらない（Df）」で経済的に追い詰めてしまうこともある。親からすると息子を外に出そうという思いがあっての行動であるが，息子にとっては不快で一層追い込まれたりする行為であるため大概裏目に出てしまう。

「だから本人も私と顔を合わせたくないわけですけど（Df）」というように，嫌がる対応を続けていると息子から避けられたり無視されたりするようになる。また，話せば「親に対する恨みつらみみたいなことを長々と（Bm）」「言った言わないで因縁つけてくるんだわ（Af）」と口論になり，お互いに「すっごいイライラして（Bm）」しまう。このようなやりとりがエスカレートすると「こちらの方で『もう，うるさいな』って言い出したら，まぁ暴力を振るうようになってきて（Bf）」「まぁ私が最初に叩いたんですけ

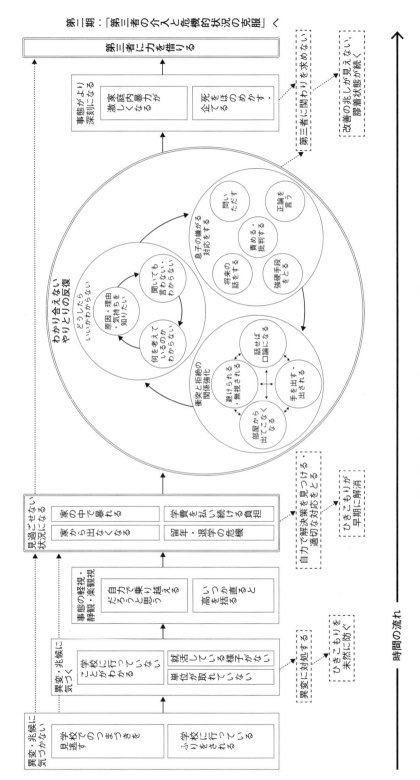

図 2 第一期：ひきこもりへの移行と事態の深刻化

ど（Bm）」というように手を出す・手を出されるという関係に発展してしまう。このようなことが起こると，本人はますます部屋から出てこなくなってしまう。次第に親は腫れ物に触れるよう本人を扱うようになり，こじれると「何年も（2階の部屋から）降りなかったよ。全く顔を合わせなかった（Am）」と，年単位で部屋から出てこなくなってしまう場合もある。このように息子の嫌がる対応を続けていると，"衝突する"か息子に"拒絶されるか"といった極端なかたちの親子関係を強めてしまい，【衝突と拒絶の関係強化】をしていると考えられた。こうした親の【どうしたらいいかわからない】【息子の嫌がる対応をする】【衝突と拒絶の関係強化】という一連のサイクルを【わかり合えないやりとりの反復】と名付けた。

いがみ合い，相手の心を閉ざすような関わり方を続けていくと【事態がより深刻になる】。Cさんの家庭では，息子が「何かあると暴力的になってしまう（Cf）」ようになり暴れ方も「かなりこう激しく（Cf）」なった。暴力の激しさも頻度も増していき「もう限界だ（Cm）」というところで「警察に通報してそのまま病院に運んでもらった（Cf）」という。このように【家庭内暴力が激しくなる】と，警察が介入し，そこから強制入院というところまでいかないと抑えられなくなる場合もある。

息子が「死にたい」と言いだすようになって動揺する親もいる。実際，「もう何百回も聞いた（Cm）」というように，ひきこもりの家庭においては本人が「死にたい」と口にすることがある。しかし，死をめぐる本人の行動が，家族にダメージを残すことがある。例えばBさんの家庭では，息子から繰り返し「職場に電話が掛かってくるように（Bm）」なり，「『死にたい』と訴えてくる（Bm）」ようになった。「当時はどう対応していいかわからなくて，ものすごくオロオロした（Bm）」という。次第に職場の人たちに「『何をやっているんだろう』っていう目で見られ（Bm）」るようになり，Bmさんが退職する一因となった。親としては「本当に命を落とすようなことがあったら大変だという思いが強くあり（Bm）」無視できないのである。死をほのめかすだけでなく，実際に行動に移されてしまうこともある。Aさんの家庭では，息子が「押し入れの中に紐を掛けて（Am）」自殺の準備をしていた。実

行に移していたまさにそのタイミングで「たまたま部屋に入った弟が（Am）」発見し，事なきを得た。Amさんは「まさか本当にやるとは思っていなかった」し，「物凄いショック」を受けたという。このような【死をほのめかす・企てる】本人の行動によって，親は事態の深刻さにあらためて気づかされることがあるのである。

以上のように，息子が見過ごせない状況になり，心を閉ざすやりとりを繰り返して親子関係が悪化し，さらに事態が深刻になると家族の力だけではどうにもならなくなってくる。自分たちだけでは解決できないことを感じた親は，家族以外の【第三者に力を借りる】ようになる。

b）第二期：第三者の介入と危機的状況の克服

〈第二期：第三者の介入と危機的状況の克服〉の詳細を図3に示す。事態がより深刻になり家族の力だけではどうにもならなくなってくると，親は【第三者に力を借りる】ようになる。例えば，「主人と話し合って"話そう"と決めたんですよ。（中略）親戚に息子の状況を話して，田舎のお母さんにも話して（Bm）」というように，親戚や知人に息子のことをカミングアウトして家族以外の人にも相談するようになる。また，「学生相談の方にもお電話して（Cm）」，「大学のカウンセラーが紹介してくれたお医者さんのところに通うことにしたんですね（Bm）」，「○○○（ひきこもり支援機関）に行って，△△先生に相談するようになって（Am）」，「家族会に行き始めていろいろ皆さんの話を聞かせて頂いたり，時々は先生に質問したりして（Dm）」といったように，家族以外の第三者に相談を持ち掛けるようになる。

このように家族以外の人に助けを求めるなかでよき相談者に出会えればよいが，必ずしもすぐに適切な相談者が見つかるわけではない。「『あなたが働いているからこういう状況が起こっているんだ』ということを，まぁ面と向かって言われたわけですよ（Bm）」と育て方や対応を批判されて傷ついたり，「薬飲んだって何も変わらねぇもんな（Af）」「薬に振り回せれている（Bm）」と投薬だけの治療で事態が改善しないこともある。また「『お母さんは息子さんに一切関わらないでください』っていうふうに言われて（Cm）」「何度

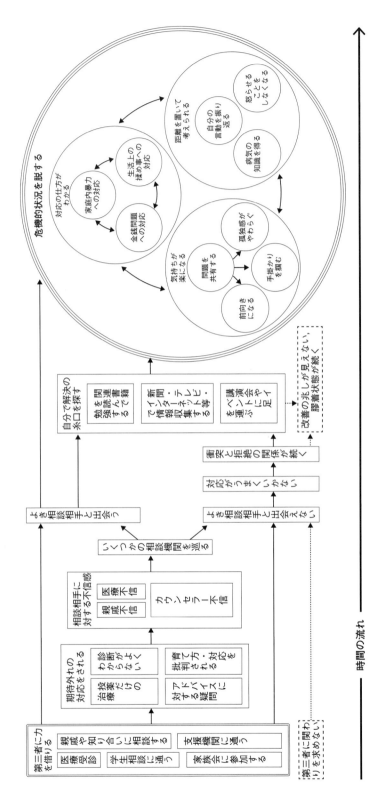

図3 第二期：第三者の介入と危機的状況の克服

も行って先生と話したけども，理由はやっぱしわかんないしね（Am）」と的外れなアドバイスに落胆したり，「××先生なんかはずっと診断名を言わなくて，何度聞いてもはっきりしなくて（Bf）」と診断がよくわからなかったりするなど，専門機関のミスリードによって時間を浪費してしまうこともある。訪ねた相談機関でこうした【期待外れの対応をされる】ことで，「あたしはあんまり信用してない（Am）」「普段の診療に対する不満に繋がっていって（Bm）」と，【相談相手に対する不信感】を持ってしまう親もいる。特に本研究のインフォーマントのように，90年代初頭，“ひきこもり”の概念さえも整理されていない時代に解決策を求めていたひきこもりの家族に十分に対応できる相談機関は乏しかった。当時のひきこもりに対する認識は医療機関にも浸透しておらず，さまざまな診断名を告げられては家族が混乱するということもあった。石川（2007）は，「待ちなさい」という援助者のアドバイスに親が忠実に従った結果，本人は何の変化も起こらないまま成人年齢を迎え，自宅どころか自室からも出られなかったり，親を責め続けてときには暴力を振るったりするという90年代の家族の混乱について報告している。ひきこもり支援の黎明期にあった当時においてはカウンセリングや医療に対して不信感を持った家族が少なからずいたと考えられる。このような時代背景もあり，よき相談相手と出会えず，好ましくない対応を続けることで深刻な事態を長引かせてしまったり，「なんか意味がわからなくって（Am）」と相談に行くのをやめてしまったり，「改善じゃなくて堂々巡りが多くて。まぁ病院も替えるかって（Bf）」といくつかの相談機関を巡ったりする家族もいる。

よき相談者に出会う，出会わないに関わらず，親は【自分で解決の糸口を探す】ための行動をとる。例えば，「手立てがわからなかった（Am）」「その時はまだ知識がなかった（Cm）」ために，「図書館に行ったり本屋さんに行ったり（中略）それでいろいろ本なんかも読んだりしました（Cm）」というように，ひきこもりの【関連書籍を読んで勉強する】。また，「ちょこちょこ新聞で情報を（Cm）」「1年間ぐらいNHKで（ひきこもりが）取り上げられましたよね（Cm）」，「パソコンをちょっと開いてみて（Dm）」というように，【新聞・テレビ・インターネット等で情報収集す

る】。さらに「あるとき△△さん（本の著者）の講演会が東京であるということで，（中略）実際にお話を聞きたいとずっと思っていましたから，息子を誘って行ったんですよ（Cm）」というように【講演会やイベントに足を運ぶ】こともある。息子の状況をよくするために親はこのような努力をするが，学んだ知識や情報が身につくかどうかは人による。例えば「『あっ，これだ！』って思いまして，手掛かりを掴めたと。（中略）で，それが私の息子に対する対応の土台になってます」という人もいれば，「会話の仕方とか……結局私は理解できなかった。言っちゃいけない言葉とか，私には意味がわからないのね，今だね。そういう言葉の問題じゃないんじゃないかっていう感じがするのよ（Am）」という人もいる。仕入れた知識や情報をどう理解しどう解釈するか，そしてそれがどの程度行動の変化につながるかといった部分には個人差があり，行動を変えられない親は【対応がうまくいかない】。【衝突と拒絶の関係が続く】か否かは，その親の対応次第といえる。

一方，【いくつかの相談機関を巡る】なかで【よき相談相手と出会う】と事態は好転する。どうすればよいかわからず，息子とのいさかいが絶えなかった親も，相談者のアドバイスで具体的な【対応の仕方がわかる】。そして実際に対応の仕方を変えることで衝突が減る。例えば，Cさん宅では家庭内暴力が激しくなり親の力では押さえられなくなっていたが，警察への通報は「息子への情（Cm）」から「踏み切れない（Cm）」でいた。しかし，相談に乗ってもらっていた通院先の医師と「暴力があった場合は必ず警察に通報する」という方針を明確にした。「そのことを本人にも話して（Cf）」実際「警察には2回お願い（Cf）」したという。「かなり威圧的に向かってくることが度々あった（Cf）」がこうしたやりとりを通して「段々暴力はなくなっていった（Cf）」という。このように，相談相手と事前に【家庭内暴力への対応】について話し合っていたことでより深刻な状況を回避できるようになった。

また，ひきこもりの息子と生活するなかで「それこそ洗濯の仕方とか布団の干し方（Am）」で親子が揉めることもある。Afさんはカウンセラーから「お互いの生活スタイルは変わらなくても言い方は変えられ

る」と言われ，「優しく言うように心掛け（Am）」ることで衝突が減ったという。相談相手と【生活上の揉め事への対応】について検討し，接し方を変えることでトラブルを減らすことができる場合がある。

ひきこもりの家庭では休学中の学費をどうするか，国民年金の支払いをどうするか，小遣いをどうするか等々，【金銭問題への対応】で悩むことがある。なかでも小遣いは"渡すかどうか"，渡すなら"どれぐらいの金額を渡すか"明確な基準がないために迷う親もいる。就労年代の息子に小遣いを渡すということは一般的な家庭ではあまりないことなので親が相談できる相手は少ない。実際小遣いをめぐって息子と揉めてしまう家庭もある。Dfさんは就職活動をしないで家に居る息子に対し，はじめは「働かざる者食うべからず（Df）」という思いで小遣いを渡さないでいたという。しかし，家族会で先生に相談したところ「それは息子さんと話し合って定額を渡してあげてください」と言われ，毎月小遣いを渡すようになった。お金に関する話し合いをするには親子に理性的な対話が求められ，葛藤の強い親子にとっては難しい局面といえるが，親子間にルールや合意，約束を生みだすという意味では貴重な機会でもある。

第三者と相談をするなかで親は【自分の言動を振り返る】ようになる。これは相談者に指摘されて自分のふるまいと向き合うような場合もあれば，話をしているうちに自分で気づきを得るような場合もある。例えば，Cfさんは息子と話すと度々反発されて口論になっていた。通院先の先生からは「表面的なことだけではなくて，内面的なことにも関わってください」と指摘され，「要するに，常識的な，一般的な話をしてしまうんですよね（Cf）」と自分の会話のクセを省みた。また，Dmさんは息子に「どうしたいの。これからどうするつもり」と先のことについて尋ねることがよくあったが，息子は「いつも黙って何も言わな（Dm）」かった。カウンセラーと相談をするようになって「聞かれたくないことをばかり聞かれたら誰だって無視したくなりますよね（Dm）」と考えるようになった。

衝突につながるようなやりとりを親子で繰り返してしまうことはままあるが，自分の言動を省みるようになった親は【怒らせることをしなくなる】。例えば，Bさん夫婦は「最初の頃はね，もう腹が立ったり，わ

けがわからなかったりで，すっごく子どもにつらく当たっていたと思います。二人（夫婦）とも，怒ったり，威圧的になったりとかしやすくて」と息子に当たり，それがもとでよく衝突していた。しかし，自分たちの言動が息子を追い込み，気持ちを逆撫でしていると考えるようになってその言動を改めた。

息子の気分の浮き沈みや言動の異様さなどから「ただのひきこもりなのか，それとも精神的な病気のものなのか，そのへんはどっちなのか正直なところわからなくなってきて（Bf）」と，息子の精神疾患を疑う親もいる。医療機関を訪れ，【病気の知識を得る】ことで違う角度から息子を見られるようになる。複数の病院でいくつもの診断名を聞かされたり，的外れに感じる診断を告げられたりすると親は混乱するが，下された診断が納得できるものであると親の見方は変化する。Afさんははじめ息子を「ただの怠け（Af）」であって「病気だとは思ってなかった（Af）」が，医師から説明を受け「だいぶ違うよ。病気ってことを理解しただけでも，接し方が随分変わった（Af）」という。また，息子のこだわりや強迫行動などがきっかけで揉めることが多かった親も，その行為が症状や性格特性によるものだと理解するようになると巻き込まれにくくなる。

このようによき相談者と出会い，親が【自分の言動を振り返る】【怒らせることをしなくなる】【病気の知識を得る】ということは，衝突したり巻き込まれたりして視野が狭くなった親が，息子と【距離を置いて考えられる】ことだと理解できる。

他者に相談することで感情面にも変化がある。例えば，「孤立してると思ってた（Cm）」という母親も，「娘がひきこもりに関心をもってくれたんです。すごく嬉しいですよね（Cm）」と，【問題を共有する】相手ができることで【孤独感がやわらぐ】。また，相談相手と息子について一緒に考えていくなかで，それまで理解できていなかった，あるいは見えていなかった息子の気持ちについて「なんとなく手掛かりが得られて（Cm）」，息子の気持ちを知る【手掛かりを掴む】。さらに，「家族会でいろいろ皆さんの話を聞かせて頂いたり，時々は先生に質問したりして，エネルギーを貰ったっていうか，私，踏ん張ろうと思ったんです（Dm）」と，気持ちが【前向きになる】。このように，親は相談相手と問題を共有することで孤独感がやわら

ぎ，息子の気持ちを知る手掛かりを掴み，前向きになることで【気持ちが楽になる】ものと考えられた。

以上のように，事態が深刻になり家族の力だけでは解決できなくなった親は，第三者に力を借りるようになる。よき相談者に出会うと【対応の仕方がわかる】，そして息子と【距離を置いて考えられる】ようになり，【気持ちが楽になる】。よき相談者に出会うことによるこれらの変化によって親子は【危機的状況を脱する】ものと考えられた。そしてそれは〈第三期：親子関係の再構築と社会参加の見守り〉につながっていく。

2　長期化と変容の分岐点

ここまで，「ひきこもりへ移行してから危機的状況を脱するまで」の親の体験プロセスについて複線径路・等至性モデル（TEM）を用いて説明してきた。ここでは，作成したTEM図からひきこもりの長期化と変容の分岐点について検討する。

（1）息子のシグナルへの初期対応

ここでは，息子の異変に対する親の初期対応について考察する。まず親は，息子が学校の人間関係でうまくいっていない，学校に行っていないなど，ひきこもりに至る以前の【異変・兆候に気づかない】ことがあった。これは親が異変や兆候を見落としてしまう側面と，息子自身が，学校での不本意な状況を親に隠そうとすることで発覚が遅れてしまうという側面があった。さらに，親は何らかの異変に気づいたときに，介入して息子の異変に対処するのではなく，【事態の軽視・静観・楽観視】をしてしまうことがあった。どうにかなるだろうとやり過ごすうちに事態は悪化し，やがて息子は家にこもることが多くなる。次第に息子が家で暴れるようになる，あるいは部屋から全く出なくなるといった見過ごせない状況になってようやく改善に向けて動き出す場合があった。

息子の異変や兆候に気づいた段階で親がどのように対応するかは，ひきこもり状態へ移行するか否かの分岐点になると考えられた。不登校経験者の大半はひきこもりに移行せずに学校復帰や社会参加を果たしていることを考えると，この段階での親や周囲の介入は多くの場合功を奏しているのだろう。この段階での介入

がうまくいかなかった，あるいは介入を行わなかったケースがひきこもり状態に移行していくと推測される。当時（90年代）はひきこもりの概念も整理されておらず，親が息子の状態をひきこもりであると認識するまでにも時間がかかった。まして初期の段階で息子がひきこもり状態になることを予測できた親はほとんどいなかったであろう。さらには，息子がひきこもりだと認めたがらない親もいた。異変や兆候のシグナルを親が見落としてしまうこと，気づいても不適切な介入をしてしまうことは長期化につながる一因だと考えられた。

（2）他者に聞く，自ら動く

本研究の体験プロセスにおいては，【わかり合えないやりとりの反復】を改善し【危機的状況を脱する】ことが親の取り組む大きな課題であると示された（図1）。この状況に留まることは長期化の一因になると考えられた。一連のプロセスを検討した結果，課題解決を左右する分岐点が3点見出された。それは親が①第三者に相談できるか否か，②よき相談相手に出会えるか否か，③自力で解決策を探せるか否か，である。

①図2の【わかり合えないやりとりの反復】で示したように，反復維持の要因の一つは【どうしたらいいのかわからない】であった。家族の力だけでは問題を解決できず，他者の介入なしに事態を好転させることは困難な状況である。この段階で親が第三者に相談できるかどうかはその後の状況を左右していた。第三者に相談するまでに費やす時間が長くなり，事態がより深刻になる家庭もあった。しかし，親にとってひきこもりを抱える家庭状況を話すということは，知られたくない家族の秘密を他人に晒すことでもあるのだろう。自分の子育てを批判されたり世間体が気になったりするためにカミングアウトには抵抗感があり，援助要請を躊躇したり先延ばししたりすることがあった。ここでの時間の浪費は長期化の一因になると考えられた。この時期の親に期待されるのは，他者に打ち明ける勇気や援助を求める姿勢ではなかろうか。

②親が第三者に相談を持ち掛けることができたとしても，よき相談相手と出会えるか否かはその後の状況を左右する分岐点であると考えられた。図3から，親が【第三者に力を借りる】ことは，同時に【よき相談

相手に出会う】と【よき相談相手に出会えない】の分岐点でもあった。よき相談相手に出会えれば【危機的状況を脱する】こともできるが，出会えなければ【自力で解決の糸口を探す】ことなしに危機的状況を脱することは困難であった。「結果と考察1（2）b）」で示したように，親戚に相談したが批判されて傷ついた，医者にかかったが求めている情報が得られなかった，診断がよくわからない，投薬だけの治療で振り回された，カウンセラーの助言に疑問を持った等，せっかく相談を持ち掛けたものの期待外れの対応に遭うことがあった。傷つけられたわりに具体的な対策は聞けなかった，的外れな助言をされたなど，残念ながら援助者側の力量不足が否めないケースもあった。さらに，医療機関をたらい回しにされたりいくつもの相談機関を探し回ったりした結果，徒労感や不信感から相談に行かなくなってしまう親もいた。このように，援助者側のミスリードで有効でない治療や援助に時間をかけてしまったり，支援機関巡りに労力を費やしてしまったりということは長期化の一因になると考えられた。この時期の親に求められるのは，ひきこもりの対応に詳しい支援機関の情報を入手することと，よき相談相手を根気よく探す姿勢ではないだろうか。

③第三者に相談する前でも後でも，親が自力で解決策を探すだけの行動力をもっているか否かはひきこもりの期間に影響すると考えられた。図3の【自力で解決の糸口を探す】から，ひきこもりの関連書籍を読む，新聞・テレビ・インターネットで情報収集をする，講演会や対策講座に参加するといった主体的な行動が，親の視野を広げたり，息子への対応を変えたりするきっかけになっていた。また，新しい公的サービスの情報を得て，息子の社会参加の足掛かりを見つけた人もいた。一方で，自力で解決の糸口を探すことをしない（あるいはできない）で，第三者に相談することも諦めてしまい，一つの段階に長く留まる家庭もあった。近年，ひきこもりに対応できる機関や公的な支援体制は日々広がりを見せており，現在受けられる支援がすべてではない。新しい情報を収集し，開発されたサービスや社会資源を活用することが変容の契機になることもあるだろう。

（3）対応の変化と心の安定

よき相談相手に出会い，家庭内暴力に代表される危機的状況を脱することが重要な課題であると述べてきたが，よき相談者と出会うことで親はどのように変わるのか。図3【危機的状況を脱する】によれば，まず，①具体的な対応の仕方がわかることだと考えられた。相談者と話すなかで家庭内暴力や生活上の揉め事，金銭問題にどう対応するかが明確になり，息子との衝突が減っていた。次に，②子どもと距離を置いて考えられるようになることだと考えられた。口論や衝突につながるやりとりに気づき，本人を怒らせるようなことを言わなくなることで衝突が繰り返されなくなったり，ひきこもりと関わりが深い病気の知識を得ることで本人のこだわりや過敏さと距離をとれるようになったりしていた。また，③相談相手と話すことで気持ちが楽になることも大きい。相談相手と話すなかで，息子の気持ちを知る手掛かりを掴んで前向きな気持ちになったり，問題を共有することで孤独感をやわらげ深刻な状況を凌いだりしていた。よき相談相手と出会うことで対応の幅が広がり，気持ちを切り替えながら危機的状況を乗り越えていると考えられた。

3　親の「負い目」と「支えになるもの」

ここでは，TEM図では十分に掬いきれなかった親の内的経験について記述する。とりわけ，ひきこもりの息子と同居する親の心理的負担，あるいは親にとって支えになるものについて考察していく。

（1）初期段階の母親の葛藤

社会参加を拒む息子と家庭内で長い時間生活を共にすることは母親にとって大きな心労をともなっていた。ひきこもりの性質上，母親自身が悩みに向き合う時間も非常に長いものになる。長い時間のなかで体験する出来事はさまざまであるが，ひきこもりの子をもつ母親特有の悩みがいくつか見えてきた。ここではひきこもりの初期段階にみられる母親の葛藤について検討する。

まず，息子のひきこもりを家族外の人に打ち明けるかどうかという【カミングアウトの難しさ】があった。母親にとって子どもがひきこもるということは自分の

子育てを否定されることにもなりかねず，基本的には不名誉なことである。世間体を気にする家庭においてはなおさら口外しづらい雰囲気となり，親戚にも隠し続けるという場合もあった。さらに，思い切って打ち明けたとしても望まない反応が返ってくることもあった。例えばBmさんは親戚に打ち明けたところ，「『あなたが働いているからこういう状況が起こっているんだ』ということを，面と向かって言われたんです。（中略）私は『働いているお母さんだからダメなんだ』って言われたわけなんです。これは結構きつくて……」と振り返った。改善に向けて第三者のサポートを得ることは有益だが，相手を選ぶ慎重さは必要であろう。

また，【母親の孤立感】も初期の問題と考えられた。「最初の何年かは一人で悩んでいたと思う（Dm）」，「もうほんとに孤立状態。（中略）やはり一人っていうのはすごい辛い（Cm）」というように，父親からの協力が乏しい家庭の場合，母親は不安や孤独を抱えながら一人で息子に向き合う状況に陥っていた。また，「息子のことが四六時中頭から離れないっていうか，何やってても（その考えが）ここにあるっていう感じでね（Dm）」と，毎日息子のことばかりを考え，生活の大部分がその考えに占められているような感覚になってしまっていた。

子育ての大部分を担う母親は【夫にもっと協力してほしい】と考える。しかしその一方で，【夫の仕事の邪魔はしたくない】とも考えていた。Cmさんは「私が主人に『（子育てを）もっと一緒にやってほしい』っていうふうに働きかけ過ぎちゃうと，主人は仕事ができなくなっちゃうんじゃないかって，すごく思ってた」と，夫の負担にならないよう気兼ねしていた。また，夫の協力が得られるようになったとしても，夫婦間で【子育て方針の不一致】が大きい場合，それはそれでストレスになっていた。「始めの頃はもう感じ方が全然違ってるんですよ，受け止め方が。この重大なことを，あんまりそんなに真剣に考えてないっていうか（Dm）」と考え方の違いが明らかになったり，「仕事柄そういう（不登校やひきこもりに関して）知識も経験もある人だっていうことで，ある程度主人を頼っていたんですよね。だけどちょっと違うなと。対応が違うなと（Cm）」と，期待していた対応をしてくれない夫への不満が生じたりするなど，夫婦の足並みが揃

うとは限らない。夫が子どもに関わるようになったとしても，夫に不本意な対応をされてしまったがために，母親にとっては後悔の体験になってしまうこともあった。

（2）育て方への後悔と反省

ひきこもりの息子と暮らす長い生活のなかで親はいくつもの悩みを抱えていた。また，親子が置かれている状況や段階によって生じる悩みは異なっていた。一方で，どの段階においても一貫してつきまとう悩みや繰り返し行われる心の動きがいくつか見えてきた。その一つは，【育て方への後悔と反省】である。

【育て方への後悔と反省】は，親自身が息子への関わり方や子育ての仕方について後悔と反省を繰り返すことを表している。「『友だちが遊びに来ないな』とか，『部活も入らないな』とか，気になることはその折々にあったんですけども，それをしっかり受け止められなかったっていうか（Dm）」という気づいてやれなかった後悔や，「私たちは教師でしたから，帰ってきても同じような態度で子どもと接していたかもしれないですね。言い方とか，叱り方も（Bm）」といった職業的役割のまま息子に接してしまった反省もあった。また，「まぁ僕もはっきり言って企業戦士でね，（中略）夜遅くまで飲んだりして，ろくすっぽ子どもたちとはね（Df）」と息子と関わってこなかったことへの反省をしたり，「『助け合いながら生きていこうよ』という話だとかを話しましたら，（息子は）あんまり返事はしないんです。（中略）どうしても私も常識的なこう，一般的な話をしてしまう（Bf）」といった建前や正論を話してしまう反省もあった。こうした内省作業を母親も父親も行っていた。

親たちは，結果的に「ああしておけばよかった」「あれをやらせておけばよかった」という反省を繰り返し，記憶に残る後悔をいくつももっていた。例えばDmさんの息子は「中国の漫画とか読んだり（Dm）」するほど歴史が好きだった。友だちは少なかったが歴史に関しては「ずーっと興味が続いていた（Dm）」という。しかし，Dさんが大学で歴史を学びたいというと「そんなんじゃ飯は食えないからやめろ（Df）」と言って親が進路を変更させた。その後，Dさんが大学生活を謳歌できなかったことからDmさんは「ちょっと後

悔してるところですね。折角の興味をね, 潰しちゃったかな」と, 自分たちが息子の興味・関心を閉ざしてしまったと考えており, そのことが長く心のしこりになっていた。

このような【育て方への後悔と反省】は先行研究にも同様の概念がみられる。斎藤・本間・真壁・内藤 (2013) の研究では「原因は自己の不適切な関わり」という概念であり, 子どもがひきこもったのは, 母親として適切に対応できなかった自己の責任だと思っていることを表す。これを子どもに批判されると母親は傷つき, 自尊心を低下させるという。廣瀬 (2013) の研究では「拭いきれない贖罪感情」という概念であり, 「親が自分でなければわが子はひきこもりにはならなかったのではないか？」という葛藤である。この葛藤は繰り返し原因探しをするために親の心理的負担となる一方で, 本人へのアプローチを行う原動力となっているという。ひきこもりという問題がそう簡単に解決へと至らない問題である以上, 子への対応を悔やみ自らを責め続けてしまうことは, ひきこもりの子をもつ親に共通する体験ではないだろうか。

(3) 母親にとって支えになるもの

母親たちの語りから, ひきこもりの長期戦を生き抜くうえで支えとなった事柄についての具体的な出来事がいくつか挙がった。例えばDmさんは【夫が責めないでいてくれた】ことに助けられたと語った。「20何年もかけて育ててきたのにね, いろんなことを見落としていたんです。だからそういう親としての至らなさに, もう自分で潰れそうになっていたもんですから。(中略) でも主人が一度も私のことを責めなかったんですよ。『お前がどうのこうの』っていうことが一度も無かった。それにはね, とっても感謝してます」と責めないでいてくれた夫への感謝を話した。

またBm・Cm・Dmさんらは【夫が家族会に参加してくれた】ことが役に立ったと話した。例えばDさん夫婦は「家族会に行き始めてからは, 毎月のように (夫が) 一緒に来てくれるようになった (Dm)」といい, 家族会では「それこそ小遣いのやり方から教えてくれる (Df)」など具体的な対応について検討することができた。そして「いろいろ皆さんの話を聞かせて頂いたり, 時々は先生に質問したりして, 少しずつ落ち着いていきましたね (Dm)」と語った。子どもの対応について一緒に考えてくれる夫の存在が母親の孤独感をやわらげ, 家族会での勉強が息子への接し方に一貫性をもたらしたと考えられた。

また, 息子のきょうだいや親戚, 主治医やカウンセラーなどの【夫以外の人の関わり】も母親の支えになっていた。例えば, Cmさんにとって息子のひきこもりに向き合い始めた頃「一人っていうのはすごい辛い」ものだった。そんななか, 娘が「ひきこもり関係の本を買って読もうとしてくれ」たり, ひきこもりを特集する「TV番組を観てくれたりして, すごく嬉しかった」という。「具体的に何をやってくれるかじゃなくて」悩みを共有することで「楽になったりする」のだと話した。

また, Bmさんは叔父が息子によい経験をさせてくれたと話す。叔父が自営業 (工事関係) の現場に息子を連れて行き, 一緒に仕事をしてくれた。「現場に行って直したらお客さんに喜ばれ (中略), 息子はすごく感動していた」という。叔父にも家庭があり子どももいるため, 息子との関係は一時的なものになったが, 「人と触れ合うチャンスをもらった」し「得たものはたくさんあった」と考えている。

さらに, Cmさんにとっては主治医の存在が大きな支えになった。Cさん宅では息子の家庭内暴力がエスカレートし緊迫した状態に陥っていたが, 主治医が具体的な対応を示してくれたおかげで収めることができた。また, 母親自身の苦しみを「○○先生にお話しすることで, 何か解決策がみえるわけではないのだけれど, なんとなく手掛かりが得られて気持ちが楽になる」と語った。

これらは母親にとって支えられたと感じたエピソードである。では, 母親たちはどのような人物に支えられたといえるのだろうか。本研究では, 夫や親戚, 主治医に支えられたと語る人もいた。一方で, 夫や親戚, 主治医に傷つけられたという人もいた。真壁・本間・斎藤・内藤 (2014) はひきこもりの親の会に参加している親312名にアンケート調査を実施し, 役立った相談相手と役立たなかった相談相手をそれぞれ調査した。その結果, 精神科医は親の会のメンバーに次いで2番目に役立った相談相手として評価された。しかし一方で, 1番役立たなかった相談相手としても評価された。

考えてみれば当然のことであるが，職業や肩書，血縁といったもので人が支えられるわけではない。真壁ら（2014）の調査によれば，親が相談相手としてふさわしいと感じるのは人間性のある人であり，相談者の態度として話や気持ちを受け止めて親身になってくれることが役立ったと感じるのだという。また，相談相手は知識や情報を持っていることが重要であり，具体的にどうしたらいいかわかることが必要だという。これは，【よき相談者と出会う】と【対応の仕方がわかる】という本研究の結果とも一致する。

そもそも母親は何を求めて他者に相談をするのだろうか。斎藤・本間・真壁・内藤・本間（2013）によれば，母親が親の会に参加を決断する動機として，苦しみを「分かち合いたい」，行き詰まりを打破するために「先の展望が欲しい」，「有効な情報獲得への期待」の3つを挙げている。本研究の結果からは，【よき相談相手と出会う】ことによる親の変化は，具体的な【対応の仕方がわかる】こと，【問題を共有する】ことで【気持ちが楽になる】こと，知識・情報を得ることで息子と【距離を置いて考えられる】ようになることであった。斎藤・本間・真壁・内藤・本間（2013）と本研究の結果を突き合わせると，親の相談する動機と相談した結果は概ね一致していると考えられる。

母親を支えるための条件を整理すると，母親側には他者に悩みを共有することが求められる。他者に相談することで傷つけられる怖さもあるが，打ち明けることなく内に秘めているだけでは援助を受ける機会につながりにくい。相談者側には，①親身になって話や気持ちを受け止める姿勢があり，②ひきこもりに関する知識や情報を持ち，③具体的な対応策を提案できることが求められると考えられた。受容的に聴いているだけでは立ち行かなくなるのがひきこもり支援の特徴の一つではないだろうか。いずれにせよ，これらの条件が揃えばどのような立場・職業であっても母親を支えることはできる。裏を返せば，これらの条件を持ち合わせていなければ，どのような資格・経歴をもっていてもひきこもりの支援者としては不十分なのかもしれない。

4 本研究の限界

本研究は，ひきこもりの子をもつ親の長年の体験プロセスを明らかにするために，息子がひきこもってからすでに10年以上が経過している，いわばベテランの親たちをインフォーマントにした。しかし，サンプル数は夫婦4組8名の親であり，得られた体験のバリエーションには追加の余地があるといえる。調査協力者の家庭でひきこもっているのは息子であり，娘がひきこもっている家庭は調査に含まれていない。娘の場合，就労への社会的圧力が比較的少ないため息子とは異なる体験プロセスがあるかもしれない。また，息子がひきこもり始めた時期は高校卒業～大学卒業後数年以内であり，小・中・高校の不登校からひきこもりにつながったケースとはひきこもり開始時の体験に違いがあると考えられる。また，社会人を数年経験してから初めてひきこもりになったケースも含まれていない。本研究は両親健在の家庭を調査対象にしており，ひとり親の家庭には違った体験プロセスがあるかもしれない。離婚・再婚を経験した家庭についても同様であり，本研究のデータ収集上の限界である。

なお，本研究で図示した体験プロセスは，調査の前半部分である「ひきこもりへ移行してから危機的状況を脱するまで」までの体験プロセスである。それ以降の体験プロセスについては別稿であらためて報告したい。

引用文献

廣瀬眞理子 (2013) ひきこもり者の社会再接続へとつながる親の関わりプロセスに関する質的研究. 家族心理学研究, 27, 137-151.

石川良子 (2007) ひきこもりの〈ゴール〉——「就労」でもなく「対人関係」でもなく. 青弓社.

真壁あさみ・本間恵美子・斎藤まさ子・内藤守 (2014) ひきこもり親の会メンバーの相談についての体験. 新潟青陵学会誌, 6 (3), 45-52.

内閣府 (2010) 若者の意識に関する調査（ひきこもりに関する実態調査）報告書. 内閣府政策統括官（共生社会政策担当）.

能智正博 (2000) 質的（定性的）研究法——仮説生成

を中心に. 下山晴彦（編）, 臨床心理学研究の技法
（pp.56-64）. 福村出版.

戈木クレイグヒル滋子（編）(2013) 質的研究法ゼミナー
ル第2版──グラウンデッド・セオリー・アプロー
チを学ぶ. 医学書院.

斎藤まさ子・本間恵美子・真壁あさみ・内藤守 (2013)
ひきこもり親の会で母親が子どもとの新たな関わ
り方を見出していくプロセス. 家族看護学研究, *19*,
12-22.

斎藤まさ子・本間恵美子・真壁あさみ・内藤守・本間昭
子 (2013). 高校・大学時でひきこもりとなった子ど
もをもつ母親の体験──ひきこもり「親の会」に参
加するまで. 新潟青陵学会誌, *5* (3), 21-29.

サトウタツヤ（編著）(2009) TEMで始める質的研究──
時間とプロセスを扱う研究をめざして. 誠信書房.

全国引きこもりKHJ親の会家族会連合会 (2014) ひきこ
もりピアサポーター養成・派遣に関するアンケート
調査報告書. 全国引きこもりKHJ親の会（家族会連
合会）.

（2015.8.11受稿, 2017.2.17受理）

質的心理学研究　第17号／2018／No.17／43-64

投影法から見るレジリエンスの多様性
——回復への志向性という観点

平野真理　東京家政大学人文学部
HIRANO Mari　Faculty of Humanities, Tokyo Kasei University

綾城初穂　福井大学大学院教育学研究科
AYASHIRO Hatsuho　Graduate School of Education, University of Fukui

能登眸　一宮メンタルクリニック
NOTO Hitomi　Ichimiya Mental Clinic

今泉加奈江　東京家政大学人文学部
IMAIZUMI Kanae　Faculty of Humanities, Tokyo Kasei University

要約

レジリエンスの個人差は，これまで主に自己評価式尺度による能力測定，あるいは，何らかの一義的な適応基準（精神症状の有無等）によって判断されてきた。しかしながら，レジリエンス概念を通したより丁寧な支援と理解を考えるならば，本人が意識せずに有しているレジリエンス能力や，個々人で異なる回復・適応状態の特徴を描き出せるような視点が必要であると考えられる。そこで本研究では，レジリエンスの個人差をより豊かに理解する新しい視座を得るために，投影法を用いて個人の非意識的な側面も含めた行動特徴を捉えることを試みた。18～30歳の男女1,000名に，12種類の落ち込み状況を示した刺激画を提示し，登場人物が立ち直れるためのアドバイスを回答してもらった。こうして得られた12,000の記述データについてカテゴリー分析を行った結果，最終的に14のレジリエンス概念が見出された。続いて，得られた概念を相互の関連から理論的に整理した結果，14のレジリエンス概念は"どのような種類のレジリエンス"（「復元」「受容」「転換」）を"どのような手だて"（「一人」「他者」「超越」）を通して目指すのかという「レジリエンス・オリエンテーション」の視座からまとめられることが明らかとなった。本研究は，これまでのレジリエンス研究における一元的な個人差理解を超える，多様なレジリエンス理解の枠組みを提供するものである。

キーワード

レジリエンス，多様性，投影法，レジリエンス・オリエンテーション

Title

Multiplicity of Individual Differences in Resilience Expressed Through a Projective Method: A Perspective of Resilience Orientation

Abstract

Individual differences in resilience have previously been assessed through self-rating questionnaires or diagnostic criteria of mental disorders. For a deeper understanding of resilience and its application in clinical settings, it is important to describe unconscious aspects of resilience, which may reflect individuals' recovery/adaptation. The aim of this study was to identify an alternative perspective of resilience, including unconscious aspects, to facilitate an understanding of individual differences in resilience. A projective method was used and 1,000 participants (aged 18–30 years) were asked to look at 12 pictures and describe how to recover from different stressful situations. In total, 12,000 responses were collected and analyzed using a qualitative categorizing technique. We identified 14 categories of resilience, as well as the concept of resilience orientation, through which these categories could be arranged in terms of type (restoration/acceptance/conversion) and target (self/other/higher). These findings suggest that resilience orientation could be an alternative to traditional monistic perspectives on individual differences in resilience.

Key words

resilience, individual differences, projective method, resilience orientation

問題と目的

1 能力あるいは過程・結果としてのレジリエンス

　レジリエンスは，心理的傷つきや落ち込みからの心理的回復，あるいは困難な状況に対する心理的適応を示す概念である。もともと1970年代に研究が広がり，その後リスク研究や心的外傷後ストレス障害の研究との関連の中で発展してきた概念であるが（加藤，2009），9.11同時多発テロ以降のアメリカにおいて，心理的外傷を負った人々の心理的回復を理解しようとする中で盛んに用いられるようになった。日本においてもこれと同様の展開が見られ，特に3.11東日本大震災以降，人や社会の回復力を予測し得る概念としてレジリエンスへの注目は急速に高まってきている。

　レジリエンスという概念は適用範囲が広く，そのため定義についても「逆境」と「適応」というコア概念はありつつも，研究の文脈によって異なる定義で用いられてきた。レジリエンスに関する基礎研究には，レジリエンスを個人の能力として捉えその構造を探求しようとする研究と，レジリエンスを動的なプロセスと捉え探求しようとする研究の大きく2つの方向性があるが，特にこの両者の間には，レジリエンスの定義に大きなずれが見られる（Fletcher & Sarkar, 2013）。近年では，マステン，ベスト，ガーメジー（Masten, Best, & Garmezy, 1990, p.426）による「困難で脅威的な状況にもかかわらず，うまく適応する能力・過程・結果」という定義が，立場を問わず多く用いられるようになってきているが，現在でも両者の間にはレジリエンスについて異なった考えが見られている。

　レジリエンス研究はもともと，逆境に生まれながらうまく発達できる子どもへの注目から進められ，どのような特性を有していれば逆境に適応できるのかを探る研究が行われてきた（例えばRutter, 1990）。そこでは，レジリエンスという能力を有する者と有さないものがいる，という能力としての個人差が存在することが想定され，レジリエンスを有する者はどのような状況においても適応力を発揮すると考えられてきた。こうしたレジリエンスを能力として捉える流れは，その能力の構成要素の探求として続き，尺度測定研究へと発展した（Grotberg, 2003）。

　しかしその後，ある状況でレジリエンスがうまく機能したからといって，別の状況でも同じように機能するとは限らないという指摘がなされるようになり，レジリエンスをそうした能力として捉えることに異を唱える研究が行われるようになった（例えばLuthar, Cicchetti, & Becker, 2000）。この立場の研究においては，レジリエンスは逆境やイベントに直面した時に動的に生じる，状況と不可分なプロセスであると考えられた。そこでは能力として捉える研究において見落とされやすかった，状況および環境（家族やコミュニティ）との相互作用が重視されるようになった一方で，通状況的な個人のレジリエンス特徴については論じられなくなった。プロセス研究においてレジリエンスの個人差は，個人能力ではなくその状況において環境を含むメカニズムが機能しているか，すなわちレジリエンスが達成されているかどうか（例えばGarmezy, 1991）として表される。

　そうした流れから，レジリエンス研究においては通状況的側面と状況依存的側面の双方がそれぞれに注目され，並行して研究が進められてきた。

2 レジリエンス研究が抱える課題

　レジリエンスを能力と捉える立場において研究の中心となるのは，レジリエンス尺度を用いた量的検討である。レジリエンス尺度とは，能力としてのレジリエンスを構成するパーソナリティ特性（以下，レジリエンス要因と表現する）を数量的に評価するものである。英語で開発され利用されている主なレジリエンス尺度は15種類に及ぶことが報告されているが（Windle, Bennett, & Noyes, 2011），中でも Resilience Scale（Wagnild & Young, 1993）や Connor-Davidson Resilience Scale（Connor & Davidson, 2003）といったレジリエンス尺度は，英語だけでなく様々な言語に翻訳され，個人差に関する研究や，レジリエンスを高める介入の効果研究の中で盛んに用いられている。とりわけ日本においては，尺度研究からレジリエンスの個人差を理解しようとする研究が大半を占めていることが指摘されている（庄司, 2009；齊藤・岡安, 2010；

村木，2016）。こうした傾向は，日本においてレジリエンスを能力と捉える立場が優勢であることを示しているとも言えるが，より詳しく言えば，レジリエンス尺度そのものの開発を行う研究が多いというのが日本の特徴である（小塩・中谷・金子・長峰，2002；石毛・無藤，2005；平野，2010など）。小塩（2016）によれば，日本で独自に開発された尺度は代表的なものだけでも11種類にのぼる。

尺度の開発を通したレジリエンス要因の探求は，レジリエンスの構成要素を詳らかにし，概念の精緻化や，他の構成概念との関係性を検討していく上で重要である。また，特定の尺度を基準として用いることで，レジリエンスの横断的な傾向や縦断的な変化を表しやすくなることは間違いない。しかしながら，こうしたレジリエンス尺度は自己評価式質問紙であり，レジリエンスの個人差を理解するにあたっては限界がある。回復や適応は必ずしも意識的に行われているわけではなく，多くの場合，非意識的にも行われていると考えられる。そのため，回答者が自覚して報告ができる一側面だけを検討する自己評価式質問紙だけでは，レジリエンスの個人差を理解する上で限界がある。さらに，レジリエンス尺度における項目は，「私は○○できる」といったポジティブな能力に関するものが多いが，日本のように謙虚さを美徳として求められるような社会で生きる人々は，こうした質問項目に対して低く評価する傾向があると考えられる。例えば日本人の自尊感情得点は諸外国に比べて低いことが指摘されてきたが（Schmitt & Allik, 2005），質問紙を用いない実験的方法である潜在連合テストで測定された自尊感情については低くないことが示されている（Yamaguchi, Greenwald, Banaji, Murakami, Chen, Shiomura, Kobayashi, Cai & Krendl, 2007）。こうした日本人独自の傾向を踏まえるならば，自己評価式尺度によって測定されたレジリエンスのみでその人の能力を判断することには問題があると考えるべきだろう。

次に，レジリエンスをプロセスとして捉える研究においては，上述したように通状況的なレジリエンスの個人差を想定しないが，特定状況における結果としての回復・適応の違いを個人差として表す。例えば，戦争のような状況において，精神症状を呈したか，呈さなかったか，回復したか，しなかったかといっ

た帰結の違いである（Hobfoll, Mancini, Hall, Canetti & Bonanno, 2011）。こうした研究において，個人のレジリエンスを固定的なものとして断定することなく，縦断的な変化や相互作用に目を向けることができるという点でより豊かなレジリエンス理解ができる一方で，そのプロセスは多くの場合，一義的に定められた評価基準による適応の可否（例えば精神症状の有無）という形で描かれる。回復や適応の基準は，社会あるいは研究者によって流動的に定められているものであるが，それがあたかも普遍的な基準であるかのように錯覚されやすいことは，先行研究においても指摘されている（Fletcher & Sarkar, 2013; Unger, 2008）。どのような結果・状態をレジリエンスとみなすかは，本来的には個々人によっても異なると考えられるが，そうした特徴も含めた個人差は描かれにくい。冒頭で指摘したように，レジリエンスは近年，災害やトラウマなどの困難状況におかれた人々への支援の中で注目されてきた概念であり，こうした困難状況にいる人々への支援を，レジリエンス概念を通して考えようとするならば，一義的な基準からだけでなく，一人ひとりのレジリエンス特徴をより丁寧に理解するような視点を深めてゆく必要がある。

以上で述べたように，個人のレジリエンス特徴を理解する上での課題として，①レジリエンスの能力的側面については，本人が意識し申告する自己評価式尺度のみで判断することに限界があること，②レジリエンスをプロセスとして見るにあたっては，個人がどのように回復・適応していくかについて，現状では一義的な基準に達するか否かでしか描かれにくい，という点が挙げられる。そうした課題に取り組むためには，本人の意識していないレジリエンス能力を測定する手法や，従来のような一義的基準によらずにレジリエンスを表現できるような手法を開発していくことが必要であると考えられる。逆境や困難な状況において個人がどのようにふるまうのかについて非意識的な側面を，従来の尺度に当てはめることなく捉えることができれば，これまでの先行研究では見落とされてきた個人のレジリエンス側面についてより豊かに理解を深めることができるだろう。そこで本研究では，個人が逆境状況にどのように反応し，どのように回復・適応していくかの特徴（個人差）について，これまでの測定にお

いて反映されにくかった非意識的な反応特徴を読み取ることを目指す。

3　投影法によるレジリエンスの検討

　困難状況における個人の非意識的な行動特徴を捉えようとする場合，性格をはじめとした通状況的な個人特性を回答者の意識的な自己報告に基づいて測ろうとする従来の質問紙法では困難である。この点で上野・小塩（2012）は，質問紙法以外の方法を用いたレジリエンス測定として，主観的な落ち込みから立ち直りまでのレジリエンス・プロセスをグラフの形で描画する測定法を開発している。この方法は質問紙によって測ることのできないレジリエンスの理解を可能にしているという点で特筆すべきものであるが，回答者の主観を利用するために，レジリエンスの非意識的な側面まで捉えることはできない。また，井隼・山田・河邉・中村（2009）は，潜在連合テストを用いた実験を行って，個人の顕在的レベルでのレジリエンス資源と潜在的レベルでのレジリエンス資源が異なる可能性を指摘しているが，この方法はあくまでも潜在／顕在的資源のギャップを描き出すためのテストであるため，対象となるレジリエンス資源も限定されており，個人のレジリエンス特徴を全体的に理解しようとするものではない。

　そこで，本研究では投影法という手法を通してレジリエンスを捉えることを試みる。投影法は，曖昧な刺激に対する反応を通して個人の潜在的な心理を理解しようとする方法であり，主に臨床心理学的援助の現場においてクライエントの心理支援や心理査定において用いられる（Tuber, 2012）。投影法は提示する刺激が曖昧であるため，回答者が質問の意図や回答すべき正答を予測しづらく，社会的望ましさといった意識的な操作が介在しない回答者独自の反応が表出されやすい。そのため，従来のレジリエンス研究で無視されてきたような個人の非意識的な側面を捉えようとする上で，投影法による調査は有用であると考えられる。

　投影法には，インク図版が何に見えるかを答えさせるロールシャッハ・テスト，単語刺激から文章を完成させる文章完成法（SCT），樹木や風景を描かせる各種描画テストなど様々な手法があるが，それぞれ捉

えやすい心理的側面が異なる（高橋, 2015）。そのため，回答者のどういった心理的側面を捉えようとするかによって，刺激の内容を検討する必要がある。例えば，不安を喚起させる対象に対する回答者個人の意識的・無意識的な認知様式を捉えようとするならばロールシャッハ・テストを選択することが求められるし，特定の言葉や出来事に対する抑圧された感情や，自動的に喚起される思考を捉えようとするならば，SCTが適当である。そのため個人のレジリエンス，すなわち落ち込みからの回復・適応を捉えようとする場合には，特定の逆境状況における心理的反応が表現される投影法を用いる必要がある。

　そこで本研究では，投影法の中でも，ある状況を示した絵の中に描かれた人物の反応を回答させる方法を採用する。こうした投影法には，有名なものとして，図版に描かれた曖昧な絵に自由に物語をつけさせる絵画統覚検査（Morgan & Murray, 1935）や，図版の中に描かれた人物の吹き出しを想像させるP-Fスタディ（Rosenzweig, 1978）がある。これらは，刺激画に描かれた人物の反応に，回答者自身の心理的力動が投影されることが想定されている。こうした方法は，描画法のように反応が広がりすぎることなく，出題者側が設定する場面の中で回答者独自の反応を得ることを可能にする。そのため，逆境・困難状況というレジリエンスの前提を枠組みに設定しながら，その中での個々人の多様な反応を期待することができ，本研究の目的に適うものと考えられる。

　先行研究を概観する限り，刺激画を用いたレジリエンスの検討はこれまで行われていない。ただし，刺激画を用いて，個人の潜在的ないし非意識的な行動特徴を探ろうとする試みは，我が国においてもいくつか行われている。こうした研究は，臨床場面での応用と同様に"自分ではない誰か"についての回答が，質問紙では測ることのできない回答者の潜在的な心理も反映することを前提としている。例えば，P-Fスタディと似た様式の略画投影法という場面想定テストを用いた岸田（1967）は，問題行動をした生徒に対する教師のセリフを通して子どもの教師に対する認知を測定した。このテストは，問題行動をした生徒である"自分"に教師がどういう発言をするかではなく，架空の場面で"自分ではない誰か別の生徒"に教師がどういう発言

をするかということが, 子どもが潜在的に抱く教師への認知を示すと想定している。本研究においても, この研究や一般的な臨床場面での使用と同様に, "自分ではない誰か" についての反応が, 回答者自身の意識的・非意識的なレジリエンスを反映し得ると考える。実際, 久保（2000）は, 親子場面の刺激画を用いた投影法で測定したアタッチメントが質問紙によって見出されたアタッチメントと関連していることを報告したが, その後の調査によって, 投影法によって明らかになったアタッチメントが, 質問紙によって測定されたものと単純な対応関係にまとめられない, 多様なアタッチメント理解の切り口となることも指摘されている（北川, 2005; 2007）。この結果は, 臨床心理学的援助の現場で経験的に知られているように, 刺激画内の "自分ではない誰か" への回答を行うことによって, 回答者の意識的な自己理解を超えた情報が得られる可能性を支持しているものと言えるだろう。

以上のことから, 本研究では, 刺激画内の登場人物について回答させる投影法[1]を調査方法として用い, 個人が逆境・困難状況で「どのように」ふるまうのかという非意識的[2]な行動特徴を描き出すことを目指す。これによって, 個人のレジリエンスの多様性を捉える新たな視座を得ることが本研究の目的である。

方 法

1 対象

2014年3月に, インターネット調査会社にモニター登録している20歳〜30歳の大学生500名, 社会人500名（男女同数）に調査を行った。回答は匿名で行われ, 個人を特定するような情報は扱われなかった。回答者には, 謝礼として調査会社からポイントが付与された。対象者の平均年齢は24.08歳（$SD=3.61$）であり, 居住地は47都道府県に散らばっていた。社会人500名の勤務体系の内訳として多かったものは, 上から順にフルタイム勤務が53.6％, パート勤務が19.8％, 専業主婦が15.0％であった。

成年期を対象としたのは, 年代によってレジリエンス特徴は異なることが先行研究で指摘されているためと（小塩, 2016）, 自由記述表現にはコホートによる特徴が反映されやすいことから, ある程度の等質コホートによる分析を行う必要があると考えられたためである。

なお, ほとんど回答しない, すべてに同一の回答をするといった明らかに問題のある回答を行う研究参加者は見られなかったため, すべての参加者の回答が分析の対象となった。

2 調査内容

刺激画を用いた投影法によってレジリエンスを捉えるために, ある人物がストレス場面で落ち込んでいる状況を描いた絵を使う必要があった。現実のストレス場面は無限に存在するため, そのすべてを刺激場面に反映することはできない。しかし一方で, 個人の多様なレジリエンスを捉えるためには, 多様なストレス場面における落ち込み状況を可能な限り偏りなく反映させた刺激画が求められる。

そこで本研究では, ストレス状況が比較的網羅された刺激画を使用しているP-Fスタディの設定分類（Rosenzweig, 1938）を参考にすることとした。P-Fスタディでは, 人の欲求が満たされないフラストレーション状況を, 「要求がどのように満たされないか」と「満たされない要因」の2つの観点から論理的に設定し, それに基づいて刺激画を作成している。具体的には, 「要求がどのように満たされないか」について欠乏（もともとない）, 喪失（あったものを失った）, 葛藤（あるがうまくいかない）の3種類の分類と, 「満たされない要因」について外部的（自分以外に原因がある）, 内部的（自分に原因がある）の2種類を組み合わせた6種類のフラストレーション状況を設定している。

しかしながらP-Fスタディの刺激画は, フラストレーション状況に対する反応（アグレッション）を引き出そうとするものであり, レジリエンスを捉える目的の調査にそのまま流用することはできない。そこでストレス場面における落ち込み状況を描いた図版を, P-Fスタディの6種類の設定分類に基づきながら, 新たに作成することとした。ただし, 数あるストレス状況

表1　12のストレス場面（落ち込み状況）の特徴

	状況	要因	場面	設定
一般場面	欠乏	外部的	1	お金がなくて先が不安
		内部的	2	努力しても目標や夢に近づかない
	喪失	外部的	3	大事なものを失くしてしまった
		内部的	4	昔できていたことができなくなった
	葛藤	外部的	5	頑張っているのに，周りに評価されない
		内部的	6	やらなきゃと思うけれど，できない
対人場面	欠乏	外部的	7	頼れる人がいない
		内部的	8	言いたいことをうまく伝えられない
	喪失	外部的	9	大切な人と別れてしまった
		内部的	10	信頼を失ってしまった
	葛藤	外部的	11	理不尽に怒られた
		内部的	12	新しい環境に入るのが怖い

の中でも対人場面におけるストレスは特に我が国に
おいては大きなインパクトを持ちやすいことが指摘
されており（橋本, 2003），特有の反応が生じ得る可能
性が想定されたことから，本研究では一般ストレス場
面と対人ストレス場面の2場面に落ち込み状況を分け
た上で，それぞれに6種類の図版を作成することとし
た。こうして設定された6種類×2場面，計12場面の
具体的な落ち込み状況を表した刺激画については，橋
本（1997）や西田（2001）などの日常ストレスに関す
る文献を参考に，第1著者と第3著者で協議しながら
複数を考案・選出し，状況の一般性，わかりやすさ，全
体のバランスを考慮して決定した（内容については
表1，刺激画については付録を参照）。なお，人物の特
徴や表情による影響を排除するため，絵に描かれた人
物は性別・年齢がわからない風貌とし，黒塗りのシル
エットで表した。

調査にあたっては，回答者に12場面を順に提示し，
「絵の中の人物がどうしたら元気になるか，もしくは，
どうしたら楽になるか」についてアドバイスの形で自
由記述（30字以内）を求めた。

3　分析

調査によって得られた12,000の自由記述データを分
析する方法として，本研究では，質的データを共通点
からまとめ，概念化していくカテゴリー分析（能智,
2011）を採用した。その中でも特にグラウンデッド・
セオリー法（Strauss & Corbin, 2014/2008）のオープン
コーディングやKJ法（川喜田, 1967, 1970）における
紙きれ作りやグループ編成の手法を参考にした。これ
は主に次の2つの理由による。第一に，「個人の非意
識的なレジリエンスを捉える新たな視座を得る」とい
う本研究の目的を達成するためには，各回答を位置付
けることのできる概念構造を把握する必要があり，そ
のためにはデータをボトムアップ的に関連付けていく
ことが適当だと考えられたためである。第二に，個人
の各反応はほとんどすべてが一言から一行程度の単文
であり，分析によって構築される複数の概念を横断す
る反応が出ることはほとんどないと考えられたことか
ら，複数の概念間の関係づけをボトムアップ的に行う
軸足コーディング（Strauss & Corbin, 2014/2008）や図
解化（川喜田, 1967, 1970）といった分析は適当では
ないと考えられたためである。そのため本研究では，

複数の概念を各反応からボトムアップ的に見出した後,概念間のつながりを検討する際には,見出された特徴から理論的な整理を行うこととした。

カテゴリー分析は,大学教員2名,心理系大学院に所属する臨床心理士1名,心理学を専修した学士1名の計4名で行った。全員,臨床心理学を専門とし,質的分析のトレーニングを受けていた。具体的な分析手続きは,各反応から概念をボトムアップ的に導出する第1段階と,各反応に概念を当てはめながらその妥当性を検証し,概念を修正する第2段階とに分けられる。以下,それぞれの段階ごとに説明していく。

なお本手法では,他者へのアドバイスから,個人の非意図的な反応を含めた特徴を読み取ることが目的であるため,カテゴリー名の命名にあたっては,回答の記述をそのまま用いるのではなく,個人を主体とした能動的表現に変換された。

第1段階　この段階では,第1著者から第3著者が合議しながらカテゴリー分析を行った。分析を始めるにあたって,参加者が記入した自由記述データのほぼすべてが単文であり二文にわたるものはほとんどなかったことから,各自由記述データを最小単位(以下,切片)として扱うこととした。

分析は場面1から開始した。はじめに,類似した切片を集めて,複数の共通した反応のまとまり(以下,サブカテゴリー)を形成しながら,まとまりごとに名前を付けていった。次に,類似した複数のサブカテゴリーをさらに一つのサブカテゴリーにまとめる,より適切なサブカテゴリーを新たに作り複数のサブカテゴリーを統合する,既存のサブカテゴリーを解体し別のサブカテゴリーに位置付け直すといった作業を行い,場面1の反応をカテゴライズできるサブカテゴリーを形成した。

次に場面2の分析に移った。ここでは,場面1の分析で見出されたサブカテゴリーを参考にしつつも,場面1と同様の手順で,各回答を類似性からボトムアップ的にまとめてサブカテゴリーを形成した。その後,場面1と場面2で類似しているサブカテゴリーをまとめる,より適切な新たなサブカテゴリーを作り統合する,既存のサブカテゴリーを解体して別のサブカテゴリーにまとめるといった作業を行い,複数のサブカテゴリーを整理できるさらに大きなまとまり(以下,カ

テゴリー)を複数形成した。

続いて場面9と場面11でも,以上の手順を繰り返した。なおここで場面9と場面11を選択したのは,場面1と場面2の設定が一般ストレス場面の欠乏状況であったため,続いて対人ストレス場面および喪失状況・葛藤状況について検討するのが望ましいと考えたためである。

以上の4場面(計4,000切片)の分析によって,異なるレジリエンス概念を示すと考えられる19個のカテゴリーと,その他の2個のカテゴリー(否定,わからない)を見出した。この時点で,カテゴリーごとの定義を決定し,見出されたレジリエンス概念を明確化した。

第2段階　第2段階では,第1段階で未分析の8場面(計8,000切片)の分析について,第1著者から第4著者で分担して分析した[3]。これは,①4,000切片という大量の自由記述をまとめた第1段階のカテゴリー分析でレジリエンス概念がある程度整理できたと考えられたこと,②この時点でさらに残り8,000切片を合議でまとめることは時間的制約などの点から現実的ではないと考えられたこと,③第1段階で見出された概念に基づいてその他の場面の自由記述が分類できるかを各自が確認することでも,カテゴリーの妥当性の検証および精緻化は行うことができると考えられたこと,の3つの理由による。そのため第2段階での分析はそれぞれが並行して一人で行ったが,分類が不可能あるいは曖昧なものについてはその都度著者間で合議し,必要に応じて,カテゴリー名や定義の変更,類似したカテゴリー同士の統合とより適切なカテゴリーの形成を行った(第1段階から第2段階でのカテゴリーの変遷については表5,および結果の節を参照)。以上の分析手続きを経て,異なるレジリエンス概念を示すカテゴリーを同定するとともに,レジリエンス概念の理論的特徴および異同について整理した。

結果と考察

本節ではまず第1段階および第2段階の分析結果を述べる。以下,『　』で示すものは場面名,【　】で示すものはカテゴリー,〈　〉で示すものはサブカテゴ

リー，「　」で示すものはローデータである。

1　見出されたカテゴリー（第1段階）

すでに述べた通り，分析の第1段階では一般ストレス場面を表す2場面のデータ（計2,000切片）について1場面ずつ順にカテゴリー分析を行った。その結果，場面1『お金がなくて先が不安』では42のサブカテゴリー，場面2『努力しても夢や目標に近づかない』では47のサブカテゴリーが見出された。続いて場面1と場面2のサブカテゴリーを照合しながらそれらの関連を検討し，類似したものをまとめてカテゴリーを形成したところ，18のカテゴリーへと集約された。

続いて，対人ストレス場面を表す場面9『大切な人と別れてしまった』についてカテゴリー分析を行ったところ，25のサブカテゴリーが得られた。これらのサブカテゴリーが，場面1・2から形成した17のカテゴリーに分類されるかを検討したところ，すべてのサブカテゴリーは既出のカテゴリーに当てはめることができた。続いて，同じく対人ストレス場面を表す場面11『理不尽に怒られた』の分析を行ったところ，ここから46のサブカテゴリーが得られた。

これら46のサブカテゴリーもほとんどが既存のサブカテゴリーにまとめられたが，〈罰が当たる〉〈いつか報われる〉というサブカテゴリーについては，別途カテゴリーを形成した方が適切であると考えられたため，新たに【報われる】カテゴリーを形成した。

また，【共感する】【相対化する】【認める】の3つのカテゴリーについては，他のカテゴリーに含まれるレジリエンスとは質が異なることが検討された。例えば【相対化する】には「私もそう」という回答が含まれていたが，これは単純に回答者の捉え方が反映されたものとして「本人が『私もそうだ』と認識している」と解釈できる回答ではなく，「誰かに相対化される」という受け身の状況という文脈抜きには解釈できない回答であると考えられた。すなわち上述の3カテゴリーは，アドバイスの内容に本人の「考え」が反映されているものではなく，共感・否定・相対化・承認されるという行為（アクション）自体を含めた部分に反映されていると考えられる。その質の差違を適切に表すために，【共感される】【相対化される】【認めら

れる】という受身形のカテゴリー名へと変更した。

以上の分析を経て第1段階では最終的に4場面4,000切片から19のカテゴリーが得られた（表2）。これらのカテゴリーの特徴については次の通りである。各カテゴリーの定義については表3に示す。

a)【行動する】　【行動する】は，〈努力する〉〈次を探す〉〈反撃する〉などのサブカテゴリーから構成されており，喪失や葛藤によって生じる苦痛・苦悩を解消するために，問題や原因を直接的に解決する行動をとろうとする回答が該当するカテゴリーである。ここには，場面1『お金がなくて先が不安』において「頑張って働こう」，場面9『大切な人と別れてしまった』において「次の出会いを探そう」というように，失ったものや求めるものと同等のものを手に入れて直接的に埋めようとするものが該当する。

b)【あきらめない】　【あきらめない】は，〈あきらめない〉〈自分を信じる〉などのサブカテゴリーから構成されており，喪失や葛藤によって生じる苦痛・苦悩を解消するために，問題や原因を解決することをあきらめないことを目指す回答が該当するカテゴリーである。場面2『努力しても目標や夢に近づかない』において「まだまだこれから」，場面9『大切な人と別れてしまった』において「やり直すことはできないの？」というように，直接的に解決しようとする方向性は【行動する】カテゴリーと同様であるが，本カテゴリーに該当する回答は具体的な行動よりも心構えについての記述である。

c)【手だてを考える】　【手だてを考える】は，〈解決法を考える〉〈計画を立てる〉〈原因を突き止める〉などのサブカテゴリーから構成されており，喪失や葛藤によって生じる苦痛・苦悩を解消するために，問題や原因を解決する手だてを考えようとする回答が該当するカテゴリーである。例えば，場面2『努力しても目標や夢に近づかない』において「努力の仕方を変えてみる」，場面11『理不尽に怒られた』において「何が悪かったか考えてみよう」というように，直接的な解決を目指す上で，どのような行動をとればよいか工夫・思案しようとする回答が該当する。

d)【考えない】　【考えない】は，〈今を楽しむ〉〈気にしない〉〈忘れる〉などのサブカテゴリーから構成されており，喪失や葛藤によって生じる苦痛・苦悩

表2　第1段階におけるカテゴリーおよびサブカテゴリー

第1段階 カテゴリー	サブカテゴリー			
	場面1 「お金がなくて先が不安」	場面2 「努力しても夢や目標に近づかない」	場面9 「大切な人と別れてしまった」	場面11 「理不尽に怒られた」
行動する	お金を使わない お金を貯める 頑張る 働く 自分を磨く 努力する 今できることをやる	努力は不可欠 努力が足りない 頑張る 地道に続ける できることからやる	次を探す	反撃する 話し合う 意見を言う 見返してやる
あきらめない	あきらめない	自分を信じる 努力は報われる あきらめない	あきらめない	励ます
手立てを考える	解決法を考える 収支を見直す	計画を立てる 方法を見直す 反省する	もう少し話し合う	客観的に考える 原因を突き止める これからは関わらない
考えない	今を楽しむ 今を見る 考えない 気にしない 気晴らしをする	気分転換する 今を楽しむ 気にしない 考えない 気楽に 少し休む 焦らない	気にしない 休む 忘れる 気晴らしする	気にしない 考えない 忘れる 放っておく 聞き流す 気分転換する
受容する	受け入れる 我慢する	現実を見る 満足する	思い出を大切にする 落ち込む	耐える 受け入れる 反省する 相手より大人になる 相手に事情があった 相手の気持ちを考える 色々な人がいる
あきらめる	楽になる	目標を低くする あきらめる	切り替える	あきらめる 仕方ない 自分が悪い
捉え方を変える	ポジティブに考える 逆に楽しむ お金がすべてではない お金はあってもなくてもいい 問題はお金だけではない お金は大事ではない お金がないことに価値がある	ポジティブに考える 逆に楽しむ 他のことの方が大切 努力こそが大事 進まないことに価値がある	もっといい人に出会える 別れてよかった 経験に価値がある	あなたのため 反面教師になる
方向を変える		目標を変える 目標を考え直す 他のことにも目を向ける	他のことを大切にする いい人は他にもいる	切り替える 次に活かす
助けてもらう	人に頼る 制度に頼る お金を借りる			
相談する		相談する	誰かに話す	相談する 誰かに聞いてもらう
共感する →共感される	わかる	わかる	共感	共感 慰める
相対化する →相対化される	もっと苦しい人もいる 私も同じ みんな同じ	みんなそう 私も同じ もっとひどい人もいる	他の人よりまし	よくあること
認める →認められる	ちゃんとやれている 自覚できて偉い	本当は進んでいる そんなことない 今の状態でも立派 努力しなくていい		褒める 許さなくていい 相手が悪い 自分は悪くない
期待する	いつかよくなる 今がどん底の時 金は天下の回りもの 臨時収入を期待する	もう少ししたらよくなる いつか叶う	新しい出会いがある 別れあれば出会いあり	
安心する	なんとかなる 大丈夫	なんとかなる 大丈夫	きっと大丈夫	周りはわかってくれる 大丈夫
委ねる	なるようにしかならない	そんなもの 努力より運	別れる運命だった 時間が解決	そんなこともある そういうものだ 運が悪かった
報われる				相手に罰が当たる いつか報われる
わからない	わからない	わからない	わからない	わからない・相づち
否定		否定	非肯定・非共感	否定

表3　第1段階におけるカテゴリーの定義

第1段階 カテゴリー	定義
行動する	喪失や葛藤によって生じる苦痛・苦悩を解消するために，問題や原因を直接的に解決する行動をとる。
あきらめない	喪失や葛藤によって生じる苦痛・苦悩を解消するために，問題や原因を解決することをあきらめない。
手立てを考える	喪失や葛藤によって生じる苦痛・苦悩を解消するために，問題や原因を解決する手立てを考える。
考えない	喪失や葛藤によって生じる苦痛・苦悩について，考えないようにする。
受容する	喪失や葛藤によって生じる苦痛・苦悩を積極的に受け入れようとする。
あきらめる	喪失や葛藤によって生じる苦痛・苦悩を消極的に受け入れ（あきらめ）ようとする。
捉え方を変える	喪失や葛藤に対する自分の認識を変えることで，苦痛・苦悩を解消しようとする。
方向を変える	喪失や葛藤によって生じる苦痛・苦悩を解消するために，目の前の問題や原因を解決する以外の方法をとろうとする。
助けてもらう	喪失や葛藤によって生じる苦痛・苦悩を解消するために，問題や原因を直接的に解決する手段として，他者の手を借りる。
相談する	喪失や葛藤によって生じる苦痛・苦悩を解消するために，他者に相談する。
共感される	喪失や葛藤によって生じる苦痛・苦悩を，他者からの共感を通して受け入れようとする。
相対化される	喪失や葛藤によって生じる苦痛・苦悩が，他者と比較されることで相対化され，矮小化される。
認められる	喪失や葛藤によって生じる苦痛・苦悩を，他者からの肯定的な評価を通して受け入れようとする。
期待する	喪失や葛藤をもたらしている問題や原因が，時の流れや運命など，人の力を超越した何かによって解決されることを期待する。
安心する	喪失や葛藤の行く末に対して，根拠なき安心感をもつ。
委ねる	喪失や葛藤の行く末を，自然のままに任せる。
報われる	喪失や葛藤の意味づけが，人の力を超越した何かによって，いずれ肯定的なものに変わっていくと予測する。
わからない	わからないと答える。
否定	当事者の言動を否定する。

について，考えないようにする回答が該当するカテゴリーである。例えば，場面1『お金がなくて先が不安』において「とりあえず寝ればいいと思う」，場面9『大切な人と別れてしまった』において「何も考えない」というように，問題解決を目指そうとするのではなく，問題状況から目を逸らそうとするものが本カテゴリーに該当する。

e)【受容する】　【受容する】は，〈今を楽しむ〉〈気にしない〉〈忘れる〉などのサブカテゴリーから構成されており，喪失や葛藤によって生じる苦痛・苦悩を積極的に受け入れようとする回答が該当するカテゴリーである。例えば，場面2『努力しても目標や夢に近づかない』において「自己満足すれば，それでいい」，場面図11『理不尽に怒られた』において「そう

いう人なんだよ」というように，状況を解決しようとするのではなく，そのまま受け入れようとするものが該当する。

f)【あきらめる】　【あきらめる】は，〈あきらめる〉〈仕方ない〉などのサブカテゴリーから構成されており，喪失や葛藤によって生じる苦痛・苦悩を消極的に受け入れようとする回答が該当するカテゴリーである。例えば，場面1『お金がなくて先が不安』において「死んで楽になろう」，場面2『努力しても目標や夢に近づかない』において「辞めればいい」というように，状況を受け入れるという意味では【受容する】カテゴリーと同じであるが，より消極的に仕方なくあきらめるものが本カテゴリーに該当する。

g)【捉え方を変える】　【捉え方を変える】は，〈逆

に楽しむ〉〈別れてよかった〉〈あなたのため〉などの
サブカテゴリーから構成されており，喪失や葛藤に対
する自分の認識を変えることで，苦痛・苦悩を解消し
ようとする回答が該当するカテゴリーである。例えば，
場面2『努力しても目標や夢に近づかない』において
「でも何か得るものはあったはず」，場面11『理不尽に
怒られた』において「アドバイスを受けたんだよ」と
いうように，ネガティブな状況をポジティブに捉え直
したり，意味づけを変えたりする回答が該当する。

　h)【方向を変える】　【方向を変える】は，〈目標
を変える〉〈他のことを大切にする〉〈切り替える〉な
どのサブカテゴリーから構成されており，喪失や葛藤
によって生じる苦痛・苦悩を解消するために，目の前
の問題や原因を解決する以外の方法をとろうとする回
答が該当するカテゴリーである。例えば，場面2『努
力しても目標や夢に近づかない』において「ほかにで
きることを探してみよう」，場面9『大切な人と別れて
しまった』において「新しく楽しみを見つける」とい
うように，直接的な解決ではなく，何か他のもので落
ち込み状況を埋め合わせたり，前に進もうとしたりす
るものが本カテゴリーに該当する。

　i)【助けてもらう】　【助けてもらう】は，〈人に
頼る〉〈制度に頼る〉〈お金を借りる〉のサブカテゴ
リーから構成されており，喪失や葛藤によって生じる
苦痛・苦悩を解消するために，問題や原因を直接的に
解決する手段として，他者の手を借りようとする回答
である。例えば，場面1『お金がなくて先が不安』に
おいて「借りればいいよ」というように，他者に直
接援助を求めて解決を目指そうとするものが該当す
る。本カテゴリーは4場面の中で場面1にしか出現し
なかったが，他者から直接的な援助を得るという点は
他のカテゴリーと違う独自の特徴を持つと考えられた
ため，他のカテゴリーに統合することはしなかった。

　j)【相談する】　【相談する】は，〈相談する〉〈誰
かに話す〉〈誰かに聞いてもらう〉というサブカテゴ
リーから構成されており，喪失や葛藤によって生じる
苦痛・苦悩を解消するために，他者に相談しようとす
る回答が該当するカテゴリーである。例えば，場面9
『大切な人と別れてしまった』において「気が済むま
で付き合うよ。話してごらん」，場面11『理不尽に怒
られた』において「どんなことがあったの？」という

ように，他者に物理的な助けを得ようとするわけでは
ないが，解決に向かう第一の手段として誰かに話を聞
いてもらおうとする回答が該当する。

　k)【共感される】　【共感される】は，〈わかる〉〈私
も同じ〉〈共感〉などのサブカテゴリーから構成され
ており，喪失や葛藤によって生じる苦痛・苦悩を，他
者からの共感を通して受け入れようとする回答が該当
するカテゴリーである。例えば，場面1『お金がなく
て先が不安』において「そうだよね」，場面11『理不
尽に怒られた』において「悔しいよな〜」というよう
に，解決を目指すわけでも，捉え方を変えるわけでも
なく，つらい感情を相手と共有しようとするものが該
当する。

　l)【相対化される】　【相対化される】は，〈みん
な同じ〉〈もっとひどい人もいる〉〈よくあること〉な
どのサブカテゴリーから構成されており，喪失や葛藤
によって生じる苦痛・苦悩が，他者と比較されるこ
とで相対化され，矮小化される回答が該当するカテゴ
リーである。例えば，場面2『努力しても目標や夢に
近づかない』において「君よりひどい人間はいくらで
もいるよ」，場面9『大切な人と別れてしまった』にお
いて「よくある」というように，自分の苦痛・苦悩の
大きさを他者の苦痛・苦悩との比較の中で捉え直そう
とするものが該当する。

　m)【認められる】　【認められる】は，〈ちゃんと
やれている〉〈今の状態でも立派〉〈相手が悪い〉など
のサブカテゴリーから構成されており，喪失や葛藤に
よって生じる苦痛・苦悩を，他者からの肯定的な評価
を通して受け入れようとする回答が該当するカテゴ
リーである。例えば，場面2『努力しても目標や夢に
近づかない』において「ここまで努力してきたのが
凄いよ」，場面11『理不尽に怒られた』において「あ
なたは悪くないよ」というように，自分の行動や状況
を他者から承認されたり賞賛されたりすることで，苦
痛・苦悩が変化するものが該当する。

　n)【期待する】　【期待する】は，〈いつかよくな
る〉〈いつか叶う〉〈新しい出会いがある〉などのサ
ブカテゴリーから構成されており，喪失や葛藤をもた
らしている問題や原因が，時の流れや運命など，人の
力を超越した何かによって解決されることを期待す
る回答が該当するカテゴリーである。例えば，場面1

『お金がなくて先が不安』において「宝くじが当たる」，場面9『大切な人と別れてしまった』において「きっといい人が現れるよ」というように，状況を解決するために自ら積極的に行動したり，他者の手を借りることなく，自然と解決されたりする可能性を信じるものが該当する。

o)【安心する】　【安心する】は，〈何とかなる〉〈大丈夫〉〈周りはわかってくれる〉などのサブカテゴリーから構成されており，喪失や葛藤の行く末に対して，根拠なき安心感を持つ回答が該当するカテゴリーである。場面1『お金がなくて先が不安』において「何とかなる」，場面2『努力しても目標や夢に近づかない』において「大丈夫だよ」というように，この先どうなるかはわからないが，ひとまず何とかなるだろうと安心するものが該当する。

p)【委ねる】　【委ねる】は，〈なるようにしかならない〉〈努力より運〉〈時間が解決〉などのサブカテゴリーから構成されており，喪失や葛藤の行く末を，自然のままに任せようとする回答が該当するカテゴリーである。場面2『努力しても目標や夢に近づかない』において「時に任せる」，場面9『大切な人と別れてしまった』において「いずれ時間が解決します」というように，問題状況がどうなるのかは自分には予測できないものだと考え，時の流れや運命に委ねようとするものが該当する。

q)【報われる】　【報われる】は，〈相手に罰が当たる〉〈いつか報われる〉のサブカテゴリーから構成されており，喪失や葛藤の意味づけが，人の力を超越した何かによって，いずれ肯定的なものに変わっていくと予測する回答であると考えられた。場面11『理不尽に怒られた』において「罰当たるだろう」というように，自分が直接行動するわけではないが，自然に恨みが晴らされることを期待するものや，「苦は楽の種」というように，この先も今の困難な状況は変わらないとしても，今の苦しさがいつか自然と肯定的な意味や価値を持つだろうと期待するものが該当する。

r)【わからない】【否定】　【わからない】は，「わからない」「思い浮かばない」といった，回答していないと思われる記述に構成されたものである。また，【否定】は，「努力が足りない」「あっそう」というような，苦しんでいる刺激画の人物を否定する回答から

構成された。この2つのカテゴリーは，設問に対する回答として適当でないと考えられ，第1段階では他と異なる例外的なカテゴリーとして扱うこととした。

2　カテゴリーの検証と修正（第2段階）

第1段階で見出された19のカテゴリーの妥当性を検証するために，第2段階では，第1段階で扱わなかった8場面（場面3〜8，10，12）の回答が19カテゴリーで説明できるかどうか検討した。また，場面1，2，9，11についても，第1段階で最終的に見出されたカテゴリーの適応性を再度ローデータと照らし合わせて吟味する必要があったため，19カテゴリーに基づく再分類を行った。表4には，第1段階から第2段階の間に修正されたカテゴリーと，12場面におけるカテゴリーの度数をまとめている[4]。

第2段階では，ほとんどの切片データを，第1段階で見出されたカテゴリーに振り分けることができた。しかし，分析の過程で2つのカテゴリーのどちらに振り分けるかの判断がつきにくい回答が複数見つかったため，当該カテゴリーについては著者間で合議の上，定義の修正とカテゴリー同士の統合を行った。以下に，このカテゴリー修正と統合について説明する。

a)【行動する】と【あきらめない】の統合　【行動する】と【あきらめない】は，いずれも問題を直接的に解決するために動こうとする方向性を持つが，前者に比べて後者は行動の一歩手前の心構えを強調するという特徴があった。しかしながら第2段階の分析を進める中で，場面3『大事なものをなくしてしまった』では「あきらめずに探せ」，場面5『頑張っているのに周りに評価されない』では「辛抱強く我慢しながら続けよう」というように，両方のカテゴリー特徴を持つ回答が多く見られることが明らかとなった。こうした重複した回答が多くあることを踏まえ，【あきらめない】は"あきらめないで行動する"と読み替えてカテゴライズする方が適当であると考え，本カテゴリーを【行動する】に統合することとした。

b)【受容する】と【あきらめる】の統合　【受容する】と【あきらめる】は，いずれも状況を受け入れるという意味で共通していたが，その受け入れの積極性の違いで別カテゴリーとしていた。しかし，場面3

表4 全刺激場面におけるカテゴリーの度数と修正後カテゴリー

第1段階カテゴリー	場面												第2段階後カテゴリー	度数計
	1	2	3	4	5	6	7	8	9	10	11	12		
行動する	372	236	224	207	49	319	107	160	74	660	71	334	行動する	2813
あきらめない														
手立てを考える	77	103	38	20	48	134	122	492	4	52	52	5	手立てを考える	1147
考えない	91	111	25	13	28	16	8	11	17	19	300	8	考えない	647
受容する	17	90	88	170	30	49	39	27	124	44	183	49	受け入れる	910
あきらめる														
捉え方を変える	125	88	162	287	149	134	202	71	142	49	37	110	捉え方を変える	1556
方向を変える	8	57	102	49	87	60	89	22	55	34	28	17	方向を変える	608
助けてもらう	42	7	11	4	7	18	220	18	6	14	11	26	助けてもらう	384
相談する														
共感される	27	8	15	53	13	48	19	31	28	9	70	36	共感される	357
相対化される	35	13	2	118	28	40	13	14	3	4	28	156	相対化される	454
認められる	5	126	2	4	77	70	6	32	9	8	102	8	認められる	449
期待する	30	64	270	40	393	26	113	77	372	23	10	116	期待する	1534
安心する	153	55	38	20	12	43	32	19	110	53	65	110	委ねる	710
委ねる														
報われる	3	5	3	0	40	0	3	1	19	1	15	2	報われる	92
わからない	13	14	13	12	16	15	24	23	24	17	18	14	わからない	203
否定	1	23	6	2	23	28	3	2	8	13	7	7	否定される	123

※度数は不適切回答とみなされた13項目を除外後の数値である。

『大事なものをなくしてしまった』や場面8『言いたいことをうまく伝えられない』を中心に，「しょうがないね」「○○だから仕方ない」という回答が全体を通して非常に多く，"仕方ない"という語を積極的受容と考えるか消極的受容と考えるかの判断が困難であることが明らかとなった。そこで，両カテゴリーを【受け入れる】という新カテゴリーに統合することとした。

c)【助けてもらう】と【相談する】の統合 【助けてもらう】と【相談する】は，問題解決のために他者に援助を得ようとするカテゴリーだが，第1段階では，前者が直接的な援助であるのに比べて，後者は言葉での間接的な援助であるという点に違いがあると考えていた。しかし，第2段階で【助けてもらう】にカテゴライズされる回答のほとんどが「一緒にいるよ」

といったものであり，言葉での間接的な援助とあまり差が感じられなかった。また場面7『頼れる人がいない』を除いて両カテゴリーの出現度数自体が少なく，両カテゴリーを直接・間接という点から弁別することの意義が小さいことも明らかとなった。このことから，両カテゴリーをまとめて【助けてもらう】に統合することとした。

d)【安心する】と【委ねる】の統合 【安心する】と【委ねる】は，いずれも落ち込み状況に対して自分で行動したり，積極的に認識を変えたりすることをせず，自然のままに任せようとする点で共通しているカテゴリーであるが，【安心する】に比べて【委ねる】の方が行く末の不安定さが高いことから，第1段階の時点では2つのカテゴリーを区別していた。しかし全場面を通して両カテゴリーに振り分けられる回答の多

くが「大丈夫」「何とかなる」「なるようになる」と
いった表現を含んでいることが第2段階の分析から見
えてきた。このうち「大丈夫」「何とかなる」といっ
た表現を含む回答は【安心する】,「なるようになる」
といった表現を含む回答は【委ねる】の要素を持つと
判断できるものの,これらの表現はほぼ同じ意味合い
であることから,異なるカテゴリーに分類することは
妥当でないと考えられた。そこで両カテゴリーを包括
的にまとめるため【委ねる】に統合することとした。

e)【否定】カテゴリーの位置付け　【否定】カテ
ゴリーは,困っている刺激画内の人物に対して,本人
の行動を否定するような回答をするものであり,第1
段階においては,レジリエンスに関するカテゴリーに
当てはまらない,例外的なものとして位置付けていた。
しかし12場面を分析した結果,否定的な表現を含む回
答は全場面に見られたことから,例外とは捉えず,他
のカテゴリーと同等にレジリエンス概念を表すものと
して検討する必要があると考えられた。

【否定】に分類された回答の典型例としては,例え
ば場面5『頑張っているのに周りに評価されない』に
対して「頑張りが足りないね」,場面6『やらなきゃ
いけないと思うけれどできない』に対して「やる気がな
いから」といったものを挙げることができる。これら
は,一見回答として不適切にも思われるが,「他者か
ら叱咤されて前に進んでいく」という状況は例えば部
活動などの文脈では想定可能であり,叱咤激励される
ことによる自己や状況の受け入れを表す回答とも理解
することができた。そこで本カテゴリーもレジリエン
ス概念の一つを表していると考え,これを【否定され
る】と名付け,「喪失や葛藤に陥った自分の行動や自
分自身を,他者から否定されながら受け入れようとす
る」と定義した。ただし,叱咤激励とは捉えられない
ような過度に攻撃的な回答については,不適切回答と
して削除の対象とすることにした。

以上の分析を経て,最終的に得られたカテゴリー数
は15（【わからない】含む）となった（表4参照）。

3　レジリエンス・オリエンテーション

ここまでの分析によって,投影法を通して明らかと
なった回答者のレジリエンスを位置付けられる14カ

テゴリー（【わからない】を除く）が見出された。こ
れらはそれぞれに異なった14のレジリエンス概念を
示していると言え,その意味で個人のレジリエンスの
多様性を捉えるための一定の枠組みと言うことができ
る。ただし,定義（表3）を見ると明らかなように,こ
れら14のレジリエンス概念は相互排他的なものとい
うより,いくつか共通した特徴を持って相互に関係づ
けられるものと考えることができる。仮に14のレジ
リエンス概念を相互の関連からさらに整理できれば,
それはレジリエンスの多様性を捉える上でのより包括
的な視座を得ることが期待できる。

その観点で議論を行いながら,概念間の関連をさら
に検討したところ,14の概念は,問題状況を「元に戻
そうとするもの」「そのままにしようとするもの」「意
味づけを変えようとするもの」といった共通性から
分類できることが見出された。その時点で,これらの
概念はレジリエンスの方法や結果についての静態的特
徴を示したものというより,“どのような回復”を目
指すのかという回復の志向性,すなわちオリエンテー
ションという動態的特徴を表しているのではないかと
いうことが著者らによって議論された。さらにその観
点からそれぞれのカテゴリーを見た時,レジリエンス
の達成を自分一人で行うのか,他者と行うのか,ある
いは時間や運命など超越的なものを通して行うのかと
いう点で,それぞれのオリエンテーションにおいても
手段に異同があることが見えてきた。そこで,これら
は自己・他者・自然（後に「超越」に変更される）と
いう,レジリエンスに向かうための3つの手だてとし
て判断された。ただしこうした手だては,レジリエン
スをいかに施行するかというオリエンテーションの一
部とも言えるため,大きな意味ではレジリエンス・オ
リエンテーションの一部として考えることとした。

以下では,このレジリエンス・オリエンテーション
について,オリエンテーションの種類と,レジリエン
スの手だてという2つの軸から理論的に整理できるこ
とを論じ,14のレジリエンス概念を包括する枠組みを
提示することを試みる。なお,オリエンテーションの
種類とレジリエンスの手だてについては《　》で示す。

(1) オリエンテーションの種類
【行動する】【手だてを考える】【助けてもらう】【期

待する】の4つのカテゴリーは，定義自体は異なるものの，いずれもストレスのない物理的・心理的水準へと向かおうとする志向性，すなわちレジリエンスのオリエンテーションを持っているという点では同じである。例えば【行動する】（例えば「もう一度やり直そう」「練習する」という回答）や【手だてを考える】（「今できることを考えよう」「一つひとつ整理していこう」）は問題を直接的に解決することを志向しており，この点は他者の手を借りて問題の直接的な解決を図ろうとする【助けてもらう】（「誰かに相談しよう」「アドバイスをもらおう」など）と同様である。さらに【期待する】も，自分や他者といった人の力は利用しないものの，それ以外の何かによって直接的な解決を志向している点では同じである（「忘れたころに見つかるかもしれない」「きっとどこかにいるはず」など）。これらのカテゴリーの定義で「直接的解決」とされているものは，喪失や葛藤を引き起こしているストレスフルな状態から元の状態に戻ること，もしくは，求めているものや代替を手に入れることでストレスフルな状態を回復させることである。それゆえ，この4つのカテゴリーに表現されるレジリエンスのオリエンテーションは《復元》とまとめることができると言えるだろう。

　一方で，【考えない】【受容する】【共感される】【否定される】【委ねる】の5つのカテゴリーは，ストレスフルな状態を解決しようとする《復元》とは対照的に，ストレスフルな状況をそのまま受け入れようとする志向性を持っている。【受容する】【共感される】【考えない】【委ねる】は表3の定義から明らかにこうした志向性が読み取れる。【否定される】は，他のカテゴリーと比べて，状況を受け入れようとするという特徴が読み取りにくいが，否定的現状を解決しようとするものではなく，また，後述するように肯定的意味づけが付与されるものでもなく，状況を変化させずにそのままにしているものである。例えば「自業自得」という回答は，そこから何か回復させようとか，そこに価値が生まれるということはなく，現状を受け入れようとするものだと考えられる。これら5つのカテゴリーに共通するレジリエンスのオリエンテーションは，問題を解決して元の水準や求めている水準に戻そうとするものではなく，満たされない状態をそのままに受け

入れようとするものであり，いわば《受容》と表現することができるだろう。

　【捉え方を変える】【方向を変える】【相対化される】【認められる】【報われる】の5つのカテゴリーは，いずれも，《復元》のようにストレスフルな状態を具体的に変化させるわけではなく，また，《受容》のようにストレスフルな状態をそのまま受け入れようとしているわけでもない。むしろ，定義（表3）から明らかなように，これらは認識や意味づけの変化を通して回復しようとするオリエンテーションを共通して持っていると考えられる。このうち【認められる】は，「喪失や葛藤によって生じる苦悩・苦痛を，他者からの肯定的な評価を通して受け入れようとする」という定義のため，一見すると《受容》にも思えるが，苦悩や苦痛を受け入れようとするのは他者が（自分とは異なる）肯定的な評価を行うためであり，この点では意味づけの変化によるものと考えることができる。このように，状況はそのままだが意味づけを変えていこうとするレジリエンスのオリエンテーションは《復元》や《受容》とは違うものであり，いわば《転換》として表現できるものと考えられる。

（2）レジリエンスの手だて

　以上の議論から，14のレジリエンス概念は，それぞれのレジリエンスがどのような志向性を持つかという点で《復元》《受容》《転換》の3つのオリエンテーションに整理できることが見えてきた。これらは個々人がどのような回復を志向するかという点，すなわちレジリエンスのオリエンテーションの種類が個々人で異なることを示唆するものである。これはレジリエンスの個人差を理解する新たな視座という点で重要であると考えられるが，さらに本研究の結果からは，もう一つ新たな視点を明らかにすることができた。これは，いわば“どのような手だて”でレジリエンスを達成するかというものである。

　《復元》に該当する【行動する】【手だてを考える】，《受容》に該当する【考えない】【受容する】，《転換》に該当する【捉え方を変える】【方向を変える】は，オリエンテーションの種類こそ異なるものの，いずれも“自身”の行動ないし認知に焦点を当てて回復へと至ろうとする点では同様である。つまり，これら6つ

表5　レジリエンス・オリエンテーションの構造

		レジリエンスの手だて		
		一人	他者	超越
オリエンテーションの種類	復元	行動する 手立てを考える	助けてもらう	期待する
	受容	考えない 受け入れる	共感される 否定される	委ねる
	転換	捉え方を変える 方向を変える	相対化される 認められる	報われる

のレジリエンス概念はいずれも，ストレスフルな状況ないし状態からの回復を《一人》で志向するものと考えることができる。一方で，《復元》に該当する【助けてもらう】，《受容》に該当する【共感される】【否定される】，《転換》に該当する【相対化される】【認められる】は，いずれも他者の存在なしには成り立たない回復となっている。つまり，これら5つのカテゴリーは《一人》ではなく，《他者》を通して回復しているレジリエンスであると考えることができる。さらに，《復元》に該当する【期待する】，《受容》に該当する【委ねる】，《転換》に該当する【報われる】というレジリエンスは，落ち込み状況あるいは状態からの回復を自身の力や他者を通してではなく，運命や時間など，人の力を超越した何かによって行おうとするものである。それゆえ，この3つのレジリエンス概念は《一人》とも《他者》とも違う，いわば《超越》を通して達成されるレジリエンスと位置付けることができるだろう。このように，14のレジリエンス概念はオリエンテーションの種類だけでなく，《一人》《他者》《超越》という3つのレジリエンスの手だてによっても整理することができると考えられる。

（3）レジリエンス・オリエンテーションという視座

　以上の考察から，カテゴリー分析を通して見出された14のレジリエンス概念は，《復元》《受容》《転換》という3つのオリエンテーションの種類と，《一人》《他者》《超越》という3つのレジリエンスの手だてから整理することができることが見えてきた。

　そこで，この種類と手だてという軸からレジリエンス概念をまとめたものが表5である。この表からわか

るように，種類と手だてという枠組みを通して14のレジリエンス概念を整理することによって，レジリエンスが9つのマトリクスにまとめられることが明らかとなった。このマトリクスは，ストレス状況によって生じる落ち込みに対して，個人がどのようなレジリエンスを志向するのか（オリエンテーションの種類），そのためにどのような手だてを用いるのか（レジリエンスの手だて）という違いからレジリエンスを包括的に捉える枠組みを示すものと位置付けることができる。換言すれば，このマトリクスで表現されるレジリエンスのバリエーションは，個人がレジリエンスによって達成しようとする志向性の総体と言えるわけである。

　こうしたオリエンテーションの種類とレジリエンスの手だての組み合わせを，本研究ではレジリエンス・オリエンテーションと呼ぶこととしたい。このレジリエンス・オリエンテーションは，14の異なるレジリエンス概念に整理される個人の多様なレジリエンスのあり方を，どのようなレジリエンスを志向し，どのような手だてで達成するのかの違いとして説明するものである。それゆえ，本研究で見出されたレジリエンスとは，「うまく適応する能力・過程・結果」（Masten et al, 1990）というより，多様な回復の志向性を示すものであり，その個人差とは，回復の志向と手だてにおける個々人の違いということになる。この意味でレジリエンス・オリエンテーションは，個人のレジリエンス特徴をより広く捉える新たな視座となり得ると言えるだろう。

総合考察

1 本研究で見出されたレジリエンス概念と先行研究との異同

本研究では，従来のレジリエンス研究において，個人のレジリエンスの非意識的側面が扱われてこなかったこと，また，どのように回復するかといったレジリエンスのプロセスの特徴が一義的に描かれてきたことを指摘した上で，レジリエンスの個人差についてより豊かな特徴を捉えることのできる新しい視座を得ることを目的とした。そして，特に落ち込み状況における個人の意識的・非意識的な行動特徴に注目するために投影法を用いて調査を行い，男女1,000名の12,000に及ぶ回答をカテゴリー分析によって検討した。その結果，14のレジリエンス概念が得られ，さらに，これらの概念の理論的検討から，レジリエンスの種類とオリエンテーションの手だてのマトリクスによって表現できるレジリエンス・オリエンテーションという視座を見出した。これは従来のレジリエンス研究では見落とされてきた，どのような回復・適応をレジリエンスと捉えるかの個人差までも含む個人の特徴を捉える新たな枠組みと言える。

本研究で見出された14のレジリエンス概念は，ストレス・コーピングの先行研究で見出されてきた概念と重なる部分も多い。例えばコーピング尺度特性版（佐々木・山崎, 2002）ではコーピングが「感情表出」「情緒的サポート希求」「認知的再解釈」「問題解決」の4つで説明されているが，これは本研究で見出された【助けてもらう】【共感される】【捉え方を変える】【行動する】といった概念との関連が推察される。しかし，例えば本研究で見出された【助けてもらう】【共感される】はいずれもコーピング尺度の「情緒的サポート希求」と結びつく概念だと考えられるものの，本研究においては【助けてもらう】と【共感される】は異なる回復の志向性（オリエンテーションの種類）が想定される概念であり，一つにまとめられるものではない。また，【委ねる】【報われる】は，非能動的で，かつ他者依存的でもない反応ではあり，この

点ではしばしば否定的なものとして論じられる「回避型コーピング」（森田, 2008）に近い。しかし，これらのレジリエンス概念は自分でも他者でもない超越という手だてを通して回復を目指しているという点で，一つの重要なレジリエンスのあり方として位置付けることができる。こうしたことからは，本研究が投影法を用いたことで，個人に意識され自己報告される対処方法からでは見えにくい「どんな回復を目指そうとしているのか」という特徴を掬い出すことができ，結果として，回復の多様な個人差を矮小化することなく明らかにできたと考えることができるだろう。

加えて，本研究で見出された概念には，従来のレジリエンス研究においてレジリエンス要因とみなされることのなかった新たな視点が含まれている。例えば，一般的にレジリエンスには問題に積極的に向き合っていこうとする能力が重要であると考えられており（American Psychological Association, n.d.），問題解決志向はレジリエンスを導く要素の一つであるとされている（平野, 2010）。そのため，自身での問題解決を志向しない【委ねる】や【あきらめる】といったレジリエンス概念は，従来の見方では理解の難しいものと言えるだろう。この意味で言えば【否定される】という概念は特に重要である。本研究においてこの概念は，第1段階の分析では例外的な位置付けであったが，第2段階においてカテゴリーとして位置付け直された。【否定される】が具体的な効果を持つレジリエンスと言えるのかという点は今後検討の余地があるものの，時に自己批判的になったり，不本意に問題に直面化したりすることで回復へと歩を進めることは，現実生活での経験的な実感からも推察できるものである。もちろん，【否定される】を含め，本研究で新たに指摘されたレジリエンス概念が具体的にどのような意義を個々人に持つのかという点については，さらなる検討が必要である。こうした叱咤激励によるレジリエンスというものは，もしかすると日本の文化特有の行動を反映したものかもしれない。先行研究で個人の特性として指摘されてきたレジリエンス要因は，問題解決志向など基本的にポジティブなもので構成されており，この点でレジリエンスが必ずしもポジティブな志向性一辺倒ではない可能性を提示できた本研究は，レジリエンス研究の可能性を広げる上で重要であると言えるだろ

う。少なくとも本研究の知見を踏まえれば，一見回復から遠いように思われるレジリエンスのあり方もまた，その個人にとっては確かな回復の道筋となる可能性も十分あり得るのである。

2　レジリエンス・オリエンテーションという新たな視点

本研究で明らかとなった14のレジリエンス概念の理論的検討から，“どのような回復”を“どのような手だて”を通して目指すのかという回復の志向性，すなわちレジリエンス・オリエンテーションという視座が見出された。このうち，“どのような回復”かということについては，《復元》《受容》《転換》という3つの異なるオリエンテーションの種類が見出された。一般的にレジリエンスは，落ち込んだ心理状態からそれ以前の心理的水準に戻る，すなわち《復元》を意味していると理解されている。例えばオリアリー（O'Leary, 1998）は，困難な出来事が起こった後に人がたどる心理的帰結のパターンをいくつか示しているが，ここで「レジリエンス」とされているのは，元の心理的水準まで戻るパターンか，元の心理的水準以上に高まるパターンであり，元の心理的水準に到達しない場合はレジリエンスとみなされていない。しかし本研究のように，レジリエンスを帰結ではなく志向性から捉えるならば，元の水準に戻ろうとする《復元》だけでなく，同じ心理的水準に留まろうとする《受容》や，元の心理的水準と異なる次元へ向かおうとする《転換》もまたレジリエンスと考えることができる。

また，回復を“どのような手だて”を通して目指すのかという点ついて，本研究では，《一人》《他者》《超越》という3つのレジリエンスの手だてを見出した。このうち，最もレジリエンスとしてイメージしやすいのは，自分《一人》で回復しようとするものだろう。特に【捉え方を変える】といういわば認知的手段は，容易に変えることのできない状況への適応の手だてとして非常に一般的である。また，レジリエンスにおいてソーシャル・サポートが重要な資源であることも古くから言われており（小花和, 2002），本研究で見出された《他者》はその点で従来の指摘を確認するものとも言える。ただし，この《他者》は，単純に物理的・

情緒的サポートやアドバイスを得て回復するということを意味しているわけではなく，自分では否定的に捉えていた行動や現状を客観的に見る視点を得たり，肯定的に評価してもらうことで認識を新たにしたりするレジリエンス（【相対化される】【認められる】）を含むものである。ここからはレジリエンスにおける他者という存在が，従来のレジリエンス尺度で表されてきた「自分を助けてくれる」サポート資源（森・清水・石田・冨永・Hiew, 2002）というより，レジリエンスを生み出す相互作用のための資源となることが見えてくる。レジリエンスを能力として考える場合，回復は当事者が能動的に行うものと想定されやすい。そのため，レジリエンスを高める介入では，心理的スキルを身につけることが主眼となる。しかし，《他者》という手だてに顕著なように，誰かとの相互作用を通して，時に受動的に達成される回復もまた，個々人が持つ多様なレジリエンスの一つのあり方なのである。

さらに，《超越》というレジリエンスの手だてが見出されたことも重要である。これは人の手を超えた力に回復を委ねるという手だてであり，その意味ではスピリチュアリティを示すものとも言える。諸外国の研究においては，スピリチュアリティはレジリエンスに不可欠な要素の一つと考えられており（Southwick & Charney, 2012），こうした先行研究と本研究の知見の異同は今後検討すべき事項であろう。日本においては，宗教的なものへの馴染みの薄さからスピリチュアリティについては言及されないことが多く，尺度研究においてもその要素を含むものはほとんどない。この意味で，日本人を対象とした今回の調査の回答から《超越》というレジリエンスの手だてが見出されたことは興味深く，質的・量的を問わず今後詳細に研究すべき観点であると言えるだろう。

以上の考察から，本研究で見出されたレジリエンス・オリエンテーションは，個々人のレジリエンスの多様なあり方を認識する上で従来にない新たな視座を提供するものと結論付けることができる。従来のレジリエンス研究で知見が積み重ねられてきたように，個人のレジリエンスは，個人の中にある程度安定的に存在する能力であるとも捉えられるし，環境との相互作用によって達成される現象でもあると捉えられる。しかしそれらはいずれにしても，現在もしくは過去にす

でに達成されている回復・適応の事実を基に評価されるものである。本研究で得られた新たな視座は、こうした従来のレジリエンス理解の枠組みに対して、未来に起こりうるレジリエンス（それは能力としても相互作用としても捉えられる）に向けた潜在的可能性を、すでに今始まっている（もしくは有している）個人のレジリエンスとして説明する視点を得たとも言えよう。こうした視座を持つことは、心理学研究全体に重要であると思われるが、特に臨床心理学的援助をはじめとした支援に携わる者において有益なものとなるだろう。ここまで論じてきたように、個人のレジリエンスは一見レジリエンスとは思えないものを含む多様な志向性を持つものである。それゆえ、援助者側のレジリエンス観や回復イメージに基づいて支援を進めるのではなく、個々人のレジリエンスの理解に努め、それに寄り添った援助を実現することが必要である。冒頭で指摘したように、レジリエンスが現代日本における心理的援助を考える鍵概念である以上、一人ひとりのレジリエンスのあり方を踏まえた支援のオリエンテーションを考えることは、一つの社会的な意義をも持つと言えるだろう。

3 本研究の限界

　本研究では投影法を用いてレジリエンスを調査するため、12場面の刺激画を独自に作成した。これらはなるべく広範囲のストレス状況がバランスよく網羅されるよう、P-Fスタディ（Rosenzweig, 1978）を基に論理的に状況設定を行った。しかし、ストレス場面での落ち込み状況は無数に存在し、今回の場面設定が妥当であったかどうかについては、今後回答データの偏りなどから検討していく必要がある。
　また、本研究では2段階のカテゴリー分析を行った。この方法は、12,000という大規模データを数量的な手法を使わずに分析するにあたって、できる限り質を保ちつつ効率的に分析する上で有効であると考えられる。ただし、特に第2段階において顕著なように、最初の分類に基づいて次の分類を進めていくという方法的な性質上、ボトムアップ的な手法をとりながらも演繹的な部分が残るため、結果として分析の過程で重要なレジリエンス概念が捨象された可能性はある。また、今回

の結果において【報われる】に分類された回答は相対的に少なかったが、これには回答者の発達段階やコホートが限定されたことが影響している可能性も考えられる。したがって今後の研究の展開においては本研究の結果がすべてのレジリエンス概念を包括していない可能性を踏まえ、さらなるカテゴリーの精査を行っていく必要がある。とはいえ12,000データのすべてを、ストレス場面の違いや、回答者による記述の揺らぎを超えて、14のレジリエンス概念とレジリエンス・オリエンテーションという視座で整理することができたことは、本研究で見出された知見に一定の有用性が期待できることを示していると結論付けることはできるだろう。

注

1) 投影法という用語は、狭義では精神分析的な理論的背景を前提とし、その人の持つ抑圧された欲求や、本来的な欲望を反映するものとされるが、本研究ではあくまで広義で投影法という語を用いており、他者へのアドバイスの形をとることで、個人の非意識的側面が反映されることを意図している。

2) 測定が社会・他者との間で行われている限り、非意識的側面のみを拾い上げるのは本質的には不可能であり、意識的反応を排除することはできないが、本研究の目的は意識的反応から完全に弁別された非意識的側面を抽出することではなく、非意識的側面が特に反映される測定を試みることである。

3) なお、第4著者は第1段階で見出された概念の定義の説明を受けた上で、2場面（2,000切片）の分析を行った。これは、第1段階で分析に携わっていない者が、概念の説明を受けただけで各反応を分類することが可能かどうかを検討し、第1段階で見出された概念の妥当性を確認するためであった。この第4著者の分類については第1著者がすべてを再度見直し、微調整を除けば、それまでに作成した概念の定義に従うことでほぼ分類が可能であることを確認している。

4) なお、本研究の目的上、カテゴリーの度数の提示は必ずしも必要ではないと思われたが、各カテゴリーがどの程度の回答数によって構成されているかを示すことで分析の妥当性を高めることができると考えられたため、提示することとした。

引用文献

American Psychological Association (n.d.) 10 Ways to build resilience. *The road to resilience*, http://www.apa.org/helpcenter/road–resilience.aspx/（情報取得2016/10/30）

Connor, K. M., & Davidson, J. R. T. (2003) Development of a new resilience scale: The Connor–Davidson resilience scale (CD–RISC). *Depression and Anxiety, 18*, 76–82.

Fletcher, D., & Sarkar, M. (2013) Psychological resilience: A review and critique of definitions, concepts, and theory. *European Psychologist, 18*, 12–23.

Garmezy, N. (1991). Resiliency and vulnerability to adverse developmental outcomes associated with poverty. *American Behavioral Scientist, 34*, 416–430.

Grotberg, E. H. (2003) What is resilience? How do you promote it? How do you use it?, In Grotberg, E. H. (Ed.), *Resilience for today: Gaining strength from adversity* (2nd ed.) (pp.1–29). Westport: Praeger Publishers.

橋本剛 (1997) 大学生における対人ストレスイベント分類の試み. 社会心理学研究, *13*, 64–75.

橋本剛 (2003) 対人ストレスの定義と種類――レビューと仮説生成的研究による再検討. 静岡大学人文論集, *54*, A21–A57.

平野真理 (2010) レジリエンスの資質的要因・獲得的要因の分類の試み――二次元レジリエンス要因尺度 (BRS) の作成. パーソナリティ研究, *19*, 94–106.

Hobfoll, S. E., Mancini, A. D., Hall, B. J., Canetti, D., & Bonanno, G. A. (2011) The limits of resilience: Distress following chronic political violence among Palestinians. *Social Science and Medicine, 72*, 1400–1408.

井隼経子・山田祐樹・河邉隆寛・中村知靖 (2009) レジリエンスの4側面と潜在性・顕在性――環境資源からの検討. 電子情報通信学会技術研究報告ヒューマン情報処理, *109*(261), 91–96.

石毛みどり・無藤隆 (2005) 中学生における精神的健康とレジリエンスおよびソーシャル・サポートとの関連――受験期の学業場面に着目して. 教育心理学研究. *53*, 356–367.

加藤敏 (2009) 現代精神医学におけるレジリアンス概念の意義. 加藤敏・八木剛平 (編), レジリアンス――現代精神医学の新しいパラダイム (pp.1–23). 金原出版.

川喜田二郎 (1967) 発想法――創造性開発のために. 中央公論社 (中公新書).

川喜田二郎 (1970) 続・発想法――KJ 法の展開と応用. 中央公論社 (中公新書).

北川恵 (2005) アタッチメント測定手法としての投影法の意義・成果・課題. 四天王寺国際仏教大学紀要, No.41, 1–14.

北川恵 (2007) アタッチメント投影刺激画の作成と大学・短大生の反応傾向. 四天王寺国際仏教大学紀要, No.45, 211–222.

岸田元美 (1967) 児童・生徒の教師認知に関する測定論的研究（I）――とくに教育的指導態度に対する認知について. 徳島大學學藝紀要教育科学, *15*, 37–64.

久保恵 (2000) 愛着表象の投影法的研究――親子状況刺激画を用いて. 心理學研究, *70*, 477–484.

Luthar, S. S., Cicchetti, D., & Becker, B. (2000) The construct of resilience: A critical evaluation and guidelines for future work. *Child Development, 71*, 543–562.

Masten, A. S., Best, K. M., & Garmezy, N. (1990) Resilience and development: Contributions from the study of children who overcome adversity. *Development and Psychopathology, 2*, 425–444.

Morgan, C. D., & Murray, H. A. (1935) A method for investigating fantasies: The thematic apperception test. *Archives of Neurology and Psychiatry, 34*, 289–306.

森敏昭・清水益治・石田潤・冨永美穂子・Hiew, C. C. (2002) 大学生の自己教育力とレジリエンスの関係. 学校教育実践学研究, *8*, 179–187.

森田美登里 (2008) 回避型コーピングの用いられ方がストレス低減に及ぼす影響. 健康心理学研究, *21*, 21–30.

村木良孝 (2016) レジリエンスの統合的理解に向けて――概念的定義と保護因子に着目して. 東京大学大学院教育学研究科紀要, *55*, 281–289.

西田裕紀子 (2001) 成人女性のソーシャルサポートに関する研究――ストレス経験時および複数場面におけるサポート対象に着目して. 名古屋大学大学院教育発達科学研究科紀要心理発達科学, *48*, 107–114.

能智正博 (2011) 質的研究法（臨床心理学を学ぶ6）. 東京大学出版会.

小花和Wright尚子 (2002) 幼児期の心理的ストレスとレジリエンス. 日本生理人類学会誌, *7*, 25–32.

O'Leary, V. E. (1998) Strength in the face of adversity: Individual and social thriving. *Journal of Social Issues. 54*, 425–446.

小塩真司・中谷素之・金子一史・長嶺伸治 (2002) ネガティブな出来事からの立ち直りを導く心理的特性――精神的回復力尺度の作成. カウンセリング研究, *35*, 57–65.

小塩真司 (2016) レジリエンスの構成要素――尺度の因子内容から. 児童心理, *70*(1), 21–27.

Rosenzweig, S. (1938) A general outline of frustration. *Personality, 7*, 151–160.

Rosenzweig, S. (1978) *The Rosenzweig Picture–Frustration*

(P–F) Study: Basic manual. St. Louis: Rana House.

Rutter, M. (1990) Psychosocial resilience and protective mechanisms. In J. E. Rolf, A. S. Masten, D. Cicchetti, K. H. Nuechterlein, & S. Weintraub (Eds.) *Risk and protective factors in the development of psychopathology* (pp.181–214). New York: Cambridge University Press.

佐々木恵・山崎勝之 (2002) コーピング尺度（GCQ）特性版の作成および信頼性・妥当性の検討. 日本公衆衛生雑誌, *49*, 399–408.

齊藤和貴・岡安孝弘 (2010) 日本におけるレジリエンス尺度の特徴とその利用可能性. 明治大学心理社会学研究, No.6, 73–88.

Schmitt, D. P., & Allik, J. (2005) Simultaneous administration of the Rosenberg Self–Esteem Scale in 53 nations: Exploring the universal and culture–specific features of global self–esteem. *Journal of Personality and Social Psychology, 89*, 623–642.

庄司順一 (2009) リジリエンスについて. 人間福祉学研究, *2*, 35–47.

ストラウス, A. L. & コービン, J. (201) 質的研究の基礎——グラウンデッド・セオリー開発の技法と手順（第3版）（南裕子, 監訳）. 医学書院. (Strauss, A. L., & Corbin, J. (2008) *Basics of qualitative research: Techniques and procedures for developing grounded theory* (3rd ed.). London: Sage.)

Southwick, S. M., & Charney, D. S. (2012) *Resilience: The science of mastering life's greatest challenges*. Cambridge: Cambridge University Press.

高橋依子 (2015) 臨床心理検査バッテリーに関する考え方. 高橋依子・津川律子（編）, 臨床心理検査バッテリーの実際 (pp.26–39). 遠見書房.

Tuber, S. (2012) *Understanding personality through projective testing*. Lanham: Jason Aronson.

上野雄己・小塩真司 (2012) レジリエンスの主観的グラフ描画法開発の試み——スポーツ競技者のレジリエンス過程に注目して. 心理学研究（健康心理学専攻・臨床心理学専攻), *5*, 75–89.

Ungar, M. (2008) . Resilience across cultures. *British Journal of Social Work, 38*, 218–235.

Wagnild, G. M., & Young, H. M. (1993) Development and psychometric evaluation of the Resilience Scale. *Journal of Nursing Measurement, 1*, 165–178.

Windle, G., Bennett, K. M., & Noyes, J. (2011) A methodological review of resilience measurement scales. *Health and Quality of Life Outcomes, 9*, 8.

Yamaguchi, S., Greenwald, A. G., Banaji, M. R., Murakami, F., Chen, D., Shiomura, K., Kobayashi, C., Cai, H., & Krendl, A. (2007) Apparent universality of positive implicit self–esteem. *Psychological Science, 18*, 498–500.

付記

本研究は, 日本心理学会第78回大会（2014）において発表した内容にデータを追加し発展させたものである. また本研究はJSPS科研費 JP15K17291, およびリーディング大学院プログラム「東京大学ソーシャルICTグローバル・リーダー育成プログラム」の助成を受けて行われた. 刺激画の作成にあたっては株式会社クエスト・コンピュータの皆様にご尽力いただきましたことを感謝いたします.

（2016.10.31受稿, 2017.6.5受理）

付録　刺激画

一般ストレス場面

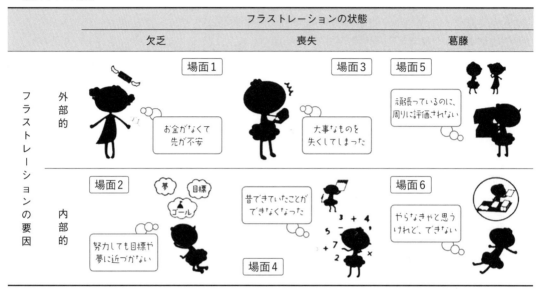

対人ストレス場面

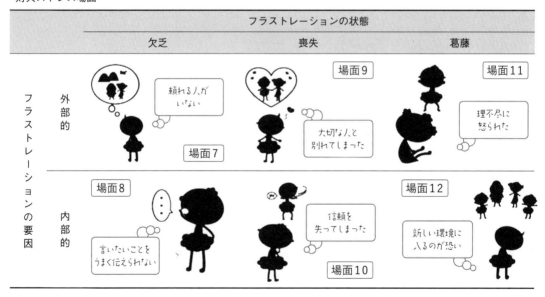

一般論文

質的心理学研究　第17号／2018／No.17／66−86

他者になる夢の現象学的解明
——フッサール志向性論に基づく主題分析

渡辺恒夫　東邦大学名誉教授
WATANABE Tsuneo　Professor Emeritus at Toho University

要約

現実には不可能な他者変身がなぜ夢では可能なのかの現象学的解明を行う。筆者自身が夢日記ウェブサイトに掲載した99例の自己体験夢事例より15例の他者変身夢を抽出してデータとした。方法はシェフィールド学派に学び，フッサールの志向性論から関連する志向性分類表を作成して主題分析に用いた。ジオルジの記述的現象学の方法に倣い，夢テクストの段階的分析進行表を作成して分析を行うが，夢の現象学独自の方法として，夢テクストに想像的変更を加えて現実テクストを作成し，両者を比較しつつ主題分析を行うことで，他者変身夢に固有の構造的特徴を抽出した。各例の構造的特徴の比較の結果，適切な分類に達することで他者変身夢の全貌が明らかになった。分類中，虚構の他者への変身と実在他者への変身が最重要な区分とされ，前者は「準現在化対象の現在化」，後者は「向現前化対象の現前化」として主題分析された。現象学的解明として，前者は現実における二重の志向作用が，後者は同じく三重の志向作用が，共に夢では一重になることで他者変身が実現するとされたが，後者の解明には，ヘルトが他者経験における向現前化を二種の準現在化の協働作業として分析しているところに基づく，フッサールの志向性分類表の改訂版を用いた。最後に，本稿でなされた他者変身夢の現象学的解明が，他者経験の自明性をさらに問題化する途を拓く可能性が論じられた。

キーワード

ウェブサイト掲載の自己体験事例，記述的現象学，想像的変更，虚構他者vs. 実在他者，向現前化

Title

Phenomenologically Clarifying Dreams of Becoming Someone Else: Thematic Analysis Based on the Husserlian Intentionalities

Abstract

Fifteen samples were taken from the author's "dream–diary" website to phenomenologically clarify why a dreamer can become someone else in dreams. As suggested by the Sheffield school, the author developed a table of intentionalities based on the works of Husserl, to use it in Thematic Analysis. "Real texts" were developed through "imaginative variations" of dream texts, which is a method specific to dream analysis. Phenomenological structures were extracted by comparing each dream text with its corresponding "real text" through Thematic Analysis. Then, each example of a dream was classified according to its structural features. Results indicated essential differences between examples of becoming fictive others, in which double intentional structures are reduced to single ones, and those of becoming real others, in which triple intentional structures are reduced to single ones. The phenomenological clarification of these difference was conducted using the table of intentionalities modified according to the critically reconstructed Husserlian theory of "appresentation" described by Held. Finally, the author discusses how our seemingly obvious experiences with others in the real world should be phenomenologically analyzed.

Key words

examples out of the author's own website, descriptive phenomenology, "imaginative variation", fictive vs. real others, "appresentation"

Ⅰ 序 論

Ⅰ-1 問題提起——他者になれない現実と他者になる夢と

いくら「もし自分があの人だったら」と空想しても現実には他の誰にもなることはできない。私は私であって他人ではないことは自明だからである。ところが夢の中では私は他の誰かになっていることがある。この体験が驚きをもたらすとしたらそれは、「他者ではない」「他者になれない」という事態が絶対的に自明であるわけではないことを予感させるからだろう。そもそも、**なぜ夢では他者になることができるのだろうか**。まず、他の領域での類似テーマと比べることで、この問いの意義をより広い共通了解性の下に置いてみよう。

> 私自身、数え年九才のころに起きた最初の自我意識の体験を思い出す。たしか或る日、小学校からの帰り道のことだったと思うが、私は突如、自分というものは他の誰ともことなる存在であることを理解した。それは、何か電光のように私の幼い心を震撼したことを覚えている。私がどんなに努力したところで、自分と別の存在になることはできず、自分であることをやめることができないという痛切な自覚が、その瞬間私の心に誕生したのである。
> （土居, 1967, pp.100-101)

著名な精神分析学者による回想である。自分は自分であって他の誰にもなれないという自覚が「電光のように私の幼い心を震撼」したことは、「私は私であって他人ではない」ことの自明性が、見かけほどには自明でないことをも示唆していよう。事実、土居のこの回想は、その後、自我体験の研究でくりかえし引用されることになるが（西村洲衛男, 1978; 渡辺, 2016a)、それらの研究の中で自我体験は、精神発達の過程で生じ得る「自己の自明性の破れ」（渡辺, 2009) として特徴づけられているのである。

次に参照可能なのは精神病理学の領域である。これについては自己の自明性ということを現象学的に考察した木村敏の説がある（木村, 1973)。彼によると、常識的日常世界はあまりにも自明なので、その構造を問うことは統合失調症者の「妄想」的な体験世界を通じてしか可能とならない。こうして具体的な症例を検討して明らかにされた自明なる常識的日常世界の構造は、「個物の個別性」「個物の同一性」「世界の単一性」という三つの「原理」で表されるが、この「個物」ということについては「自分」についてもいえることである。

> 常識的日常性においては、私自身は私以外のだれかの自分とは絶対的に別の自分であって、うっかりしてとり違えたり、間違って入れ替わったりするというようなことは絶対に起こりえない。／ところが、この個物の個別性の原理は、前章の症例の患者においてはまったくその効力を失っている。この患者においては「Oさんて二人いるんです。一人であって二人ということなんです。‥‥一つが二つで二つが一つ‥‥私がOさんになってOさんが私になって」ということになる。
> （木村, 1973, pp.110-111)[1]

上記の二例は、現実には他者になれないことを必須の契機とする**自己の自明性**ということに焦点を当てた問題領域に位置づけられているが、その裏面では、同じく他者になれないことを必須の契機とする他者経験の自明性も問題になるはずである。本稿の、なぜ夢では他者変身が可能なのかの問いは、むしろ**他者経験の自明性**を問うという問題領域を拓くものになるかもしれない。けれども今はそれは措いて、「総合的考察」の項で振り返ることにしよう。何といっても現時点では、そもそも本稿の問いがどのような形で解明可能となるかさえ、五里霧中の状態なのであるから。

本稿の問いの困難さのひとつは、他者変身夢というテーマを取り上げた先行研究が見出しがたいというところにある。夢事例はいわゆる臨床家でなくとも収集できて大量収集も可能だという利点を持つことを思うと、木村がなぜ夢に言及しないか不思議な位であるが、ひとつには、木村にとって参照すべき「他者になる夢」についての研究が見出せなかったこともあるの

ではないか。この事態は現在でも変わっていないように思われる。他者変身夢を主題とした組織的研究というものを，筆者は未だに見出していないのである。したがって本稿は，まず先行研究を検討するという通常の論文作法を取ることができない。その代わりに序論中で「方法の問題」と題し，このテーマへ適合的な方法を独自に見出すべく試みることにする。なお，方法の問題に入る前に，他者変身夢という現象の共通了解性を高め，併せて本稿の目標をより明確に設定するために，例を一つ掲げておくことにする。

公園のような野外で私と妹がアイスクリーム売りのバイトをしている。‥‥働いているうち私は「ドラゴンボール」のベジータになっていて，妹はブルマーになっている。客の行列の中に父と母がいる。父は私だと気づかずに店員のベジータ（私）に，好物のいちごアイスを注文する。ベジータの私はいちごアイスを作っているうちに，自分で食べたくなってくる。／ここまでは私は，ベジータ側から見ている。そこから私は父になる。父（私）は「早くできないかな」と思っている。やっとアイスが出てきた。ところが食べてみると，アイスクリームではなくいちごキャンディーだった。ベジータの姿をした店員がいちごアイスをこっそり食べているのが見える。父（私）は「ずるいやつだ」と思いながらキャンディーを食べる。‥‥

大学生の実際の夢事例をもとに作成した見本事例である[2]。この事例から窺えることは，他者への変身といっても一様ではないことである。第一に，「私」はまず「ベジータ」に変身し，次いで「父」に変身しているが，前者は**虚構の他者**で後者は**実在の他者**というように，変身対象としての他者の存在の仕方に種類がある。第二に，「私」は「ベジータ」に**いつのまにか**なっているが，次に登場人物として**目の前にしている**「父」になるというように，変身の道筋も多様であることが分かる。

このように，他者への変身といっても一筋縄ではなく，しかも先行研究への参照が望めない以上，他者になる夢の全体像を本稿において独自に明らかにしておかなければならない。全体像を踏まえない限り，他者になる夢事例の選択にしても恣意的になりかねないだ

ろう。したがって本稿の目標は二重となる。まず他者変身夢の全貌を明らかにした上で，なぜ他者になることが可能なのかを問うのである。

I-2 方法の問題——フッサールへの遡行から
　　　方法論的展開へ

夢のテクスト・データを分析する方法としては深層心理学的方法や認知科学的方法もあるが，本稿では現象学的心理学の方法を採用する。同一テーマでの先行研究が見出されていない以上，具体的な研究への批判ではなく「この方法を用いればどのようなことになるか」という仮想的批判になるが，まず，深層心理学的方法が適合的なのは，前述の見本事例に即していえば，「私」はなぜ「ブルマー」（女性）や母親ではなく「ベジータ」（男性）と「父」に変身したのかの**個別的な**問いの方であって，**一般に**他者変身がなぜ可能なのかという本稿の問いではない。本稿の問いの解明が同一化といった深層心理学的概念の基礎づけになりえても，逆に同一化によって他者変身の一般的可能性を説明することはできないであろう（これについては「総合的考察」でも触れる）。次に認知科学的方法は，睡眠実験室でのデータ収集か数量化に耐えうる大規模データを必要とするので（岡田，2011，等参照），筆者にはその準備がないし，将来的に可能になるとしても本誌とは別の場所での発表になるだろう。他方，現象学的心理学は次の利点を持つ。①すでに引用した木村（1973）の考察が現象学的精神医学の枠組みでなされているし，自我体験研究でも現象学的研究が一つの流れになっているので（Spiegelberg, 1964; Watanabe, 2011; 渡辺, 2012），他者変身夢研究を将来的にこれらの領域と比較するのに好都合なこと。②主観的意識体験を探究の対象とする現象学は元々夢になじみやすく，夢の現象学を何らかの形で謳った成書が日本にも何点か紹介されている程であること（Sartre, 1955/1940; Binswanger, 2001/1947; Boss, 1970/1953; Caillois, 1986/1956; Usler, 1990/1969, 等）。ただし，これらの成書に共通する問題点として，分析方法が職人芸的であって，かつハイデガー以後の実存哲学の影響下にあり哲学的になりすぎるなど，個性が強すぎて一代限りになってしまっていることがある。本研究は，現

象学の質的心理学としての展開の気運の中で（西村ユミ, 2013; Giorgi, 2013/2009; Langdridge, 2016/2007, 等参照），夢の現象学を継承発展可能な研究領域とするという，方法論的自覚の元になされている。

現象学的心理学といっても単一ではない。現象学の創始者フッサールに比較的忠実な記述的現象学の流れと，ハイデガー以後の現象学の解釈学的な展開を踏まえた解釈学的な現象学の流れに大別され（Langdridge, 2016/2007, 参照），本稿が位置づけられるのは前者の方となる。なぜ前者を選ぶかを既存の質的心理学的な研究を具体的に概観して説明するような余裕は本稿にはないが，さいわい，質的心理学研究から見て外部に属する研究ではあるが手掛かりがあるので，以下に示す。

前述のボス（1970/1953）は，ハイデガー哲学を承けて現存在分析を唱える現象学的精神医学者であるが，「夢の中で『物として存在する』こと」という項目の下に，女性患者から報告された，雑巾になる夢や風船になる夢について次のように述べている。

> 夢の雑巾として肉体化されたのは，深刻な抑うつ性の気分変調から実際完全にたるんでしまって床の上によこたわっている実存である。‥‥天井にまで上がってしまう子どもの風船という物体の中に肉体化されたのは，世界の物体や人間に対してもっぱら大へん子供っぽく，軽々と浮動する，戯れ半分の関係を示しているような現存在であった。（p.224）。

アメリカの現象学的哲学者ドゥ・ウォレン（de Warren, 2009/2009）は，フッサールは夢についてのまとまった記述を残していないとしながらも，その遺稿集などに散在する記述を元に，フッサールの夢と想像に関する説を次のように再構成している。

> 私が目覚めているとすると，私が想像しているという暗黙裡の覚知が存するが，夢を見ている場合には，私が実際に眠っているとすれば，私が夢を見ているという比較されうるような覚知は存しないのである。（p.97）

> フッサールにとっての想像的なものとは，分裂した，ないしは二重の意識である。‥‥子供はたやすく，自分がライオンのふりをすることが何なのかを理解することができる。彼女はライオンのように吼え，ライオンの脅すような顔をする。‥‥しかも子供はまた自分がライオンではないことも知っている。その上これら二つの考え，ないしは二つの意識のあり方は，両者が互いに両立可能なものであるとしても，結びつくものではない。（p.98）

ボスのハイデガー的な解釈は前述の見本事例に照らしていえば，「私」はなぜ「ブルマー」でなく「ベジータ」になったかの問いの方に適合的である。これに対してドゥ・ウォレンのフッサール論は，そもそもなぜ夢の中で他者になることが可能なのかという本研究での問いにとって，（次頁で見るように）筆者の知る限り最も近くに位置していると思われる。したがって本稿は，単に記述的現象学の流れに位置づけられるというだけではない。このように重要な示唆を含むことが予想されるフッサール自身の現象学の構想にまで立ち戻り，そこから本研究にとって適合的な質的研究法をつかみだす必要が出てくる。

ちなみに，フッサール（Husserl, 2004/1968）が超越論的現象学と心理学的現象学（または現象学的心理学）という二種類の現象学を構想していたことはあまり知られていない。本稿でいう「フッサール現象学」は無論，心理学的現象学の方を指す。前述の記述的現象学の流れに重なるが，なぜこの名を使わないかというと，a）フッサールではなくヤスパース由来の，単に主観的体験を忠実に記述するという意味での方法にすでに記述現象学の名が用いられていてまぎらわしいこと，b）「記述的現象学を用いる心理学者は，現象を説明するより現象を記述することに関心がある」（Langdridge, 2016/2007, p.118）という特徴づけにもかかわらず，本研究が目指すのは「なぜ」に答えるという「現象学的解明」（II-3参照）であること，c）現象学的解明のためにフッサールその人の学説まで遡っての構想と方法論の検討が必要になること，という3つの理由による。

（1）フッサール現象学の基本アイデア
——志向性分析

先述のドゥ・ウォレン（2009）の引用を読めば，想像するという意識の構造の分析が，変身夢の解明にとって鍵となることが予想される。ライオンのふりをする子どもは，現実ではそのような想像をしつつも想像に過ぎないことを自覚しているという「二重の意識」を維持しているが，夢では「『自分がライオンである』と想像しているという暗黙裡の覚知」が失われて一重になり，「自分がライオンである」という事態が出現する，と想定できるから。このような意識構造の分析はフッサールでは志向性分析といわれ，主として想起や予期などの時間的志向意識（志向性）の分析を中心に展開されている。ちなみに志向性はフッサールがその師ブレンターノから受け継いだ基本着想で，AをBとして経験するという意識の作用である（Spiegelberg, 2000/1994参照）。たとえば会議の情景を思い浮かべるにしても，明日の予定として思い浮かべると「予期」という志向性になり，昨日あった教授会の光景として思い浮かべれば「想起」という志向性になる。ドゥ・ウォレン（2009）の例でいえば，子どもは自分をライオンとして思い浮かべているが，これは「空想」という志向性である。想起や予期や空想に共通の，「現にない対象を現にあるもののように思い浮かべる」という作用をフッサールは「準現在化」と呼び，「現にある対象の知覚」を「現在化」と呼んで，志向性を二大別する（木田・野家・村田・鷲田，1994；谷，1998など参照）。さらにドゥ・ウォレンの説明を参考にすれば，準現在化の構造的特徴は，対象を思い浮かべると同時に「思い浮かべているに過ぎない」と自覚しているという，二重の意識にある。夢では後者の自覚が消滅する。その結果，「思い浮かべられた対象」だけの一重構造になる。つまり準現在化が夢では現在化へと変容する。渡辺（2010）は，夢世界では「想起も，予期も，反実仮想の想像も，フィクションも，即，知覚となり現在の体験となって，『これが現実だ』という確信を与える」（pp.215–216）と述べている。空想以外でも一般に準現在化は，夢の中で現在化されると考えられるのである。

フッサール現象学による夢分析の基本着想がここに示唆されている。現実では準現在化という二重の志向的意識であった事態が，夢では現在化という一重の志向的意識へと構造変容する。これこそが，夢の現象学的解明にとっての鍵となる着想と思われる。

（2）現象学的還元と本質観取

フッサール現象学の方法論的基本は現象学的還元と本質観取の二つであり，これは心理学的現象学でも変わらない。現象学的還元とは，対象についての「臆見（思い込み）」を，反省によって「現象」という確実な知識へ還元することである。目の前の花瓶は客観的に実在すると私は思い込んでいるが，幻覚かもしれないし夢かもしれない。けれども花瓶が見えるという「花瓶という現象」だけは疑うことができない。このように花瓶についての「客観的に実在する」という思い込みを括弧に入れて「花瓶現象」へと還元するのが，現象学的還元である。

ところで，すでに「夢かもしれない」といった言葉を使ったところからも窺えるように，現実と夢とで現象学的還元は逆を向いているところがある。現実世界では花瓶が実在するという判断を括弧入れするのに，夢テクストに現れた花瓶については「夢だから実在しない」という判断を括弧入れするのである。この**逆向き現象学的還元**の結果は重大である。ウスラー（Usler, 1990）は，夢を，現実から因果的に説明されるべき幻覚としてではなく，「夢世界」として現実世界と対等に扱うことが夢の現象学であるとしたが，本研究でも現象学的還元の結果，「夢世界」と「現実世界」が対等に扱われることになる（夢と現実の区別が付かなくなるのではないかという疑問に対しては，**その中にあって夢についての現象学的考察をしている世界**の方を「現実世界」と定義するという，操作的定義を以て答えておく）。二つの「世界」を比較して基本的な体験構造の違いを抽出することが，次の本質観取の仕事になる。

科学では仮説を構成して検証・反証するというサイクルで研究が進むが，現象学では原則として仮説を作らず，代わりに本質観取という方法を使う（西，2001参照）。具体的には想像的自由変更，略して想像的変更という方法を使う。三角形の本質とは何かを観取するのに，目の前に三角形を一つ描き，それを想像裏に変容させてみると，三つの辺のうちどれかが曲線に

なったり辺同士が交わる角に間隙ができたりしたら三角形という経験が成立しなくなることが分かる。だから三角形の本質とは三角形という経験が成立するのに必須の構造的特徴のことであり，三本の直線的線分で囲まれていて線分の終端同士がぴったり合わさっていること，となる。心理学研究としての現象学において想像的変更の代わりとされてきたのが，標本収集による複数データの比較である。「現象学的心理学者は本質というものを，多数の当事者による多元的な記述を通じて識別しようとする傾向があった。これは事実上，標本収集による想像的変更である」（Langdridge, 2016/2007, p.26）。複数データを使うといっても，実証科学における「観察データ」と「仮説」とが互いに独立しているのに対し（ハンソン（Hanson, 1986/1956）は観察の理論負荷性を指摘しているが，独立性という建前があってこその指摘だろう），観取された「本質」はデータから独立ではない。したがって最初に観取された本質が後のデータによって訂正されることがあっても，仮説の交代とは違う。当初は気づかなかった重要な構造的特徴が浮上して最初の構造的特徴が目立たなくなるなどして，より**精緻化・普遍化**されるということなのである。

　本質観取の具体的手順をできるだけ明示化することが，現象学的心理学の質的心理学研究としての発展には重要である。代表的な技法としてジオルジ（Giorgi, 2013/2009）の，現象学的分析進行表を作成し，体験記述テクストを意味単位に分けることから始めて段階的に分析を進めて本質的意味を取り出すに至る方法があるが（渡辺, 2012, 2013も参照），以下明らかになるように夢分析にそのまま適用するには難があり，工夫が必要になる。そもそも現象学的研究では，伝統的科学的心理学におけるように予め設定された一般的な研究手続きを，個別のテーマに適用するわけではない。研究されるべき「現象に特有の性質の方が，特定の研究手続きと記述のツールを定めるためには重要」（Seamon, 2000, p.167）なのである。まして夢のフッサール現象学的分析のような未開拓な領域にあっては，夢という現象の固有性に即した方法を，最初の試みには避けがたい粗削りのそしりを恐れずに工夫しなければならないのである。

　なお，「本質」の語が心理学にはなじまないことも

あり，以後，ジオルジ（2013/2009）に倣い，「本質観取」の代わりに「構造的特徴の抽出」「現象学的構造の抽出」等の表現を用いることがある。

（3）現象学的夢分析に固有の技法1──主題分析

　夢分析に固有の問題として，夢世界の現象学的構造を現実世界のそれとそのつど比較しながら，複数の夢テクストの分析を進めなければならないことがある。従来の本質観取の方法では複数データの比較は同質のデータ相互の二項比較に基づくのに対し，〈夢事例① vs. 現実〉vs.〈夢事例② vs. 現実〉というように，三項比較が必要になってくるのである。このような複雑な比較を行うには，比較項を予め定める主題分析が好都合に思われる。その点，イギリスはシェフィールド大学のアッシュワース（Ashworth, P., 2003）を中心に発展し，シェフィールド学派と呼ばれるに至った記述現象学の一派（Langdridge, 2016/2007, 参照）の方法が示唆的である。この学派では，ジオルジの方法では取り出すべき体験の意味（＝観取すべき本質）が予め分からないのに対し，発見的手法（ヒューリスティク）として，晩期フッサール（Husserl, 1995/1954）の生活世界論から生活世界の7つの条件（自己性，社会性，身体性，時間性，空間性，企図，言語）を，「人間的経験に基本的な本質的構造」（Ashworth, P., 2003, p.146）と見なして抽出し，「主題分析」（Finlay, 2003, p.112）に用いる。たとえば重大な疾患の診断を受けた人の生活世界が，以前と比べどのように変容したかを，7つの条件（＝主題）ごとに本人の自己記述を分析して明確にする（Ashworth, A. & Ashworth, P., 2003; Finlay, 2003, 等）。この主題分析の方法は夢分析にも示唆的と思われる。ただし，他者への変身夢というテーマに関心相関的に，フッサール中期から後期にかけての想像意識論と他者論に，夢と想像と他者経験にとって「基本的な本質的構造」を求める。それが，基本的な志向性の種類ということになる。

（4）現象学的夢分析に固有の技法2──夢テクストから現実テクストへの想像的変更

　夢世界の現象学的分析が夢事例テクストに基づく以上，比較対象となる現実世界の分析も事例テクストに基づかねばならないのだろうか。夢日記から抽出した

事例に似た「現実事例テクスト」を,「現実日記」から探し出すべきだろうか。ここで想像的変更という技法が直接に役立つ。I-1の「見本事例」を例に取ると,私と妹がアイスクリームを売っているという状況が現実になっていると**想像**するのである。ただし「ベジータ」や「父」に変身するくだりは現実には起こり得ない。だから,**起こり得るように**,つまり私が「ベジータになっていて,妹はブルマーになっている」という文章は,「私は『自分がベジータになっていて,妹はブルマーになっている』と想像している」という鍵括弧付き文章に**変更**して読む。こうして想像的変更によって生成した「現実テクスト」と元の夢テクストとが,志向性に関してどのように異なるかを比較考察する。

以上,(3)(4)での夢の現象学的分析に固有の技法をまとめ,「フッサール志向性論に基づく主題分析」と呼んでおきたい。なお,本研究で現象学的解明と呼ぶ一段深い分析を行うためには,さらにこの想像的変更を逆向きに遡る手続きが必要になるが,詳しくは「方法」で述べる。

Ⅱ　方法

Ⅱ-1　データ

筆者の個人サイト(参照先は「付記」を参照)に公開されている夢記録事例,すなわち自己体験事例を,データ・プールとして用いる。自己体験事例は,エルヴェ・ド・サン゠ドニ(Hervey de Saint-Denys, 2012/1964)やエリス(Ellis, 1941/1911)のような伝説的な夢研究家だけでなく,フロイト(Freud, 2007/1942, 2011/1942)も使っていた伝統的データソースであるが,ウェブ公開された事例のみを用いることには,誰でもデータソースにアクセスできることで読者自らが分析に参加しつつ,本稿でのデータ抽出や分析をチェックできるという利点がある。ただし,チェックにあたっては,本研究と同様の現象学的態度を要する。そのためには,他者の体験テクストであっても自分自身の体験として読むという,「体験事例テクスト

の一人称的読み」(渡辺, 2013参照)を要請しておきたい。特定の他人の夢であることを括弧に入れて自分自身の夢として読まない限り,夢世界と現実世界を対等に扱うことにならないからである[3]。公表済みデータを使うという点では,出版された夢記録,他の人が公開している夢日記サイト等を使うこともありえるが,筆者の自己体験事例を含めて分析するには分析者である筆者自身からデータが等距離でなくなって分析の同質性が保証されない。また筆者の自己事例は全99例あって質的分析のデータとして十分な数である。以上の理由で筆者の自己事例のみとした。日付は1970年代に同人誌に「夢日記」として発表した5例と(記事はPDF化して同じサイトに掲載済み),2004年から個人サイトに夢日記として掲載し始めてから2015年11月7日にいたるまでの12年程にわたる94例からなる(両群間には甚だしい時間的隔たりがあるが,両群とも自己事例かつ公表データという条件を満たす以上,どちらかに限らねばならない積極的理由は見出せなかった)。前述の伝説的な夢研究家たちのように毎朝欠かさず夢を記録するのではなく,興味のある夢が時間的余裕のある場合に限ってまずノートに記され,その中から特に興味深い夢が選択され公開に至るという,関心相関的に抽出されたデータである。なお,ウェブ公開にあたって実在の登場人物の匿名化を図るなどして倫理的問題にはすでに対処済みであると考えるが,本稿執筆にあたってチェックし直して問題のないことを確認した。

Ⅱ-2　分析の手順

具体的な分析手順としては,1)主題分析に用いるべく,フッサール現象学における基本的な現象学的構造である志向性を,想像意識と他者意識に関して取り出し分類し表とする。2)「他者になる夢」に分類できる事例をサイト公開事例の中からすべてリストアップし,特徴を書き添えて表とする。3)リスト中から「出発事例」を関心相関的に抽出し,段階的な分析進行表を作成する。第一段階として表の左欄にテクストを意味単位に区切って書き入れる。第二段階では,「夢テクストの現実テクストへの想像的変更」を行って夢テクストから「現実テクスト」を生成する。第三段階

では「夢テクスト」と「現実テクスト」を比較して，「現実には他者になれないのに夢ではなれる」事態に関連していると思われる志向性の違いを抽出するという主題分析を行って結果を書き込む。これが，I-2（2）でいう「最初に観取された本質」に当たる。4）すべての夢事例について同様に「本質観取」を行い，順次相互比較することで夢としての特徴を普遍化・精緻化していく。ここで普遍化とは，事例同士の共通項の，精緻化とは同じく差異項の，抽出を指す。したがってその結果，全事例の適切な（現象学的構造を反映した）分類に到達するはずである。これをもって，本稿の第一の目標である他者になる夢の全体像が，明らかにできることが期待される。具体的には「Ⅲ　結果1」で記述する。

Ⅱ-3　現象学的解明の手続き

本稿の第二の目標は，「夢でなぜ他者になることができるのか」の現象学的解明にある。ここで現象学的解明とは，問題となっている個別現象がより普遍的基底的な現象学的構造の一例であることを示すことである4)。ここで，**より普遍的**とはどの程度のことを意味するのかという問題が生じよう。ジオルジ（2013/2009）は，哲学としての超越論的現象学に比べると現象学的心理学の目標は「中範囲」の本質に達すること，としている。が，どの程度が中範囲かは事前に決めることが難しい以上，問題関心に相関的に決まるとしか言いようがないであろう（渡辺，2014）。本研究では上記の「なぜ」に答えを得るに至ることを目標にする。具体的には想像的変更を逆向きに辿るという手続きに訴える。すなわち，まず夢テクストと，それを想像的に変更することで生成した現実テクスト双方の，背景となる現象学的構造（＝志向的構造）をそれぞれ明確化する。そして「現実テクスト／現象学的構造」⇨「夢テクスト／現象学的構造」と，現象学的構造の水準で現実から夢へと逆向きに辿ることをもって現象学的解明とする（これだけでは分かりにくいので具体的には「Ⅳ　結果2」を参照のこと）。ただしその結果，それまでに示されたフッサール志向性論に基づく主題分析では済まず，前提であるフッサールの理論そのものを検討し，結果的に志向性分類表を改訂

する必要が出てくるかもしれない。したがって，「夢でなぜ他者になることができるのか」の現象学的解明には，節を改め「Ⅳ　結果2」において当たることにしたい。

Ⅲ　結果1──他者になる夢の全体像

Ⅲ-1　現実世界の現象学的基本構造としての志向性の諸様相

フッサール現象学における現実世界の現象学的構造を用いて主題分析を行うべく，志向性を想像意識と他者意識に関して取り出して表1にした。なお，シェフィールド学派では（Ashworth, P., 2003）フッサールの「生活世界」の7条件を取り出すのに，フッサールの原典が難解な上に各所に散在しているため，メルロ＝ポンティ（Merleau-Pontly, 1982/1945）の記述に頼っているが，本稿ではそれに当たるものとして，本誌読者にとっての利用しやすさを考慮して『現象学事典』（木田ら，1994）に依拠し，本稿と関係の深い『内的時間意識の現象学』（Husserl, 2016/1966）で補った。訳語も『現象学事典』に準拠したが，そうしない場合は理由を記した。

この表で見るように，志向的意識は現在化（＝知覚）と準現在化（＝知覚以外）というように，まず大別される。ところが表の下部では，〈現前化（Präsentation）／向現前化（Appräsentation）〉として知覚と他者経験とが改めて対比されている5)。〈現在化／準現在化〉という対語と別の対語が登場するのはなぜだろうか。向現前化とは，フッサールが『デカルト的省察』において，他者経験の独自性を記述するために導入した語である（木田ら，1994, p.138参照）。向現前化は，他者の知覚を直接知覚できないという意味で準現在化の一種であり，しかも私は他者の存在を確信しているという意味で定立的準現在化の一つであり，「感情移入する準現在化」（Husserl, 2015b, p.474）とも称されるが，想起や予期と異なり，過去現在未来にわたって決して現在化しない。このように独特な志向性のあり方を指すのに，向現前化の語が登場してく

表1　フッサールにおける志向性の諸様相

志向性の種類	意識の様相	解　説 ***
現在化 （Gegenwärtigung）	知覚	対象が直接現れる直観的体験。想起や予期，空想が対象を準現在化するのに対し，知覚は対象を生身のありありとした仕方で現在化する（『事典』pp.318f）。
準現在化 （Vergegenwärtigung）*	知覚以外	現に今それと相対していないような対象を思い浮かべる作用（『事典』p.285）。
（定立的）準現在化： 準現在化の中でも，空想と異なり，存在した・している・するだろうと確信を以て思い浮かべることが，特に定立的準現在化。	予期 （将来想起）	たとえば明日予定されている会議の光景を思い浮かべる等（『時間』pp.169ff）。
	（再）想起	たとえば昨日のコンサートの情景を思い浮かべる等（『事典』p.285）。
	現在想起	外から家の内部を思い浮かべる場合のように，実際に知覚することなくして，現在存在しているものとして思い浮かべる（『事典』p.285）。
（非定立的）準現在化： 準現在化の中でも，空想のように，実在の信念なく思い浮かべること。	空想	一角獣のような虚構の対象を思い浮かべる等（『事典』pp.287f）。
	記号／像意識	読書等で文字のような記号を介して虚構の中に入り込む。／絵をある人の肖像として見る。画像であって実物でない以上，モデルの実在非実在にかかわらず非定立的（『事典』pp.283f）。
現前化 （Präsentation）	知覚	次項の向現前化に対比させて現在化を再定義した語。ほかならぬ私の知覚（『事典』p.138）。
向現前化 ** （Appräsentation）	他者経験	他者を他の主観として経験すること。他者の主観的経験を意識的無意識的に思い浮かべることも含まれる。定立的準現在化の一種であるが，時間軸上で現在化することは決してない（『事典』p.138）。

*　　ドイツ語は元々「思い浮かべること」という意味。
**　　この訳語については本文参照。
***　解説中の『事典』は『現象学事典』（木田ら，1994）を，『時間』は『内的時間意識の現象学』（Husserl, 2016/1966）を示すが，そのままの引用ではない。なお，谷（1998）も参照した。

る。また，向現前化という志向性の対象は，他者の個別的な心的状態にとどまらず，他者の視点から見られた体験世界全体である。フッサールは，ある主観の視点から見られた体験世界を「モナド」と名づけている（木田ら，p.450）。向現前化の志向対象が**他**のモナドであるならば，対比的に現前化の志向対象は，私の視点から見られた私の体験世界全体，**この**モナド，ということになる。なお，シェフィールド学派でも「生活世界」の前述の7条件が十全かについては議論があるように（Langdridge, 2016/2007, 第6章参照），表1も本稿での主題分析にとっての十全性が保証されているわけではない。これについては「Ⅳ　結果2」で検討される。

Ⅲ-2　分析対象となる15事例のリストアップ

　全99事例から，「他者になる夢」事例の計15例を抽出して年代逆順に表2にまとめた。ここで「他者」とは「筆者（渡辺恒夫）であるこの私以外の存在」であって，人形や動物や虚構の存在であってもよい。ただし，「自分は渡辺恒夫である」という自覚を維持したままカラスや人形になるのは，「他者への変身」というより「自己の変貌」というべきではないか，という疑問が起きるが，そのような曖昧例も含めておき，分析過程で「他者」の意味をより明確にすべく試みることにした（ちなみに，「他者」の意味が明確にならなければ事例の抽出ができないが事例の分析が進まないと他者の意味も明確にならないといった種類の，標

表2　分析対象となる15事例

事例番号	記録年／月／日	他の誰かになる夢としての特徴
①	2015/11/7	異性として観察者視点で場面を見ていたような。
②	2015/2/26	同僚のK教授の宇宙人エージェントらしい行動を見ているうちにK教授になった。
③	2011/5/15	聞き知らぬ名の飛翔人として生きていた。
④	2011/2/18	別人としてアパートに住んでいた。
⑤	2011/2/8	江戸時代の誰かとして生きると共に，夢の物語進行を鑑賞。
⑥	2010/10/16	飛翔人になっていた。
⑦	2009/10/27	太平洋戦争の話を聞いていて話の中に入り込む。
⑧	2009/8/7	最初男性。途中で小説のように客観視。さらに相手の女性になる。
⑨	2009/7/7	寝ていると女性編集者が来訪し，私はK元長官に変身する。最後に第三者的視点でも眺める。
⑩	2008/8/21	フロイトとユングについての論文を書いていると実際に二人が登場し，そのうちユングになる。
⑪	2007/10/3	死んでカラスに生まれ変わって物語中に闖入。
⑫	2004/10/24	他人の人生の一齣を覗き込んだような。
⑬	2007/8/17	飛んで飛行機械に変身するも最後は他者として見る視点へ転換。
⑭	2007/1/2	相手の話に出てくる人形が自分だと最後に自覚しカミングアウト。
⑮	1977/11/13	名探偵金田一耕助になって新幹線に乗っていた。

本抽出上の循環事態を，渡辺（2009, p.98）は「解釈学的循環」（Gadamer, 2000/1959参照）の一種として積極的に捉え直している）。

Ⅲ-3　出発事例の分析

　全15例は，どのような順序で分析を行っても同じ結果に達すると思われるが，ここではⅠ-1の見本事例を手掛かりに出発事例を定める。まず「いつのまにか」ベジータになっていたことから，「いつのまにか」他者になるという変身道筋の例を探し，その中からさらに，本稿の問題設定からして虚構他者より実在他者の方が関心事なので，「いつのまにか実在他者になっていた」事例を探す。表2リスト中，そのような例に当てはまると思われるのは事例⑨のみなので，これを出発事例とする（なお本稿で「実在の他者」とは，「実在する・した・と私によって確信されている他者」のことを意味する。歴史上の人物であっても実在してい

たことが確信されている限り，実在他者に分類される）。
　表3として，左欄（段階Ⅰ）に事例⑨のテクストを意味的に分節して示した。これは記述的現象学（Giorgi, 2013/2009）の方法一般に準じたものである。次に段階Ⅱの欄に，Ⅰ欄のテクストの関連部分に**あたかも現実世界で起こったかのように**想像的変更を施し，「現実テクスト」を作成して書き込む。その際，現実には起こり得ない出来事は起こり得るように変更する。段階Ⅲでは，「夢テクスト」と「現実テクスト」を比較し，表1の志向性表に基づき両者の相違を抽出するという主題分析を行う。
　表3を解説すると，まず左欄（段階Ⅰ）の1）の場面は現実世界で生じたとしても不思議ではなく，想像的変更によって「現実テクスト」を作る必要はない。2）の場面では私はK元長官になってしまっている。これの現実テクストを作成して中欄（段階Ⅱ）に記入すると，「『‥‥』と想像した」，という鍵括弧付きのテクストとなる。表1の志向性表を元に主題分析を

表3 事例⑨の現象学的分析進行表

段階Ⅰ 意味的に分節した事例テクスト	段階Ⅱ 夢テクストから想像的変更に よって生成した現実テクスト	段階Ⅲ 主題分析によるⅠとⅡの比較
1）····突然，外から知り合いの女性編集者が訪問 してきた。····	（現実に可能なことなので想像的 変更は基本的に必要なし）	（比較なし）
2）ここで，どうやら私は····「K元長官」になって しまっていたらしい。K元長官として，以前も小 鳥の餌を食べているところを，別の女性編集者 に見られて笑われたことを思い出した。	「K元長官になってしまった。 K元長官として，以前も····見ら れて笑われたことを思い出した」 と想像した。	**現実世界での向現前化対象のK** **元長官**が，**夢世界ではいつのま** **にか現前化対象になっている。**
3）思い出しながら，別人の客観的視点でK元長官 を見て，いかにも日本ユング派らしい，などと， 解説するように考えていた····	「私はK元長官である」と空想し つつ，同時に客観的視点で「日本 ユング派らしい」などと解説す るように考えていた。	**現実世界では向現前化対象のK** **元長官**が，**夢世界でも向現前化** **対象に部分的に戻った。**

段階Ⅰの完全版テクストはウェブサイト参照（以下同様）。
段階Ⅲの太字は観取された本質にかかわる部分（以下同様）。

行った結果が，右欄（段階Ⅲ）に記入されている。実在の他者であり向現前化対象であるK元長官が，夢世界では自己として主観的に経験されている。これは，K元長官が現前化している状態である。その後，K元長官を実在の他者として眺めるという視点転換に至るが，転換は完全でなく，同時にK元長官であり続けているようでもあった。右欄に記入した文章の太字部分をまとめれば，「この夢では，最初は夢主と視点が一致していたが，途中でいつのまにか実在他者のK元長官が現前化し，最後に夢主としての視点へ部分的に戻り，K元長官も視点対象としての向現前化対象に戻る」となる。これが，事例⑨の「夢で他者になる」ということの，現象学的構造（＝観取された本質）ということになる。

Ⅲ-4　全事例の分析

次に表2の全事例に対し表3と同様の方法で分析する。そして，出発事例⑨から始めて諸事例の分析結果を共通性と差異性を手掛かりに相互比較し（＝普遍化・精緻化），全事例の適切な分類に達することを以て，他者になる夢の全体像としたい。比較の順序としては，類似性が明らかな事例から比較を始めて似ていない事例に至る「拡散法」か，その反対の「収束法」，という2方向が考えられる。ここでは最初拡散法を取

るが，途中，分析困難な曖昧事例に逢着した場合は収束法に移る。このようにサンドイッチ状に接近することで，曖昧事例をあぶり出しやすくなろう。

まず拡散法から始める。同時代的実在他者への変身という点で出発事例⑨と類似の事例②を取り上げ，分析して表4とする。

事例⑨とこの事例②には，向現前化対象としての他者が現前化対象になるという共通項があるが，他者への変身の道筋に違いがある。前者では向現前化対象がいつのまにか現前化していたことが事後的に分かるのに対し，後者では場面中の向現前化対象が直接に現前化対象となる。他者変身を表1の志向性概念で表現すれば「向現前化対象としての他者が現前化する」となり，後者の方がこの命題により忠実なタイプの他者変身という意味で「典型的」と思われるので，これをA型変身と名づけ前者をB型変身と呼ぼう。なお，この分類は「実在他者」への変身例に基づいてなされたが，実在と虚構を問わず変身道筋の分類と見なすことができる。以後，事例比較はA型変身のルートとB型変身のそれとに，分岐することになる。なお以下の分析では紙面の都合で表の掲載を大幅に省略するが，全事例について作表しておくことが方法の基本である。

（1）A型変身（変身道筋の第一のタイプ）

A型変身から始める。この類型の候補として事例

表4 事例②の現象学的分析進行表

段階Ⅰ 意味的に分節した事例テクスト	段階Ⅱ 夢テクストから想像的変更に よって生成した現実テクスト	段階Ⅲ 主題分析によるⅠとⅡの比較
1）大学のキャンパスにいた。騒然としていて‥‥どうやら，学生の蜂起が間近いらしかった。	（想像的変更は基本的に必要なし）	（比較なし）
2）同時に，宇宙人の侵略が進行中だった。‥‥	「宇宙人の侵略が進行中だ」と想像した。	現実（中欄）での憶測ないし空想という「準現在化」の対象が夢（左欄）では現在化され確信となっている。
3）キャンパスの中にF教授〔T大学での同僚〕の姿があった。	（想像的変更は基本的に必要なし）	（比較なし）
4）F教授は，地球人に姿を変えた宇宙人エージェントの一人らしい。事務職員らしき男に出会うと，その額に手を当てる。しばらくすると職員は，「‥‥鍵を開けておく」といったことを呟いた。	「F教授は，地球人に姿を変えた宇宙人エージェントの一人らしい」と想像した。	現実での憶測ないし空想という「準現在化」の対象が夢では現在化され確信となっている。
5）そのうち，私はF教授になっていたようだった。／F教授の姿で宇宙人エージェントとしてキャンパスの建物の間を行くと，学生運動家の集団が来た‥‥隠れてやりすごした。‥‥	私は，「それまで見ていたF教授になった」と想像した。	それまで向現前化対象として見ていたF教授が現前化した。

段階Ⅰの〔 〕は本稿での補足。

⑤，⑦，⑧，⑩があげられる。実在人物の登場という意味で上述の事例②に類似の⑩を分析する。分析進行表の掲載は省略するが，「(1) 夢の中で，ベートーヴェンの作品についてフロイトとユングが説を立てている，といった論文を書いていた，(2) 両者が直接話し合う場面が出てきた，(3) そのうち私はユングになっていた」という三つの部分からなる夢である。表1に基づく主題分析の結果，(1) から (2) への推移は，「現実世界での記号意識という準現在化を通じての間接的な向現前化対象が夢世界で現在化した」，(2) から (3) への推移は「夢世界で現在化していた向現前化対象が，さらに現前化した」となった。これをさらにまとめると，「現実世界での記号意識という準現在化を通じての間接的な向現前化対象が，夢世界で現在化して直接の向現前化対象となり，さらに現前化することで私は実在他者に変身した」が，事例⑩の観取された本質ということになる。この例で，「実在他者」の範囲が直接の知人から歴史上の人物まで拡大したことは，実在の他者と虚構の他者の境界が**曖昧**となり得ることを予感させる。A型変身夢の中での事例⑤，⑦，

⑧はその例であるが，曖昧例に逢着したところでB型変身の考察に移ろう。

(2) B型変身（変身道筋の第二のタイプ）

B型変身に入れられる候補は事例⑨の他は事例⑪，⑬，⑭と思われるが，構造が事例⑨に類似している事例⑬を分析する。表は省略するが，「プラットホームに立って」いた「私」は竹とんぼのような飛行機械となって飛んでゆき，ゴジラに遭遇する。「ブンブン飛び回る竹とんぼ機械の私は，いまや，客観的に他者となって，ゴジラの体を分析しているのだ‥‥竹とんぼ様の飛行物体が，どうやらそのオキシ＊＊ライザー〔対ゴジラ秘密兵器〕らしかった」。そこで目が覚める。つまり，事例⑨と同様のB型変身といっても，実在でなく虚構存在である飛行機械に変身している。しかし事例⑨と同じく最後に視点転換することで，飛行機械が向現前化対象となり，今まで（ロボットめいた飛行機械という）他者へ変身していたのだという解釈を保証している。しかしこのような視点転換がなく，カラスや人形に変身しっぱなしの⑪や⑭は，他者

への変身というより自己の変貌というべきであり，分析リストから外した方がよいと分かって来る。つまり，III-2で投げかけられた「他者」の定義への疑問に対して，最初の答えが得られたのである。本稿での他者とは，「夢テクスト中で，一度は視点の主体でなく対象となった『渡辺恒夫』以外の存在である」。

(3) C型変身（変身の第三のタイプ）と「他者」の新たな定義

ここで，A型でもB型でもない事例①，③，④，⑥，⑫，⑮を見ると，共通の特徴が浮かび上がって来る。A型のような他者への変身による視点転換も，B型のような変身の解除による視点転換もなく，最初から最後まで他者として生きているのである。このタイプをC型変身と名づけよう。すると，つい先ほど下した他者の定義からして，一度も視点対象になっていないのに他者と呼べるのかという疑問が涌こう。次の事例も，そのような「渡辺恒夫」ではないという自覚が一貫して維持されている例である（C型変身事例からの選択は，「収束法」により，今まで考察してきた実在他者とは最も差異が明瞭な虚構他者の例をあげた）。

表5のように，夢世界の私は，終始一貫して横溝正史の作中人物である名探偵金田一耕助としての自覚を維持しているようである。他に，事例①は異性として，③と⑥も「飛翔人」という虚構の存在として，それぞれ一貫しているので同様のカテゴリーに入る。ところが④や⑫になると微妙になる。「別人」であることがなぜか分かるだけで他に手掛かりがなく，まったくの

架空存在なのか，群衆の中から任意の一人を選び出す場合のような匿名的実在性があるのかが不明である。このように，純粋の虚構性と匿名的実在性の間に位置づけられる例を，「虚実不明他者」として一括するが，これらの例も一貫して「渡辺恒夫」以外の存在という自覚を維持しているようである以上，やはり他者変身夢のカテゴリーに入れることは可能であろう。ここで，前項（2）で得られた「他者」の定義を改訂することが必要になってくる。すなわち，本稿の夢事例での他者とは，「一度でも外側から『渡辺恒夫』以外の存在として視点を向けられるか，もしくは，『渡辺恒夫』以外の存在という自覚を一貫して維持していると思われる登場人物である」。

III-5　全事例の分類表の作成

ここで分類を表6としてまとめるが，数多くの曖昧事例の出現のため「虚実不明他者」の欄が必要となった。前述した以外に，A型変身に属する⑤，⑦，⑧もこの欄に入れた。この表にはまた数個の空欄がある。これらの空欄に相当する夢はありえないということだろうか。この点を確かめるため，他欄の実際の夢事例を想像的に自由変更することで，空欄にふさわしい架空の夢事例を作成してみよう。まず，「虚構他者・A型変身」の欄の＊1には，事例⑮に想像的変更を施して当てる。表5左欄の冒頭「私は名探偵金田一耕助になって新幹線に乗っていた‥‥」は，「私は新幹線の中で名探偵金田一耕助がいるのに気づいた。見ている

表5　事例⑮の現象学的分析進行表

段階I 意味的に分節した事例テクスト	段階II 夢テクストから想像的変更によって生成した現実テクスト	段階III 主題分析によるIとIIの比較
1) 私は名探偵金田一耕助になって新幹線に乗っていた。岡山から伯備線に乗り換え，鳥取県境に近いとある小駅で降りる予定であった。‥‥私を必要とする事件が発生する，という予感がしたのだった。	私は，「名探偵金田一耕助になって新幹線に乗っていた。‥‥」と想像した。	架空の他者という準現在化対象が現在化している。
2-3) 2段落分省略		1) と同じ。
4) 阪神間のどこかの駅にまちがって降りてしまったのだとわかった。／‥‥私は途方に暮れて宵闇の迫るホームに立ち尽くしている。	私は「名探偵金田一耕助としてまちがった駅に降りてしまった」と想像した。	1) と同じ。

うちに金田一耕助になってしまった‥‥」といったような展開になるだろう。次に「実在他者・C型変身」の欄の＊2には，事例⑨を想像的に変更して当てよう。表3の行2）からいきなり夢が始まって行3）に入る前に終わったと想定すると，「私は『K元長官』だった。K元長官として，以前も小鳥の餌を食べているところを，別の女性編集者に見られて笑われたことを思い出したところで目が覚めた」というように想像的変更ができるだろう。空欄＊3も，⑨における実在他者である「K元長官」を，「誰か分からぬ学者」（＝虚実不明他者）というように想像的に変更すれば，埋めることができる。こうして空欄を埋めるべく人為的に作られた夢事例であるが，夢として決して不自然ではなく，本稿で用いたデータソース以外を探せば容易に見つかっても不思議でないと感じられる。つまり，表6に空欄があるのは単なる偶然であり，表6で枠組みが提供された他者になる夢の全体像は，本研究に限定されたものでなく，私たちの見る他者変身夢の一般的特徴の全体像である可能性がある。

Ⅳ　結果2──現象学的解明

　次に「なぜ他者変身が可能なのか」という解明に移るが，表6の事例すべてを顧慮する必要はないと思われる（曖昧事例も無視して差し支えないだろう）。Ⅲ-4（1）で述べたように他者変身夢としてはA型

変身がより「典型的」である。ゆえにその「実在他者」の例として，表4にもなっている事例②を取り上げる。これに対し，「虚構他者」のA型変身の欄を表6で見ると空欄になっている。このように最適のデータがない場合は，次善の策を用いることになる。すなわち，＊1「私は新幹線の中で名探偵金田一耕助がいるのに気づいた。見ているうちに，金田一耕助になってしまった‥‥」という架空の事例を用いることとする。ただし，架空事例であることは事実なので，その元になった事例⑮をも参照し，どちらを用いても同様な解明結果が出ることを確認する必要がある。

Ⅳ-1　現象学的解明──虚構他者の場合

　まず，虚構他者の場合から始める。表6での「架空事例＊1」の夢テクストを現実世界テクストへと想像的に変更すると，〈現実〉「新幹線の中で『私は名探偵金田一耕助がいるのに気づいた。見ているうちに，金田一耕助になってしまった』と私は想像した」となる。これを逆向きに辿ると，〈夢〉「新幹線の中で私は名探偵金田一耕助がいるのに気づいた。見ているうちに，金田一耕助になってしまった」となる。想像的変更を逆向きに辿ることで，二重の括弧が一重になるという構造変容が夢で生じていることが分かる。つまり，覚醒時の想像には「と私は想像している」という覚知が伴うが，夢では消滅する[6]。現実世界での現象学的構造の二重性が，夢世界では一重になるのである。したがって，「なぜ夢の中で他者変身できるのか」の問

表6　主題分析の結果による全事例の分類

変身の道筋		他者の種類		
		実在他者	虚実不明他者	虚構他者
A型変身	視点転換によって他者になる。	②（向現前化対象の現前化），⑩（記号意識を介しての向現前化対象の現前化）	⑤，⑦，⑧	＊1
B型変身	視点転換によらず他者になり，後で視点転換して自己に戻る。	⑨（向現前化対象の現前化）	＊3	⑬（準現在化対象の現在化）
C型変身	視点転換なし。一貫して他の誰か。	＊2	④，⑫	①，③，⑥，⑮：準現在化対象の現在化

①，②などの表記は表2での事例番号。

いは，虚構他者の場合，次のように解明できるだろう（構造を明確にするため，〈現実テクスト〉を二成分に分けた）。

〈現実〉「私は実在しない『金田一耕助がいるのを見ているうちに，金田一耕助になった』と想像する（1）。『実在しない金田一耕助になっていると想像しているに過ぎない』ことを私は知っている（2）」。ところが夢では，この，現実の現象学的二重構造の（2）の部分が消滅し，（1）だけの一重構造になるため，〈夢〉「金田一耕助がいるのを見ているうちに，金田一耕助になった」。

この事態を表7の上段に記しておこう。また，表1の用語を用いれば，準現在化事態（実在しない金田一耕助になったという空想）が現在化した（金田一耕助になった），と表現できる。なお，この分析はすでに述べたように架空事例に基づいているが，実際の事例⑮に基づいても，「実在しない『金田一耕助になって新幹線に乗っていた。‥‥』と私は想像する」＋「‥‥と想像しているに過ぎないことを私は知っている」⇨「金田一耕助になって新幹線に乗っていた」と，同様に解明できることが確かめられる。

Ⅳ-2　実在他者の場合

実在他者への変身夢の例としては事例②を取り上げた。表4での想像的変更を逆向きに辿ると，〈現実〉「私は，実在する『F教授を見ているうちに，F教授になった』と想像した。」⇨〈夢〉「私は，F教授を見て

いるうちに，F教授になった」となる（表1の用語を用いると，向前化対象が夢で現前化した，となる）。ところが，ここで現実テクストでの「想像した」とは，虚構他者の場合とは全く異なる，はるかに複雑な事態である。これを，表7の下段右欄にまとめておいた。

表で示されているように，虚構他者への準現在化と実在他者への向現前化の違いは，前者では私は，当該の他者が**実在しない**ことを知っているのに，後者ではそれが**実在する**ことを知っているところにある。ところが，虚構他者の場合に倣って想像的変更を逆向きに辿ると，中欄（夢テクスト）のように同様にシンプルなものになってしまい，現実世界での両者の現象学的構造の違いが全く反映されないことになる。現に，夢世界で生じていることは，まさにこのことなのである。

けれども，これはやはり奇妙なことではないだろうか。虚構他者への準現在化の場合，意識は二重である。ところが実在他者への向現前化的変身想像とは，表に整理して示したように，三重意識として構造化される。「F教授になっている」という想像意識，「それが想像に過ぎない」という志向的意識，そしてこの二重意識以外に，「私が想像したF教授の内面以外に，実在のF教授の内面が世界のどこかに実在する」という確信意識が存在するのである[7]。ところがこの確信意識が夢では行方不明になってしまい，その結果，三重の志向的構造が一挙に一重になってしまっている。このような夢での変容についてはドゥ・ウォレン（2009）にも手掛かりがないし，Ⅲ-1でも触れたように表1の主題分析にとっての十全性が最初から保証されているわけ

表7　想像的変更を逆向きに辿ることによる解明

他者の種類	夢テクスト	現実へ想像的変更されたテクスト
虚構他者	現在化 ⇐⇐⇐ 準現在化 1) 金田一耕助がいるのを見ているうちに，金田一耕助になった。	1) 実在しない「金田一耕助がいるのを見ているうちに，金田一耕助になった」と想像した。 2) 「‥‥と想像しているに過ぎないこと」を私は知っている。
実在他者	現前化 ⇐⇐⇐ 向現前化 1) F教授がいるのを見ているうちに，F教授になった。	1) 実在する「F教授がいるのを見ているうちに，F教授になった」と想像した。 2) 「‥‥と想像しているに過ぎないこと」を私は知っている。 3) 私がなっていると想像しているF教授とは独立に，F教授は実在することを，私は知っている。

ではない以上，表1の改訂を目指すこともありえよう。そのために，フッサールの他者論を批判的に再構成したヘルト（Held, 1986/1972）の所説に手掛かりを求めることにする。

Ⅳ-3　ヘルトによるフッサール他者論の
批判的再構成

『デカルト的省察』（Husserl, 2015a/1950）で間主観性論の名で展開されているフッサールの他者論によると，他者理解の過程は幾つかの段階に分かれる。まず，私は自己の身体を〈絶対のここ〉に位置づけられる特別な対象として経験している。私の体験する世界は，〈絶対のここ〉を中心としてひらかれる「モナド」なのである。そこに，自己の身体と似た物体が出現することで「対化」が起こり，「類比化的統覚」という一種の統覚の働きによって，対側の物体も，〈他の絶対のここ〉が位置する身体という意味を獲得する。これは，「そこにある物体」をもう一つの〈絶対のここ〉としてひらかれる「他のモナド」が成立するということである。自我と他我の関係は，モナド同士の関係ということになり，他のモナドが存在するという確信が，他者理解ということになる（谷，1998；渡辺，2013

等による解説を参照）。ところがこのフッサールの他者論に対し，ヘルト（1986/1972）は，フッサールの遺稿を検討することによって批判的に再構成するという，「内在的批判」を行っている（pp.178ff）。その概要を表8に記した。

ここでいう二種類の意識の働きは，表1に照らせば「二種類の異質の準現在化」として一歩踏み込んで特徴づけることができるだろう。また，「類比化的統覚」の代わりに表1にある「向現前化」の語を使えば，次のようにより分かりやすくまとめられることになる。

──フッサールのいう向現前化は，二つの異質な作用の協働からなる。第一に，私があたかも**そこ**にいるかのように，つまり「そこにある他者という物体」であるかのように想像することである。けれども私はこの想像が虚構であることを知っているので，そこにいる他者の実在確信は生じない。そこでフッサールは，自我の時間化としての他者という一見不可解な想定に訴える。つまり「過去または未来に**そこ**にいる私自身であるかのように他者は実在する」という想定をし，これら二種類の志向性の協働によって他者の実在確信が成立するとした。つまり，フッサールの向現前化とは，二種の異質の準現在化の協働を意味することになる。虚構対象への（非定立的）準現在化と，想起・予

表8　ヘルトによるフッサール他者論の内在的批判

> フッサールは異質の二種類の意識の働きの協働によって，類比化的統覚が成立するとしている。なぜなら，「ちょうど私がそこにいる時のように（wie wenn ich dort wäre）そこから現象的世界がひらけ，その中心としての身体を〈ここ〉とする〈他の私（他我）〉が‥‥‥」というように，フッサールは『デカルト的省察』（Husserl, 1950（原著），p.148）の中でこの類比化的統覚を表現しているが，この（ヘルトによって）太字で強調された部分の文は，二重の意味を持つからだ。
>
> ①「あたかもそこにいる他者の身体をこことして世界が開けているかのように私は想像する」という虚構的意識（＝空想）。この意識は，「**あたかも私がそこにいるかのように**」（als ob ich dort wäre）という言い方で表されるであろう。けれど私はそれが虚構であることを知っている。
> ②「私がここにいるのと同時ではない過去か未来かに，私はそこ（他者の身体）にいることができる」という時間的想定。この想定は，「**私がそこにいるならば**」（wenn ich dort bin）という定式で言い表されるであろう。
>
> 『デカルト的省察』では二種類の意識は区別されていないが，この二種類の意識の働きの協働によって他者の身体の類比化的統覚が成立するのでなければならないと，フッサールは多かれ少なかれ明確に遺稿で述べている。けれども，これら二種の意識の働きは全く異質なので，いくら協働しても，目の前の他者の身体を「ここ」とするモナドが開けるという確信は形成されないのではないか。

要約にあたって渡辺（2016b, p.136）を参照した。

期といった（定立的な）時間的準現在化と。

Ⅳ-4 表1の改訂と，他者になる夢の現象学的
　　　　解明の遂行

　表1の最下段を上述のヘルトの批判的解釈に従って改訂したのが，表9である。これで，〈現前化／向現前化〉という他とは異質的な対概念が，〈現在化／準現在化〉というより分かりやすい対概念へと還元できたとも考えられる。

　するとどういうことになるのか。Ⅰ-2（1）で見たように，夢世界では，想起・予期など時間的準現在化も，虚構存在の想像という準現在化も，ことごとく現在化し，「知覚」となるというのが，フッサール現象学から本研究で取り出した基本着想だった。さて，ヘルトのフッサール解釈によると，向現前化という志向作用は，虚構的準現在化と時間的準現在化という二種の準現在化の協働からなるのだった。ところが夢世界では，この両者の準現在化は，共に現在化するのである。**結果として**，向現前化もまた現在化してしまわないだろうか。ゆえに夢世界では私は，実在他者へも虚構他者へも，区別なく変身できるのではないだろうか。

　すなわち，実在他者になる夢の現象学的解明としては，Ⅳ-1の虚構他者の場合に倣って，以下のようにいうことができるように思われる。

　現実で私は，（1）実在する「F教授がいるのを見ているうちに，F教授になった」と想像した。（2）「F教授になったと想像している」に過ぎないことを私は知っている。（3）私がなっていると想像しているF教授とは独立にF教授は実在することを，私は知っている。ところがF教授が実在するという（3）の確信が，時間的準現在化と虚構的準現在化の二種の準現在化の協働からなる以上，夢ではこれらの準現在化が共に現

在化し知覚となるため，三重の志向作用は一挙に一重化し，かくして私は「F教授になった」。解明終わり。

Ⅴ　総合的考察と展望

Ⅴ-1　フッサール他者論批判について

　個別事象を，現実世界と夢世界の基底的な構造の違いに還元することで「なぜ」の問いに答えるのが，現象学的解明である。ところが，架空ではない実在の他者への変身夢については，表7に見るように二重どころか三重の志向的意識が一挙に一重になるとして，解明を行ったのだった。そのために，表7中実在他者の行の右欄にある「（3）F教授の実在への確信」を，ヘルトによるフッサール説の批判的再構成に従って，二種類の準現在化の協働からなると見なしたのだった。ここには問題はないだろうか。表8に引いたように，ヘルトによれば，二種の準現在化の協働によっては他者の実在の確信は形成されないはずだというのである。ヘルト以外にも，このフッサールの他者論への批判は少なくない（たとえば広松, 1994）。けれども筆者は，「①時間的準現在化と虚構的準現在化の二種の準現在化の組み合せという協働作業の例が他にない以上，この協働作業によって他者の実在の確信が生じないということを確かめるすべがない」，「②他者の実在の確信が，眼の前の花瓶の背面の実在への確信に比べてもそれほど強固で安定したものではないことは，まさに他者の実在への確信の亀裂である独我論的体験についての調査研究（渡辺, 2009, 2013）によって示唆されている」，以上2つの理由によって，ヘルトによって批判的に再構成されたフッサール他者論を，批判的でなく

表9　表1の最下段の改訂

志向性の種類	意識の様相	解　説
向現前化 　＝「非定立的準現在化」 　　×「定立的準現在化」	他者経験 　＝「空想」×「想起・予期」	自分がその他者であるという空想と，いつかその他者であるという時間軸上の準現在化の協働作業が他者経験（Held, 1986/1972）。

「×」は協働を表す。

受け入れることは可能であると考える。何よりもそれによって、実在と虚構とを問わず夢世界では他者への変身が可能となることが、解明できるのだから。

V-2　結論と展望

本稿はフッサール直系ともいうべき現象学的研究であるが、質的心理学研究へと展開すべく次のような技法上の工夫を試みた。①インターネット上に公開されたデータを用い、標本抽出の段階から誰にでも追試可能とした。②ジオルジ（2013/2009）に学び現象学的分析の段階進行表を用いた。③シェフィールド学派に示唆を受けてテクスト分析にあたって主題分析の方法によったが、主題としてはフッサールの志向性の分類を用いた。④夢と現実とを比較可能とするために想像的変更の方法によって「夢テクスト」から「現実テクスト」を生成して主題分析を行った。⑤他者変身事例全例の共通項と差異項に着目する分析によって適切な分類に達し、これによって他者変身夢の全貌がほぼ明らかになった。ただし、分類といっても空白欄を架空事例で埋めているので、今後は別のデータ群を用いて分類の適切性を確認していく必要がある。

次に、「なぜ変身できるか」に答えるべく「解明」の段階に移った。⑥すでに分類済みの事例中から、解明に適切と思われる二例（それぞれ虚構他者へと実在他者への変身夢）を選び出し、解明を試みた。解明は、④で生成された現実テクストの現象学的構造から夢テクストの現象学的構造へと逆向きに辿り、両者の構造の違いを明確化することによってなされた。⑦虚構他者の場合、二重の志向的意識が一重化することによる準現在化対象の現在化として、解明がなされた。⑧ところが実在他者の場合、三重の志向的意識が一重化することとして解明されてしまった。これは一見不可解なので、実在他者への志向的意識である向現前化は実は二種類の準現在化の協働から生じるという、ヘルトによるフッサール他者論の批判的再構成によって、主題分析に用いるフッサールの志向性分類を改訂した上で、⑨この改訂版に基づき、実在他者の場合の他者になる夢を解明した。

この⑧の過程は主題分析に用いたフッサールの志向性論自体の哲学的検討が中心になっており、心理学

研究としては十分に展開されてはいないといわれるかもしれない。が、本稿が参考にしたシェフィールド学派の生活世界の7主題にしても、その抽出自体は哲学的考察に基づくのである。現象学的心理学が「現象学的哲学に基づく、あるいはそれに示唆を得た」（Langdridge, 2016/2007, p.2）心理学である以上、哲学への遡及は避けがたいことである。むしろ、事例の抽出と現象の定義の間に解釈学的循環があったように（III-2参照）、主題の抽出と主題分析の結果の間にも解釈学的循環があり、このような循環自体が質的心理学研究にとって契機をなすということこそ、自覚されねばならないだろう。

本研究の意義を振り返ると、まず方法論的には、本稿での現象学的解明の方法は、夢だけではなく、木村（1973）の例に見られるような精神病理的な他者変身にも、さらには精神分析的な無意識的同一化の機制の解明にも、応用が可能かもしれない。「そもそもなぜ同一化が可能か」の問いに対しては、夢の場合と同様、（無意識を現象学的に探究することの困難は措くとして）「無意識」における志向的構造の変容に遡っての解明がありえるかもしれないからである。

次に、「なぜ夢では他者になることが可能なのか」の問い自体の意義を、この問いの解明を通じて振り返ろう。まず、他者経験における「向現前化」を二種の「準現在化」の協働とするという、ヘルトによるフッサール他者論の改訂に基づいて実在他者への変身夢を解明したことは、本稿冒頭で述べた、他者になれないことを必須の契機とする自己の自明性だけでなく、同様の他者経験の自明性も問題化する途を拓いたといえよう。他者経験とはそれ以上の分析を許さないアプリオリな直観のようなものではなく、複数の志向性による構成であることになり、当然、何かのきっかけで他者の自明性には亀裂が入ることもありえることになるからである。すでに言及した独我論的体験は、精神病理学的体験にも正常な発達過程の途上で生じることがある体験にも、共々他者の自明性が破れる体験があることに着目して名づけられたものであるが（渡辺, 2009）、これらの体験の解明にも途が拓かれる可能性があろう。

注

1) 引用文中や引用事例中の「／」は原文での改行を，「‥‥」は引用での省略を示す。以下同様とする。

2) 1996年度収集の夢報告に基づく。報告を求めるにあたって，①報告は匿名化した上で学術目的に限って論文等に引用することがあること，②いかなる引用も希望しない場合はその旨明記すること，③夢を見なかった場合や夢報告自体を欲しない場合は夢についての文献などを参照しての一般的考察で以て替えることができること，という三点を事前に板書して説明した。ただし，ここで実際の報告を引用する必要性があるわけではないので，実際の夢報告をもとにしてその体験構造だけを保持し，状況や登場人物などは変えた架空の事例とした。

3) ジオルジ（2013/2009）は，一人称で書かれたテクストをも分析進行表の中で三人称に変換するという技法を，現象学的分析の科学性・客観性の保証のためとして推奨しているが，現象学的分析一般の技法としてはいざ知らず，夢分析には適さない技法である。「結果」で具体的事例に即して見るように，視点変換が問題になる夢が多いのに，わざわざ一人称を三人称に変換していたら混乱の源になってしまいかねないだろう（渡辺, 2014, 参照）。

4) 現象学的に「解明する」（Aufklären）ことが科学的な「説明する」（Erklären）ことと異なることについては，フッサール（1965/1950），p.15訳註＊＊に説明がある。「解明する」の英訳としては，clarify が用いられる（Husserl, 1960/1950）。なお，自然科学の方法を「説明」（explanation）とし，人間科学独自の方法を「理解」（understanding）とするという立場（丸山, 1985；von Wright, 1984/1971参照）を取るとして，本研究での「解明」と三者比較をすると，以下のようになる。**説明**：個別事象を一般法則に包摂すること。これによって過去へ向かっては「原因による説明」が，未来へ向かっては「予測」が，可能になる。**理解**：「理由」によって，たとえば「彼女が窓を開けたのは部屋が蒸し暑いからだ」と説明すること。理由による説明が原因による説明と異なることは，例文が「彼女は部屋の蒸し暑さを減じる〈ために〉窓を開けた」と，目的論的説明に変換可能なことから分かる。**解明**：個別的現象を，現象のより基底的・普遍的な構造に還元して理解すること。たとえば「なぜベジータに変身すると想像しても現実には不可能なのに夢の中では変身できるのか」という問いに対し，現実世界と夢世界での，志向的意識の構造上の差異に還元して答えること。

5) Appräsentation は，Ad（に向かって）＋Präsentation の意であり，『現象学事典』（木田ら, 1994）では「付帯現前化」（pp.138-139）と訳されている外，『デカルト的省察』の船橋訳（Husserl, 2015a/1950）では「間接呈示」，浜渦訳（Husserl, 2001/1977）では「共現前」と訳されているが，本研究では「向現前化」と訳した。その方が日本語の語感として，他者の実在を確信して現前化に向かいながらも決して現前しないという，もどかしさが伝わると思うからである。

6) 想像的意識が二重の意識であることを示す現象学的心理学研究としては，白昼夢についての現象学的心理学研究に参加した協力者の一人の次の証言を引用しておく。「白昼夢が目の前にありありと浮かんでも，私はやはり『ああ，自分はこれを想像しているんだな』ということを，たとえ無自覚にではあっても心の隅で知っているのです」（Morley, 1998, p.128）。

7) 両者の違いは次のようにも説明され得よう。実在人物のF教授が蚊にさされているのを見た場合に私はF教授の痒みを想像するが，他方，F教授の痒みには「正解」があるはずだとも確信している。ところが金田一耕助が蚊に刺された場合の痒みを想像しても，「正解」がないのである。

付　記

データ元であるインターネット上の筆者の個人ウェブサイトのURLは，下記の通りである（掲載が決定した後に記載された）。

http://fantastiquelabo.cocolog-nifty.com/

また，本文中，筆者の実名が記されている箇所は，投稿時に「〔筆者名〕」と表記されていたものを，掲載決定後に直したものである。なお，本稿は，投稿時に参考論文として提出した渡辺（2015）とデータが一部重複するが，規模，方法論的洗練度ともに格段の相違のある別論文であると認められている。

引用文献

Ashworth, A., & Ashworth, P. (2003). The lifeworld as phenomenon and as research heuristic, exemplified by a study of the lifeworld of a person suffering Alzheimer's disease. *Journal of Phenomenological Psychology, 34*(2), 179-205.

Ashworth, P. (2003). An approach to phenomenological psychology: The contingencies of the lifeworld. *Journal of Phenomenological Psychology, 34*(2), 145-156.

ビンスワンガー, L. (2001) 夢と実存（新装版）（荻

野恒一・中村昇・小須田健, 訳). みすず書房. (Binswanger, L. (1947) *Traum und Existenz. Ausgewählte Vorträge und Aufsätze Bd. I*. Bern, Switzerland: Francke Verlag.)

ボス, M. (1970) 夢――その現存在分析（三好郁男・笠原嘉・藤縄昭, 訳). みすず書房. (Boss, M. (1953) *Der Traum und seine Auslegung*. Bern, Switzerland: Verlag Hans Huber.)

カイヨワ, R. (1986) 夢の現象学（金井裕, 訳). 思潮社. (Caillois, R. (1956) *L'incertitude qui vient des rêves*. Paris: Gallimard.)

ドゥ・ウォレン, N. (2009) 夢, 悪夢, そして自己覚知（村田憲郎, 訳). 現代思想, 37(16), 90−101. (de Warren, N. (2009). *Dreams, nightmares and self−awareness*. Unpublished.)

土居健郎 (1967) 精神分析. 創元社.

エリス, H. (1941) 夢の世界（藤島昌平, 訳). 岩波書店（岩波文庫）. (Ellis, H. (1911). *The World of Dreams*. London: Constable).

Finlay, L. (2003). The intertwining of body, self and world: A phenomenological study of living with recently−diagnosed multiple sclerosis. *Journal of Phenomenological Psychology, 34*(2), 157−178.

フロイト, S. (2007) フロイト全集4 夢解釈Ⅰ（新宮一成, 訳). 岩波書店. (Freud, S. (1942) *Gesammelte Werke, II/III, Die Traumdeutung* (A. Freud, E. Bibring, W. Hoffer, E. Kris, & O. Isakower, Eds.). London: Imago Publishing.)

フロイト, S. (2011) フロイト全集5 夢解釈Ⅱ（新宮一成, 訳). 岩波書店. (Freud, S. (1942) *Gesammelte Werke, II/III, Die Traumdeutung* (A. Freud, E. Bibring, W. Hoffer, E. Kris, & O. Isakower, Eds.). London: Imago Publishing.)

ガーダマー, H. G. (2000) 理解の循環について――哲学的解釈学（竹市明弘, 訳). H. G. ガーダマー・K.−O. アーペルほか（著), 竹市明弘（編）哲学の変貌――現代ドイツ哲学（pp.163−183). 岩波書店（岩波モダンクラシックス). (Gadamer, H. G. (1959) Vom Zirkel des Verstehens. In *Martin Heidegger zum 70. Geburtstag: Festschrift*. Pfullingen, Germany: Günther Neske.)

ジオルジ, A. (2013) 心理学における現象学的アプローチ――理論・歴史・方法・実践（吉田章宏, 訳). 新曜社. (Giorgi, A. (2009). *The descriptive phenomenological method in psychology: A modified Husserlian approach*. Pittsburgh, PA: Duquesne University Press.)

ハンソン, N. R. (1986) 科学的発見のパターン（村上陽一郎, 訳). 講談社（講談社学術文庫). (Hanson, N. R. (1958) *The patterns of discovery: An inquiry into the conceptual foundations of science*. Cambridge, UK: Cambridge University Press.)

ヘルト, K. (1986) 相互主観性の問題と現象学的超越論的哲学の理念（坂本満, 訳). H. ロムバッハ・P. リクール・L. ラントグレーベほか（著), 新田義弘・村田純一（編), 現象学の展望（pp.165−219). 国文社. (Held, K. (1972). Das Problem der Intersubjektivität und die Idee einer phänomenologischen Transzendentalphilosophie. In U. Claesges, & K. Held (Eds.), *Perspektiven transzendentalphänomenologischer Forschung* (pp.3−60). The Hague, Netherlands: Martinus Nijhoff.)

エルヴェ・ド・サン＝ドニ侯爵 (2012) 夢の操縦法（立木鷹志, 訳). 国書刊行会.（Hervey de Saint−Denys, M. d'. (1964) *Les rêves et les moyens de les diriger*. Paris: Tchou)

広松渉 (1994) フッサール現象学への視角. 青土社.

Husserl, E. (1960) *Cartesian meditations: An introduction to phenomenology* (D. Cairns, Trans.). The Hague, Netherlands: Martinus Nijhoff. (Husserl, E. (1950). Cartesianische meditationen. In S. Strasser (Ed.), *Husserliana Bd. I*. The Hague, Netherlands: Martinus Nijhoff.)

フッサール, E. (1965) 現象学の理念（立松弘孝, 訳). みすず書房. (Husserl, E. (1950). Die Idee der Phänomenologie: Fünf Vorlesungen. In W. Biemel (Ed.), *Husserliana Bd. II*. The Hague, Netherlands: Martinus Nijhoff.)

フッサール, E. (1995) ヨーロッパ諸学の危機と超越論的現象学（細谷恒夫・木田元, 訳). 中央公論社（中公文庫). (Husserl, E. (1954). Die Krisis der europäischen Wissenschaften und die transzendentale Phänomenologie. In W. Biemel (Ed.), *Husserliana Bd. VI*. The Hague, Netherlands: Martinus Nijhoff.)

フッサール, E. (2001) デカルト的省察（浜渦辰二, 訳). 岩波書店（岩波文庫). (Husserl, E. (1977) Cartesianische Meditationen: Eine Einleitung in die Phänomenologie. In E. Ströker (Ed.), *Philosophische Bibliothek, Bd. 291*. Hamburg, Germany. Felix Meiner.)

フッサール, E. (2004) ブリタニカ草稿（谷徹, 訳). 筑摩書房（ちくま学芸文庫). (Husserl, E. (1968) Der Encyclopaedia Britannica artikel. In W. Biemel (Ed.) *Husserliana Bd. IX*. The Hague, Netherlands: Martinus Nijhoff.)

フッサール, E. (2015a) デカルト的省察（船橋弘, 訳). 中央公論社（中公クラシックス). (Husserl, E. (1950).

Cartesianische Meditationen: Eine Einleitung in die Phänomenologie. In S. Strasser (Ed.), *Husserliana Bd. I.* The Hague, Netherlands: Martinus Nijhoff.)

フッサール, E. (2015b) 間主観性の現象学Ⅲ——その行方（浜渦辰二・山口一郎, 監訳）筑摩書房（ちくま学芸文庫）.

フッサール, E. (2016). 内的時間意識の現象学（谷徹, 訳）. 筑摩書房（ちくま学芸文庫）. (Husserl, E. (1966). Zur Phänomenologie des inneren Zeitbewusstseins (1893–1917). In R. Boehm (Ed.), *Husserliana Bd. X.* The Hague, Netherlands: Martinus Nijhoff.)

木田元・野家啓一・村田純一・鷲田清一（編）(1994) 現象学事典. 弘文堂.

木村敏 (1973) 異常の構造. 講談社（講談社現代新書）.

ラングドリッジ, D. (2016) 現象学的心理学への招待——理論から具体的技法まで（田中彰吾・渡辺恒夫・植田嘉好子, 訳）. 新曜社. (Langdridge, D. (2007) *Phenomenological psychology: Theory, research and method.* Harlow, UK: Pearson Education.)

丸山高司 (1985) 人間科学の方法論争. 勁草書房.

メルロ＝ポンティ, M. (1982) 知覚の現象学（中島盛夫, 訳）. 法政大学出版局. (Merleau–Pontly, M. (1945). *Phénoménologie de la perception.* Paris : Gallimard.)

Morley, J. (1998). The private theatre: A phenomenological investigation of daydreaming. *Journal of Phenomenology, 29*(1), 116–134.

西研 (2001) 哲学的思考——フッサール現象学の核心. 筑摩書房.

西村洲衛男 (1978) 思春期の心理——自我体験の考察. 中井久夫・山中康裕（編), 思春期の精神病理と治療 (pp.255–285). 岩崎学術出版社.

西村ユミ (2013) 現象学的な理論とその展開. やまだようこ・麻生武・サトウタツヤ・能智正博・秋田喜代美・矢守克也（編), 質的心理学ハンドブック (pp.115–135). 新曜社.

岡田斉 (2011)「夢」の認知心理学. 勁草書房.

サルトル, J.–P. (1955) 想像力の問題——想像力の現象学的心理学（サルトル全集第12巻）（平井啓之, 訳）. 人文書院. (Sartre, J.–P. (1940) *L'imaginaire: Psychologie, phénoménologique de l'imagination.* Paris: Gallimard.)

Seamon, D. (2000) A way of seeing people and place: phenomenology in environment–behavior research. In S. Wapner, J. Demick, T. Yamamoto, & H. Minami (Eds.), *Theoretical perspectives in environment–behavior research: Underlying assumptions, research problems, and methodologies* (pp.157–178). NY: Kluwer Academic/ Plenum Publishers.

Spiegelberg, H. (1964) On the 'I–am–me' experience in childhood and adolescence. *Review of existential psychology and psychiatry, 4*, 3–21.

スピーゲルバーグ, H. (2000) 現象学運動（上）（立松弘孝, 監訳). 世界書院. (Spiegelberg, H. (1994) *The phenomenological movement*, 3rd. ed. The Hague, Netherlands: Martinus Nijhoff).

谷徹 (1998) 意識の自然——現象学の可能性を拓く. 勁草書房.

ウスラー, D. (1990) 世界としての夢——夢の存在論と現象学（谷徹, 訳）. 法政大学出版局.（Usler, D. v. (1969) *Der Traum als Welt: Untersuchungen zur Ontologie und Phänomenologie des Traums.* Pfullingen, Germany: Günther Neske.）

フォン・ウリクト, G. H. (1984) 説明と理解（丸山高司・木岡伸夫, 訳）. 産業図書. （von Wright, G. H. (1971) *Explanation and understanding.* NY: Cornell University Press.）

渡辺恒夫 (2009) 自我体験と独我論的体験——自明性の彼方へ. 北大路書房.

渡辺恒夫 (2010) 人はなぜ夢を見るのか——夢科学四千年の問いと答え. 化学同人.

Watanabe, T. (2011) From Spiegelberg's "I–am–me" experience to the solipsistic experience: Towards a phenomenological understanding. *Encyclopaideia: Journal of Phenomenology and Education, 15*(29), 91–114.

渡辺恒夫 (2012) 自我体験研究への現象学的アプローチ. 質的心理学研究, No.11, 116–135.

渡辺恒夫 (2013) フッサール心理学宣言——他者の自明性がひび割れる時代に. 講談社.

渡辺恒夫 (2014)『心理学における現象学的アプローチ——理論・歴史・方法・実践』（アメデオ・ジオルジ著, 吉田章宏訳, 新曜社刊）書評. 科学基礎論研究, *41*, 23–25.

渡辺恒夫 (2015) 他の誰かになる夢と間主観性. 情報コミュニケーション学研究, No.15, 51–64.

渡辺恒夫 (2016a) 訳者はしがき. コーンスタム, D. (著), 子どもの自我体験——ヨーロッパ人における自伝的記憶（渡辺恒夫・高石恭子, 訳）(pp.i–v). 金子書房. (Kohnstamm, D.(2004). *Und plötzlich wurde mir klar: Ich bin ich!: die Entdeckung des Selbst im Kindesalter.* Bern, Switzerland: Verlag Hans Huber).

渡辺恒夫 (2016b) 夢の現象学・入門. 講談社（講談社選書メチエ）.

（2016.1.25受稿, 2016.12.12受理）

質的心理学研究　第17号／2018／No.17／87-104

外国籍生徒の学校適応と進路選択
——日系人青年の語りから

上原美穂　早稲田大学大学院人間科学研究科
UEHARA Miho　Graduate School of Human Sciences, Waseda University

要約

本稿の目的は，デカセギとして家族で国境を越え来日した子どものうち，日本の義務教育課程を経験し高等教育を経て日本の組織に就職した，または就職が予定されている事例を対象に，日本の公立学校での経験を通じてどのような発達プロセスを辿ったのかを，当事者の語りから検証することである。インタビュー対象者は，1990年代初頭にデカセギで来日した日系人の子どもたちで，内訳は日本で就職するに至った日本に暮らす日系ブラジル人4名と日系ボリビア人2名である。他に，日系人の保護者と，義務教育を経て母国へ帰国した日系人にもインタビューを行った。日本に暮らす6名の日系人へのインタビュー結果は，来日から高校，大学の進路選択までの発達プロセスモデルにまとめた。そこでは，学校生活における困難への気づきと葛藤を起点に，デカセギとしての来日という立場から，自分なりに日本での生活に意味づけをしながら，来日時の受け身の姿勢から，次第に課題克服に向けて能動的な姿勢に変化していく姿が見出された。日系人の子どもたちは環境との相互作用のなかで自分自身の長所となり得るオリジナリティを見出し，そして，それを伸長させながら進路を選択していた。身近なつながりからきっかけをつかみ，自らの地位を築き上げる形で発達プロセスを辿っていた。

キーワード
学校適応，進路選択，グローバリゼーション

Title
School Adaptation and Career Path: Through the Life History of Nikkei Youth

Abstract
This paper aims to examine how migrant children in Japan came to choose their current career path. I interviewed four Japanese-Brazilians and two Japanese-Bolivians and developed a model to explain the entirety of their development process, from their experiences from the stage of attending public school in Japan to the stage of employment in Japanese society. First, migrants face difficulties due to characteristics of Japanese public school culture, challenges pursuing academic activities in the Japanese language, and occasionally, the unrealistic expectation that they can return to their original country. Migrant children subsequently try to maintain their motivation by coping with the changing environment independently, so as not to lose their sense of control in the negative feedback in the Japanese school setting. Parents also support migrant children emotionally, and give them the opportunity to have a point of access to communities for their country of origin, while also motivating them to maintain their proficiency in their original language.

Key words
Japanese-Brazilians, globalization, career path, adaptation to school

1 はじめに

グローバリゼーションの加速に伴い,日本の教育現場では「外国籍児童生徒」と呼ばれる国境を越えてきた子どもたちの学校生活への適応や進学の難しさが表面化している。

これを受け,文部科学省では「外国籍児童生徒」および「日本語指導の必要な児童生徒」の教育方針について議論が重ねられており,「小学校学習指導要領解説」(平成20年3月改訂,平成23年度施行)のなかでも「国際化の進展に伴い,学校現場では帰国児童や外国人児童の受け入れが多くなっている。(中略)一人一人の実態を的確に把握し,当該児童が自信や誇りを持って学校生活において自己実現を図ることができるように配慮することが大切である」と明記されている。日本における外国籍児童生徒のうち多くを占めてきたのが,ブラジルをはじめとする南米から就労を目的として来日した日系デカセギ労働者の子どもたちである。親に伴って来日した子どもたちは,日本の公立学校でどのような経験をし,義務教育修了後はどのような進路を辿ったのだろうか。

本稿では,彼らの移動を「出稼ぎ」ではなく「デカセギ」と表記する。イシ(2008, p.88)によれば,ポルトガル語の主要な辞書には2001年からdecasséguiの掲載があり,日本におけるエスニックメディアでもdekasseguiと表記されるほど,「デカセギ」が現地の言葉として一般的に定着しているためである。ブラジル社会において,そして日本の労働市場において日系ブラジル人労働者を指すデカセギが一大集団を築き,一つの潮流として認知されていることが窺える。そしてこの移動は,子どもの発達に様々な影響を与えている。

人も制度も,「それぞれの社会が内包しているその社会特有の意味体系を指す」(箕浦, 1990, p.58)文化をまとっている。それゆえ,人が国境を越えて移住することは自分が生まれ育ったものとは異なる意味体系の環境へ移動することであり,ホスト社会の制度や文化と家族が受け継いできた意味体系との間に葛藤が起こる。そして,それらは子どもの育つ環境に大きな変化をもたらし,子ども自身にとっての困難さとして表面化する。

それでは,生まれた文化圏を離れ移住し異なる文化の下で育つ子どもたちは,移住先のホスト社会で周辺化することなく学校での経験をどのように自分の成長の糧とし,どのような形で社会に包摂されていくのだろうか。本稿の目的は,移住先の社会で自分の居場所を築き上げてきた成年日系人に着目し,彼らの学校適応の要因を当事者の語りから明らかにすることである。

2 問題の背景

1 移住が子どもの発達にもたらす影響

(1) 資源の制約

ブロンフェンブレンナー(Bronfenbrenner, 1996/1979)によると,子どもは国,地域,学校,家族など,異なる社会単位が相互作用する生態学的システムの下で生きており,国を移動することはそのマクロな環境の移行を意味することに他ならない。同様に前山(1982)は,人が移民となって海を渡るということは,一つの社会構造から抜け出して別の社会構造のなかへ身を置くことであると述べている。

つまり,国境を越えて移動する子どもは,異なる意味体系を持ったシステムが共存する生態学的システムの下で発達のプロセスを辿ることになる。しかし,母国の文化体系の下で利用可能であった家族の資源や習得したスキルをそのまますべて移住先の国へ移転することは難しく,ここに適応の問題が生じることとなる。

これに関し田中(2004)は,子どもたちにとって移住は喪失体験であると指摘している。明確な帰国の予定なしに長期間母国を離れる外国人は,家族や友人,母国での社会的役割や慣れ親しんだ環境を移住によって喪失することになる。それだけではない。母語による自己表現,ひいては自己の連続性そのものを失うという。

喪失を体験するのは家族も同じで,親は母国であれば生かせたはずの子育てのための多くの資源を喪失することになる。日本社会で必要な資源と,親が保持している資源の文化的意味体系が異なることにより,多

くの親たちは自分の資源を子どもの発達という文脈において生かすことができない状態に置かれる。イシ（2008）は，こうした状況のなかでは「親の無責任さ」が強調されがちであり，安易に親を批判の的にする傾向があることを指摘している。

では，デカセギを受け入れるホスト社会にはどのような準備があるのだろうか。現在のところ，国の制度上では外国籍児童生徒には就学義務が課せられておらず，地域や学校のいずれも日本語を母語としない子どもの成長に必要な資源を十分に備えているとはいえない。志水と清水（2001, p.366）は，「かれらが必要とする諸資源を学校がいかに提供するかが重要な課題である」と指摘した上で，ニューカマーの子どもたちが必要とする諸資源は「日本の子どもたちが必要とするものとかならずしも同じではない」としている。

（2）受動的な来日と将来の不透明さ

デカセギという，当初は短期滞在を目的とした来日であったことは，子どもたちの日本滞在の意味づけに大きく影響している。数年で母国へ帰る予定で来日したはずが，いつ帰国するのか，または日本に定住するのかが不明瞭なまま，二国の間で将来の見通しが立たない「根無し草」の状態に陥りかねない。

これに関連し，志水と清水（2001, pp.201-206）は日系南米人の家族が典型的な「一時的回帰の家族の物語」を生成している点に注目している。それによれば，「一時的回帰の家族の物語」とは「滞在が，目標金額を蓄えるまでの『一時的』なものであることを前提としつつ，一方で，父祖の地への『回帰』としても自らの来日経験を捉えるという，日系ブラジル人に特有の『家族の物語』を指している」。しかしその一方で，滞在年数が長期化するにつれてこの物語にゆらぎが生じ，「一時的回帰の家族の物語」がその後「安定の物語」へ移行するケースもあるとしている。

子どもたちの多くは親の意志によって受動的に来日し，デカセギという言葉が示すようにそこには「数年したら帰国する」「滞在は一時的なものである」という意識がある。そして，子どもたちを受け入れる学校の指導や接し方もまた，一時的な滞在者という前提でのものになりがちである。

2　資源の補完

これまで，デカセギにより来日した外国籍児童生徒は家族に翻弄される存在として描かれることが多かった。しかし近年では，（1）子ども自身によってなされる対処行動，（2）子どもを取り巻く人間関係から得られるソーシャルサポート，さらには（3）学校による心理的支援に着目した研究が行われ，子どもたちが置かれた資源の少ない環境を補完する要因が次第に明らかになっている。

例えば岡村（2011a）は，6名の日系ブラジル人を対象に中学校や高校時代の困難やその対処におけるサポート源についてインタビューを実施し，それをもとに家族，学校および地域の各コミュニティのうち困難に対処する際によく活用したものによってタイプを分け，それぞれの機能について分析している。同じく岡村（2011b）は，中学生と高校生の困難とその対処行動について比較し，その結果，両者が直面する困難には質的な差異が見出されたものの，その対処行動には差異がなかったとしている。また，竹山と葛西（2007）が公立小学校における外国人児童への支援について心理専門職と接することの重要性を示唆しているほか，児島（2010）は在日ブラジル人青年の「自立」をめぐる物語を手がかりにニューカマー青年の移行に関する研究を行い，「ゆらぎながら生き方を模索する存在としてニューカマー青年を理解」し，「彼らが青年期を生きていることを前提とした支援」の重要性を指摘している。

3　教室内での周辺化

（1）教員の指導

外国籍児童生徒は日本の公立学校でどのような経験をしているのだろうか。恒吉（1996）は，日本の学校における「同化圧力」が彼らを不当に抑圧していると指摘している。また，児島（2006, p.124）によれば，教師は「教師」としてというよりは「日本人」として生徒と向き合いがちになるという。そして，生徒を「ソト」として位置づけ，お客様に対するような態度で接し，厳しく指導することを「遠慮」する。こうした教

員の態度や不要な配慮が, 逆に外国籍児童生徒が不利益を被る状況を生んでいる可能性がある。

(2) 学級集団

佐藤 (2005) によれば, 日本人園児は3歳児の段階から「外国人園児の肌の色や言葉の違いに気付き始め, その気付きを言葉にすることでより意識するようになる」とされ, 明確ではないにしろ「外国人」という枠が作られ始めるという。さらに佐藤は, 「直接の接触による個人的な差異の気付き, 保護者の対応, 仲間集団内の力関係, 外国人園児の日本人園児への関わり方」が相互に関連することで, 外国人園児がどのように位置づけられるかが決まってくるとしている。

佐藤の研究は外国人園児を対象としたものであるが, 外国籍児童生徒についても同様に, その文化的背景の違いが周囲の児童から認知されていると思われる。また, 学級集団における周囲との相互関係が, 学校への適応に何らかの影響を及ぼしていることも想定される。

4 様々な形の適応と進路

こうした周辺化の危機に子どもたちはどのように対処しているのだろうか。児島 (2006, p.136) は, 「ニューカマーの子どもたちはただ一方的に自らの文化を奪われるだけの受動的な存在なのか」という疑問を投げかけ, 彼ら独自の「適応」の形を描いている。すなわち, ブラジル人生徒たちは, 状況ごとに「戦略」を立て, 彼らなりの「抵抗」をしながら適応しているという (児島, 2006, p.164)。しかし同時に, 進学という局面においては「抵抗」という形が必ずしも有効でないケースが生じ得る点も指摘している。また, 拝野 (2006) は, エスニックメディアの掲載記事や自身のフィールドワークをもとに, 彼らの就労先のほとんどが親と同じ工場労働か非熟練労働であることを示している。

趙 (2006) も, 外国籍児童生徒の適応が必ずしも好適応であるとは限らないことを指摘している。「教師の期待」と「生徒の行動」との間には「正の相互作用」と「負の相互作用」が生じるとしている。「教師の期待」と「生徒の行動」が一致した場合は正の相互作用が生じ, 子どもの成長を支えるものとなる。一方, 学習意欲の低下や決められた校則を順守しないなど, 教師の期待に背いた行為と捉えられた場合, 結果として負の相互作用が生じるという。

このように, 環境に適応するための懸命の試みが場合によっては負の相互作用をもたらし, 教師との関係悪化や進路選択の制限, 最悪の場合にはドロップ・アウトにもつながる要因となり得ることが窺える。

3 目的と対象者

ここまで見てきたように, 外国籍児童生徒が抱える課題として, 家族からサポートが得られにくい状況にあること, デカセギであることによって将来の見通しを持つことが困難であること, そして学校内で周辺化されやすい存在であることが先行研究で指摘されてきた。同時に, このような状況下で外国籍児童生徒が主体的な適応戦略をみせていることも明らかになっている。ところが, この適応戦略のなかには教師から学校不適応とみなされるような行動につながるものもあり, 学習指導を受ける機会を遠ざけ, 結果的に子どもたちの周辺化を助長するリスクをはらんでいることも示している。

それでは, ドロップ・アウトすることなく高校や大学へ進学を果たし, 日本での就職を選んだ人たちはどのような形でそのプロセスを辿ったのだろうか。外国籍児童生徒を対象とした従来の研究の多くは, セミリンガルやドロップ・アウト, または非行化の事例を取り上げたものであった。しかし, 日系ブラジル人のデカセギ現象が始まって20年以上が経過した今, 日本社会に適応し進学, 就職に至った事例にも注目すべきであろう。そこで, 日本の公立学校での義務教育課程を経て, その後, 高校や大学進学, 日本での就職を選んだ, 先行研究ではほとんど取り上げられてこなかった事例における発達のプロセスから学校適応や進路選択の要因を見出そうとするのが本稿の目的である。

具体的には, デカセギにより来日した日系人の子どものうち, 公立学校に通った経験をもち, その後日本で高校や大学へ進学した経験のある事例を対象にインタビューを実施した。その際, 特に先行研究において

常に議論されてきた下記の3点に着目した。

（1）周辺化のリスクのある学校生活を通じてどのような経験をしたのか。

（2）家族の選択である「デカセギ」をどのように捉えていたのか。

（3）家族はどのような役割を果たしたのか。

外国籍児童生徒だった頃，学校生活においてどのような経験をしてきたのかを中心に，短期滞在を前提とする移住形態であるデカセギをどう捉えていたのか，そして家族はどのような存在だったのかを聞き取るなかで，様々な困難をどう乗り越えたのか，当事者自身が語る言葉のなかからその要因を考察する。

本稿では，制度や政策への提言というマクロな視点ではなく，現場の実践者に焦点をあてたよりミクロなアプローチをとった。成長した日系人が，外国籍児童生徒であった時に経験した困難をどのように乗り越えて自信や誇りを培い，進学に至ったのかを当事者の声から分析し，彼らの育ちのモデルを示す。そして，ホスト社会としてどのような観点から子どもたちを理解し，どのような支援をすべきなのかを探ることを目指した。

4　方法

1　調査対象者のサンプリング

インタビュー対象者の選定には理論的サンプリングの手法を用いた。能智（2004, p.79）によると，「これは，リサーチの全体を通じて理論やモデルを構築していくために有用と思われるサンプルを選択する方略を指して」いるとされる。

調査対象者をサンプリングする際の条件として，①南米からのデカセギ家族であり日本で（他のインタビュー対象者と）同一地域で育っていること，②日本の公立学校を卒業していること，および③大学を卒業，または卒業見込みであること，の3点を設定した。本稿では，デカセギにより学齢期に来日した日系ブラジル人の高校進学，大学入学に至るまでを研究対象として，そのプロセスモデルを生成することを試みる。

以下に各条件を詳しく述べる。

条件①　南米からのデカセギ家族であり日本では（他のインタビュー対象者と）同一地域で育っている。

日系ブラジル人は，かつてブラジルへ移住した日本人の子孫にあたる。移民史を共有し，日本への移住を誘発した「入管法の改正」によって来日したデカセギ家族は，日本では同様の社会文化的環境に置かれていると想定できる。しかし，子どもの受け入れ体制は各地方自治体によって異なっているほか，海外からの移住者たちは出身地域ごとにコミュニティを形成する傾向があり，そこは移住した人たちにとって母国とのつながりを維持する重要な資源を提供する場として機能している。

本稿では，環境と個人の相互作用に着目するため，研究対象者の出身国を限定するとともに，彼らが日本で育った地域，すなわち彼らを取り巻く制度，家族，学校および地域的文脈についてもある程度共通性をもたせることで環境条件の統制を試みた。

条件②　日本の小中学校を卒業している。

日本の学校がグローバリゼーションのなかで外国籍児童生徒をどのように受け入れていくのかについて分析するため，義務教育課程経験者を研究対象とする。さらに，文化を移動した子どもの多くが新天地の文化・社会にどう適応すべきかジレンマに陥ることを考慮し，生涯発達の過程のなかでも自己への意識の高まる時期を日本の公立の中学校や高等学校で過ごしていることを条件とした。

条件③　大学を卒業，または卒業見込みである。

本稿では，高校を卒業し，大学または短期大学へ進んだという条件を設け，対象者の条件を統制して学校適応の要因を見出すこととした。

高校進学の難しさ，そして高校在学中のドロップ・アウトの多さは外国籍児童生徒の教育に携わる者にとって大きな課題として受け止められており，様々な研究の蓄積がある。しかし，多様な進路があるなか，高校を卒業し大学を進学した事例を対象とした研究は少なく，意義のある研究になるといえよう。

表1　インタビュー対象者プロフィール一覧

ID	年齢（出年）	出身地	性別	来日年齢	学歴
A	23（1987）	ブラジル	M	13歳（中2）	小：ブラジル／日本 中：日本 高，大：日本
B	29（1980）	ブラジル	M	8歳（小3）	小：ブラジル／日本 中：日本 高：日本 大：ブラジル
C	25（1986）	ブラジル	M	5歳（保育園1年）	小，中，高，大：日本
D	20（1991）	ボリビア	M	9歳（小4）	小：ボリビア／日本 中，高，短大，大：日本
E	27（1984）	ブラジル	M	8歳（小3）	小：ブラジル／日本 中，高，大：日
F	21（1989）	ボリビア	F	2歳	小，中，高，短大，大学：日本

2　データ収集

以上①から③の条件をもとにインタビュー対象者を募り，フィールドワークなどで築いたネットワークから全部で11名に対してインタビューを行った。このうち，日本生まれの者（1名），他の対象者と異なる地域で育った者（1名），高校からブラジル人学校へ進学した者（1名），中学校で来日して2,3年で母国へ帰国した者（2名）は分析対象から除外した結果，本稿での分析対象者は6名とした。

表1にインタビュー対象者のプロフィールを示す。このうち職務経験がある者は3名，残る1名は大学4年生で就職が内定していた。また，Bは来日して半年間は学校内での日本語教室で学んでいるが，それ以外の対象者は学校内に日本語教室がなかったか，もしくは利用する必要がなかった。

データ収集には半構造化面接法を採用した。来日してから現在に至るまでの時間軸に沿って，主に学校生活においてどのような困難があったか，それに対してどう感じてどう行動し，その結果がどうであったかを尋ねた。調査対象者の同意を得た上でICレコーダーを用いてインタビューの内容を録音し，それを逐語記録に書き起こした。インタビューは，2009年6月25日から2012年1月11日までの間で1人につき1回，2時間

から3時間をかけ，すべて日本語で行われた。

能智（2005）は，質の高い質的研究とするための条件の一つに，研究対象者から「質の高い」データを得てそれを分析に使用することを挙げており，これが量的研究で用いられるデータの「信頼性」とゆるやかに対応しているとしている。さらに，収集されたデータが新たな仮説やモデルを見出すのに十分な内容を含む，信頼性のあるものである必要性を指摘し，この基準を満たすための条件としてフィールドとのラポール形成と厚い記述の2点を挙げている。

筆者は南米日系人の集住地域である長野県上田市を中心とする地域で2003年から継続的に研究活動を行ってきた。したがって，日系ブラジル人のコミュニティにおいて中心的な存在として活躍し，日本社会との橋渡し役となっている人々とのラポールが形成されている。インタビュー対象者はこうした人々の協力を得て募ったため，ラポールの構築も容易であった。インタビュー対象者のうち2名以外は初対面であった。

また，筆者は同地域の公立学校で2006年からスクールカウンセラーとして勤務していた経験から，地域的特性についても精通していた。さらに，インタビューは対象者に研究の趣旨を説明し理解を得た上で行った。

3　データの分析と概念図の生成

　本研究におけるデータ分析手法として，質的な方法である修正版グラウンデッド・セオリー（M-GTA）を採用した。はじめに，カテゴリの生成過程について説明する。時系列で聴収したデータのうち，分析の対象とするのは就学後から大学在学中に就職が内定するまで，もしくはキャリア選択についての語りである。まず各自のデータを断片化し，それらを的確に表す概念名を付けた。全員のデータについて概念名が作成された後にカテゴリ生成を行った。具体的には，似た者同士をまとめて中カテゴリを作成してそれらにカテゴリ名を付け，さらに共通の上位概念でくくれる中カテゴリ同士をまとめて大カテゴリとしてそれらにカテゴリ名を付けた。本文中では大カテゴリを【　】，中カテゴリを『　』，概念を「　」で示す。その後，これらのカテゴリ同士の関係性を検討して概念図を作成し，未生成の概念についても検討した。詳細は次項で述べる。なお，各カテゴリのもととなったインタビューデータは，囲み内に記載し，発言の後の括弧内にインタビュイーのIDと，それに続けて，テキストデータの行番号を数字で示した。

5　結果と考察

　生成されたカテゴリは表2に示した。起点となったのは【困難への気づきと葛藤】であった。外国籍であるがゆえの課題に気づくことからのスタートであった。
　以下は，分析によって得られた7つの大カテゴリとそれぞれの下位概念である中カテゴリを用いてモデル図を作成したものである（図1）。来日後に入った学校（小学校，中学校）での経験から，高校，大学の進路選択に至るプロセスを時系列にまとめた。
　以下，これらをもとに本稿の着眼点である3点についてそれぞれ考察する。

1　周辺化のリスクのある学校生活を通じてどのような経験をしたのか

（1）困難への気づきと葛藤

　学校生活で最初に直面するのが【困難への気づきと葛藤】であり，ここでの気づきが自分の置かれている環境における課題発見とそれに見合った対処法略へとつながっていた。
　『教科学習の苦手意識』では，日常会話ができていても「授業がわからない自分にショックを受ける」ことになり，「日本語会話習得のために遅れた教科学習」を実感していた。また，「期待されていないと感じることによる学習意欲の低下」も経験していた。

> 　ひたすら保育園で（日本語を）話しして，でも小学校に入って国語とかやるようになった時に，あー私，できないんだってそこで初めてわかった。
>
> 　　　　　　　　　　　　　　　　　　　　（F19-20）

> 　保育園でもうしゃべれるようにはなったんですけど，小学校入って例えば本を読む時に，自分は読めないってことがわかって。小学校1年生とかの時に。
> 　他の子達は家でお母さんとかに教えてもらって，授業になるとわかるんだろうけど，私にはわからないっていうのがショックだったのは覚えている。
>
> 　　　　　　　　　　　　　　　　　　　　（F30-36）

　『集団への適応の試み』では，音楽会などの学校行事や掃除などの慣習については，「意味がわからないまま同じ行動をとる」ことや，同級生である「周囲から日本人と同じレベルを求められ，自分も同じようにしようと試みる」ことにより他者からの視点に気がつき，「周りの友人に合わせた行動をしようとしてもできない経験」をしている。例えば学校行事についてDは，まったく意味がわからなかったといい，次のように語っている。

表2　生成されたカテゴリ

大カテゴリ	中カテゴリ	概念
困難への気づきと葛藤	教科学習の苦手意識	授業がわからない自分にショックを受ける
		日本語会話習得のために遅れた教科学習
		期待されないと感じることによる学習意欲の低下
	集団への適応の試み	意味がわからないまま同じ行動をとる
		周囲から日本人と同じレベルを求められ，自分も同じようにしようと試みる
		他の人と文化的に違うことを良しと思わない
		周りの友人に合わせた行動をしようとしてもできない経験
	異質性による負の経験	外国人であることが原因だと認識したいじめの経験
		先生からの特別扱いへの拒否感
"デカセギ"への2つの意味への気づき	現実からの逃げ道としてのデカセギ	困難への直面による帰国願望
		今と将来の連続性への疑問
	帰国の難しさへの気づき	帰ると言ってなかなか帰らない現実
		逃げ道としてのデカセギへの気づき
困難への挑戦と達成	人を頼らず自分で乗り越えようとする主体性	学校のことは親を介さず自分でこなす
		自分のことはすべて自分で決めたり乗り越えたりしなくてはならない
		自分でできることはすべて自分でする
		嫌なことがあっても人に話さない
	現状に抗おうとする意志	自分はこんなものではないという気持ち
		自分に負けたくない気持ち
	困難を乗り越えた達成感による将来展望や対処戦略の獲得	辛いことがあっても必ず後からよい結果として返ってくるという経験の積み重ね
		困難への挑戦の繰り返し
日本社会に根づく基盤作り	社会的スキルや規範の獲得	部活動などを通じた厳しい礼儀作法の指導
		周囲の人の行動の観察と真似
	名前や国籍について自己決定する経験	国籍の変更
		日本の名前への変更
家族からのサポート	学校生活への具体的な支援の欠如	進路のことがわからないがための子どもへの一任
		自分が日本語がわからないことがわからない親
		親が学校を信頼していることによる学校への無関心
	情緒的なサポート	自分と同じように異文化で頑張る親への感謝
		生き方についての厳しい指導
		学校へ行きたくない時に親から厳しい指導を受ける
	言語習得の促進	母国コミュニティの窓口
		家族内における母語使用の徹底
		多言語に触れる環境の提供
ホスト社会とのつながりによるサポート	教員との個別の関わり	教員から個別に学習をみてもらう経験
		支えとなる存在としての担任
		教員の配慮により自分にあった役割を与えられる
	学習や進学のためのインフォーマルなサポート	学校外での学びのチャンス
		ネットワークによる情報収集
	ホスト社会の成員から認められる経験	国籍に関係なく受け入れてもらう経験
		周囲から評価されることによる自文化の良さへの気づき
自分らしさを生かした高校，大学への進路選択	個別性の高い強みを育てる意識	これだけは負けたくないという分野の発見
		自分ならではの得意分野の発見
	身近なつながりやチャンスに根ざした合理的選択	やりたいことよりも与えられたチャンスを選ぶ
		身近なネットワークを生かした情報収集
	多くの友人がいるにも関わらず感じる孤独感	多くの友人がいるにも関わらず感じる孤独
		集団に迎合しない選択
		同年代の友人との温度差

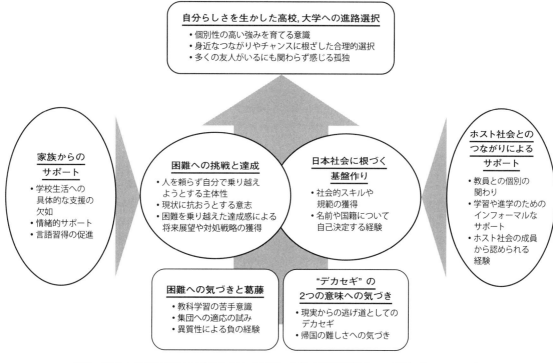

図1 日系人の来日当初の学校生活から高校,大学の進路選択までの発達プロセスモデル

> 16時まで学校じゃないですか。ボリビアは12時までなんですよ。給食も掃除もないし。なんか生活が違う。ボリビアの学校は本当に勉強しにいく。勉強っていったら数学とか。でほんと日本って,もっとなんか,仲間とか,人間性を教えるって感じじゃないですか。その感覚がつかめなかった。
> （D126-129）

また,「家族の文化の違いを学校で出すことへの拒否感」や,授業参観など親が学校行事に参加する場面で「他の人と文化的に違うことを良いと思わない」傾向がみられた。

さらに,学校生活を通じて『異質性による負の経験』をし,自分の持つ文化的背景への気づきを得ていた。これは学習意欲にも影響を及ぼし,学習場面では授業中に「先生からの特別扱いへの拒否感」,「期待されないと感じることによる学習意欲の低下」がみられた。このほか,「外国人であることが原因だと認識したいじめの経験」もしていた。

学習上の困難を抱えていたDは,教員の自分に対する態度について次のように語っている。

> 勉強ができなかったんですけど,先生達に勉強してって言われないし,仕方無いねってむしろ言われていたんですよ。でもよく考えると日本にもう何年間も住んでいてこの程度しかできないんだ？って思い始めて。
> （D273-276）

自分が特別扱いされていることを認識しながらも,それを盲目的に容認することなく,逆に客観的に自分の課題に気づくきっかけにしている。そして,当面は日本で生きることを選択したことが,困難の要因に抗う【困難への挑戦と達成】という対処につながっていた。

このように,周囲の自分への視線,自分の置かれている文脈をそのまま受け入れるのではなく,主体的に自分で捉え直しをして自分なりの解釈で意味づけし,

課題を明確にしている。

(2) 困難への挑戦と達成

学校生活に関することは自分の力で解決しようとする傾向がみられた。学校行事の準備や学校から渡される連絡事項への対応等，本来家族の役割として想定されていることを「学校のことは親を介さずに自分でこなす」形で対処していた。

また，「自分のことはすべて自分で決めたり乗り越えなくてはならない」，「自分でできることはすべて自分でする」，「嫌なことがあっても人に話さない」という『人を頼らず自分で乗り越えようとする主体性』を強く持ち課題に取り組んでいた。

自分のことは自分でやる。高校の時（アルバイトしていた）のも，自分で全部やりたかったし。自分で払えるのが嬉しかったし。親に頼らずに。自分でお金ためてこれ買ったって。自立ですね。だから勉強嫌いで仕事が好き。仕事してれば自立できるじゃないですか。自立好きです。高校卒業したときも親と一緒に帰ったけど，（親は）すぐ帰ったし。ある程度自分のことは自分でやってやろうって気持ちがなかったら，たぶんどっかで折れていたと思います。今だって親は（ブラジルへ）帰ったからおれも帰ろうってなっていた。

(B560-571)

ほんとに一匹狼でした。自分で解決しなきゃいけないとか，自分で乗り越えなきゃいけないとか。自分でいつも処理して，やってきたから。だからそういう意味で人一倍，ずっと苦労しています。「判断を持つ」って言ったらいいのかな。

(C194-201)

中学校の時は（自分のことを一人で全部やることは）むしろそれが楽だったんですよ。一応，親はいたのだけど，ちょっと自立している感があって。むしろそれが，ま，中学生だからちょっと気分がよかったっていうか。

(D222)

さらに，「自分はこんなものではないという気持ち」，「自分に負けたくない気持ち」からくる『現状に抗おうとする意志』がその挑戦を支えていた。

現実は現実としてある。逆にこの，なんて言うのでしょう，求めるっていうか，逆に抗うのもすごく大事で。そういうのがあって，ここまでこられたのだろうなって思います。

(E264-266)

ここで重要なのは，彼らは困難を自覚し自分にとっての課題を認識した上で，その解決への挑戦を重ねていた点である。これによって，「辛いことがあっても必ず後からよい結果として返ってくるという経験の積み重ね」，『困難を乗り越えた達成感による将来展望や対処戦略の獲得』を可能にしていた。

前向きであるのか，現状に負けてしまうのか。逆にもっともっと自分こんなもんじゃないって信念でやってくのか。そういう違い。全部誰かの言う通りって考えていたら，たぶんこうならなかったし。

(E317-318)

絶対裏切らないものが陸上と勉強だなって。自分がそこに向き合ってあげた分，絶対返ってくるじゃないですか。それがすごい快感で。自分が追うことはできても絶対逃げないじゃないですか。むこうはずっと待っていて。で，それを達成した時に返ってくるっていう。

(F319-322)

---

(3) ホスト社会とのつながりによるサポート

こうした自律的な意識を持ちながらも，子どもたちは決してすべてを一人で乗り越えようと試みたわけではない。【ホスト社会とのつながりによるサポート】を獲得し，ホスト社会とのつながりのなかで様々なリスク要因に対処している。つまり，親から得られない教育資源をホスト社会の人との学校内外でのつながりを通じて獲得し，より望ましい学習環境を自ら構築し

ていた。ホスト社会のなかでも，学校の教員が特に大きな役割を果たしていた。Aは，学校になじむために教員がしてくれた配慮について次のように述べている。

> 中学はけっこう，毎年合唱コンクールとかやりますよね？そういう時にその…自分がなかなか歌うことができなかった。で，じゃ指揮者をやってくれって言われましたね。（略）で，実際その合唱コンクールが来て，（略）一番うまい指揮者に選ばれた。まさか，ただやれって言われたからやったのに，やりたいってわけじゃなかったのに，それでうちのクラスが一位になって。それが中学校のなかで印象的だったことですね。
> 多分その時だったと思います。友達っていうか，自分の存在を他の人が知ることができたのだと思います。大きかったですね。
>
> （A228-239）

またFは，教師と個別に話す機会が多かったと語った。

> 友達とかだと，なんだろうな…うーん。自分が経験していることも経験していない子がほとんどだから，返ってくる言葉が幼いなって。この子わかってないなって。先生たちだったら，安定しているっていうか。自分が頼れる存在だなっていうのがあって。
>
> （F178-179）

「教員の配慮により自分にあった役割を与えられる」「教員から個別に学習をみてもらう経験」「支えとなる存在としての担任」といった『教員との個別の関わり』を通じ，学級集団になじむ工夫や教科学習の苦手意識を克服する戦略がとられている。
さらに，担任教員は「国籍に関係なく受け入れてもらう経験」や「周囲から認められることによる自文化の良さへの気づき」のきっかけを子どもたちに与えており，これらが子どもたちの『ホスト社会の成員から認められる経験』につながっていた。

> 中2になった時に名前を変えたんですよ。日本に。中2でクラス替えがあって。で，その（新しい）担任の先生は（自分の以前の名前を）知らなくて。その先生もその年に入ってきたんですよ。その1年の時の先生は初めて担任になる先生だったので。知らなかったのもどうかと思うんですけど。だから2年生の時の先生は普通に接してくれて。
>
> （D280-290）

（4）自分らしさを生かした高校，大学への進路選択

子どもたちは次第に，「これだけは負けたくないという分野の発見」や「自分ならではの得意分野の発見」をするようになり，彼らのなかに自分の進路選択の軸となる『個別性の高い強みを育てる意識』が芽生えた。そして，自分の「やりたいことよりも与えられたチャンスを選ぶ」ことや，周囲からの勧めによる「身近なネットワークを生かした情報収集」によって『身近なつながりやチャンスに根ざした合理的選択』を行い，これが【自分らしさを生かした高校，大学への進路選択】につながっていた。

> 大学も僕はお金かかってないです。入学金全額免除。水泳の成績は高校の時は全国大会出場して終わる。3年間全国大会出ていました。でもそれじゃ大学じゃ通用しない。だから大学に行ったのは，僕はコーチングスタッフとして雇われたんです。学費と引き換えに，君を学校行かせてあげる。その代わり，仕事しろって。スカウトがくるまでは外国語系で大学を探していた。ポルトガル語じゃないことを勉強したいって。言語系か，体育学部を探していた。でも，勉強とか夢とかを実現するよりも先にまずはじゃあちゃんと水泳をやろうって。そのなかで4年間あるから考えようって切り替わった。
>
> （C145）

外国籍児童生徒の進路選択に関してはロールモデルの不在がよく指摘される。しかし，本研究の対象者はもともと「学校では外国籍の人はあまりいなかった」という環境で育っており，ロールモデルを追うというよりは，周囲の人との関係性や環境からの働きかけと

の相互作用のなかで臨機応変に選択を積み重ねていた。自らの地位を築き上げるボトムアップな社会的自立といえよう。その一方で、「集団に迎合しない選択」をするなど、様々な困難を経験したことによる「同年代の友人との温度差」も実感しており、こうした自立の裏には「多くの友人がいるにも関わらず感じる孤独」があったことも窺える。

> けっこうある意味では孤独だったかもしれないけど、周りから見るとみんなから信頼されているねって映っているかもしれないし。でも心から信頼できる人はいない。僕ら孤独だった。自分の心のうち、本当の心のうちみたいのは話してなかったと思う。
>
> （C209-214）

2 家族の選択である「デカセギ」をどう捉えていたのか

(1) デカセギの2つの意味づけ

自分の意志ではなく家族の意志により来日した子どもたちは、デカセギという立場での日本での生活をどのように意識していたのだろうか。彼らは、一時的回帰の物語に対するゆらぎともいえる『帰国の難しさへの気づき』と『現実からの逃げ道としてのデカセギ』という2つの意味づけを経験していた。Fはこれを次のように語っている。

> 私ここでこんなに一生懸命勉強してももし戻ったら意味ないじゃんって考えがでてくるんですね。
>
> （F369-370）

> いつか帰るんだろうなって考えたら、なんかこんなにここで一生懸命勉強してもって。あ、でもそれは逃げなんだなって気づいたときにその考えはなくなった。
>
> （F376-377）

デカセギの当初の目的から、それが短期滞在である

ことを目の前の困難からの逃げ道として利用し、その場限りの対応をしがちななか、Fの場合はデカセギを言い訳として利用する自分の態度を認識しており、その上で逃げることなく困難に向き合っていた。ゆらぎの経験とその対処について、Dは次のように語った。

> 日本に来た時は最初1年間くらいで帰国するって思っていたんですよ。親もそう言っていたし。でもなんか全然帰らないから。おれもずっと帰りたかったんですけど、中1のその時期にそれを受け入れたったっていうか。
>
> （D302-303）

このように、帰国の難しさへの気づきは、母国ではなく日本で生きる見通しを持つ転換点ともなっていた。このことから出てきた考えについて、Dは次のように続けた。

> だったら（名前を日本の名前に）変えた方がいいのかなってその時思って変えたんですけど。
>
> （D304-305）

つまり、『名前や国籍について自己決定する経験』によって、制度的に日本の社会に足場を築き、日本で生きていくということを自ら選択したことが、自分の意志で国籍や名前を変更するという具体的な行動につながったのである。さらにこの選択は、こうした目に見える行動のみならず、円滑な人間関係を築くための『社会的スキルや規範の獲得』をし、【日本社会に根づく基盤作り】へとつながっていた。

このように子どもたちは、「根無し草」とも言われるデカセギとしての立場から、当初予定したような短期滞在ではないことへの気づきと、それとは相反する、そのうち帰国するのだからという言い訳という2つの意味づけの間でゆらぎを経験していた。

しかし、この段階を経て初めて、彼らの内に自発的な意欲と展望が生まれ、自分の生きる基盤を安定的なものにしようという試みが始まることになる。直面する様々な困難を、デカセギの問題にすり替えることなく、他でもない自分の問題として認知し受容したこと

により，社会へ根を張り主体的に行動する態度へとつながっていったといえよう。

（2）日本社会に根づくための基盤作り

一方で，制度的に自分の立場を明確に定義するだけでは十分ではなく，実際に日本社会で周囲の人と円滑にコミュニケーションするスキルを獲得していた。日本語を母語としない親では教えることのできない日本特有の社会的規範は，部活動や周囲の友人などの人間関係から学んでいた。例えばCは，「部活動などを通じた厳しい礼儀作法の指導」や「周囲の人の行動の観察と真似」を通じて，日本社会で生きていく上での重要な道具となる『社会的スキルや規範の獲得』をしている。

（大学での部活である）水泳は辛かった。とても辛かった。だから入社したときに，社会って楽だなって思いました。数倍厳しい監督でした。だからみっちり鍛えられたのもあって，人間も形成されたし，水泳よりもやっぱりそこばっかり。マネジメントスタッフには，立派な社会人になるための教育を監督はずっとしてくれた。だからうるさかった細かいことに。水泳に関係ないじゃないですかって言うと，いやそうじゃなくてそれはお前の人生でお前はこれから困るんだって。

（C169-174）

こうして日本の生活のなかで社会的規範を身につけたことが，社会においてソトの存在になることなく円滑な人間関係や社会生活を可能にし，日本で生きる上での基盤になっていったといえよう。

3　家族はどのような役割を果たしていたのか

【家族からのサポート】の具体的な状況としては，『学校生活への具体的な支援の欠如』『情緒的サポート』『言語習得の促進』の3つが見出された。

『学校生活への具体的な支援の欠如』の背景には，「親が学校を信頼していることによる学校への無関心」，「進路のことがわからないがための子どもへの一任」など，学校のことは教員や子どもに任せる傾向がみら

れた。

Dによれば，学校から渡される保護者への手紙などを親に見せたことがなく，遠足や運動会といった行事の準備などもすべて自分でやっていたという。

自分としてはそれが当たり前みたいな？一人で全部やるって。中学校の時はむしろそれが楽だったんですよ。なんか一応，親はいたんだけど，ちょっと自立している感があって。むしろそれが，ま，中学生だからちょっと気分がよかったっていうか。困ったのは高校を決める時くらい。

（D222-225）

さらに，一般によく言われるボリビア人の親の子どもの教育への無関心さについては次のように語った。学校の教員や先行研究によって「無関心」として意味づけられてきたその態度を，Dは「学校を信頼している」ことによるものであると解釈していた。

ペルーとかボリビアは，よくないじゃないですか治安とか。教育もよくないし。日本ってけっこうよいじゃないですか。それでなんか，先生達がちゃんとみてくれているって思っていると思う。任せるっていうか，まぁ，信頼。よくいえば。

（D332-336）

また，Eはブラジルと日本の親子関係の違いからその状況を解釈していた。

ブラジル人の親から見るのと日本人の親からみる14，5歳って違うんですよね。向こうの方がもっと大人っていうか。そこのところでのギャップはありました。基本的に自分でやりなさいっていう家だったので。

（E83-86）

以上のように，学校と親が相互に期待するがゆえのすれ違いが起きている。つまり，子どもの教育において学校は親の関わりを強く期待しているのに対し，親は日本の学校を評価・信頼しており，自分は関わる必要がないと感じているのである。しかしこの「信頼」

こそが, 皮肉にも学校には「無責任」と解釈され, 日系人の親は子どもの教育に熱心でないというメッセージが暗黙のうちに伝わってしまっているのではないだろうか。

さらに, そこには学校と親のコミュニケーションの問題もある。筆者が行った別のインタビューで, ある日系2世のブラジル人女性は自身の子どもが日本の学校に通っていた時の体験を次のように語っている。

　子どもが中学校2年生の頃に, 子どもの担任から「進路のことを考えてください」と言われた。でも日本語として「進路」の言葉の意味を知ってはいたけれども, 担任の先生が何を言っているのかその意図がわからなかった。「進路を考えてください, しっかり考えてください。」って言われても, 何の事なのかなって。何を考えればよいのかなって。日本の学校を信頼していたから, 子どものことは先生に任せていた。先生は何も言ってこないから, ずっと学校で何も問題がないのだと思っていた。

（2011年11月22日筆者インタビュー）

教師の意図としては, 「子どもが中学校卒業後, どこへ進学するのかまたは就職するのかについて, よく考えてほしい。」と伝えたかったのであろう。しかし保護者の方はどう受け止めたのだろうか。この母親は日本語も堪能であり, 「進路」という単語を理解はしている。しかし, 日本の学校を経験していない彼女にとって, それは辞書的な意味で用いられる進む路を指す「進路」でしかない。日本の中学校の進路指導の文脈で使われている「進路」が具体的に何を指しどのような意味を含み, どう用いられているのかまで理解できなかったのである。

「進路」にはもともと2つの意味があり, 一つが「進んで行く道, 行く手」であり, もう一方が, いわゆる「進路指導」に用いられるような「卒業後に進む道」である。教員は「進路（卒業後に進む道）」を問いかける目的でこの言葉を用いたが, 彼女の方では「進路」を「進んで行く道, 行く手」と理解していたため, 教員の問いかけの意味を理解することができなかった。このことが担任と保護者の間にミス・コミュニケーションを生み, ここでも, 教師の助言がありながら実

際の行動に移さない保護者の姿が, 理解のない親, 子どもの教育に協力的でない親として学校現場に印象づけられかねない。

このような学校と親の連携の難しさもあり, 家族が学校生活の文脈において具体的なサポートをしにくかったことは明らかである。しかしその一方で, インタビューからは家族が『情緒的サポート』としてはしっかりと機能していたこともわかった。子どもたちは「学校へ行きたくない時に親から厳しい指導を受ける」ことで休むことなく学校に登校する後押しを得たり, 「自分と同じように異文化で頑張る親への感謝」の気持ちを持ったりしていた。また, 文化によらず通用する「生き方についての厳しい指導」を親から受け, その大切さも実感していた。

　親としても, 日本にいるんだから日本語でもってしっかり基礎をつくらなくちゃいけないって思っていて。根本は日本語を覚えなさいって。結局言語が一つ確立できないと, いくら他の言語を話せるといっても, 表現力だったり性格的なものを確立できないってことがあって。そういうしつけでした。

（F133-136）

　ブラジル人のマインドとか人間として生きてく上でのことは, 親。いつも親は正しかった。例えば, こうやって言われた, でもおれは正しくないと思うんだって言うと, 自分で気に食わないのならちゃんと言いに行きなさいよって。

（C188-191）

　（親が）よく言っていたのが, いつどうなるかわからない。今は普通に仕事して学校行っているけど, どうなるかって誰もわからないじゃないですか, 何年か先。そうなった時に日本に残るにしても向こうに帰るにしても困らないように。今は今でしっかりやりなさいって。

（F365-368）

また, 家族には「家族内における母語使用の徹底」「多言語に触れる環境の提供」など, 『言語習得の促

進』という機能もあり，このことが言語力の獲得だけでなく親子間の円滑なコミュニケーションの維持にもつながっていた。さらに，親は「母国コミュニティの窓口」として存在し，その人的ネットワークを通じて「多言語に触れる環境の提供」などの豊かな資源を提供していた。

　実際にインタビュー対象者は皆，母語はもちろん英語に対しても早い時期から学ぶ意欲を持っていたことを語った。さらにスペイン語が母語であるFの場合，家族を通じてブラジル人と接することによりポルトガル語も習得している。

> 　ポルトガル語は，たまたまなんですけど，母の妹がブラジル人と結婚したんですよ。なので，そのいとこの家に行くと，ポルトガル語も耳に入ったりして。であと，教会に行っていて。小さいときから。そこはブラジル人が経営していて，そこの教会はブラジル人しかいないなかだったので。だから自然と。
>
> （F464-468）

　以上，インタビューの内容を3つの着眼点に沿って整理した。さらに，インタビューでは直接言及されずデータには出てこなかったが，対象者の家族の特徴として母国への一時帰国および日本国内での移動が少ない点を記しておく。学齢期に母国への帰国を経験しているのは2名のみ，転校経験があるのも同じ2名でいずれも1度だけであった。このような「親が職場を変えず移動しないこと」も，子どもに一貫した教育を与え，特定の地域や学校環境のなかで人間関係を築き深める一助になるという意味で，家庭が提供できる重要なサポートの一つであると考えられる。

6　総合的考察

　ここで，問題の背景を再度整理し，結果をもとに考察を述べる。外国籍児童生徒の問題の背景は大きく3つに分類できる。1つ目は，彼らの来日がデカセギという，本来は一時的滞在を目的としたものであるという点である。子ども自身だけでなく，受け入れる学校もデカセギ，つまり，"数年すれば母国へ帰国する生徒"として接することが，学校での指導に少なからず影響していると予想される。2つ目は，デカセギという国境を越えた移動により，母国にいれば享受できたはずの地域や学校，家族という組織からの豊富な資源を喪失してしまうという点である。そして3つ目は，学校現場の様々な場面で表面化する文化的差異により，周辺化のリスクが高まるという点である。

　以上の点は，家庭からのサポートが少ない，あるいは学校現場への不適応といった形で表れることが指摘されてきた。こうした背景が生む困難に直面する外国籍児童生徒のなかには，学校教育からのドロップ・アウトを余儀なくされてきた者も多い。しかし逆に，ドロップ・アウトすることなく高校を卒業した外国籍児童生徒はどのようにこれらの問題に向き合い，どう対処してきたのだろうか。この問いに答えるのが本稿の目的であった。

　結果として，子どもたちは何年経っても帰国の目途が立たない状況からデカセギであることを捉え直し，ホスト社会や家庭からのサポートを得つつ子どもたち自身が主体的に環境を再構築しながら，言語など自分の強みを生かした進路を選択していることが明らかになった。以下にさらに考察していく。

1　デカセギという「一時的回帰の家族の物語」の捉え直し

　まず，デカセギであることを外国籍児童生徒はどう受け止めていたのだろうか。彼らへのインタビューからは来日前と来日後とで，デカセギの持つ意味が変化していることがわかる。つまり，「一時的回帰の物語」であったはずが，すぐには帰国できないことへの気づきを経験し，日本滞在の意味づけに捉え直しを行っていたのである。

　本研究の対象者は，滞在の目的がもはや数年で帰国するデカセギではなくなっていることに気づいていた。ではどのような意味づけをしたのか。そもそも，この気づきはすぐに受け入れられたわけではない。当初は，デカセギであることを「いつか帰るのだから」という目の前の困難から逃げる言い訳として使っていたが，

次第にしばらく帰国しないことを前提とした目的意識や行動が選び取られるようになっていった。つまり，家族の状況を冷静に観察しながら，自分が日本に滞在している意味は何なのかを自問し，自分自身で日本滞在の意味づけをやり直す時期を経験していた。そして最後には，自ら日本で生きていくことを決める，または，見通しが立たないながらも当面は日本が自分が生きていく場所であると認識し，将来に向けて目の前の課題に向き合うといった選択をしていた。いわば，デカセギという文脈で語られる「一時的回帰の家族の物語」から，当面の日本での定住を見据え，自分の個性を育てながらも困難な日本の学校生活をどう生き抜くのかを模索する「自分の物語」としての捉え直しがなされていたのである。

2 家庭，学校，それぞれの役割

では，デカセギの捉え直しがなされてからは，どのように学校生活への適応を図ってきたのだろうか。目の前の困難に対して，家族に頼れること，頼れないことを子ども自身が認識しており，自分自身で乗り越えようと試みる，ホスト社会からのサポートを得ることで解決がなされていた。ここから見えてくるのは，学校と家族はそれぞれ異なる文化を背景とした資源を供給する場であり，それぞれが異なる役割を担って，いわば分業ともいえるような形で子どもの育ちを支える環境を提供していたということである。子どもたちは，まさにモザイク状になった様々なつながりから多様な資源を獲得し，自らを取り巻く環境を再構築していた。

先行研究で語られてきたように，日本の学校教育という枠のなかで家族の役割を見た場合，親は学校が期待するようなサポートを提供することが難しく，様々な状況が相まって結果として「無責任な親」という印象を形成しかねない。

ところが，学校から一歩離れたところでは，他の言語を習得する環境など，家族が豊かな資源を与える役割を果たしており，これが子どもたちにとって進路選択の際の重要な強みとなった。実際に，本研究の対象者の多くがその言語能力を認められ，大学卒業後はグローバルに事業を展開している日本企業や外資系企業に就職していた。親の世代が来日した頃に比べると，

世界は大きく多極化し産業構造も変化しており，そうしたなかで彼らはグローバルに活躍できる人材として成長していた。

さらに親は，転職等による国内での移動の数を抑えることや，休まず学校に通うよう促すなど強い情緒的サポートを提供することで子どもの意欲を支え，継続して学校へ通える安定的な環境を整えるという重要な役割も果たしていたといえる。

日系ブラジル人の教育や進路選択に関するこれまでの議論の多くは，親が子どもの進路を方向づけるという前提で親の教育戦略に注目してきた。しかし，本稿で浮かびあがってきたのは，進路選択に関して親からの具体的な助言を得て選択するというよりは，周囲からのサポートを得つつ自分自身で進学先や進路の方向性を選び取っていく子どもたちの姿であった。彼らは，文化的背景の違いにより資源の限られた環境そのものを再生産しながら，自律的そして主体的に発達のプロセスを辿っている。そしてこのことが，画一的な教育の枠を超えた多様なネットワークからの資源の獲得を可能にしたといえる。

3 学級と外国籍生徒をつなぐもの

日本の学校に通う外国籍生徒の場合，その異なる文化的背景が学習への困難さや学級集団との関わりにおいて不必要な劣等感につながるおそれがある。学習への意欲を維持し，学級集団のなかで同級生と継続的な関りをもつことが，周辺化されることを防ぎ，学級への定着につながるといえよう。本研究の対象者についても，学校生活の当初は，適応の困難さや同級生の間での孤立を感じていたといえる。しかし，担任教員の働きかけが，学習への意欲をつなぎ，また，行事等の学級活動から遠のくことを防ぎ，適応を促していた。

その教員の働きかけについては次のような傾向がみられた。学級集団との関わりにおいてはその一員になれるようなきっかけや役目を与える等の特別な配慮がみられた一方で，学習に対してはこうした特別な配慮はせず，むしろクラスの同級生と同じ指導を与えることが外国籍児童生徒の学校に対する前向きな態度や意欲につながっていた。

つまり，様々な困難により周辺化に陥りやすい外国

籍生徒と，学級での学習や学級集団とをつなぐアンカーのような役目を教員が担っていたといえる。同時に，外国籍生徒自身も学級集団と円滑に関わるためのソーシャルスキルや規範を獲得しており，こうした努力が学級集団とのつながりをより強固なものにしたといえる。

　また，周囲からの働きかけのみならず「人を頼らず自分で乗り越えようとする主体性」や「現状に抗おうとする意志」により，デカセギを自分の課題として向き合い，責任を他に転嫁することなく自分自身で解決しようと継続的に【困難への挑戦と達成】を繰り返していた。そして，困難へ直面しながらそれを乗り越えて得た達成感がさらなる困難への挑戦を可能にし，それを繰り返すことでゆるぎない確かな自信を積み上げていった。そのプロセスにおいては，安易に集団や社会の価値観に迎合せずに自助資源を開発し，そこから自分の個性や特性を伸長する方向性を見つけており，結果的には文化的背景の違いをむしろ自分の強みとして進路を選択し，日本社会での居場所を築き上げるに至ったといえる。

　加えて，学級での厳しい学習指導，社会的スキル獲得の機会を与えてくれる人物の存在，そして親からの情緒的なサポートが，学齢期の子どもたちが学校を諦めないよう意欲を支える重要な外部要因として機能したことも明らかになった。

　筆者がインタビューした，日本で義務教育を受けた後にブラジルへ帰国，現在は仕事をしながら大学で学ぶ日系人の一人は，日本での学校教育を評価し次のように語っていた。

　日本の学校では，小学校でも，色々とありますよね。人生に役立つことが学べます。生徒たちで分担して協力してやってるとか。学校の設備も，ブラジルではお金持ちが行く学校のような。ブラジルでも，日本で教育を受けた人とそうでない人は全然違う。マナーじゃないんですけど，規律。
　　（2012年2月6日サンパウロ市内でのインタビュー）

　日本の学校教育で得たことがブラジルでのキャリア形成に生きているというのである。これは，図1で示したモデル図のカテゴリの一つである『社会的スキルや規範の獲得』に当たり，インタビューでは「意味がわからないまま同じ行動をとる」掃除や学校行事等を通じて形成されたものであると語られた。つまり，ともすると同化圧力ともとられるような日本の学校ならではの慣習を，やらされているという感情を持ちながらも真似をすることで獲得した社会的スキルや規範を指している。日本の学校生活を生き抜くために身につけてきたものが，後々異なる文化の文脈でも強みとして生かせる，文化によらず移転可能な資本の獲得につながっていたといえよう。

4　おわりに

　外国籍児童生徒教育の教育は，これまで主に学校内に設置される日本語教室が担ってきたこともあり，学級の担任よりも日本語教室の教員がそのキーパーソンとなっていた。しかし，実際には子どもは学級に在籍しており，一般的にそこが居心地のよい場所にならない限り子どもは学校には根づかない。学校全体として外国籍児童生徒をどう受け入れていくのかという大枠の議論も必要であるが，同時に，ミクロな実践として外国籍児童生徒が学級へ適応するためにどのような支援が必要なのかについてより問題意識を持ち，議論がなされるべきではないだろうか。

　また，子どもたちを取り巻く社会状況が変化する今，日本の義務教育の何が強みとなり，何を変えなくてはならないのか，あらためて洗い出す時期にきているといえよう。その上で，外国籍児童生徒に限った対症療法的な対策を立てるのではなく，学校教育全体のなかで外国籍児童生徒への教科学習を担保するための包括的な施策立案が必要ではないだろうか。

　最後に，本稿の限界と課題を述べる。本稿のインタビュー対象者は高校進学をした事例に限っており，さらにインタビューはすべて日本語で行った。同様の方法で，高校進学しなかった事例や日本語が話せない事例も対象としてその結果を比較することで，本稿では見えてこなかった要因がさらに浮き彫りになるのではないだろうか。これについては今後の課題としたい。

引用文献

ブロンフェンブレンナー, U. (1996) 人間発達の生態学 (磯貝芳郎・福富護, 訳). 川島書店. (Bronfenbrenner, U. (1979) *The Ecology of Human Development: Experiments by Nature and Design*. MA: Harvard University Press.)

拝野寿美子 (2006) 在日ブラジル人青少年の「日本での単純労働」観——ブラジル人学校就学者の事例を中心に. 移民研究年報, No.12, 109–129.

イシ, アンジェロ (2008) デカセギ移民の表象——在日ブラジル人による文学および映像表現の実践から. トヨティズムを生きる (pp.88–98). せりか書房.

児島明 (2006) ニューカマーの子どもと学校文化——日系ブラジル人生徒の教育エスノグラフィー. 勁草書房.

児島明 (2010) ニューカマー青年の移行に関する研究——在日ブラジル人青年の「自立」をめぐる物語を手がかりに. 地域学論集 (鳥取大学地域学部紀要), 6, 283–297.

前山隆 (1982) ブラジルの日系人におけるアイデンティティーの変遷——特にストラテジーとの関連において. ラテンアメリカ研究, 4, 180–219.

箕浦康子 (1990) 文化のなかの子ども. 東京大学出版会.

能智正博 (2004) 理論的なサンプリング. 無藤隆・やまだようこ・南博文・麻生武・サトウタツヤ (編), 質的心理学——創造的に活用するコツ (pp.78–83). 新曜社.

能智正博 (2005) 質的研究の質と評価基準について. 東京女子大学心理学紀要, 1, 87–97.

岡村佳代 (2011a) ニューカマー中学生の困難対処におけるソーシャルサポートの活用——日系ブラジル人生徒のソーシャルサポートのリソースと機能を中心に. 人間文化創成科学叢, 14, 37–45.

岡村佳代 (2011b) ニューカマー生徒が経験する学校生活における困難とその対処行動——中学生と高校生の比較を中心に. 異文化間教育, No.34, 90–105.

佐藤千穂 (2005) 「外国人」の生成と位置付けのプロセス——A幼稚園での参与観察を事例として. 異文化間教育, No.21, 73–88.

志水宏吉・清水睦美 (2001) ニューカマーと教育——学校文化とエスニシティの葛藤をめぐって, 明石書店.

竹山典子・葛西真記子 (2007) 日本の公立小学校における外国人児童への心理的支援——取り出し指導と学級における支援からの一考察. カウンセリング研究, 40, 324–334.

田中ネリ (2004) 特定課題研究 在日ラテンアメリカ人の子ども——その背景と支援 (特集異文化間カウンセ

リングの今日的課題). 異文化間教育, No.20, 29–39.

恒吉僚子 (1996) 多文化共存時代の日本の学校文化. 堀尾輝久・奥平康照・田中孝彦・佐貫浩・汐見稔幸・太田政男・横湯園子・須藤敏昭・久冨善之・浦野東洋一 (編), 学校文化という磁場 (講座学校6) (pp.215–240). 柏書房.

趙衛国 (2006) ニューカマー生徒の学校適応に関する研究——2人の在日中国人高校生の事例を通して. 質的心理学研究, No.5, 235–254.

(2013.5.8受稿, 2017.4.25受理)

民芸・民具の作り手のライフ・ストーリー研究
——高知県芸西村の竹の子笠を事例として

中川善典　高知工科大学経済・マネジメント学群
NAKAGAWA Yoshinori　School of Economics & Management, Kochi University of Technology

桑名あすか　（株）オサシ・テクノス
KUWANA Asuka　Osasi Technos Inc.

要約
本研究は,民芸論や民具学において殆ど着目されてこなかった,民芸／民具の作り手の人生に注目した質的研究である。具体的にはまず,準備的検討として,対象物をほぼ共有する一方,殆ど交わることなく発展してきた民芸論と民具学においてそれぞれ中心的な役割を果たした柳宗悦と宮本常一とに注目し,両者に共通する作り手像として「社会から軽視された作り手」「使い手と信頼で結ばれた作り手」「集団的な力に導かれた作り手」の3つを抽出した。次いで,高知県芸西村に古くから伝わる民芸／民具の唯一の伝承者である宮崎直子氏が笠製作に見出している意味を解明するためのライフ・ストーリー・インタビューを行った。彼女は高齢であり,後継者がいないため,この笠製作の技術は消えつつある。このインタビューにより,作り手に関する上記の三側面は確かに彼女にとっての笠製作の意味を理解する上で重要なテーマになっていることが分かった。また,それらが互いに関連し合う構造が明らかになった。最後に,消えつつある民俗文化財の保存に際して,作り手のライフ・ストーリーとともにそれを後世に残す意義について検討した。

キーワード
ライフ・ストーリー,民芸,民具

Title
A Life-Story Study of a Folk Handicrafter: A Case Study in Geisei Village, Kochi Prefecture, Japan

Abstract
This qualitative study on crafters' lives, which have attracted little attention in the literature of Mingei (folk art) and Mingu (articles of everyday use), used a twofold process for its investigation. In the first and preliminary step, the study focused on Muneyoshi Yanagi and Tsuneichi Miyamoto, two central figures in these fields, respectively, and identified three aspects of crafters' lives that they commonly referred to: (i) being neglected by society, (ii) being connected with customers with mutual trust, and (iii) being guided by collective forces. Then, a life story interview was conducted with the traditional bamboo crafter Naoko Miyazaki. From this, there were two major findings. First, the three aspects listed above were indeed major themes in her life story. Second, she described how these aspects were associated with one another. Implications for conserving traditional cultural properties were also discussed.

Key words
life story, Mingei, Mingu

はじめに

　民芸とは民衆的工芸，すなわち，民衆が日常的に衣食住の用に供する工芸品であり，柳宗悦（1889–1961）が中心となって造った用語である。美術品にはないような素朴な美に柳らが新たな価値を見出し，それらの収集・保存・普及啓発等に取り組んだ運動は民藝運動と称され，1920年代以降，わが国において大きな広がりを見せ，今日に至っている。

　柳が戦時中に著し，戦後に出版された『手仕事の日本』は，柳が日本全国をくまなく歩き，自ら美を見出した各地の民芸を概説したものである。戦争や戦争後の混乱，その後の高度成長に伴う社会の変貌によって消滅した民芸も多く，熊倉（1985）は「結果としては，本書は，滅びていった手仕事の遺書になってしまった」（p.276）と述べている。

　柳は同書で高知県に関し，「高知や御免の金物」「世に聞こえている土佐紙」「能茶山の焼き物」に触れた後，次のように書いている。

> 　南の暖かい国でありますから，竹が生い茂るのは申すまでもありません。そのため竹細工の技にも見るべきものがあります。海辺でありますから釣りで用いるビク[1]などにも美しい出来のものを見かけます。竹細工の一つで「竹の子笠」と呼ばれているものがあります。お百姓や車夫たちが用いている普通のものでありますが，仕事が大変丁寧な上に，特に形の品がよく，さながら公家衆が用いたものではないかとさえ見間違えるほどであります。そのまま能役者が用いたとて相応しいでありましょう。こういうものを誰も不断に用いるとは有難いことではありませんか。
>
> 　　　　　　　　　　　　　　　　（p.211）[2]

　本論文では，高知県安芸郡芸西村において，唯一人の「竹の子笠」伝承者である宮崎直子氏を対象としたライフ・ストーリー研究を行った。

先行研究の中での位置づけ

　「民芸」とは別に，渋沢敬三（1896–1963）による「民具」という造語がある。彼の影響を受け，民俗学と独立した民具学の分野を確立した宮本常一（1907–1981）は，「一般民衆が生活をたてていくうえに必要な生産，生活，信仰などの用具を含めた，自製であるか，または使用者の意思を体してつくった用具を民具と考えたい」（p.24）と述べた（宮本，1965）。一方，柳は，民芸品に「一番近い言葉は『雑器』という二文字です」（柳，1941，p.21）と述べ，また雑器とは「一般の民衆が用いる雑具」であるから「民具と呼んでもいい」（柳，1926，p.81）とも述べており，「民芸」と「民具」の近接性が伺える。実際，竹の子笠は両方の定義を満たす。

　こうした近接性にも関わらず，柳が創始した民藝運動（その全体像は辛（2002）参照）や柳に関する民芸論（その全体像は中見（2013）参照）と，民俗学・民具学とは，今日まで殆ど独立に発展してきた。この謎の解明は濱田（2003）が試みており，その詳細は省く。むしろ，本論文が注目するのは，柳と宮本との間の類似性である。宮本（1976）が，民芸に与する人々を「わざわい」「もう処置なし」（p.344）とまで評した半面，民具／民芸の作り手に対する見方について，両者には3つの深い類似性がある。

　第一は「社会から軽視された作り手」という側面である。柳によれば，それ以前の人たちは個人作家による美術品が歴史に名を残すことを許す一方，民衆の手によるものは「あまり普通でもあり安ものであった」から，「とりわけそこに美を見ようとはしなかった」（柳，1941，p.50）。その上，柳は民芸に含まれる美は「あの凡庸と蔑まれる民衆への限りない肯定を語ってくれ」るとまで述べている（同書，p.61）。一方の宮本も，1966年当時，民具の底にひそむ民衆の文化開明の鍵の一つとして，民具の収集・保存が盛んになってきたことを歓迎しつつ「だが，渋沢先生がこうしたものを手がけられてからもう四五年もたっている。身近なものに人はなかなか眼を向けないもので，珍しくなったころにやっと眼を向ける」と述べている（宮本，

1966, p.20)。こうした批判の矛先は，民具研究を「蔑視」する少なからぬ民俗学徒にまで向けられている（宮本，1972a, p.193）。

第二は「使い手と信頼で結ばれた作り手」という側面である。柳は，民芸品を粗製乱造された儲けるための商品と対比し，「信用は彼等の商業的道徳だったのです」と述べ，その誠実さが実用性を兼ね備えた健全な美の源泉だと論じている（柳，1941, p.79）。一方，宮本は，注文者の気に入るように作られる民具には「人間の愛情が強く含まれていた」（宮本，1965, p.22）と述べている。そして，こうした民具を，人目をうばって購買心をそそる今日のような家庭用民具と対比させながら，「健実でしかも血の通った器具」（同書，p.23）と評した。さらに，神社の年の市で客から注文を受けた村外からの金物屋が，翌年の市にその客への鍋釜を持参するといったことが明治の終わり頃まではあったことを紹介し，「そこには実に深いお互いの信頼があった」と述べている（同書，p.23）。

第三は「集団的な力に導かれた作り手」という側面である。柳は，無銘の作に自身の心が引かれるのは「そこに一個性[3]よりさらに大きな衆生[4]の美があるから」（柳，1941, p.81）であると述べ，これを単一の作者の個性が表示されているだけの作品と対比している。柳は一つの民芸の背後に「結合せられた人間」（柳，1941, p.80）を見出し，それは個人の力よりも遥かに大きな力を持つと考えている。一方，宮本は，民具に関し，「それらを作り使用した人の意志にたちかえり，さらにその中から個人をこえた集団の意志を見つけ」られると論じている（宮本，1977, p.277）。

このように，柳と宮本の考えには深い類似性が見出されるが，管見の限り，このような指摘をした論考は殆どない。柳と柳田國男とを対比させる論考は散見されるものの（たとえば前田，2013），民具研究の意義への無理解に関する宮本の批判の矛先が柳田國男にまで向けられている（宮本，1971）ことを考慮すれば，柳と比較するべき相手は宮本であろう。

ここで問いが生じる。仮に柳と宮本とが独立に見出した民芸／民具の作り手像が妥当なものだったとして，作り手自身はこれら三側面を自分の人生の中にどう位置づけて生きているのだろうか。作り手の語りに基づいてこの問いへの答えを得ることは，柳と宮本とが共通して提示した「作り手」像に内実を与えることを意味する。しかし，管見の限り，民芸論においても，民具学においても，作り手の語りに基づいた研究は殆ど見当たらない。そこで本論文はライフ・ストーリー研究を通じて

① 「上記の三側面は民芸／民具の作り手自身の人生において重要なテーマになっているか」

② 「もしそうである場合，三側面はどのように関連し合っているか」

の2点を明らかにする。本論文は，柳と宮本のどちらに関心を持つ研究者や運動家にも，示唆を与えるものである。

民具学が民具の作り手自体を探求対象としなかったことは，次のように説明できる。民具学以前の民俗学調査は「古老からの聞き書きにとどまることが多」く，「数字になりにく」かった（宮本，1972a, p.195）。従って「物そのものをして語らしめる」（宮本，1972b, p.59）ための民具学が必要だった。宮本（1972a）は青梅の農家で民具調査をした際，不要になった糸車，座繰糸取器，糸枠を数多く譲り受けたが，一つとして同じものがなく，「一つ一つに工夫のあとが見られて，順序よくならべてみると，道具が機械にかわってゆく過程が実によくわかる」（p.221）と記している。これが「物そのものをして語らしめる」ことである。宮本にとってその先にある民具学の究極目的は「人間がどう努力してきたか」（宮本，1976, p.335），「文化が進むとはどういうことなのか」（宮本，1973, p.91）という問いに答えることだった。この姿勢はその後の数十年の民具学の成果をまとめた香月・野本（2003）にも表れている。だからこそ，多様な種類のデータ活用を許容する質的研究には民具学を補完する役割がある。

対象事例の概要

高知県安芸郡芸西村（げいせい）は高知県西部の海岸沿いに位置する人口約4千人の村である。施設園芸が盛んな農業先進地で，ナス，ピーマン，花卉などが主要産物だが，それ以前は漁業に携わる家も多かった。

この村の和食（わじき）地区だけに伝わる竹の子笠は，地元で

図1 竹の子笠（左：全景, 中：近景, 右：裏側）

採れる真竹・淡竹・土用竹の3種類から作られ，頭に被って雨よけ，日よけをするための生活必需品とされていた。坂本龍馬も脱藩時にこれを用いたとされ，それに因んで「脱藩笠」と呼ばれることもある。このことは，江戸から明治にかけて，この笠が広範囲に流通していたことを示唆する。また，この笠は「饅頭笠」とも呼ばれるが，それはこの笠の饅頭のような滑らかな形状に因む。だからこそ笠製作には一層高度な技術が要求される。

かつて120軒程度の家が農漁業の副業として笠生産をしていたが，戦後はビニル笠の普及に伴い生産者が激減し，宮崎直子氏の父・久六氏が唯一の生産者となった。その後，1950年代後半から70年代にかけての民芸ブーム期（鹿野, 1995）に，民芸品として評価が高まった。わが国には，柳宗悦の流れを汲む日本民藝協会と，1959年に分離独立した三宅忠一の流れを汲む日本民芸協団の2組織がある。宮崎久六・直子両氏は発足当初から協団の会員である。当時，笠作りに携わらない直子氏が会員になったのは，対外的活動に気の進まぬ久六氏を支援するためだった。

久六氏の死去によって竹の子笠の生産は途切れたが，芸西村が村内の伝統技術を保存するための場として伝承館を開設するのに伴い，娘の宮崎直子氏が幼少期からの記憶を頼りに，母・利子氏の助けも借りて56歳の時に技術を一応再現し，現在に至る。利子氏は，久六氏の存命中，補助的な作業によって久六氏を手伝っており，また久六氏の死後は単独で笠製作をした時期もあった。道具にこだわる鮎釣りの中に久六氏の笠の愛用者がおり，「鮎釣りさんが絶対欲しいって注文に来」ていたからである。こうした愛用者の中には，直子氏の代になった今も，宮崎家の笠を購入する人もいる。伝承館は，笠に加えて，季節によっては黒糖と木炭作りを行う場もそれぞれ提供している。平成24年1月に高知新聞で大々的に直子氏を取り上げた記事が掲載され，その読者反響がきっかけとなって，直子氏は伝承館で定期的に笠作りの体験教室を開始した。ただ，彼女に後継者はいない。インタビュー開始時の年齢は80歳だった。直子氏は，舞踊の先生や地域の祭りの主催者など各方面からの注文を受けて，同館にて笠を製作・販売している。納品を受けたお客たちから届いたお礼の手紙や写真を，直子氏は大切に保管している。

直子氏が製作した竹の子笠の写真を図1に示す。左図は笠の全景だが，直径は46センチである。笠の縁を正確な円形にして笠全体の歪みを防ぐ必要があるが，それは直子氏にとって難しい。円形に作っても，時間と共に歪みが生じるからである。また，滑らかな三次元局面をいつも同じ形状にすることも，直子氏には難しい。中央図には，竹の籤（細く割って削ったもの）の骨格に竹の皮を固定するための糸縫いによってできた縫い目の幾つかが，斜めの直線上に乗っている様子が写っている。かつての竹の子笠の製作者の中には，この直線が笠の頂点に収束するような美しい縫い目を生み出す人もいたが，直子氏にはそれはできない。その美しさと強度とが二律背反だからである。右図には，笠の裏側が写されている。裏地には布があてられ，上記の竹の皮と一緒に糸で縫われ，骨格に固定されている。

方法

1 データ収集

　直子氏には①我々は直子氏がどのような思いで竹の子笠の製作を続けているのかに関心があることと，②笠製作とは一見して無関係な幼少期以降のあらゆるエピソードがその理解の手がかりになると期待している旨を伝え，インタビューを行った。語りを促すための聞き手の発言方針は，データ分析方針と不可分であるため，次項で触れる。場所は芸西村伝承館である。直子氏が聞き手らのために囲炉裏できび餅を焼いてくれるなど，温かい雰囲気の中で8回のインタビューは実施された。音声は録音し，書き起こした。なお，第一筆者は8回全てに同席し，第二筆者は1〜6回に同席した。また，第二著者はインタビュー開始に先立ち，約半年間にわたって伝承館に通い，体験教室を見学した。

2 分析方法

　分析ではアガーとホッブス（Agar & Hobbs, 1982）の形式一貫性理論（formal coherence theory）を参照した。彼らは語りの中に見出される一貫性（coherence）を3タイプに分類し，それらに着目することで言説の構造を分析する枠組みを提案した。それらは（i）大局的一貫性（global coherence），（ii）局所的一貫性（local coherence），（iii）テーマ一貫性（themal coherence）である。（i）（ii）は，話者がある発言に続いてなぜ特定の発言をしたのかを説明する際に役立つような一貫性である。具体的には，（i）は，対象者がインタビューで達成しようとする会話上のゴールを念頭に置いた時に，連続する発言の間に見出される一貫性である。一方，（ii）は，2つの発言の間に時間順序関係，因果関係，一方が他方の説明になっているような関係等が認められる場合に見出される一貫性である。タイプ（iii）は，語り全体を通じて繰り返し現れるテーマにより，異なる発言間が結びつく際に見出される一貫性である。

　本論文はこの方法論を独特の方法で活用する。本研究では，インタビューにおける直子氏の発言において，アガーとホッブス（Agar & Hobbs, 1982）が言うところの一貫性が破綻していると思われる箇所，もしくは一貫性が保たれていることを確認するに足る根拠が十分出揃っていないと思われる箇所を「疑問点」と定義する。こうしてインタビュー中の彼女の行動を一貫的に説明する原理が特定できる。その原理が存在し，しかも彼女がこれまでの人生の中で既述の三側面を有してきたという仮説をより深く理解する上で，インタビューに基づいて特定されたその原理を利用できるという前提を，本研究は有している。

　具体的には次のいずれかにより疑問点の特定と解消とを行った：（a）インタビューの場で特定しその場で解決のための質問を行う，（b）ある回のインタビュー終了後に特定し，次の回のインタビューで解決のための質問を行う，（c）一連のインタビュー終了後に特定し，全データに基づき解決を試みる。ただし（a）（b）で研究対象者から一応の回答が得られても，（c）と同様の手順を踏んで説得的な答えを導出しなおしたため，これらの分類は曖昧である。

　近年，ライフ・ストーリーの「内的一貫性」（桜井，2002）を重んじて非一貫性を一貫性に置き換えようとする衝動が，逆に対象者に対する理解を遠ざけてしまうという議論もある（倉石，2015）。本論文も，仮に一貫性によって説明しきれない対象者の語りが残った場合，それは語り手の人生の豊かさの反映だという前提を共有する。しかし，その豊かさは「非一貫性を一貫性に置き換えようとする衝動」があってこそ感じ取れるものであり，あくまでも一貫的な解釈を目指すのが本論文の立場である。

表1　インタビュー実施日時

第1回目	2014年7月29日	（約116分）
第2回目	2014年9月16日	（約123分）
第3回目	2014年10月21日	（約121分）
第4回目	2014年12月2日	（約126分）
第5回目	2014年12月22日	（約109分）
第6回目	2015年2月16日	（約105分）
第7回目	2016年3月11日	（約138分）
第8回目	2016年8月2日	（約90分）

3 論文執筆方針

　第一に，本論文は，語りの中から疑問点が特定され，それが解消される過程を明示化する執筆方法を採用したが，それは疑問点の特定と解消の作業が最も洞察力を要する重要な作業だったからである。第二に，調査対象者の語りの直接引用箇所の選定にあたっては，これら2つの作業に直接関係する部分を優先した。選定された直接引用部分に現れる「聞き手」は全て第一筆者のことである。第三に，上述の通り，疑問点特定の3つのタイミング（a）（b）（c）の区別が曖昧であるため，疑問点の生成は執筆時点でなされたかのような時制を統一的に採用し執筆した。第四に，本論文には直子氏が語った過去の出来事や，その時に彼女が下した評価を，著者が要約し記載した箇所がある。出来事の史実としての真実性は彼女の記憶等に依存することを，評価については彼女が当時有していた視点を理解するために掲載したことを付記しておく。

結果

---

1 宮崎直子氏のライフ・ストーリーに関する疑問点の発見

　直子氏は平成元年，55歳の時，12年前に亡くなった父・久六氏の後を継ぎ，竹の子笠作りを開始した。父の生前に，笠を継ぐ考えは一切なかったため，直接的に父から笠の製作技術を教わったことは殆どない。しかし，村が伝承館を開設することになり，竹の子笠を継承できる可能性のある唯一の存在だった直子氏に白羽の矢が立った。父は既に亡く，また馴染みの客からの注文に応じるために細々とその父を継いで笠を作ってきた母も高齢だったため，直子氏は技術の習得に自信を持てずに村の要請に躊躇したものの，数ヶ月の猶予期間を得て笠作りを練習し，平成元年に伝承館での笠製作を開始した。以降，彼女の活動はマスメディアにしばしば取り上げられるようになった。直子氏は調査開始当時80歳であり，笠を作り始めて25年が経つ

が，父の腕前には遠く及ばない。父の笠を100点満点とすると，自身の笠は40点くらいだという。特に，竹籤で笠の骨格を正確に作ることが難しい。

> 《1》こんな（竹籤を）曲げるのもコツがあると思うんですよね。全然習ってないから，私も自己流やから，一つも綺麗にならんがですよ。（中略）それぞれね，皆ね，（同じ村内でも家毎に）コツがあるんですよ。家によって形が違う，（中略）ちょっとここが低かったり，もっと浅かったり，色々あるんですよ。ほんで私が，ある日，テレビを見たところが，石坂浩二の水戸黄門が被ってたから「あ，あれはうちの格好だ」と思うたがですよ。ほんで調べにいって，京都まで。ほんなら，やっぱりうちの（父が作った笠だった）がやったがですよね。
>
> （第1回インタビューより）

　また，先代の技術に達しているかという質問に，次のように答えた。

> 《2》なかなか。なかなかできんと思うよ，誰がしたって。（聞き手：じゃあそこに達するのが今の目標ですか？）うふ（笑）目標もないよ，この年になったら。　　　　　　　　　　　　　　（第1回）

　このように，宮崎氏は自身の技術が未熟だと自覚している上，後継者も見つけていないため，技術の保存は難しい状況である。実際，教室に通う生徒たちに対する指導は，生徒たちが後継者となることを想定したものではない。この技術を残したいかという，聞き手の質問に対する直子氏の答えは，次のようなものだった[5]。

> 《3》技術は残さいでもね，残らなくても，芸西村の和食地区に昔からこういうものがあったということだけは残しちょいてもらいたいと思って。（その話は）村長に話しちょかないかんと，思いよります。　　　　　　　　　　　　　　（第1回）

　本来の願望である技術保存が困難であるために次善策として《3》のような願望を持っているのであれば，両願望の間に順序関係が見出され，発言《3》内で局

所的一貫性が維持されていると見なせる。よって疑問は生じない。しかし，直子氏が後者の願望に，前者とは独立した重要性を見出しているとすれば，技術の伝承を目的とする伝承館に身を置く彼女がそのような願望を聞き手に語った意図が自明でなく，局所的，大局的一貫性が見出されない。そこで次の疑問点を設定する。

《Q1》技術自体ではなく，技術が存在した事実を後世に伝えたいと考えているとすれば，それはなぜか。

これを理解するべく収集した直子氏のライフ・ストーリーを以下に示す。

父と母

宮崎直子氏の父・久六氏は明治36年に生まれた。先祖に久七氏という人がいたことに因んだ名前だったが，直子氏は落語に出てくるようなこの変わった名前が恥ずかしくて仕方なかった。久六氏は結婚前の17歳の時から，親戚に習って竹の子笠の製作を開始した。20歳で徴兵検査を受けに行き，しばらく家を不在にすることになったが，その際妹たちに対し，自分が戻るまで絶対に開けぬよう告げた箱があった。そして，兄弟たちがその中に見つけたのが，竹の子笠製作のための小道具6点だった。この箱と道具6点とは，直子氏が今も大切に保管している。

宮崎直子氏の母・利子氏は父・久六氏に嫁入りし，それと同時に竹の子笠の製作の一部の工程を手伝うようになった。二人は漁業と農業で生計を立てる他，現金収入のための副業として，竹の子笠の製作を行っていた。当時，和食地区の貧しい世帯では現金収入のために必要に迫られて竹の子笠を作ることが多く，現在のように民芸品の保存の機運を背景として作り手が高い社会的評価を受けるようなことは全くなかったという。当時の母・利子氏の思いを，直子氏は次のように聞いていた。

> 《4》この芸西村でもこの和食地区というところだけしか（笠の製作を）してなかったのでね。ほんで，母はこんなことするのがね，恥ずかしかったそうですよ。
> （第1回）

このような父と母の間に，昭和9年に生まれたのが直子氏だった。7歳上に姉が一人いる。幼少期の直子氏は，大好きな母・利子氏が居なければすぐ泣き出す有様だった。

また，小学校1年の運動会の徒競走では，母親の姿ばかりを見て，走ろうとしなかった。このような母への愛着は，父・久六氏が「いごっそう」（頑固一徹を意味する土佐弁）で厳格だったこととも関係していた。

> 《5》うちの父は真っ直ぐな人間でしたから，恥ずかしかった。あんまり，いごっそうやったから，父が嫌いでした。ほんでね，母がね，うんとカバーしてくれましたね。例えばね，百姓もしてたから，近所のおじさんやおばさんが「鍬ないかえ？ ちょっと鍬貸して」って来るんですよね。ほんで貸すは良いと。けんどね，すっと返してこん人（が）おるじゃないですか。ほいでね，返してきてなかって，今度父が使う時に鍬が無い言うて「いやあ，どっかのおじちゃんに貸した」言うたら，もう貸したもん（＝者）が叱られる。「貸すはいくらでも貸したらええけんど，すぐわしが使う時にわしの置いちょったく（＝置いておいた所）に無い」言うて。そういう父でした。
> （第2回）

しかし，父は時折温かい一面を見せたこともあったという。終戦直後のエピソードが直子氏の記憶に残っている。父のかつての奉公先の同僚に，戦争で片腕を失った人がいた。彼は焼け出されて生活が困窮し，久六氏を訪ねてきた。彼に対して久六氏は次のように対応した。

> 《6》うちも貸すお金が無いから，「ほんとに腰の肉でも分けちゃりたいばぁ（＝くらい）の気がしたけんど，そんなことはできんから」（と父が言って）お米を，うちも困ってるよね，お米らぁね，終戦後ね，3升ね，分けてあげたことを覚えてます。（中略）ほんでね，「犬も（中略）呼んでしっぽをふりゃ可愛いき（＝から）ね，人間も一緒じゃ」言うて。「頼ってきたらどこまででも力にはなる」言いよりました。（中略）（**聞き手：子どもながらに，どういう風に思ったんでしょうか？**）その時ね，終戦後でしたき（＝から）ね。「あー，うちが困らんかね」思うたね（笑）。ねえ，3升あげたらだいぶ食べ

れるじゃないですか，うちがね。うちも白いお米だけ食べるじゃなし，お麦を入れ，お芋を入れてね。ご飯炊きよったから。「また母が苦労するじゃないかな」思うたですよ。　　　　　　　　　（第5回）

さらに，次のようなエピソードもある

《7》（聞き手：お父様がどういう思いで厳しくしてるのか分からなかったと？）分からんかったですね。（沈黙4秒）けんどね，お酒飲んだら優しかった。よそのお父さんはお酒飲んだら厳しかった。ほんでね，自分がお酒飲んできたらね，何かお土産買うてきてくれよった。ほんでね，遠足の前の日はね，「お酒飲みに行きゃあ，ええわ」と，思いよったです。　　　　　　　　　　　　　　　（第5回）

　実際，直子氏の遠足の前夜にお酒を飲みに行った父が帰宅して，着物の懐からリンゴと柿を出し枕元へ置いてくれていたこともあったという。
　ここで疑問が生じる。幼少期に直子氏は，父親の厳格な側面と温かみにあふれる側面とを，統合的に理解できていなかったことが，上の引用箇所から明白である一方，現在では次のように述べている。

《8》もう一途なね，融通のきかん，ただ一途な人間。良いことにつけ悪いことにつけね，ものすごう，土佐のいごっそうってよく言うよね，融通のきかん人間。良いとなったらどこまででも良い，悪いとなったらもう一切ダメ。どんなに自分が，あのー，利益があることでも自分が気に入らざったらダメ。ほんとに一途な人間です。　（第1回）

　ただ，直子氏が父の二面性をなぜ，どこまで受容できたかは，未だ分かりにくい。そこで次の疑問点を設定する。これは，直子氏が父に対するテーマ一貫性を（どう）形成できたかに関する疑問点である。
《Q2》直子氏は後年，父親の二面性を（なぜ）受容できたのか？

幼少期の性格

　足が早かったことと，針運びが上手で小学校の先生から皆の前で褒められたこと以外に特段の特技もなく，自信の無かった直子氏は，小学校高学年の頃，同級生との関係が悪化しないように振る舞う内気な少女だった。そのような交友関係に変化が生じたのは，村内の小学校を卒業し，村外の高等女学校（今の学制では中学校に相当）に進んでからである。様々な地区から生徒が集まるこの学校で，新たな友達が得られた。その中の数人とは特に仲が良く，生涯の付き合いをすることとなった。

幼少期の笠との関わり

　直子氏は小学生の頃から，笠作りの手伝いをさせられており，笠に親しんではいた。例えば，笠作りの工程の中に，竹の籤で作った骨格に沿って竹の皮を張る作業があるが，そこで用いる皮が平らになるよう癖をつける作業は直子氏に任され，それが終わらなければ遊びに行けなかった。しかし，両親が笠作りに携わっていることを，直子氏は恥ずかしく思っていた。高等女学校に通っていた頃の次のようなエピソードがある。

《9》（恥ずかしいのは）よその人がしてないから。ほいで，（女学校の）遠足に，（学校から）住吉の海岸へ歩いて来るがですよね。そしたらもうね「何時頃ここ（＝直子氏の自宅）通るきね，裏に隠れちょってよ」言うてね，（直子氏が）両親に言いよったんですよ。ほんと国道沿いで両親が縁（側）へ座って（笠作りを）やりよったからね。「あれ何やりゆうが？」ばぁ（＝といった具合）に（同級生から）見られるから。　　　　　　（第1回）

洋裁家への道

　高等女学校での3年を終えた次の年度に学制が変わった。直子氏は新制の高等学校に進むか，その時点で学校生活を終えるかの選択を迫られた。父の助言は，学校の教師になるなら高校に進み，それが嫌ならミシンを買ってやるから洋裁を習いに行けというものだった。父が洋裁を選択肢の一つにしたのは，今後洋服が普及することを見越してのことだった。直子氏は自分の字が下手で，教師になってそれを生徒に見られるのが嫌だったため，洋裁の道に進むことにした。そして，給料なしの見習いで，村内の洋裁家の下で修行をする

こととなった。この女性は，東京の文化服装学院を出たハイカラな先生であった。女手一つで娘を育てることになる直子氏は，結果的にこの父の先見の明に助けられることとなった。洋裁家が安定して収入を得られる時代になっていったからである。

師匠である村内の洋裁家が高知市中心部に移転するのに伴い，直子氏もそこに移った。師匠が仕事場として借り上げたのは，風呂屋の二階の広い畳部屋だった。直子氏は，他の弟子たちと住み込みで作業し，腕を上げた。共同で炊事を行い，皆で営業後の風呂に入る生活は楽しかった。

洋裁家としての自立

高知市で約1年の見習いを終えた直子氏は19歳で芸西村に戻り，自宅でお客の注文を受け洋裁を続けた。その間，結婚し娘を一人もうけた。

> 《10》ちょっとした体操服とかね。昔は下着から縫いよったから，なんちゃあ（＝既製品は何にも）売ってなかったから。全然無かったから。おばあさんの着物を解いたりねえ，それ縫ったりね。（**聞き手：ご結婚は何歳で？**）結婚はね，あらが出るき（＝から）言われんけんどね，25，6やったかね。（中略）（それまでは）うちで縫ってたから。ほんでうちへ皆持ってきよったね。「縫うてください，いついつかまでに縫うてください」言うて。家に，皆頼みに来よった。 （第2回）

その後27歳の時，直子氏は隣町の衣料品で働き始めた。朝7時15分に芸西村内の駅を出ると，勤務先に着くのは8時頃である。同じ村に住むいとこも同じ店で働いており，一緒に通勤，帰宅していたため，繁忙期に21時の最終汽車で帰宅することがあっても，寂しくなかった。

> 《11》（店に着いたら）すぐ（2階の仕事場に）上がって。「おはようございます」言うたら，すっと仕事に向かって。（中略）縫うて1枚なんぼやから，縫い賃がね。ほんで少しでも上げようと思って，計算して「今月はこのくらいしか縫ってない」いうたら，「ああ，もう1枚スカート縫ったら，もう

> ちょっとなんぼに行き着くな」と思って，そんな勘定しますからね，結局。 （第4回）

自宅で客からの注文を受けていた頃は，お花見に行く予定の一人から服の注文が入ると，一緒に行く予定の何人かの仲間からも注文が入ることもあった。こうした繁忙期は夜なべで期日までに間に合わせた。直子氏の母・利子氏はその年代の女性のご多分に漏れず，和裁を得意としたが，直子氏はどんなに忙しくても母に手伝ってもらうことはしなかった。

> 《12》裏へ針目が出んように，まつり縫いというががありましたわ。それは（母が）「ちょっと手伝えるろうか」言うけんどね，させませんでした。手が違うからね。やり方がちょっと，引っ張り具合とか，針の運びが違うからね。（中略）私が嫌やったね。そんな，してもらうががね。（聞き手：なんで嫌だったんですかね？）いちがいなき（＝いちがいだから）。（聞き手：え？）「いちがい」分かります？　いごっそうやから。一徹やから。自分がこう縫いよって母がこうきてこうやったら嫌やからね。ほら，歪むわけじゃないですか，手が違って。 （第4回）

この引用箇所の最後の「いごっそう」は，直子氏が父の性格に言及する際に必ず用いる土佐弁の表現である。そのような表現を直子氏が自分自身に対して適用した理由について，直子氏は次のように語った。

> 《13》全部自分がせんと，妙に気が済まん性分でしたね。自分が預かった限りは。（中略）私，父があんまり好きやなかったからね，ほんでそんなにね，似いちゅう言われたって嫌でしたけんど。やっぱり私は母の方の，あれ（＝血筋）でしたね。（中略）けんどその悪いところよね，いちがいなという方は父に似てますね（笑）。（**聞き手：それは当時から思ってたことですか？　それとも今振り返るっていう感じなんですか？**）そうですね…今思うことですね。 （第4回）

ところで，直子氏が洋裁家として自立を始めたのは昭和30年代であり，その当時は着物に代わって洋服が急速に普及し始めていた。そのような時代背景の中で

洋裁に携わる意識とは，次のようなものだった。

《14》得意でしたね！　皆がほら，「あの人，直ちゃんに縫うてもろうたら，どこで（＝どこそこへ行って）格好良かった」，「どこやら行ったら，良いねっていうて言われた」やいうて，そんなん言うき（＝から）ね。割と得意でしたぞね。自慢することないけど。
（第5回）

ここで疑問が生じる。直子氏は19歳で洋裁を開始し，その後生計を立て，現在でも笠作りの傍らで洋裁を継続している。従って，洋裁家として約40年，民芸家として約25年の経歴があるが，直子氏が持つこれら2つの顔の間のテーマ一貫性に関係に関する疑問である。

《Q3》笠製作者かつ洋裁家である直子氏に一貫するものは何か？

地域の人たちとの関わり

直子氏は30代半ばの時，婦人会の会長に請われて婦人会に入った。それ以来，村民運動会の手伝いや交通安全週間における安全推進活動をはじめとして，様々なボランティアに積極的に関わっていくようになる。

交通安全週間のボランティアは，村内を貫く国道で黄色い旗を持って行うものであった。「直ちゃんに会いたかったら朝あの歩道橋の下へ行け」と言われるほどの取り組み様だった。直子氏は，朝自分に会って縁起が良かったと思ってもらえるように接することを心がけていたが，こうした他者への接し方の実践は，ボランティアに限った話ではない。

《15》朝ものすごう（国道の）交通量が多いですきね，こっちへ渡るの大変ですわ。（中略）ほんで押しボタンを押すでしょ，ほいたら青になるでしょ。ほんで私がこう行くでしょ。ほんで私は必ず車に止まってくれた人には「ありがとうございました」（と言い頭を下げる）ちゃんとそれはしてきます。（中略）（また，バス停留所でバスに乗る時は）私を止めるためウインカー出すでしょ，車。ほんだら必ず止まるより先に「お願いします」とうつむいちょいて乗ります。ほんで乗って「おはよ

うございます。お願いします」。それは必ず，それはもう自負します。そういう事は必ずします。（沈黙6秒）ほんでね，今はね，携帯（電話）があるからね，今の子供はそんなこと思いませんよね。約束事もね。携帯でやるから。ほんで私は明日の段取り，その次の段取りいうて段取りしますでしょ。ほんで，もうその段取りは（今の子供には）無いですよ。
（第5回）

この引用箇所中，6秒の沈黙以降，直子氏の孫の世代を念頭に置いた話題が展開されているが，その途中で話題が転換したことには注意を要する。直子氏はまず，今の子供たちは携帯電話があるから「そんなこと」を思わないと述べた上で（そこにどのような因果関係を直子氏が見出しているのかは分からないが），次いで「携帯電話」を媒介として仕事の段取りの話へと話題を転換させている。そこで両話題の間のlocalもしくは大局的一貫性を見出すために次の疑問点を設定する。

《Q4》他者への礼儀から段取りの話へと話題を転換させたのはなぜか？

このような婦人会活動に関わる背後には，次のような思いがあった。

《16》人と触れ合うのがうんと好きでしたわね。私はね。出会い，触れ合いを大事にしたかったですわね。
（第5回）

こうした思いは，直子氏の洋裁家としての経歴と密接に関係していた。

《17》まあ一応仕立てて，渡して，ほれでお金もらうから，一応，信用第一じゃないですか。それ（＝お客さんとの関係）は大事にしましたね。（沈黙5秒）一応お金をもらうから上手にせんといかんでしょ。それはうんとね，あれしてましたね。（中略）信用問題になったらね。ひとつ噂が立ったら田舎やき「あこ（＝あそこ）はいかん，あの人はいい」ということになるでしょ。ほんで，もうそりゃ私は，もう約束は絶対守る，時間は絶対守る，それはもうずーっと昔から。
（第5回）

このようなボランティアを通じての縁もあり，43歳で村の教育委員会の職員として特別採用され，その後8年間勤めることとなる。皆が臨時職員なのかと心配してくれたが，正職員としての雇用だった。

民芸家への道

直子氏は父の生前，笠作りを継ぐことに興味を全く示さなかったが，父もまた，直子氏をはじめ，誰かに自分の技術を伝えようとは思わなかった。国道沿いの自宅の縁側で仕事をしていた父・久六氏のもとに知り合いが立ち寄って二人が会話している最中に，父が語っていた内容が，直子氏の記憶に残っている。その内容を次のように語ってくれた。

《18》（当時，皆）もう内職で，しょうこと（＝仕方）無しに現金収入でやってたでしょ。ほんで，こんなものを人に伝えたってよね，食べていけんいうて。ほら，その時，もうちょっと土方[6]に行ったり，一日なんぼになるしねえ。そういう考え方やったみたいですよ。
（第1回）

父が亡くなったのは昭和52年，直子氏が43歳の時だった。その後，平成元年の芸西村伝承館の開設に伴い，村からの要請を受けて55歳で伝承館での笠製作を開始した。父の継承を全く考えていなかった直子氏は，母の助けも借りつつ独力で数ヶ月間練習し，伝承館開設にこぎつけた。その母は間もなく認知症を患い，平成15年に亡くなった。

子供の頃以来，自分の父親の竹の子笠作りを恥ずかしがってきた直子氏に変化が起こったのは，父の後を追って笠作りを開始してからである。

《19》今までね，（父が笠作りをしていたことに）何も感じんなった（＝感じていなかった）んですけど，まあ（父は）仕事やから，やりよらばぁに（＝やっているんだろう程度に）思いよったんですよね。けんど（父が）歳がいっても，こうやって（笠を）続けてやりゆう（＝やってきた）ということは，まあ「偉いな」と思って。ほんで私が一回ラジオかしらんでね，（中略）「『（父が）笠を作りゆうから恥ずかしい』と思うた，その自分の気持ちに

恥ずかしいと思いだした」いうてね，言ったんですよ。（中略）その，作るということより，今まで続けてきたということですわね。父がいごっそうで。
（第2回）

上記引用の最終部の言い換えにより，「偉い」の説明が的確になり局所的一貫性が高まると直子氏が考えた理由について，疑問点を設定する。

《Q5》「作るということより，今まで続けてきたということ」と言い換えたのはなぜか？

この芸西村伝承館では，竹の子笠に加えて，時期によっては黒糖と炭作りも行われている。直子氏の伝承館の名刺には「昔がこんなに温かい」というキャッチフレーズが印字されている。これは伝承館の設立時に村の教育委員会のスタッフだった敬愛する女性が考えてくれたものである。

《20》昔を思い出す，昔こんなん食べよったというその気持ちが，温かくなるんじゃないです？　今のこのさびだった世の中で。（沈黙5秒）（**聞き手：こんな世の中で，とはどういう意味ですか？**）すさんだ世の中。意味？　そんな難しいこと聞いたち（＝聞いたって）（笑）。
（第3回）

なお，上の引用箇所の「さびだった世の中」が具体的に何を意味するのかについて，直子氏は明言しなかったが，それに続く会話の中で言葉を選ぶように，大きなエンジン音を響かせてバイクに乗るいまどきの若者たちに言及する場面があった。さらに，次のように語る場面もあった。

《21》昔，（中略）皆ね，自分のことより先に周りのこと考えよった（＝考えていた）ですよね。
（第5回）

このように，直子氏は笠を温かいものと位置づけているが，その具体的意味について聞き手が質問したところ，答えは次の通りだった。

《22》さあね（沈黙5秒）。やっぱり，明治の時代から伝わってきてよね，ほのぼのとするもんを感じる言う方もありますけんど。伝統的なもんやから。私は，そんなにね，家族（＝娘・直子氏）はそんなにも思いませんよね（笑）。**（聞き手：生きるためのものだから？）**うん。　　　　　　　（第4回）

直子氏がここで《20》と反対の返答をした理由を理解するべく，笠の温かさとはどういうことかを質問した結果は次の通りだった。

《23》さあね，ちょっと難しいね。ただただ平々凡々と，「あー，うちが笠作りゆう（＝作っている）な」思う感じですき（＝から）ね。　（第4回）

このテーマ一貫性の破綻理由に関して，次の疑問点を設定する。

《Q6》直子氏はなぜ，笠が温かいという主張を否定したか？

直子氏は民芸家としての道を歩んだからこそ，父についてそれまでとは別の見方をするようになった。その時期について次のように述べた。

《24》（父が）死んでからやないろうか。死んで，ほんで，これ（＝笠作り）をほら，「これをよう続けよったなぁ」と思うから。戦前の仕事でしたからね。ほんで（笠製作者として）1人残ってたでしょ。それいごっそうやから，1人これしよったんですよね。それは「よう続けたなぁ」という感じですね。（中略）気短かのいごっそうの人がこんなにして，売りに行かんとでしょ。その人相手の仕事がねえ，ようやってきたことと思いますね，それは。注文が来て持っていくがですけんどね，商売ですき頭下げないかんがですよね。　　（第4回）

その後も民芸家の道を歩み，笠作り開始後7～8年経ってからは，日本民芸協団が年1回開催する全国大会に参加し，笠製作の実演も行った。

《25》これ，特別な（＝珍しい）もんやから，皆が声掛けてくれるんですわ。ほんで，しよい（やり易い）ですわ，ほら。それ（＝話しかけてくれる内容）に答えてたらいいから（笑）。高松で（大会を）した時ね，棟方志功さん。私，恥ずかしいけんど，そんな有名な人ということ知らんかったですよ（笑）。（中略）そしたらね，こうやって（＝笠に目を近づけて）見てね，（中略）「良いですね，これは良いですね，大事にして下さい」言うてね。
　　　　　　　　　　　　　　（第5回）

なお，こうした実演は，直子氏が笠作りを開始する以前にも父の代役で行ったこともあった。当時，骨格に竹皮と裏地の布とを縫い付けるだけなら，幼少期から父母の作業を傍らで見てきた直子氏には可能だった。

父と母との「再会」

全8回のうち，1，2回目のインタビューの間に，直子氏にとって大きな出逢いがあった。直子氏を撮影対象の一人としていたアマチュアカメラマンが，過去の写真を整理していたところ，竹の子笠らしきものが室戸・杉尾神社の太刀踊りで撮影した写真に写っていることが分かった。それを知らされた直子氏は，教室の生徒数名とともに，その神社を訪れて実物を確認し，それが父・久六氏の作品であることを確信した。

《26》そしたらものすごい，（父を）見直しました。私も「もっと頑張らないかん」と思いました。ものすごい綺麗でね。（中略）全部で12枚あってね，（中略）丸さが本当に型へ填めたみたいに皆綺麗になってましてね。同じ形で。（生徒たちも）皆びっくりしましてね，「来て良かったね」言うてくれまして。（中略）（饅頭笠という別名の通り）「本当に饅頭（の形）じゃね」ということで。（第2回）

しかも，その笠の一つを裏返したところ，もう一つの出逢いがあった。

《27》裏を見たらね，布のね，見覚えがあるんですよ。ほんで今だったら（裏地用に）端切れ買うて

きたりするけど, 昔そんなもの無かったからね。そしたら, 母のね, エプロンの模様が1つあったがですよ (笑)。大笑いしたがですよ。(中略)(**聞き手: それは嬉しいですね。**) そうですよね。(沈黙4秒) ほんとにね, 涙が出ました。12枚揃ってね。

(第2回)

別の回のインタビューでは, 直子氏は次のようにも語った。

《28》12枚ずらっと並べてくれたんですよ, お宮のお堂へね。もうそれは本当にホッとした気持ち, あったかい気持ち, 感激しましたね。(中略)(**聞き手: その時のホッとするっていうのは, どういう気持ちなんでしょうかね?**) まあ, 両親を尊敬するというたらオーバーなけどよね, そんな感じですね。「よく作ったもんじゃ」と思うてね。それこそ, その辺におるざっとした親なのに (笑)。(**聞き手: ざっとした親…**) ざっとした親。なんちゃあない普通の親なのにね, これだけは「よくこんなに作ったもんじゃ」と思ったね。ただの漁師の親でしたけどね。(**聞き手: ホッとしたってことは, 懐かしさを感じたっていうこと…**) まあ, それもありますね。(**聞き手: それだけではない? 逆に言うと。**) もう, なんか分かりません。本当涙が出そうになって。けんど, 人前やき, そんなにと思ってね。本当に誰も真似できないんですよ。(**聞き手: 尊敬と懐かしさといろんなものが混ざったんでしょうか?**) そうです, そうです。ひやっと思ったがですよね。(中略)(**聞き手: お父さんとお母さんに会えたみたいな, そんな感じですかね?**) そうですね。ずっと2人が縁で, 母がこっちで, 父がこっちで, 縁へ向かいおうて仕事してましたがね, そんな光景がさっと浮かびますね。

(第3回)

追いつけない父の背中

笠作りをはじめて25年が経つが, 笠の技術に関して自分は父・久六氏の足元にも及ばないと, 直子氏は自覚している。実際, 伝承館の直子氏の作業場には, 製作の途中段階で放棄された笠が幾つか放置されている。そのまま製作を続けていっても, 売り物になるような品質の笠にならないと分かった時点で, その笠に見切りをつけるからである。

《29》もういかんと思ったら (中略)(製作を) やめるきね。ほんでまあ, (中略) 平成元年から (笠製作を) やってるでしょ。もうなんぼも (廃棄のため) 焼きましたよ。綺麗にならんでね。材料ももったいないくらいね。(放棄された笠を指して) あれよりはもっとひどかったから, ほら, 仕上げてもどうせいかんと思うてね。(**聞き手: お父様が作ってた時は, そういう風に途中でもう諦めて, ということは?**) 無い無い, そんなことは無いですよ。

(第4回)

笠作りの道で, 父の背中が自分から遥か遠くにいると実感するたびに, 父から笠作りのことを直接教わっていればよかったという思いが生じる。

《30》(どうしても思ったようにできない時は)「おじいさん (=父・久六氏) これどうしても出来んが, どうしようね」言うて話しながらするがですよ (笑)。

(第6回)

しかし, 別の言い方をすれば, 直接父から手取り足取り教えを乞うたことがないにも関わらず, 水準はともかくとして何とか自分なりに笠作りを再現することができているということであり, それは直子氏にとって幸運かつ不思議なことであった。

《31》(父の笠作りを) 見て, これ「覚えろう (=覚えてやろう)」と思うて覚えんに (=覚えないのに), やっぱり「門前の小僧習わぬ経を読む」というが, まっこと, ちゃんとこうやって手を取って教えてもろうてないけど, やったらできるきね (=からね), 見たことをね。上手下手は別にしてね。あれ不思議やね。子どもの時から見ちゅうということは, その環境の中で育っちゅうということはね。(中略) 昔の人はよく言うちゅうがですよ。(**聞き手: ということは, なんかこう, 気付かないうちにお父様のものを見ていたという記憶がどっかに残ってて…**) そうです, 見ちゅうがですよね, 残ってますね。それはね, まことに人間という, それはもう「私」じゃなくて「人間」よね。人間はそういう環境でそういう風に育ったらね, ほんまにね,

全然習うてないけんどね。(**聞き手：それはその,そういうものがお父様に対する感謝という形で出てくるわけですね。**) そうですね, うん。そこで生まれた感謝ね。 　　　　　　　　(第6回)

ここで, 上記引用の最終部の言い換えによりなぜ, 局所的ないし大局的一貫性が高まると直子氏が考えたかについて疑問点を設定する。

《Q7》聞き手が使った「父に対する感謝」という表現を, 直子氏が「そこで生まれた感謝」に言い換えたのはなぜか？

2　発見された疑問点に対する考察

本節では, 発見された7つの疑問点の答えを検討してゆく。なお, 疑問点に付された番号とそれらが解決される順番とは必ずしも一致しない。

《Q2》直子氏は後年, 父親の二面性を（なぜ）受容できたのか？

この疑問点を検討するにあたり, 《5》に着目する。このエピソードでの父親の怒りの矛先は, 困っている近所の家に鍬を貸したことでなく, それが返されないことに向けられている。また, インタビューでこれと同様のエピソードを探索したところ, 次のものが得られた。

《32》いついつに, どっか行こうって, 女同士, 約束するんじゃないですか。そんなこと絶対駄目でした。父に「こうこうして, こうして, こうこう行くとするけど, かまん（＝構わない）？」って言うたら父が「おう, 行けや」と言うたら, もう夜が遅うなったち（＝なったって）どうなったち怒りませんけどね, そんなん勝手にしたらね, 「どこ行っちょった, 飯の用意をせんがか」って怒りよった。 　　　　　　　　(第4回)

このエピソードにおいてもやはり, 父は直子氏の母の外出を無下に否定したのではない。これらのエピソードから「最低限の礼儀の厳格な遵守」というテーマを抽出できる。このような父が《7》や《8》のエピ

ソードにおいて, 温かみをもって家族や他者に接することは, 矛盾ではない。他者を尊重し, 温かみを持って接するからこそ, 他者への礼儀を自ら厳格に遵守しようとするし, またそれを他者にも望むことは, 合理的だからである。それでも当時の直子氏はそれを理解できなかった。

その理由を説明する上で手がかりとなるのが, 幼少期から直子氏は父の久六という変わった名前が恥ずかしかった事実と, 当時, 竹の子笠の製作者もはや久六氏ただ一人になっていたことに対して恥ずかしさを感じていたという事実である。「人とは違う」ということに引け目を感じていたことは, 友達からの目を気にして人間関係に気を遣っていた小学校高学年の振る舞いとも整合する。しかし, 直子氏は大人になり, 笠作りの道に進むようになって, 自分の父が「人とは違う」ことに肯定的な意味を見出すようになっていった。それを端的に示すのが, 《24》の「（父は）1人これ（＝笠製作）しよったんですよね。それはよう続けたなぁという感じですね。」という発言である。また, 《13》に示されている通り, 自分が成長するにつれて, 比類ないほどい・ご・っ・そ・う・であることを理由に嫌っていたはずの父に自分が似ていると自覚したり, 他者から指摘を受けたりするようになった。こうして直子氏は「人と違う」父に肯定的意味を見出し, かつて父が厳格だったことを肯定的に再解釈することを通じ, 父の二面性の調和的な理解と受容とに至ったと考えられる。

《Q3》笠製作者かつ洋裁家である直子氏に一貫するものは何か？

直子氏は笠と洋裁とにそれぞれ長年携わってきており, 2つの側面の間にテーマ一貫性が存在することを期待するのは自然である。しかし, 直子氏は両者の共通性の有無に関する聞き手の質問を否定した。

《33》まあ, 同じ針使うてする（＝縫う）ことですけどね。(**聞き手：それだけでは無くて, 意識の面でも, 関係あるんじゃないかなという気がするんですけどね。**) あんまりそんなこと無いですね, 私は。
(第2回)

その一方, 笠と洋裁との相違点については, 様々なものが特定された。第一に, 縫い物にはオリジナルなデザインを追求する余地があるが, 笠作りにはそれがない。直子氏は, これを理由として, 縫い物のほうが好きであると明言する。第二の相違点は, 直子氏は笠の腕前の未熟さを自覚する一方, 洋裁の腕にはかなりの自信を持っていたという点である。

《34》もう洋裁は（お客が）取りに来て着せて, 「いや良かった」言うたらもう100点満点と思いますき, 自分で（笑）。(聞き手：相手の評価の前に, 自分自身で, これは大丈夫だっていうのは？) 思います。衣文（いもんか）掛けへ掛けてね, こうやって眺めるでしょ, できたらね。　　　　　　　　　　（第4回）

このように, 直子氏の持つ2つの側面を統合する概念は容易に見つからないが, 《34》の引用箇所が示唆するように, 笠も洋裁も注文を受けて製作を開始し, その成果品をお客に渡すという点では共通している。これを手がかりとして, 洋裁家として最も活発に活動していた時期のことを第5回目のインタビューにおいて掘り下げたところ, 洋裁をする傍ら婦人会に加入した時のことについて, 次の発言が得られた。

《35》(聞き手：どのような理由で婦人会に誘われたんですか？) 私が自由がきくから。ほれ, うちの（自宅でできる）仕事やから。勤めに行ったら自由がきかんじゃないですか。ほんで洋裁は自分の段取りひとつやから, 自由がきくからね, 誘ってくれました。　　　　　　　　　　　　　　（第5回）

すなわち, 自分自身が上手に段取りに責任を持ちさえすれば, 婦人会の仕事と洋裁の仕事との両立が可能であることを, 直子氏は述べている。さらに, 洋裁における段取りの重要さを次のようにも述べた。

《36》「いついつかまでにして」言うたら「いやごめん, できてない, 明日来て」って言うところあるじゃないですか。それは絶対言わんからね。

（第5回）

この段取りという概念は, 洋裁と笠作りとを繋ぐ候補となる。なぜなら, 笠作りも, 洋裁と同様に, 顧客があるからこそ成り立つからである。これを検証して《Q3》の解を得るために, 笠作りでも段取りが重要かを問うたところ, 直子氏の回答は次のようなものだった。

《37》そうですね。ほいでこの前もこれ（千葉県のあるお祭りで使うために注文を受けた笠を）送った時, 「11月の15日に使うから, 13日必着で来てください」言うて。その13日にやるが嫌ですきほら, もっと手前からやらんと。(中略) それができだったら（＝できなければ）もう断るよりしょうがない。(聞き手：仕事をする中で, 段取りが色々大切だということが分かったということを感じながら, されてきたと思うんですけど, その時にそれは自分のお父さんのおかげでそういうことが鍛えられてると…) そうですね, まあ。(聞き手：それを実感したのはいつ頃でしょうか？) それが, 今言うたように, ただそれが普通ですよね。けんどもう私たち（＝家族の者）にしたら, もうよその家と比べると, うんと厳しいように思えて, ねえ。ほんでよそも「あこ（＝あそこ）のおんちゃん（＝久六氏）は難しい」じゃ言うけど, 難しいこと無い, それが普通と思いますけど, 今で思うたら。そん時はねえ, まあ高校（生）やねえ。　　（第5回）

こうしてようやく《Q3》が解決した。以上から分かったのは次の事である。《Q2》の分析で示した通り, 直子氏は幼少期以降, 長い時間をかけ, 厳格さの点で他所の父親とは違う久六氏に対する見方を肯定的なものへの転換させたが, それと呼応し, 相手に対し当たり前の礼儀を当たり前に遵守することの重要性を強く意識するようになった。そして洋裁にも笠製作にも「人として当たり前のことを実践する場」というテーマを見出し, 顧客のことを考えて段取りを立てていると考えられる。

《Q4》 他者への礼儀から段取りの話へと話題を転換させたのはなぜか？

これは《Q3》に対する分析により既に解消した。直子氏にとって段取りとは単に自身のタイムマネジメントの概念ではなく，他者への接し方というテーマに関連する概念でもある。よって，礼儀の話の直後にそれに言及することは，局所的一貫性の観点からは矛盾に見えても，同一のテーマの議論をさらに掘り下げるという語り手の意図に基づくと考えられ，大局的一貫性の観点からは矛盾が生じない。

《Q5》「作るということより，今まで続けてきたということ」と言い換えたのはなぜか？

これは，《19》で父を「偉い」と評した理由を確認し，局所的一貫性を確認するために設定した疑問点である。聞き手は「作るのを続けてきたということに対して？」と問い，さらなる発言を促した。

> 《38》対してね，偉いと思いますけんどね。（中略）うちの父は，売ろうと売れまいと，自分が作って自分が売りに行きよったから，なんちゃあそんな関係無い（＝社会的評価が上がろうが関係ない）がですけんど（中略）。けんど皆さんがほら，そういう父を評価して下さったり。ということはね，高知にね，日本民芸協団高知支部というのがあって，（中略）その人がものすごい力入れてくれたがです。それからその民芸協団（の本部）のね，三宅先生いう先生（注：協団設立者の三宅忠一）が全国へ広めてくれました（中略）。そんなことから（父が）周囲から評価をされ出してですね。（第2回）

ここで直子氏が述べている父・久六氏に対する社会的評価の向上は，1950年代後半から70年代にかけての，民芸ブーム期の出来事である。ここから分かるように，直子氏は父が長年笠を作り続けたことを尊敬対象とはしていない。《4》の直前で述べたように，そのブーム期が到来するまで，笠作りは経済的に貧しい世帯が携わってきた副業という社会的意味づけしかなされていなかった。そのように，誰からも笠作りが評価されない時代にあっても，下げたくないであろう頭を下げ，笠作りにこだわり続けた執念を，尊敬対象としている。

直子氏は父に社会的評価の高低に影響されない強さを見出していると言える。こうして《Q5》は解決できる。

《Q6》 直子氏はなぜ,笠が温かいという主張を否定したか？

笠は，伝承館で製作されるほかのもの（炭・黒糖）と同様に，昔を思い出させ，人をほのぼのとした気持ちにさせる。それが直子氏の理解であることは《27》における4秒の沈黙の後の「ほんとにね，涙が出ました」という発言から推測できる。それにも関わらず，日を改めてのインタビューでは，直子氏はそのことを否定しており，その意味ではテーマ一貫性が破綻している。この疑問点を解決する手がかりは《23》における「ただただ平々凡々と」作っているだけだという自制的な発言である。直子氏の活動は社会的に評価を受けているが，「幼少期の性格」の項で述べたような性格を持つ直子氏が自分を謙遜するために，「昔が温かい」という肯定的なキャッチフレーズによって自身が表現されることを拒否して見せたと考えることは可能である。

ただ，《Q5》に対する分析結果も踏まえれば，より踏み込んだ解釈も可能である。竹の子笠は元来，貧しい漁師たちの生活を支える現金収入源としか位置づけられていなかった。戦後，笠が廃れて現金収入源という位置づけが失われ，しかも笠がまだ民芸品としての社会的評価を受けていなかった時代があったが，その中で父・久六氏だけが竹の子笠にこだわり続けた。すなわち，社会が竹の子笠に与える評価が肯定的か否かによらず，父は竹の子笠の技術を守り貫いた。それを理解した直子氏にとって，周囲が自分の笠に付与する肯定的イメージを不用意に受け入れることは，有難いのと同時に，いわば自分を父から遠ざけかねないものでもあったと考えられる。

肯定的イメージを否定したいという語り手としての意図を前提とすれば，《22》の発言はテーマ一貫性の破綻と引き換えにglobal coherenceを向上させる役割を果たしたと考えられる。

《Q7》聞き手が使った「父に対する感謝」という表現を，直子氏が「そこで生まれた感謝」に言い換えたのはなぜか？

直子氏は《30》で先達の久六氏に思いを寄せる発言をした。聞き手はそれを念頭に「お父様に対する感謝」と述べた。しかし直子氏は，「そこで生まれた感謝」という表現を用いたほうが理由説明の的確さと局所的一貫性が高まると判断したと解釈できる。この言い換えの背後にあるのは，環境さえ整えば「全然習うてない」《31》技術でも習得できてしまう「人間」《31》というものの能力の高さへの賞賛だと考えられる。

《Q1》技術自体ではなく，技術が存在した事実を後世に伝えたいと考えているとすれば，それはなぜか？

この疑問点はこれまでの全疑問点への解に基づいて答えられるという意味で総合的である。この疑問点に対し2つの方向から解を見出す。

第一に，《20》の「すさんだ世の中」という表現と，《21》の「昔の人が自分よりも先に周囲の人のことを考えていた」という趣旨の発言に注目する。このような社会に対し，かつて竹の子笠があったという事実を伝えることが，一種の処方箋の役割を果たすことを直子氏が期待していると考えることは，自然である。《Q2〜4》の検討から分かったように，直子氏にとって，竹の子笠作りとは他者を尊重し最低限の礼儀を厳格に遵守する場だが，それはまさに今の世の中が失いつつあることなのだ。

第二に，《Q5〜6》の検討から分かったように，直子氏は長い時間をかけ，笠に対する社会的評価の高低に影響されない父の強さに肯定的意味を見出すに至った。これは，民芸ブームや伝統技術保存の機運の高まりなどの，一過性かもしれない社会的な動きは有難いことであると同時に，一定の距離を置くべきものと直子氏が考えていることを示唆する（ただしこれは筆者自身の解釈であることを改めて強調しておく）。直子氏はかつて自分自身が，笠作りに執念を見せる父を恥ずかしいと感じる側に立っていた。だからこそ，この自省の念が一層強まるのかもしれない。このような，自分自身もその一員であった移ろいやすい社会に対し，

直子氏が何を残したいかを検討する手がかりは《28》にある。ここで直子氏は，父親をはじめとする和食地区のごく平凡な漁師たちが現金収入のために仕方なく行っていたに過ぎない笠の技術を「本当に誰も真似できん」と形容している。誰も尊敬の対象としない人たちが《Q7》の分析で示したような能力を発揮し，誰にも辿り着けないほどの崇高な技術を守ってきたことを後世に示したいということが，自らを律し他者を尊重するという父の教えを受けた直子氏が笠製作を続ける動機だったと考えられる。自分がどんなに頑張ってもかつての笠の作り手たちに追いつけないということ自体が，その技術の崇高さを例証している。だからこそ，それを後世に伝えたいという思いを直子氏は強くする。このような袋小路の中で直子氏が辿り着いたのが，技術はともかく，和食地区にこういう技術があったということだけは後世に伝えたいという思いだったのである。

以上2点をまとめる。「技術が存在した事実を後世に伝え」ることは，単に後継者不在により技術保存を諦めた結果として選ばれた次善策ではなく，直子氏にとってそれ単独で価値を持つものだったと考えられる。そのようなことを聞き手に伝えたいという語り手としての意図を仮定すれば，《3》の発言には大局的一貫性を見出すことが可能である。

長年誰からも注目されなかった和食地区の漁師たちの間に，誰にも真似できないほど崇高な技術が受け継がれてきていたが，そのような価値あるものを見落とさないためには，他者を尊重するという姿勢が必要であって，直子氏は笠作りを通じてそのことを世に伝えることに自身の社会的役割を見出している。竹の子笠の最後の継承者であって，存命中に先代の技術水準には追いつくことができないと分かっている直子氏が，それでも笠作りを続ける執念は，時代の趨勢に同調せずに他者を常に尊重し，敬うべきは敬うことの重要性を後世に示したいという動機に支えられていると考えられる。ただし，それを，将来世代を含む他者に理解してもらうことの難しさは，父への思いを長い年月をかけてようやく反転させられた直子氏が，一番よく知っている。

総合的考察

前章では，宮崎直子氏のライフ・ストーリーのインタビューの結果を示した。本章では，この結果の意義を学術的な視点から考察する。

柳（1941, 他）と宮本（1966, 他）とはいずれも，民芸／民具の作り手に（i）「社会から軽視された作り手」，（ii）「使い手と信頼で結ばれた作り手」，（iii）「集団的な力に導かれた作り手」という側面を見出したことは既に述べた。これに関して宮崎直子氏の事例から言えることは2つある。

第一に，直子氏は確かにこれら3つの側面を全て兼ね備えていた。（i）の側面は，竹の子笠とは貧しい農漁民が内職で作るものだと考えられてきた時代に父・久六氏が笠作りを続けていたことを，直子氏が再三にわたって聞き手に語ったことと整合する。（ii）の側面は，直子氏が笠作りと洋裁とに対し，人として当然のことを依頼主に対して実践し信頼関係を構築する場という意味を付与していたこと，父の代から鮎釣り道具として笠を購入するお客の存在，直子氏がお客からの手紙を大切に保管していることと整合する。（iii）の側面は，直子氏が「門前の小僧，習わぬ経を読む」という諺の通り，意識して覚えようとしたことがなくとも，ほぼ独力で技術を再現できたことや，笠作りを開始する以前に，父の代役で製作実演を行えたエピソード（《25》参照）と整合的である。なぜならこれは，彼女が芸西村和食地区という場で育ち，先人の知恵の蓄積を自然に引き継ぐ幸運に恵まれたことを意味するからである。以上のように，（i）～（iii）の三側面は，直子氏の場合，語りに繰り返し表れるテーマであり，テーマ一貫性を形成する重要な要素であることが示された。

第二に，本研究は，これら三側面が直子氏の人生においてどう関係し合って一つの構造をなし，笠作りの動機（前章の《Q1》に対する考察結果参照）を支えているかを明らかにしている。（ii）は，民芸／民具の作り手が，一人の人間としてどうあるべきかという規範に導かれていることを意味する。また（iii）は，民芸／民具の製作技術が，かつて和食地区に生きた数多

くの無名の作り手によって完成・保存されてきた高度なものであることを意味する。直子氏の場合，これらの規範と技術とはいずれも「いごっそう」であった父・久六氏を通じてもたらされたものであり，両者は父親への尊敬という概念によって密接に繋がっている。なぜなら，「いごっそう」であった父を長い時間をかけて肯定的に再解釈することによって，直子氏はこの規範を意識するようになったのだし，また父が「いごっそう」であり続けてくれたからこそ，今の自分に笠の技術が伝わったのだと直子氏は考えているからである。そして，自分が（ii）（iii）の側面を持つことの理解と，（i）の側面を持つことの理解とは，互いが互いを強める関係にある。すなわち（i）の側面の理解が強くなればなるほど，移ろいやすい社会からの評価に惑わされず自分の生き方を貫いた父への尊敬は強くなり，そのことが（i）の側面の理解をさらに強める。この過程で強まった（iii）の理解が直子氏に集団の力の尊さを意識させることで，前章における《Q1》に対する考察で示した「時代の趨勢に同調せずに他者を常に尊重し，敬うべきは敬うことの重要性を後世に示したい」という動機が強化されると考えられる。ただし，こうした（i）～（iii）の関係が直子氏以外の民芸／民具の作り手にどの程度当てはまるかは本研究で明らかにすることはできず，一般性の検討は今後の課題である。

本論文は質的研究の方法論に関しても，2つの意味で示唆を与えるものである。第一に，本論文が依拠したのは，インタビューデータの中に3種類の一貫性（coherence）を見出すことでデータ理解を深めるというアガーとホップス（Agar & Hobbs, 1982）の方法論だった。これを手がかりとして，多くの疑問点を特定したことで，聞き手はどのような志向を持って語り手のさらなる言葉を引き出すかについての方針を決め，それを実行に移し，各疑問点を連鎖的に解消[7]し，研究目的の達成に至ることができた。この一連の作業は，語り手との間に生じた齟齬を特定し，聞き手が持つ暗黙裡の想定を炙り出し，語り手の現実をより鋭く感受できるように，構えを組み替える作業（石川, 2015）とも言い換えられる。なぜなら，語り手にとって一貫性があるにも関わらず聞き手にとってそれが欠如しているように感じられる場面とは，齟齬が露呈した場面

と考えられるからである。本論文は石川（2015）の言う構えの組み替えを支援し，また透明化して読者に提示する方法を示したと言うことができる。

　第二に，本論文では7個の疑問点を特定したが，このうち研究目的に直結する最重要な疑問点《Q1》の解を得る上では，《Q2～7》に対する解を得ていたことが大きな助けになった。このように，ある疑問点への解を手がかりとして別の疑問点への解を連鎖的に解消できる場合があるため，各疑問点を独立にではなく，互いの関係性を意識して検討することにはメリットがあることが確認できた。

　最後に民芸／民具を含む民俗文化財の保存や継承に関する本研究の実践的含意について述べる。この観点における本研究の重要な発見は，文化自体よりも「その文化が存在していた」という事実が後世に伝わることに意義を見出す文化の担い手がいることである。ただ，その事実により後世にどのようなメッセージを伝えたいかは，担い手に依存するのであり，それを明らかにする最善の方法の一つは，本研究が行ったようなライフ・ストーリー・インタビューである。ところが，民具学でも，また日本民藝協会や日本民芸協団など，民芸運動を主導している団体でも，そのような視点に立った保存活動の検討はなされていないようである（文化財保護に関する法制度のあり方を論じた近年の文献を整理したものとしては川村（2015）がある）。久保田（2014）が指摘するように，民俗学には将来的な復活を期しての映像記録の保存を行おうとする潮流があるが，それと合わせて担い手の詳細なライフ・ストーリーを保存することは，文化財が消えてしまった後の時代に生きる将来世代の人たちにメッセージを残すという重要な意味を持つのであって，そこに質的研究が果たすべき役割があるように思われる。

注

1) 原文では非常用漢字で表記されているが，本稿においてはその漢字変換が困難であるため，カタカナ表記した。
2) この箇所に限らず，宮本と柳の直接引用箇所については，再録された文献におけるページ数を示す。
3) ここでは，ある民芸品に銘を刻むことの無かった一

人の作り手の個性を意味すると思われる。
4) 衆生（しゅじょう）とは，あらゆる生き物，あるいは全ての人類を意味する仏教用語。柳はここで，ある民芸品がその作り手という一人の個人のみに依存して出来上がるという考えを否定するとともに，組合や協団における相互作用を通じてその作り手に影響を与えた無数の作り手の存在を重視する。この意味で，ある民芸品はその時代の産物，あるいは社会全体の産物である。
5) 《3》の発言が端的に示すように，本論文での宮崎氏の全ての語りは，その場にいた聞き手である我々だけでなく，その場にはいない将来世代における「第三の社会的な誰か」（岡本，2014）にも向けられたものである。
6) 調査対象者の発言のオリジナリティを尊重する観点から，筆者の責任においてこの表現をそのまま用いた。
7) ただし，本論文は諸疑問点を連鎖的にかつ互いに矛盾しない形で解決できたとはいえ，その答えが最終的である保証はない。より多くのインタビューを実施していれば，宮崎直子氏の行動を統一的に説明する，より優先度の高い原理が発見された可能性があり，今回得られた理解は暫定的なものである。

引用文献

Agar, M. & Hobbs, J. R. (1982) Interpreting discourse: Coherence and the analysis of ethnographic interviews. *Discourse Processes, 5*, 1–32.

濱田琢司 (2003) 民芸と民俗——審美的対象としての民俗文化. 日本民俗学, *236*, 127–136.

石川良子 (2015) 〈対話〉への挑戦——ライフストーリー研究の個性. 桜井厚・石川良子（編），ライフストーリー研究に何ができるか——対話的構築主義の批判的継承（pp.217–248）. 新曜社.

香月洋一郎・野本寛一（編）(2003) 民具と民俗（講座日本の民俗学9）. 雄山閣.

川村清志 (2015) 民俗文化の「保存」と「活用」の動態——祭りと民俗芸能を事例として. 国立歴史民俗博物館研究報告, *193*, 113–152.

久保田裕道 (2014) 民俗芸能（特集 日本民俗学の研究動向（2009–2011））. 日本民俗学, *277*, 100–112.

熊倉功夫 (1985) 解説. 柳宗悦, 手仕事の日本（pp.273–286）. 岩波書店（岩波文庫，青169–2）.

倉石一郎 (2015) 語りにおける一貫性の生成／非生成. 桜井厚・石川良子（編），ライフストーリー研究に何ができるか（pp.193–216）. 新曜社.

前田英樹 (2013) 民俗と民藝. 講談社（講談社選書メチエ）.

宮本常一 (1965) 農村（日本の民具 2）. 慶友社.（宮本常一 (2005) 民具学試論. 田村善次郎（編）,宮本常一著作集45. 未來社. に再録）

宮本常一 (1966) 日本の民具. 図書, *203*,（ページ数不明）.（宮本常一 (2005) 民具学試論. 田村善次郎（編）,宮本常一著作集45. 未來社. に再録）

宮本常一 (1971) 民具とその素材——民具試論 (3). 日本常民文化研究所（編）,民具論集3（ページ数不明）. 慶友社.（宮本常一 (2005) 民具学試論. 田村善次郎（編）,宮本常一著作集45. 未來社. に再録）

宮本常一 (1972a) 民具学の提唱——民具試論 (4). 日本常民文化研究所（編）,民具論集4（ページ数不明）,慶友社.（宮本常一 (2005) 民具学試論. 田村善次郎（編）,宮本常一著作集45. 未來社. に再録）

宮本常一 (1972b) 民具学提唱. 澤田四郎作先生をしのぶ会（編）,澤田四郎作博士記念論文集（ページ数不明）.（宮本常一 (2005) 民具学試論. 田村善次郎（編）,宮本常一著作集45. 未來社. に再録）

宮本常一 (1973) 民具研究への道. 日本民俗学, *89*, 1–12.（宮本常一 (2005) 民具学試論. 田村善次郎（編）,宮本常一著作集45. 未來社. に再録）

宮本常一 (1976) 民具論. 日本生活学会（編）,生活学論集I 民具と生活（ページ数不明）. ドメス出版.（宮本常一 (2005) 民具学試論. 田村善次郎（編）,宮本常一著作集45. 未來社. に再録）

宮本常一 (1977) 民具分類整理の意味——小谷さんに私言を. 日本民具学会通信, No.8, ページ数不明.（宮本常一 (2005) 民具学試論. 田村善次郎（編）,宮本常一著作集45. 未來社. に再録）

中見真理 (2013) 柳宗悦——「複合の美」の思想. 岩波書店（岩波新書）.

岡本依子 (2014) 開かれた対話としてのインタビュー. 斎藤清二・山田富秋・本山方子（編）,インタビューという実践（質的心理学フォーラム選書1）(pp.107–128). 新曜社.

桜井厚 (2002) インタビューの社会学——ライフストーリーの聞き方. せりか書房.

鹿野政直 (1995) 1970–90年代の日本——経済大国（岩波講座日本通史21 現代2）(pp.3–74). 岩波書店.

辛那炅 (2002) 柳宗悦の民芸運動における生活と芸術——近代批判と近代芸術体系の関係. 美学, *53*(3), 28–40.

柳宗悦 (1926, 9月19日) 雑器の美. 越後タイムス.（柳宗悦 (1995) 民藝四十年. 岩波書店（ワイド版岩波文庫）. に再録）

柳宗悦 (1941) 民藝とは何か. 昭和書房.（柳宗悦 (2006) 民藝とは何か. 講談社（講談社学術文庫）. に再録）

柳宗悦 (1948) 手仕事の日本. 靖文社.（柳宗悦 (2015) 手仕事の日本. 講談社（講談社学術文庫）. に再録）

謝　辞

ご自身の長年の人生の歩みを学術論文として形にし,公表することにご同意くださった宮崎直子さんに, 深く御礼申し上げます. また貴重なコメントをくださった3名の査読者の方々に厚く御礼申し上げます.

（2016.4.9受稿, 2017.9.27受理）

質的心理学研究　第17号／2018／No.17／125−142

教室において生活のリアリティを問うということ
——テレビドラマ『鈴木先生』の映像分析を事例として

香川七海　日本大学文理学部
KAGAWA Nanami　College of Humanities and Sciences, Nihon University

要約
本稿の目的は，テレビドラマ『鈴木先生』の映像分析を通して，ドラマのなかで，「普通」とされる教師や生徒の表象を明らかとすることにある。このドラマは，一貫して「普通」の教師や生徒を描写しているが，「普通」というカテゴリーを背負った登場人物たちは，個々に「生きづらさ」を感じている。彼らの背負う「生きづらさ」は，「普通」というカテゴリーを意識し，いかに自分が「普通」でいられるのかを気にするがゆえに生まれるものであった。登場人物たちは，「普通」でいることに「生きづらさ」を感じつつも，それでもなお，「普通」でいることに執着し，「普通」が当然のことであると認識している。けれど，「普通」であるためには，生活のリアリティを排除し，あるカテゴリーを「演じる」必要がある。そうしたなか，ドラマ最終話において教室のなかに持ち込まれた教師の性交渉，避妊のあり方という話題は，教師と生徒が「普通」を脱却する契機となった。

キーワード
映像社会学，映像教育学，生活指導論，授業実践，エスノメソドロジー

Title
Classroom to Ask the Reality of Life: Through the Video Analysis of the TV Drama "Suzuki Sensei"

Abstract
The purpose of this paper, through the video analysis of the TV drama "Suzuki Sensei", among of this drama, teachers and students how is to clear a representation of whether is depicted as a "normal". This drama, consistently depict the theme of teachers and students that are "normal", but where the characters who were carrying the category of "normal" feels a "live Zura is" to the individual. Their piggyback "live Zura is" is aware of the category of "normal", it was intended to how it is born therefore it is he to worry about whether can remain "normal". Characters who are "norma" while feeling the "live Zura" of thing Dale also, still, is obsessed with things that can be "normal", it has been recognized as a matter of course. But, in order to be "normal" is to eliminate the reality of life, a certain category to "play" there is a need. Among these, the topic of teacher of sex, contraception of the way that has been brought to within the classroom has become an opportunity to teachers and students to outgrow the "norma". But, the ability to recover them there as well in the category of "normal" had been provided.

Key words
visual sociology, visual pedagogy, guidance, teaching practice ethnomethodology

1 問題設定

本稿の目的は，テレビドラマ『鈴木先生』（テレビ東京系列）の映像分析を通して，「普通」とされる教師と生徒の表象を明らかにすることにある。

映像を研究対象とする社会学研究の歴史は長い。欧米圏では，1900年代初頭から写真や映画をデータとした社会学研究が積み上げられ，1980年代後半には，ビジュアル社会学（visual sociology）という領域が確立するに至っている（石田，2009）。他方，日本では，1980年代末に，visual sociology が映像社会学として翻訳，紹介されるとともに（亘・田邉，1988），テレビドラマや映画，ニュース番組やドキュメンタリー番組など，各種の映像を分析対象とする個別の研究が蓄積されるようになった（たとえば，小玉，2008：長谷，2003）。

しかしながら，教育社会学研究や教育学研究の分野では，映像を対象とする研究，とりわけ，本稿が関心を寄せるテレビドラマ，あるいは映画といったフィクショナルな映像を分析対象とした研究は少ない[1]。教育学域の研究対象である学校教育現場を舞台としたテレビドラマや映画は毎年のように制作され，放映されている。近年，著名なところでも，『3年B組金八先生』（TBS系列），『GTO』（フジテレビ系列），『告白』（東宝），『桐島，部活やめるってよ』（ショウゲート）など，いくつもの作品名を挙げることができる。こうした映像作品が，学校や教師，青少年のイメージを社会的・文化的に構築，普及させる役割を果たしていることは疑いない。また，そこに描かれた学校像や教師像，児童生徒に同時代的な表象が反映されているとも考えられる。これらの点を踏まえれば，テレビドラマや映画は教育学域の研究にとって，有益な資源のひとつであると位置づけられよう。

それにも関わらず，前述したように，教育学域の研究において，フィクショナルな映像作品が分析対象となることは少ない。これは，映像作品に対する研究の方法論がいまだに確立されていないことが遠因として考えられる。東京大学教育学部の「教育史・教育哲学コース」（略称，「史哲」）が，日本の「戦後教育学」

の代名詞とされていることからも明らかなように，教育学域の研究においては，教育史研究や教育哲学研究が主流の研究領域であると見なされる傾向があった。こうした分野は，文字資料に依拠する実証研究の枠組みを主要な方法論としていたので，「聞き書き」（オーラル・ヒストリー／ライフ・ヒストリー）に代表される質的なデータを研究対象とすること自体が少なかったという学問的経緯がある（片桐，1999，p.568）。そうした事情を踏まえると，フィクショナルな映像を分析対象とする研究が未開拓であることも当然の帰結であると言えるかもしれない。

しかし，前述のように，テレビドラマや映画は，教育学域の研究にとっても有益な資源のひとつであるはずである。そこで，本稿では，テレビドラマを事例として取り上げ，その映像分析を通して「普通」とされる教師と生徒の表象を明らかにする。そして，フィクショナルな映像作品が教育学域の研究に資するものだということを示唆したい。

2 分析対象

最初に，本稿で取り上げる映像作品について説明する。本稿では，2011年4月から6月にかけて放送されたテレビドラマ『鈴木先生』（テレビ東京系列，全10回）を分析対象とする。この作品は，武富健治による漫画『鈴木先生』（双葉社，2006-2011，全11巻）を原作としており，一話は約54分で放映された。データは，テレビ放送版を収録したDVD（「鈴木先生」制作委員会，2011，全5巻）を使用した[2]。

このドラマは，放送終了後に第49回ギャラクシー賞テレビ部門優秀賞（2012），第38回放送文化基金賞テレビドラマ番組賞（2012），日本民間放送連盟賞・テレビドラマ番組部門最優秀賞（2011）などを受賞し，テレビ業界から一定の評価を受けている。しかし，同時間帯の他局のドラマと比較すると視聴率は低迷気味であり，幅広く市井に受容された作品とは言いがたい（cinemacafe，2013）。

分析に際して，ドラマの内容を概観しておこう。物語は，主人公である若手教師の鈴木章（長谷川博己）

が，東京都三鷹市立緋桜山中学校の2年生の担任となる4月から始まる。鈴木は，不良など，いわゆる「問題児」が教育指導の対象として注目され，「普通」の生徒は後回しにされる傾向が教育界にあると認識している。彼は，現在の学校教育が，そうした「普通」の生徒の「心の摩耗」によって支えられていると考えて，あえて，「普通」とされる生徒が多いクラスの担任となり，「普通」の生徒を対象とした教育実践を展開しようと試みる。ドラマの各話は，そうした鈴木の教育理念を中心的価値観としつつ，生徒や同僚との関係性，鈴木自身の私生活などに余波を広げるかたちで進展していく。

各話の放送タイトルと概要は，次頁の表1の通りである。放送タイトルは，ドラマの内容を表層的に切り取ったものにすぎないので，作品の世界観とは別の力学で名づけられたものであると推測される。

本稿では，前半部分において，全話の分析を総合的に行ってドラマの全体像を描出し，後半部分において，最終話にあたる第9話と第10話を重点的に分析する。これは，当該のドラマが鈴木の教育実践の過程を切り取ったものとなっており，ひと続きになっている第9話と第10話が，その教育実践の帰結を示しているからである。このドラマには，第11話と位置づけられている，映画『鈴木先生』（2013）も存在するが，物語の骨格自体はドラマ放送回のみで完結している。そのために，本稿では，副次的に参照する程度に留める。また，原作となった漫画も資料として参照してはいるが，これも副次的に取り扱う。

なお，本稿がこのドラマに着目した理由は，当該のドラマが「普通」をキイ・ワードとしている点にある。鈴木は，恋人との会話のなかで，彼自身の教育実践について次のように語っている。

> 鈴木：ぼくのクラスは，比較的おとなしくて，優等生が多いんです。そういうクラスは，つまらないクラスになる，不良や問題児がいてこそ，クラスが活性化する。そういう，教育現場の，常識みたいなものを打ち破りたいなって。普通の生徒だって，いや，普通の子ほど，心のなかに鬱屈したものを持ってたりするからね。そして，そういう子ほど，容易に心

をひらこうとしない。
> 　　　　　　（第1話：レストランにおける会話）

このように鈴木が考えるようになったのは，数年前に担任したクラスの女子生徒，丸山康子（滝澤史）との出会いが切っ掛けである。丸山は，卒業後に原因不明の突然死（＝自然死）で世を去るが，彼女が残した日記には，「普通」の生徒がかかえる葛藤の記述が残されていた。あるとき，掃除を担当していたクラスメイトが丸山以外みな抜け帰ってしまい，ひとりで掃除を続けながら，彼女は，自分が「普通」の生徒という役割を「演じている」からこそ，帰りたくても帰ることができないのだと気がつく。自分には，些細なことも気にかけてくれる両親がいるし，特段の問題行動や悩みもない。「普通」の生徒には「掃除をさぼる理由なんてない」，「だから，がんばらなくちゃ」として，彼女は次のように語る。

> 丸山：事情もないのに，気遣ってなんて言えない。……だって，事情がある子は，ほかにたくさんいる。先生は，そういう子たちに時間を割かなきゃいけないから。
> 　　　　　　（第7話：日記の記述をめぐる回想）

日記は，この掃除の記述を最後に終わっている。担任をしていた当時，鈴木は丸山にこのような葛藤があることを見落としており，「普通」の生徒を「演じている」生徒の存在に目を向けることの重要性を知る。そして彼は，「誰ひとり摩耗しないクラス」をつくる自己流の教育実践を構想することになるのである。

学校教育においては，「普通」とされる生徒のニーズは，「普通」ではない生徒，いわゆる「問題児」のかかえる「生きづらさ」の後景に退く。丸山の語りからは，「問題児」のニーズの前に，「普通」とされる生徒のニーズが圧迫されるという構図がいささか極端に示されている。しかし，ドラマは，この構図を一貫した前提として展開されていくことになる。

表1　各話のタイトルと登場人物の一覧

タイトル

話数	タイトル	脚本	監督
1	誰も正解を教えてくれない！それが学校	古沢良太	河合勇人
2	14才優等生の反乱！給食廃止で教室炎上		
3	人気投票で熱血教師壊れる！	岩下悠子	橋本光二郎
4	恋の嵐⁉学級委員の自爆告白	古沢良太	
5	誰が好きだっていいじゃない		河合勇人
6	課外授業…愛って何ですか？	岩下悠子	滝本憲吾
7	届かない心の叫び！僕が犯した指導ミス		橋本光二郎
8	夏祭りで事件勃発！生徒にバレた秘密…		河合勇人
9	デキ婚は罪か⁉生徒35名が教師を裁く！	古沢良太	橋本光二郎
10	光射す未来へ！教師の告白に涙の教室…		河合勇人

生徒（鈴木学級）

出席番号	氏名（役名）	演者
1	東　潤也	影山樹生弥
2	阿部悠貴	内田　純・柿澤　司
3	出水　正	北村匠海
4	入江沙季	松本花奈
5	太田ルミ	鈴木米香
6	小川蘇美	土屋太鳳
7	桂　チカ	中西夢乃
8	樺山あきら	三浦透子
9	河辺彩香	小野花梨
10	岸　茜	澤田優花
11	小菅小夜子	森野あすか
12	駒井駿司	三宅　史
13	紺野徹平	齋藤隆成
14	竹地公彦	藤原　薫
15	丹沢　栞	馬渕有咲
16	土田理沙	山口　愛
17	椿　美久	安田彩奈
18	藤山高志	桑代貴明
19	徳永　雫	吉永アユリ
20	戸塚尚之	伊藤　凌
21	中村加奈	未来穂香
22	梨本くるみ	久本愛実
23	新見　葵	福地亜紗美
24	野呂光輝	小山　燿
25	長谷部哲	中島和也
26	浜口航太	西本銀二郎
27	福田千夏	鈴木梨花
28	堀の内七海	松岡茉優
29	松野ユキ	田中　明
30	岬　勇気	西井幸人
31	本木聡馬	中澤耀介
32	森　大雅	米本来輝
33	山口克己	清水尚弥
34	横関康輔	岡　駿斗
35	吉井丈志	下山　葵

教職員

登場人物	演者	担任・役職・担当教科
鈴木　章	長谷川博己	2年A組：担任・国語科
山崎潔史	山口智充	2年B組：担任・体育科（第3話にて依願退職）
桃井里香	田畑智子	2年B組：副担任・数学科（山崎教諭の退職後，担任）
江本源三	赤堀雅秋	2年C組：担任・社会科
岡田征志	山中　聡	2年C組：副担任・体育科
川野達郎	でんでん	2学年：指導主任・英語科
続木　護	夕輝壽太	体育科（山崎教諭の退職後，着任）
足子　瞳	富田靖子	3年B組：担任・家庭科
伊福部直孝	斉木しげる	校長

学校外の関係者と他学級の生徒

登場人物	演者	鈴木との関係
秦　麻美	臼田あさ美	鈴木の恋人
山際大成	千葉一磨	河辺彩香の恋人
平良美祝	刈谷友衣子	2年B組の生徒
神田マリ	工藤綾乃	2年B組の生徒
丸山康子	滝澤　史	かつての鈴木のクラスの生徒（卒業後，病没）

3 研究の枠組み

次に，論究にあたって本稿がどのような枠組みにもとづいて映像分析を行うのかという点について説明をしたい。

体験的主観性による映画・テレビドラマの論評には，個々人のライフ・ヒストリーが読み込まれ，作品の解釈が豊穣となる一方，分析が，「「私的趣味」の問題」（長谷，2003, p.13）として片づけられてしまう課題も残る。そういった課題を忌避して映像作品を検討するためには分析の理論的枠組みを設定しておく必要がある。映像社会学の視点にもとづく映像分析と，個人の体験的主観性にもとづく映画・テレビドラマの論評は質的に異なるのである。ここでは，本稿がどのような理論にもとづいて，映像を分析するのかということについて3点述べておこう。

第一に，テレビドラマの映像的位置づけについて触れておきたい。本稿では，テレビドラマを制作者による文化的構築物として位置づけて，そこで提示された表象の分析に関心を置く。この立場は，長谷（2003b, p.27）が，フィクショナルなデータとしての映画について，「社会学者たちは，監督たちが映像として提示した家族像や恋愛像を，監督たちによる社会の主観的解釈として（つまり，一種の社会学的言説として）解読し，これに評論を加えるのが一般的」と説明した従来の映像社会学の志向性を踏襲したものである。

ただ，長谷は，映像作品は作品のなかの世界で自己完結するものではなく，観客というオーディエンスや映像をめぐる社会的背景を前提とするものであるとし，映像作品は，ひとつの文化的構築物であると主張している。また，彼は，従来の映像社会学の志向性を批判し，「映像作品自体はつねに「映像」をめぐる社会的なコミュニケーションのなかでしか存在しえない」とも指摘した（長谷，2003b, p.29）。長谷の見解は，歴史学者と歴史社会学者の史資料（＝研究対象）に対する立場の相違に似ている。歴史学者は，同時代的な文脈をもとに史資料を読み解くことを基本とするが，歴史社会学者は，ひとつの研究対象を学術理論によって読み解き，法則性や規則性を描出することに傾斜しがち

である。歴史学者にとって，ウェーバー（Max Weber）の思想を明らかにすることは，原著を読み，図書館や古書肆，縁故者から直筆の草稿や書簡を発掘，検討することを意味するが，歴史社会学者の場合，テクストそのものを読み解くことに関心が置かれる傾向があるように。

この立場の相違は，実証しようとする目的（＝次元）の差異によるものである。本稿は，映像を文化的構築物として位置づけて，その構築性を考察することを目的とする。したがって，映像の制作段階で，原作者や脚本家，監督や制作会社などのアクターがいかなる議論を行っていたのか，視聴者がいかなる実相で映像作品を受容していたのかというような分析の立場は採用しない。その意味で，本稿は，歴史学ではなく，歴史社会学の実証スタイルに立場が近い。

第二に，分析視角について触れておこう。本稿では，映像分析にあたって，「カテゴリー化実践」（categorization）への着目という視点を採用する。好井（2009, p.110）は，従来の映像社会学とは異なる立場の長谷（2003a, pp.9–20）に理解を示しつつも，映像そのものの構築性を分析の基軸とする立場を採用している。さらに，好井（2009）は，エスノメソドロジー（ethnomethodology）研究の視点から，映像分析において，「カテゴリー化実践」への着目が有効であると指摘した。人々は，「日常，さまざまなカテゴリーを駆使し，現実を意味あるもの，理解可能なものとして，把握しているとともに，目の前にいる誰かが，わけの分からない存在としてではなく，誰であり何者か，ということを確認し，生きている」。「エスノメソドロジーでは，こうした日常生活を常に“適切に”分節化し，理解する実践としてカテゴリー化という営み」に着目するものである（好井，2009, p.113）。テレビドラマは，現代のオーディエンス（＝日本国民／視聴者）の存在を前提として制作されているから，そこには，我々の社会に浸透した様々な「カテゴリー化実践」が埋め込まれている。映像作品が，日本国民というオーディエンスを無視して，海外の慣習や民族文化を取り入れたものになったなら，その作品の内容は理解に苦しむものとなるだろう。映像作品は，現代社会の現実をうつし取る鏡のような役割を果たしているのである。

前述したように，このドラマは，「普通」というキ

イ・ワードを基底に置いてストーリーが展開されている。そして，ドラマは，「普通」というカテゴリーとせめぎあう登場人物の葛藤を中心的話題として進む。その葛藤からは，いかにすれば，「普通」として生きることができるのかという，登場人物の苦悩が看取される。その意味で，提示された葛藤は，「世の中にある既成の支配的な，その意味で常識的な意味が満ちたカテゴリー」（好井, 2009）と対峙するものであると言える。「カテゴリー化実践」への着目を通して，この作品の構築性を明瞭に探究することが可能となるはずである。

　第三に，作品を解釈する手がかりとして援用する教育学理論について触れておきたい。本稿では，戦前・戦後教育界で積み上げられてきた生活指導論を援用して分析を進める。このドラマは，学校を舞台とし，「教育」をテーマとする作品であるので，映像社会学における理論を分析視角とするだけでは，作品を「教育」の外的文脈で解剖することになる。そうではなく，映像社会学の分析視角を用いながらも，教育学理論を解釈の手がかりとすることで，作品を「教育」の内在的文脈からも理解することが可能となるのである。

　生活指導論は，戦前の生活綴方教育の系譜につらなる教育学理論である（全国生活指導研究者協議会, 1959, p.9）。生活綴方教育は，青少年によって書き綴られた文章を学級のなかで相互に検討し，自他の価値観を多元化することを志向する。生活指導論は，その志向を引き継ぎ，戦後の学校教育現場において受容された。日本において生活指導という語句が学校教育関係者に使用されるようになったのは，1954（昭和29）年前後からである（森, 1961）。当時から現代まで生活指導の含意は多義的であり，研究者や教育実践家によっても解釈に差異があるが，概念の輪郭は，次に示す定義の通りである。

生活指導　学校教育で，教科の指導とならんで行われる一般的な生活態度の指導。生活の中での一人一人の子どもの，ものの見方，考え方，感じ方，行動の仕方を指導すること。〔中略〕さまざまな問題・矛盾をはらんだ社会の現実の中に生きる子どもたち自身を，すすんで現実に直面させ，現実の矛盾を克服できる新しい人間関係の創造者として育

てることが生活指導のねらいである。〔中略〕教師が子どもの中にある切実な欲求に，それぞれの仕方でめざめさせ，それを集団の中で評価しあっていくように綿密な指導を重ねることが生活指導として不可欠の仕事である。

（五十嵐・大田・山住・堀尾, 1982, p.163）

　また，生活指導としての学級づくりは，①成員間の相互作用を維持しながら，民主主義的な組織づくりのうえに学習集団を育成することと，②公教育に反映する日本社会の矛盾や差別問題を克服して，差別のない学級集団をつくることを本位としている（全生研常任委員会, 1963, pp.9–10）。なお，生活指導の類語に生徒指導の語句があるが，これは，戦後初期の段階で，省庁や教育委員会の外側にある民間教育研究団体が生活指導という概念を使用していたことから，教育行政では，その概念の使用が忌避され，生徒指導の語句が普及したことによる。生徒指導の概念は生活指導の概念とは異なり，児童生徒に対する管理教育の意味合いが強い。近年では，あらためて，「学校教育の内部の課題と社会的課題を常にクロスさせながら子どもの現実を読みひらいていく子ども観・生活指導観を持つこと」の重要性が主張されている（折出, 2016, p.204）。

　数多の教育学理論から，当該の理論を選択した理由は，このドラマに生活指導論の影響を看取することができるからである[3]。たとえば，鈴木は，クラス替えの場面において，教育実践の核となる，「スペシャルな子」，「スペシャル・ファクター」として女子生徒の小川蘇美（土屋太鳳）を位置づけているが（第1話），こうした視点は，「核となる子」を選定し，学級づくりを行う生活指導論の伝統的発想（大西, 1963, 1980, 1981）に近似している。

　また，戦後教育界には，教科教育を中心に教育実践を展開する教師（＝教科教育派）と，児童生徒の生活のありようを中心に教育実践を展開する教師（＝生活教育派）の系譜が存在しているが，ドラマの描写を観察するかぎり，鈴木は，明らかに生活教育派に親和性がある。彼は国語科を担当しているが，ドラマのなかで彼が教科教育としての授業を実践する描写は，ひとつもない。それどころか，彼は，生徒に国語科教科書を朗読させるなかで，教科内容とは異なる事象に思い

表2　各話に見られる内面の語り

話数	回数	生徒関連	教師関連	小川関連	その他
1	7	3	3	1	0
2	5	5	0	0	0
3	5	1	1	3	0
4	6	3	0	3	0
5	4	0	0	4	0
6	4	4	0	0	0
7	1	0	0	0	1
8	0	0	0	0	0
9	2	2	0	0	0
10	0	0	0	0	0
合計	(34)	18	4	11	1

をめぐらせていたりするし、それによって、生徒の朗読が終了したことに気がつかないという描写もなされている（第6話）。主として、彼が思いをめぐらせているのは、それぞれの生徒の生活文脈における課題を、どのように教育実践に取り込み、解決するかということであった。その意味において、彼は、教科教育よりも生活教育を重視する教師と評価することができる。生活教育派の教育実践を解釈する教育学理論のなかでも、もっとも理論と実践の蓄積があるのは、生活指導論である。以上の理由から、本稿では、映像分析の手がかりとして、生活指導論を援用する。

4　鈴木の生活指導観

4-1　給食をめぐる議論から

研究の枠組みについての言及を離れ、これより、映像作品の分析に移りたい。最初に、ドラマの形式上の特徴について目を向けておこう。このドラマにおける各描写の特徴は、主人公である鈴木の心情がナレーションのように内面の語りとして視聴者に伝えられるところにある。鈴木が沈黙する間、鈴木以外の登場人物からは鈴木がなにも言葉を発していないように見えるが、彼の心情がナレーションのように語られるこ

とで、視聴者は、鈴木の思考と物語の展開を知ることができる。その意味で、内面の語りに注目することで、このドラマが、なにを主題として展開しているのかを理解することができる。表2は、各話に分散した内面の語りの数を集計し、その種別を分類したものである。

この表によれば、各話には、およそ、5前後の内面の語りが存在し、その内容は、①生徒に関するもの（生活指導）、②小川に関するものが多数を占めているということがわかる。この比重が、すなわちそのままドラマの展開の比重に相当する。

最初に、鈴木がもっとも内面を語っている生活指導の場面に目を向けたい。ドラマのなかで、具体的に生活指導の事例として取り上げられている話題は、①岬勇気（西井幸人）が小学校4年生の女児と性交渉を行った事例（第1話）、②藤山高志（桑代貴明）が学校にバタフライナイフを持ち込む事例（第1話）、③樺山あきら（三浦透子）が廃止される給食のメニュー「酢豚」の存続を主張する事例（第2話）、④出水正（北村匠海）が給食中のマナーをめぐり、違和感を表明する事例（第2話）、⑤学級委員の竹地公彦（藤原薫）が女子生徒に怪我を負わせ、不登校となる事例（第4話）、⑥河辺彩香（小野花梨）が学級委員の竹地と避妊をせずに性交渉を行った事例（第6話）の6点を挙げることができる。

これらの生活指導の事例に共通するものは、いずれの生徒も、自分にとっての問題（problem）を語り、そ

れを受けて，鈴木が応答していくというものである。しかし，自分にとっての問題を語るということ，すなわち，「問題経験の語り」（草柳, 2004, p.76）は，所属する社会や集団内におけるマジョリティの賛同が得られなければ，そこで提起された問題は問題として認知されない。生活指導の事例において，彼／彼女らの「問題経験の語り」は学校や教室のなかでもマジョリティのものではなく，生徒たちは，問題を問題として認知されないこと，問題を問題として語れないことに「生きづらさ」を感じている。

　そのことが確認できる代表的な事例を取り上げてみよう。ドラマのなかで鈴木の内面の語りがもっとも多く見られる第2話には，給食をめぐる生徒たちの「問題経験の語り」が観察できる。第2話のなかで，男子生徒の出水は，給食中に女子生徒の中村加奈（未来穂香）がマナーとして茶碗に左手を添えていないことに不快感を覚え，抗議の意味を込めてカレーをかき回しつつ，「げりみそ」と吐き捨てる。中村は，食事中のマナーも知らないのかと出水を非難するが，彼は反論しない。出水は，なぜそのようなことをしたのかという鈴木の問いかけにも答えないが，物語の終末部分で鈴木がその理由に気がついたとき，次のように鬱積した不満を吐露した。

出水：どうせガキだよ。開き直るのも嫌だけど，ああでもしなきゃ耐えられなかったんだ。
鈴木：でもなあ，出水，それは……。
出水：「言えばよかった」なんて言うなよ！　……言えると思う？　注意とかしたら，心狭いって逆ギレされるだけだよ。左手添えるマナーちゃんと守ってるやつなんて，ほとんどいないんだ。みんなどうでもいいことだと思ってるんだよ。それなのに，俺は，そんなどうでもいいことにひとりで勝手にイラついて，本当にこっちが心狭いだけかもしれなくて，偉そうに注意なんかしたら，俺が救いようのないバカになっちゃう！　どっちにしたって，言えっこないじゃんか！
　　　　　　（第2話：談話室における会話）

　大多数が「どうでもいいこと」とする価値観にこだわりがあるために出水の葛藤は深まっている。そこに

彼の「生きづらさ」が存在する。鈴木がそのことに気がついたのは，女子生徒の小川の助言を受けたのちのことである。小川は，以下のように出水に理解を示す。

小川：もちろん，左手を添えてないのなんか中村さんだけじゃないし。クチャ噛み，肘つき，マナーの悪い人もほかにいくらでもいます。でも，中村さんは，自分の知っているマナーに関しては自信満々で，他人を笑ったり，非難したりしてたから，出水くんの怒りを買ったんだと思います。
　　　　　　（第2話：職員室における会話）

　小川が解釈するように，出水は，他者が「自分の知っているマナー」を振りかざしたこと，すなわち，教室という空間のなかで，マジョリティが支持をする価値観を振りかざしたことに反感を覚えたわけである。

4-2　性交渉をめぐる議論から

　続いて，視点を変えて性交渉に関する事例についても目を向けておきたい。ドラマのなかで，性交渉に関する「問題経験の語り」は，あちこちに表出している（第1, 6, 7, 9, 10話）。このことから，性交渉のあり方をめぐる議論は，「問題経験の語り」を考察するうえで重要なテーマとなるということが理解できる。ここでは，性交渉のあり方が取り上げられた事例として第4話に注目しよう。第4話では，鈴木のクラスの女子生徒である河辺と，男子生徒の竹地が避妊をせずに性交渉を行う。しかし，河辺には年上の恋人である山際大成（千葉一磨）がおり，別れを告げられた山際は，怒りに身を任せて河辺と竹地のもとに向かう。また，事態の展開を憂慮した中村と紺野徹平（齋藤隆成），岬と本木聡馬（中澤耀介）も彼らのもとに駆けつけて，最終的に，当事者の2人と鈴木をも含めた8人は，竹地の自宅近くの公園にて，河辺と山際の破局について両者の言い分について議論を重ねる。以下に掲示した語りは，その場における山際と河辺のやり取りである。

山際：なんで俺じゃなくて，こいつ〔＝竹地〕なん

だよ！

河辺：だって竹地は優しいもん！　先輩はちっと
　　　も優しくなかったじゃない！

山際：俺のどこが優しくなかったんだよ！　俺
　　　だってお前のことを……。

河辺：だって先輩会うたびにエッチしかしたがら
　　　なかったじゃない！　……それにエッチの
　　　ときも痛くして乱暴だったんだもん。私
　　　ちっともよくなかったんだから！

元木：やめろよ，河辺！　そんなの，みんなの前で
　　　言うことじゃないよ……。

河辺：だって本当なんだもん！　あたしは全然悪
　　　くない！

　　　　　　　　　（第6話：公園における会話）

　ここでのやり取りから，河辺は，性交渉のあり方か
ら山際について不信感を抱いているということがわか
る[4]。山際は河辺との性交渉において，彼女に乱暴に
接していた。その理由として，山際は，河辺と交際経
験のあった岬に対する嫉妬の念を挙げている。

山際：俺がむかつくのはてめえ〔＝岬〕のほうだ
　　　よ。なあ，彩香の顔見て，声聞いてるとよ，
　　　いっつもてめえが頭に浮かんでくるんだよ。
　　　彩香のはじめて奪ったてめえのことがな！

中村：先生！　もうやめさせてよ！

鈴木：いや，続けろ山際。俺はさっき，河辺に言い
　　　たいだけ言わせた。内容が内容だけに，途中
　　　で遮ることもできたが，あえて言わせた。
　　　それが結果として，より深い学びにつながると
　　　思ったからだ。みんな反論や意見はあるだ
　　　ろうが，まずは，山際の訴えに耳を傾けよう。
　　　……いいな。

山際：……俺，ほんとはわかってるんだ。好きな女
　　　の過去のことを気にするなんてさ，自分は最
　　　低のクソ野郎だよ。だけども，どうしようも
　　　ねえんだよ！　こいつのことが頭に浮かぶ
　　　とさ，つい彩香が憎くなって乱暴にしちゃう
　　　んだよ！

　　　　　　　　　（第6話：公園における会話）

　河辺の発言と同様に，山際の発言も他の生徒によっ
て制止されようとしている。しかし，鈴木は山際の発
言を許し，そのことによって，山際は，自分自身のなか

にある「ほんとうはわかってる」という自己の語りを
提示することが可能となった。

　山際がこのように語る直前，鈴木の生活指導の方針
に疑念を持った同僚の女性教諭，足子瞳（富田靖子）
教諭が公園を訪れ，議論に割って入っている。足子教
諭は，山際に対して，女性性に処女性を求めることは
男性性の「エゴ」であると断罪し，考え方を改めるよ
うに申しつけている。しかし，鈴木や生徒たちは，議
論をそのようなかたちで終わらせたくないとして，足
子教諭にこの場から引き取るようにと述べ，彼女はそ
こから去った。足子教諭の語りは，おそらく，マジョ
リティの価値観を代弁する役割を果たしている。山際
の持つマイノリティの価値観に対して，わかりやすい
価値観の対比が視聴者になされたのである。足子教諭
が去り，山際が自身の思いを吐露したのち，鈴木は，発
言を制止しなかった理由を次のように語った。

鈴木：いま，山際が感じたエゴは，あらゆる価値観
　　　にまつわるエゴであって，必ずしも処女性に
　　　だけに言えることではないんだ。……たとえ
　　　ば，外見で恋人を選ぶものと，内面を見て選
　　　ぶもの，どっちが人間として立派だと思う？

紺野：そりゃあ，中身で選んだほうが立派に決まっ
　　　てます。

鈴木：しかし，性格を重視してパートナーを選ぶと
　　　いう心理にも，ある種の打算が含まれてない
　　　だろうか。優しくされたい，裏切られたくな
　　　いという，自分可愛さゆえの保身が含まれて
　　　ないだろうか。内面，外見，あるいは，経済力
　　　や学力，処女性，どんな価値観でパートナー
　　　を選ぼうとも，そこには必ず，なんらかのエ
　　　ゴが隠されているものだ。山際は，今，自分
　　　自身のエゴに気づき，それゆえに痛みを感じ
　　　た。しかし，世のなかには，自分の価値観を
　　　絶対的なものだと信じ，そこに含まれたエゴ
　　　の存在を自覚しないものがあまりにも多い
　　　んだ。

岬　：さっきの，足子先生だよな……。

鈴木：ひとつの価値観が何者かによって，有無を言
　　　わせぬ方法で潰されること。また，ひとつの
　　　価値観が世のなかのすべてを支配してしま
　　　うこと。俺は，これらをなによりも恐れてい
　　　るんだ。

　　　　　　　　　（第7話：公園における会話）

ここにおいて，はじめて鈴木の意図が明確に語られている。彼は，特定の価値観がすべてを圧倒してしまうことを「なによりも恐れている」と指摘する。学校や教室のなかで，多様な価値観をいかに保障するということが，彼の志向するところであったのである。

ここまで，ドラマにおける代表的な生活指導の事例を紹介してきた。給食の事例や性交渉の事例を通して示されていること，それは，「普通」とされる生徒たちが，それぞれに独自の価値観によるニーズをかかえており，それが受け入れられない社会，あるいは，集団の現状に対して，問題を表明しているという点にある。けれど，問題を表明することは，「ある「社会状態」を「あるべきではない」と公然と否定すること」であって，聞き手にすれば，「それまで問うてこなかった現実を問われ否定される」ことにほかならないし，「その現実を同様に自明視していると思っていた相手が実はそうではなかったと告知される」ことにもなる（草柳，2004，p.45）。したがって，問題の表明という行為は，表明をする人物と周囲の人々の関係性を揺らがす可能性がある。そもそも，マイノリティが問題を表明する場合，マジョリティは，問題を問題として認知していないのだから，その表明が受理されないこともありえる。「普通」の生徒たちは，そうしたマイノリティにおける問題の表明の困難さを承知しているからこそ，個々に「生きづらさ」をかかえる状態になっている。ここに掲示したトランスクリプトにおいても，幾度か「問題経験の語り」に常識ではまっとうな制止がかかっているが，その制止がまっとうだと見える「普通」の常識こそが，彼らに「生きづらさ」を与え，彼らを「普通」の生徒であり続けさせるのである。また，それと同時に，生徒たちの「生きづらさ」や生活現実に常識という蓋が被せられることで，教師も生徒も，それ以上，問題に向き合う必要もなくなる。

5 教師というカテゴリー

前述した問題の表明の困難さと「生きづらさ」について，引き続いて考察を進めるが，ここでは，視点を変えて教師の描写についても目を向けてみたい。先述の

ように，鈴木の内面の語りのなかで，生徒に関するものに次いで多かったのは，小川に関するものであった。これは，第2話から，鈴木が小川に対して好意を持つようになったことに原因がある。第2話以降，鈴木の妄想のなかに何度も小川が登場し，入浴の場面など小川の性的側面を強調する描写も繰り返される。鈴木は，それが教師としてはあるまじき行為であるとして，自己嫌悪に陥り，小川に対する妄想を「小川病」と名づけるに至る。この「小川病」こそ，教師というカテゴリーに関する鈴木自身の「問題経験の語り」となっている。

しかし，人間は，精神，あるいは，肉体の性差を持つかぎりにおいて，異性に惹かれ，好意を抱くことは，自然なことである。法律や条例の物差しで，性交渉を行う年齢が制限されることはあっても，それは，人間の生態に対する社会や集団のあとづけの論理（＝社会的・文化的構築物）であるから（Ford & Beach，1967/1951），鈴木のように，14歳の青少年女子に成人の男性が好意を抱くことが，ただちに「病」となるわけではない。しかも，鈴木は，小川に妄想のなかで接触しているにすぎないのであって，2人の関係は現実にはなにも進展していない。けれど，鈴木は自身の妄想という行為が教師としてあるまじきものであるとして，そこに背徳感を覚えている。その理由は，彼が教師というカテゴリーを意識し，それにふさわしい振る舞いを取らなければならないと考えているからである。

ドラマのなかでは，教師というカテゴリーの聖職性を鈴木に意識させる描写が繰り返し挿入されている。たとえば，第3話において，鈴木の同僚である山崎潔史（山口智充）が「セクハラ」をしているという訴えを女子生徒の平良美祝（刈谷友衣子）から聞き取るなかで，鈴木は，次のような発言に直面している。

平良：〔山崎教諭が〕女子のこといやらしい目で見るし。最近は，やたら〔担当する部活動の女子部員である〕河辺にベタベタしてさ。ぜったい頭のなかでへんな妄想してるよ。生徒を妄想のネタにするのだって，立派なセクハラでしょ？

（第3話：相談室における会話）

生徒を妄想に登場させること自体が「セクハラ」となるという発想は，教師というカテゴリーに附与された聖職性を強調するものである。この発言を受けて，鈴木はさらに背徳感を深めていくこととなる。

また，同じ第3話では，山崎教諭が風俗店に通いつめる描写もなされている。山崎教諭は，鈴木と同様に小川へ好意を寄せているが，彼の場合は妄想ではなく，風俗店の女性店員を小川の代替とすることで，感情の消化を行っている。山崎教諭は，風俗店に勤務校の制服と小川の着用するものと同じ種類の靴下を持ち込み，それを女性店員の身につけさせることで，彼女を小川に見立てようとした。以下は，風俗店の男性店員と女性店員の会話である。この場面に鈴木は居合わせていないが，2人の会話が伝えられることで，生徒を性的な対象として見ることが，「シャレ」にならないと視聴者に提示されている。

> 男性：言ってあげたら？　実は〔持ち込まれた制服の中学校が〕母校〔のもの〕だって。喜ぶよ。
> 女性：バーカ，シャレになんないっての。
> 男性：あ，シャレになんないと言えばさ，あの人，実は本物らしいよ。
> 女性：本物？
> 男性：うん。本物の中学教師なんだって。噂だけど。しかし，大変だよね，教師ってのもさ。欲求不満が服着て歩いてるようなもんでしょ？
> （第3話：風俗店における会話）

なお，この風俗店の女性店員は，鈴木の担任するクラスの女子生徒，河辺の姉であった。女性店員は，河辺も同じ種類の靴下を所持していたことから，山崎教諭が妹に欲情をしているのだと思い込み，学校に対して，彼が風俗店に通っていることを告発する。山崎教諭は，このこともあって，結局，学校を依願退職するのだが，鈴木は，風俗店の女性店員のもとに事情を訊ねに行き，そこで，山崎教諭が「変態教師」と陰口を叩かれるのを聞き及ぶ。そのことによって，彼は，さらに自己嫌悪の念を深め，小川への恋慕の情とのはざまで苦悩を続ける。

鈴木には，成人の恋人もいたが，彼女への背徳感も

苦悩を加速させる要因のひとつとなった。しかし，第3話で彼はついに妄想のなかで，みずから進んで小川のもとに飛び込むことを自分に許した。

> 鈴木：小川，今夜だけ，逃げ込んでもいいか。空想のなかに。空想することを，自分に許してもいいか。……明日になったら，すべて忘れる。だから，今だけ……。
>
> 〔中略〕
>
> 小川：心のなかは自由だから。
> 鈴木：すまん。
> 小川：謝ることないよ。なにもかも我慢してたら，壊れちゃう。
> （第3話：鈴木の自室における妄想）

妄想のなかの小川が語っているように，本来，「心のなかは自由」である。教師というカテゴリーを自己の内面と外面の双方で引き取ることで，鈴木は，自分自身のアイデンティティが引き裂かれる危機に陥っていた。そうした状況のなかで，彼は，妄想のなかに飛び込むことを自分自身に許したのである。しかし，これによって，彼は「壊れ」てしまうことを回避することができた。一応，「心のなかは自由」という解釈を生産することで，彼は「病」を回避する手段を得たわけである。

だが，その直後，彼は小川への思いを妄想のなかだけに留めておくことに困難を感じるようになる。それは，若手の体育教師，続木護（夕輝壽太）の赴任によって，鈴木がふたりの関係性に嫉妬するようになったことによる。鈴木は，嫉妬から仕事も手につかない状況となるが，このとき，小川の「好きな人」が誰であるのかという噂が校内に立ち上がり，小川は好き勝手に流される噂や誹謗中傷に狼狽して涙を流すこととなった。鈴木は，そうした小川から，次のようなつぶやきを得る。

> 小川：私，ずっと……，「すかしてる」とか，「人を馬鹿にしてる」とか言われてて，なおしたいって思ってたんです。

鈴木：うん。

小川：で，まわりの，いいなって思えるいろんな人をお手本にして，〔その人の良いところを〕取り入れるようにしてきたつもりなんです。

〔中略〕

小川：鈴木先生。

鈴木：ん？

小川：人気投票1位の鈴木先生が背負っているもの，少しだけわかりました。大変だけど，嫌われ役や笑われ役に逃げないでください。いつまでも，私たちから見て，あこがれられる先生でいてください。私もやるから，大人から見て「いいな」って思える中学生をやるから，ずっとやるから……。

（第5話：保健室における会話）

　ここで重要となることは，小川自身が中学生としての自分を「演じている」のだと明確に語っている点にある。鈴木は，この発言を受けて，「普通」の教師というカテゴリーを徹底的に「演じる」ことの必要性を再確認することとなる。以下は，小川を「のんのんさま」のような，あこがれの存在であると語る続木教諭との会話の一場面である。続木教諭も，鈴木と同様に，秘かに小川を恋慕する教師であった。

鈴木：続木先生，「のんのんさま」って，仏様の俗称ですよね。つまり，守り本尊。ぼくも同じなんです。小川を神様のように崇めています。小川は，ぼくの理想のクラスをつくるために必要な特別な生徒だからです。だけど，けっして忘れてはいけない。彼女は，噂に傷つき，誹謗中傷に悩み，泣き崩れる，普通の中学2年生でもあるということを。彼女は，神様のような生徒を，一生懸命に演じているんです。だから，ぼくらも，一生懸命に演じていきましょうよ，立派な教師を……。

（第5話：教職員男子更衣室における会話）

　このようにして，鈴木は，教師というカテゴリーを「演じる」ことで，「小川病」を克服することが可能となった。なお，ドラマの放送終了後に公開された映画『鈴木先生』では，より明確に，人々がカテゴリーを「演じる」ことの意義に対する言及がある。次の発言は，ホームルームの時間に，鈴木が生徒たちに語りかける場面からの引用である。

鈴木：俺は教師という役を演じている。演じているうちに，自分と役との境界がなくなってくる。自分自身を成長させるひとつの手法なんだ。……アハッ，ちょっとむづかしい話かもしれないな。いま，もしかしたら，このなかにも，いい生徒を演じている者もいるかもしれない。だが，それは，悪いことじゃないんだ。そう，この世の中は，各々が役割を演じることで，成り立っている部分もあるんだ。

（映画『鈴木先生』：教室における会話）

　この語りにもあるように，彼は，自身がカテゴリーを「演じている」ことを明確にしているし，それが「自分自身を成長させるひとつの手法」とも述べている。鈴木は，「演じる」ということで，みずからに附与される教師としてのカテゴリーを飼い慣らし，自分自身のアイデンティティを相対化していると言える。ここで重要となるのは，そうした教師の「カテゴリー化実践」のせめぎあいの様子が鈴木を通して視聴者に伝えられているというところにある。教師が生徒に恋愛感情を持ってはいけない，生徒を「妄想のネタ」にしてはいけない。おそらく，そうしたメッセージは，社会におけるマジョリティの価値観に裏打ちされている。教師は，生活のリアリティを排除するかたちで，文字通り，「普通」の教師を「演じる」ことで，教師として学校や教室でマジョリティの価値観（＝常識）によって生かされることとなる[5]。

　けれど，学校や教室のなかで，教師が教師のカテゴリーを，生徒が「普通」の子どもを「演じる」ことで，おたがいに生活のリアリティを手放し続けるとしたら，あとには，なにが残るのだろうか。本稿4-2で指摘したように，「カテゴリー化実践」の裏側にリアリティを追い込むことで，学校や教室のなかには，「普通」の価値観それ以外の物事について考える必要がなくなる可能性がある。現代の差別問題について指摘

する好井（2015, pp.160–161）は，「自らの日常から切り離すことなく差別を考えるという営み」を重要とし，そのための他者を理解する実践を，「相手を「わかる」ことの，最大の意味は，「わからない」ことへの気づき」，「自分とは異なる差異をもつ他者に内在する"奥深い他者性"への気づき」と説明している。このドラマでは，差別問題について論じられてはいない。しかし，好井の論考を引いたのは，人々が教師や「普通」の生徒を「演じる」ことで，まさに，学校や教室からは，「"奥深い他者性"への気づき」が排除される可能性をここで指摘しておきたかったからである。

これは，従来の生活指導論にも同様の指摘がある。高校教育現場の実践記録のなかで，吉田（1997）は，ホームルームや授業から，教師や生徒の生活事実のリアリティが無化されることを問題視し，他者性の発見を課題として挙げている。生活指導論においては，しばしば，児童生徒が現実の生活について語る機会をその課題の解決の手段とされる。

このドラマでは，最終話に見られるクラス会議が，そうした生活に関する語りの場となっている。以下より，クラス会議の構造について目を向けて，「普通」の教師や生徒を「演じる」教室が，いかにして他者性の発見へと向かうのかを検討してみたい。

6 生活のリアリティを問うということ

6-1 クラス会議の展開

論究の前提として，クラス会議の概要を説明しておこう。中学校の夏季休業中，鈴木は，町内の夏祭りで恋人と一緒にいるところを女子生徒の丹沢栞（馬渕有咲）に目撃される。そのとき，恋人は悪阻に苦しんでおり，生徒たちの間に，鈴木が「できちゃった結婚」をするという噂が流れてしまう。丹沢と一部の女子生徒は，鈴木を特別に慕っていたため，嫉妬の気持ちもあって，このことを問題視する。そして，教師たる者が避妊をせずに性交渉を行い，女性を妊娠させることの倫理的是非を問うべく，夏休み期間中の登校日に，クラス会議を開くことを決める。鈴木は，このクラス

会議を4月以降の教育実践の成果を垣間見る機会と位置づけ，ドラマそのものも，このクラス会議を結末として設定している。このことから，当該のドラマにおいて，このクラス会議は，重要な意味を附与された場面であると言える。

ここでは，クラス会議の分析を試みるが，まずは，鈴木による性交渉への価値観と，避妊の位置づけについて知るために，次の語りを示しておこう。これは，恋人の会話のなかで提示された語りである。

鈴木：〔自分は〕ナマ派なんですよ。

恋人：ナマ派？

鈴木：つまりその，セックスはナマでする主義なんです。つけてはしないって決めてるんです。

恋人：それって，ぜったいに避妊はしないってこと？

鈴木：うん，だから，女性のほうで，そうする気がないうちは，つきあわないことにしてるんです。……ふふ，どこで線引きをつけるかって，人それぞれだと思うんですよ。

恋人：……線引き？

鈴木：たとえば，つきあうまではキスをしないとか，結婚するまでは，セックスをしないとか。これはOKで，これはNGっていうラインを引く場所は，個人個人によって変わってくると思うんです。それぞれの線引きを集めて，平均化したものが世間の良識なり常識になっている。

恋人：たしかにね。

鈴木：でも，その平均値にとらわれすぎると，かえって，判断を誤ってしまうこともあると思うんです。線引きは，あくまでも個人の価値観であって……。

恋人：ナマでするかどうかが，鈴木くんにとっての線引きってとこかなあ。やっぱり，精神性重視の問題？

鈴木：一番の理由はそうです。セックスに関しては，ふたりの背負った決意や覚悟，つまり，心の部分までを含めて，大事に味わいたいから……。

（第6話：レストランにおける会話）

このように考える彼にとっては，避妊をせずに女性と性交渉を行うことは問題とはならないのだろう。

それでは分析に進みたい。分析にあたって，第9話と第10話のクラス会議における教室内の発話を悉皆採取して，発言者の氏名，性別，挙手と起立の有無，発言の要旨と展開を記録した一覧表を作成した（香川，2017）。それによると，確認できるかぎり，教室内の発言は，総計267回で，そのうち，鈴木の発言は，23回であった。

クラス会議の発言を検討すると，次のような時系列で議論が推移している。①誰が議長になるのかという議論がなされる，②竹地が議長となり，クラス会議の続行の可否を検討される，③竹地を中心として鈴木に質問がなされ，その回答を受けて生徒たちが自己の家庭について語る，④避妊の是非をめぐって，河辺の問題提起をもとに議論が紛糾する，⑤最終的な議論のとりまとめが行われる。このような推移を経て，クラス会議は進展した。

クラス会議のテーマは，教師である鈴木の倫理的是非を問うこと，すなわち，鈴木の「できちゃった結婚」に罪があるのか，ないのかということを問うことであった。しかし，このテーマは，個々人の価値観や生き方を問うものであって，議論を進めるなかで，個々人の生活のリアリティを議論の俎上に引きずり出すこととなるものである。それを示すように，このクラス会議の前半部分には，生徒が自己の家庭について語る場面が複数挿入されている。具体的に指摘すれば，①男子生徒の野呂光輝（小山燿）が，「遊び人」であったが，「できちゃった結婚」をしたことで身を固めたという従兄弟について語る場面，②桂チカ（中西夢乃）が，自分の家庭が母子家庭であるとして，子どもができても結婚をしない男女への批判に反論する場面，③小菅小夜子（森野あすか）が，それに対して，自分の母親が母子家庭によいイメージを持っていなかったが，桂の家庭に触れて考えを改めたと語る場面，④新見葵（福地亜紗美）が自分の家庭が経済的な理由で子どもをつくることを自重していたにもかかわらず，世間では好き勝手に子どもをつくる人が多いと批判する場面，⑤出水が自分自身の家庭が「できちゃった結婚」で，その結果自分が誕生したと語る場面。以上が挙げられる。「できちゃった結婚」の倫理的是非をめぐる議論は，個々人の家庭や結婚のあり方をも問う議論であるから，自身の家庭について，語らずにはいら

れないという生徒の描写が挿入されることになったのだろう。

クラス会議で「できちゃった結婚」を取り上げるということは，クラスのなかに「できちゃった結婚」の当事者や，関係者が存在していないと暗黙のうちに多数の生徒たちが了解していたということを示している。「できちゃった結婚」のあり方を問題とすることこそ，マジョリティの価値観による一方的な指弾なのである。生徒たちも，議論のなかで，そのことに気づきはじめる。出水の語りの直後，発案者の丹沢は，「こんなに，みんながプライベートなことを言いあうことになるなんて」と反省し，クラス会議の提案を取り消すと申し出る。そして，一部の生徒もそれに同意した。こうした結論に至ることは，鈴木や視聴者には，あらかじめ見えていた帰結であった。第2話において，鈴木は，給食のマナーについてクラスなかで議論をすることが可能かどうか，出水の両親と次のように議論をしている。

鈴木：正直，私は心底迷っています。生徒たちにどう伝えるべきか。ほんとうは，こういった問題を，クラスでしっかりと話し合わせるのが私の理想ではあるのですが。

父親：当事者の親がどの口で言うのかと思われるでしょうが，自由な討論がつねに最良の道でしょうか。……この問題は，デリケートで，根が深い。子どもたちは，両親から授かった教育やしつけ，家族の価値観までも背負って討論しなければならなくなります。

鈴木：〔もしかすると討論が〕相手を打ち負かし，自分を押し通すためだけの戦闘，罵り合いに堕ちてしまう。

（第2話：相談室における会話）

クラス会議は，まさに彼らの憂慮が的中したかたちとなった。けれど，竹地や小川の呼びかけによって，中途半端に議論を終了させるべきではないという議論が支持され，結局，会議は続行されることとなる。

ここでのやり取りは，大半の生徒がマジョリティの価値観に依拠して「できちゃった結婚」を把握していたということを生徒自身と視聴者に知らしめるものとして機能している。家庭についての「問題経験の語り」は，議論のなかで偶発的に行われたものであるが，

それによって, 生徒と視聴者は, オルタナティブなリアリティの存在を直視することとなったのである。

6-2 クラス会議の機能

続行が決まったクラス会議の中盤で, 教師の「できちゃった結婚」を非難する女子生徒の丹沢や入江沙季 (松本花奈) の意見に鈴木が応答する場面が描かれている。そこで鈴木は, 「自分自身, 一個人として」は, 「できちゃった結婚」を「汚いものとも, 不道徳なものとも思わない」とする。しかし, 「一般的に」未発達で未熟とされる中学生に誤解を与える行動を行った時点で, 中学校教師としては「失敗」であり, そのことへの謝罪の気持ちはあると述べた。これは, 教師というカテゴリーにおいて, 自分の行為は指弾されるものであるが, ひとりの人間としては, 恥ずべきことではないという主張である。

これに対して, 生徒たちは, そうした「お情け」のような謝罪は必要ないと反駁する。ここでの反駁は, 「自分自身, 一個人として」の鈴木の意見を聞きたいのであって, 教師というカテゴリーを引き取った鈴木の意見を聞きたいのではないということを意味している。これまで見てきたように, 鈴木は, 積極的に教師というカテゴリーを「演じる」ことを選択し, 自己に二面性を持たせることで自身のアイデンティティを確立しようとしていた。しかし, ここにおいて, 生徒たちは, むしろ, 教師のカテゴリーを引き剥がし, 人間としての鈴木を議論の俎上に持ち出そうとしているのである。

その後, 女子生徒の椿美久 (安田彩奈) からの「避妊はしたんですか?」という問いかけに対して, 鈴木は自身が「避妊をしない主義」であると応答した。彼がこのような「主義」である理由は, 前述した通りである。この応答に対して, 椿は, 学校で避妊指導があるにもかかわらず, 教師が避妊をせずに性交渉を行うことの欺瞞性を指摘した。すると, 議論は鈴木の予期せぬ方向へと進む。性交渉における避妊の有無について, 河辺は, 自分も避妊はしないと反射的に発言し, その主張に一部の女子生徒が反発, 矢継ぎ早に議論がなされていく。最終的に, それぞれの価値観は, それぞれに存在が「許されている」であって, 並立していく

選択があると竹地が指摘し, 鈴木もそれに同意するかたちで, 生徒らが議論のとりまとめを行った。生徒たちは, 鈴木の私的領域に踏み込んだことを詫び, 謝罪をして会を閉じた。

避妊の選択は, 個人の私的領域の話題である。これをクラス会議のなかで取り上げるということは, あけすけな他者への批判や干渉につながる恐れがある。ここでは, 最終的に個人の私的領域への介入が反省され, 教師への謝罪につながった。生活指導論によれば, 学級づくりは, 「本音でつながることではなく, 本音を引きだし, それにもとづいて古いたてまえを倒壊させ, 新しいたてまえを創りだすこと」であると説明されている (竹内, 1998, p.100)。しかし, それには, 「個性的尊厳を尊重した関係性」の形成が求められ, 生活現実にもとづいた本音を好き勝手に語ることは, 良しとはされない。一個人の私的領域への配慮, 意見表明にともなう自他への配慮が求められるのである (竹内, 1993)。このように見てくると, 終末部分の謝罪という行為は, 教師というカテゴリーに対する謝罪ではなく, 生徒が一個人の私的領域に介入したことへの謝罪 (=学習活動) として理解できる。

ドラマに登場した主要な生徒たちは, 基本的に, 「普通」を「演じている」とされる。他方, 鈴木も教師というカテゴリーを意識的に「演じている」。けれど, 検定教科書にある既存の知識体系——それは, 無色透明で誰も傷つけない——を学ぶのではなく, 生活現実を議論するとき, あるいは, 生活現実の困難性に遭遇したとき, もはや登場人物たちは, 「普通」のカテゴリーに留まることはできない。問題を問題として直視し, 生活のリアリティについての語りをせざるをえなくなるのである。

7　総括

本稿では, テレビドラマ『鈴木先生』の映像分析を通して, 教師や生徒の「普通」の表象に関する考察を進めてきた。

ドラマには, 「普通」のカテゴリーを意識し, 現実について「生きづらさ」を感じる教師と生徒の姿が描

かれていた。しかし，「生きづらさ」や生活の現実に常識という蓋が被せられることで，教師も生徒も，それ以上，諸々の問題に向き合う必要はなくなる。それに対して，当該のドラマでは，クラス会議の場面を通して，人々が「普通」というカテゴリーを脱却し，それぞれの生活のリアリティを見つめ直すことが，「より深い学び」（第6話）につながるということが示唆されていた。「カテゴリー化実践」による価値観の再生産を脱却することで，教師と生徒は，検定教科書にある既存の知識をなぞるレヴェルではなく，生活のリアリティを学習課題として取り込むことが可能になるのである。

教育学者の竹内常一は，ユネスコ（United Nations Educational, Scientific and Cultural Organization）の「学習権宣言」（1985）を，従来の生活指導論とフレイレ（Paulo Freire）の見地から読み解き，次のような学習のあり方を提示している。彼によれば，学習活動は，「自他の生活コンテクストを重ねあわせて，世界（テキスト）を読み開いていくもので」，「これは，学校側の権力的なコンテクストに従属して世界を読むのではなく，互いに異質な人びとの生活コンテクストを重ねあわせつつ世界を批判的に分析していく」行為となる（竹内，1993, p.200）。その意味で，学習は，「自己中心的なものではなく，多中心的なものであり，独白的なものではなく，多声的なもので」，「子ども同士の，子どもとさまざまな人びととの直接・間接の対話・討論をつうじて，これまでの名づけ・定義を批判的に吟味し，世界を共同して読み開いていく自分たちのコードをつくりだしていくこと」とされている（竹内，1993, p.200）。

最終話におけるクラス会議の「より深い学び」の意味内容を生活指導論の立場から解釈すれば，上記の学習活動の説明がその手がかりになるだろう。通俗的には，家族の事情や性的志向性といった生活のリアリティを教室に持ち込むことは，「神聖な教室のなかに」，児童生徒自身の「生活のコンテクストをもちこむものとみなされ，排除される」（竹内，1993, p.180）。しかし，鈴木学級では，教師というカテゴリーではなく，「一個人としての」鈴木の生き方がテクストとして議論の対象となり，生徒たちも個々人の生活文脈から議論に参加をし，「自分たちのコード」を創出しようとしていた。

ただ，クラス会議では，結婚や性交渉について語られても，そこから同性婚や同居婚のあり方，ようするに，結婚の様態や多様性について語られることはなかったし，性交渉についても教師の発言は男性性の見解を超えていないなど，議論の限界性も様々に垣間見える。けれど，そのような限界性を内包しつつも，当該のドラマには，生活現実のなかに埋没しがちな諸々の問題を学校教育が取り上げる有意味性が示唆されているのではないだろうか。もちろん，ドラマはあくまでも虚構のものであるし，スポンサーや放送局という存在を背後に，より多くの視聴者の獲得という命題を十字架としてかかえるものでもある。そのために，性交渉など，人々の耳目を集めるテーマを中心にせざるを得ないのかもしれない。だが，こうしたテーマを，より青少年の生活現実にねざしたものに置き換えるならば，家族のあり方や貧困問題（＝奨学金問題），「いじめ」や差別問題，政治課題（＝18歳選挙権），労働問題（＝「ブラック・バイト」）など多様な議題を挙げることができる。そして，このように教師と児童生徒が，みずからの生活のリアリティを問う教育実践は，無着成恭の「山びこ学校」（1950年代）に代表される生活綴方運動など，日本教育史における著名な教育実践とも志向性の合致するものなのである。

ただし，生活のリアリティを問う教育実践が，今日の日本社会や学校教育現場において許容されているのかといえば，必ずしもそうとは言えない。クラス会議の最終部では，生徒たちが教室内の事情を外部に漏洩させることが鈴木を窮地に立たせることになると注意を交わしているし（第10話），こうした教育活動が学校外部から批判を受けることになると教師同士が確認する場面も複数挿入されている。とりわけ，このドラマのなかで教師というカテゴリーについて考えるならば，各話に登場する校内の喫煙室の壁面には，映像から確認できるかぎり，「恐ろしいタバコの害」，「迷惑行為反対！！　職場での受動喫煙」，「禁煙は愛　禁煙は決意　禁煙は革命」，「禁煙宣言」，「たばこについて考えてみませんか」，「なぜ吸うのか意味がわかりません」，「神奈川県では「受動喫煙防止条例」が制定されました。東京都も続け！！」，「恥を知れ　禁煙できない　ダメ教師」との貼り紙が掲示されている（各話）。穿った見方をすれば，これらの貼り紙は，現代の教師

たちに対する日本社会からのまなざしを体現している
ものとしても解釈できよう。そして，やたらに喫煙室
の描写が挿入される当該のドラマは，まっとうに見え
る常識が構築され，「より深い学び」の契機も失われ
る現代の学校教育現場の状況を暗示しているのかもし
れない。

　学校教育現場を舞台としたテレビドラマには，様々
な論点が内包されている。本稿の論究では，その論点
を「カテゴリー化実践」と生活指導論という切り口
から整理し，分析を試みるものであった。しかし，本
稿が提示した以外にも，映像作品からは教育学域の研
究と実践にもとづいた多様な解釈が可能なはずである。
本稿をひとつの事例として，今後，フィクショナルな
データを活用した教育学研究，教育社会学研究が深化
することを念願してやまない。

注

1) 数少ない先行研究としては，稲葉（2012）の研究が
ある。稲葉の研究は，「金八先生」を対象とするも
のであるが，こちらの作品もどちらかといえば，生活
教育派に親和性がある。教師や学校を舞台とするも
ので，教科教育に焦点を当てて制作された映画やテ
レビドラマは稀有である。
2) 本文中では，ドラマからの引用を，“「　」”で示す。
また，教育学域や社会学域の先行研究において，括弧
でくくられることが通例となっている概念につい
ても，同様の処理をしている。また，トランスクリプト
では発言内容の補足を“〔　〕”で明記した。
3) 本稿では，差別問題について論じる社会学者の好井
裕明の論考と生活指導論を援用しているが，両者は
無関係に接続されたわけではない。好井は，被差別
部落における差別問題を研究対象としているが，初
期の生活指導論は，部落解放教育にも親和性があり，
今日のような生活現実を語りあう実践の潮流には，
当時の影響が残る。
4) 河辺は，自身の姉が風俗店に勤務しており（第2話），
性交渉の話題について奔放な家庭の存在も示唆され
ている登場人物であった（第10話）。彼女にとって
は，性交渉のあり方が恋人との破局の原因であると
いうことは，クラスメイトの前で主張しても恥じ入
ることではないものと解釈することができる。
5) もちろん，生徒に対する妄想は極端な事例ではあっ
て，その是非を論じるつもりはない。しかし，教師が

カテゴリーを「演じる」ことで，教師の生活は，確実
に生徒の視野から排除される。それを象徴するか
のように，ドラマのなかでは，教師が「合コン」に参
加する場面（第1話），校内の喫煙所で煙草を吸う場
面（各話），校舎の屋上でノンアルコール・ビールを
呑む場面（第8話）など，おそらく教師のカテゴリー
を逸脱するであろう描写が各所に挿入されているも
のの，これらの場面に，生徒の姿が入り込むことはな
い。教師の生活は，あくまでも生徒の視野の外部で
展開されているのである。

引用文献

cinemacafe（2013, 1月11日）長谷川博己&臼田あさ美ドラ
　　マ「鈴木先生」平均視聴率2.16％も「気にしてなかっ
　　た」http://www.cinemacafe.net/article/2013/01/11/14934.
　　html（2014年5月20日閲覧）
フォード，C. S. & ビーチ，F. A.（1967）人間と動物の性
　　行動──比較心理学的研究（小原秀雄，訳）．新思
　　潮社．（Ford, C. S., & Beach, F. A.（1951）*Patterns of
　　sexual behavior*. New York: Harper.）
長谷正人（2003a）はじめに．長谷正人・中村秀之（編），
　　映画の政治学（pp.9–20）．青弓社．
長谷正人（2003b）占領下の時代劇としての『羅生門』
　　──「映像の社会学」の可能性をめぐって．長谷正
　　人・中村秀之（編），映画の政治学（pp.23–59）．青弓
　　社．
稲葉浩一（2012）「涙の共同体」としての『3年B組金八先
　　生』──卒業式における「集合的な泣き」の分析．
　　北澤毅（編），文化としての涙──感情経験の社会学
　　的探究（pp.134–157）．勁草書房．
石田佐恵子（2009）ムービング・イメージと社会──映
　　像社会学の新たな研究課題をめぐって．社会学評
　　論，*60*, 7–24.
五十嵐顕・大田堯・山住正巳・堀尾輝久（編）（1982）生
　　活指導．岩波教育小辞典（pp.163–164）．岩波書店．
香川七海（2017, 1月19日）「鈴木先生」最終話トランスク
　　リプト．篠原保育医療情報専門学校「教育原理」配
　　布レジュメ（pp.1–12）．
片桐芳雄（1999）教育史学と教育社会学──広田照幸『陸
　　軍将校の教育社会史』を読む．藤田英典・黒崎勲・
　　片桐芳雄・佐藤学（編），教育学年報7 ジェンダーと
　　教育（pp.561–571）．世織書房．
小玉美意子（2008）テレビニュースの解剖学──映像時
　　代のメディア・リテラシー．新曜社．
草柳千早（2004）「曖昧な生きづらさ」と社会──クレイ
　　ム申し立ての社会学．世界思想社．

森昭 (1961) 教育哲学における教育研究の立場と方法
　　──19世紀後半から第2次大戦まで. 教育学研究,
　　28, 165–183.
大西忠治 (1963) 核のいる学級 (大西忠治実践記録集 1).
　　明治図書出版.
大西忠治 (1980) 核のいる学級 続 (生活指導選書13). 明
　　治図書出版.
大西忠治 (1981) 核のいる学級 [正] (生活指導選書12).
　　明治図書出版.
折出健二 (2016) 生活指導の基礎と他者概念. 愛知教育大
　　学研究報告 教育科学編, *65*, 203–211.
竹内常一 (1993) 日本の学校のゆくえ──偏差値教育は
　　どうなるか. 太郎次郎社.
竹内常一 (1998) 子どもの自分くずし, その後──"深層
　　の物語"を読みひらく. 太郎次郎社.
亘明志・田邉信太郎 (1988) 映像社会学序説 (広島修道
　　大学研究叢書46). 広島修道大学総合研究所.
吉田和子 (1995)「個人的なことがらの政治」から共生の
　　世界をひらく──「家族問題」のパースペクティ
　　ブ. 竹内常一・太田政男・乾彰夫・仲本正夫・吉田
　　和子 (編), 自分さがしと高校生活 (講座 高校教育
　　改革3) (pp.45–68). 労働旬報社.
吉田和子 (1997) フェミニズム教育実践の創造──「家
　　族」への自由. 青木書店.
好井裕明 (2009) 映画を読み解く社会学の可能性──「日
　　常の政治」のエスノグラフィーへ. 社会学評論,
　　60(1), 109–123.
好井裕明 (2015)「柔らかく, そしてタフな」言葉や論理
　　の想像へ──差別的な日常を私が反芻し反省でき
　　るために. 町村敬志・荻野昌弘・藤村正之・稲垣恭
　　子・好井裕明 (編), 現代の差別や排除を見る視点
　　(差別と排除の〔いま〕1) (pp.138–174). 明石書店.
全国生活指導研究者協議会 (編) (1959) 生活指導の基本
　　問題. 明治図書出版.
全生研常任委員会 (1963) 学級集団づくり入門 (第2版).
　　明治図書出版.

謝　辞

　本稿は, 『質的心理学研究』 (第16号) の特集「質的研究における映像の可能性」の趣意に示唆を得て, 執筆したものです。筆者の怠惰さから特集論文の募集期間には投稿ができませんでしたが, 日を置かず, 一般論文として今号に掲載されることとなり, 幸いでした。特集を企画された好井裕明氏と樫田美雄氏, ならびに, 仔細にご意見を寄せていただいた査読者の方々に感謝を申し上げます。

(2015.11.4受稿, 2017.10.13受理)

質的心理学研究　第17号／2018／No.17／143-163

成人期にある知的障害を伴わない発達障害者の
きょうだいの体験に関する一考察
──ある姉妹の「羅生門」的な語りの分析からきょうだいの多様性を捉える試み

大瀧玲子　日本女子大学カウンセリングセンター
OTAKI Reiko　Counseling Center, Japan Women's University

要約

本研究は,ある知的障害を伴わない発達障害者（以下,同胞）の姉2人へのライフストーリーインタビューから,成人期にあるきょうだいの体験を明らかにすることを目的とした。同胞が就労に取り組み,きょうだいは自身のライフコースや親亡き後を意識し始める時期に,家族内できょうだいが担う役割と体験について,姉妹の羅生門的な語りから,きょうだいの多元的な現実を捉えることを試みた。語りからは,診断をもちながらも健常者の枠組みで生きてきた同胞が,精神障害者保健福祉手帳の取得を機に社会的に障害者として生きる選択をしたことが家族の転機となったことが明らかになった。手帳取得のプロセスに沿って語りを分析したところ,姉妹は取得によって同胞像が変化し,家族内の役割や交際相手との関係,将来展望に影響を受けていた。きょうだいは家族内で同胞を支え社会と繋ごうとする役割を担っているが,一方で,知的障害がないことで,将来どのように同胞を支えていくかはあいまいできょうだいに任されていること,成人期というきょうだい自身の人生選択を意識する時期に,障害者の姉として自身の人生と同胞の人生にどのように距離をとるかの違いが,同じ家族の中であってもきょうだいの体験に多様性をもたらしていると考えられた。

キーワード

きょうだい,発達障害,家族支援

Title

Experiences of Young Siblings of People with Mild Developmental Disabilities: Diversity of Experiences Using the Rashomon-Like Technique

Abstract

This study aims to explore the experience of a young adult sibling who has a brother with mild developmental disabilities. The sample consisted of a pair of sisters who had a brother with a disability and data obtained from semi-structured interviews were analyzed with Rashomon-like technique. The results showed that it was a turning point for the sisters when their brother received the certification of a psychiatric disorder and decided to live as a person with disability. The process of obtaining the certificate changed the image of their brother and influenced them as siblings in the family in the present or future. The sisters supported their brother and connected him to society, but it was uncertain how they would support him in the future because he did not have an intellectual disability. Even though they belonged to the same family, the difference in creating a distance between their life and their brother's life gave variety to their experience.

Key words

siblings, developmental disorder, family support

問題と目的

1 知的障害を伴わない発達障害者のきょうだいに注目する意義

本研究は, 知的障害を伴わない発達障害者[1] の成人期きょうだいの体験の多様性とその影響を, ある障害者のきょうだい2人へのライフストーリーインタビューを通して明らかにしようと試みたものである。

発達障害児者への支援の充実が図られる中, その家族や健常な兄弟姉妹（以下, きょうだい）に対しても支援の必要性が指摘されて久しく, きょうだいが抱えるストレス（平川, 1986など）や, 家族内で自ら位置や役割を調整しなければならない状況が指摘されてきた（西村・原, 1996）。しかし, 幼少期から親亡き後まで長く時間を共にする存在でありながら, 障害児者（以下, 同胞）のきょうだいであることによる体験や影響について, 多方向から明らかにした研究は未だ十分ではない。

また同胞の障害の程度によってもきょうだいの体験は異なると考えられるが, 中重度発達障害に比べ, 知的障害を伴わない場合のきょうだいや家族の姿は十分に明らかではない。中重度の発達障害と比べて, 知的障害を伴わない場合は, これまで福祉や特別支援教育の対象外とされてきた経過が長く, 問題が深刻化しようやく対応される現状がある（辻井, 2004など）。しかし, 彼らの抱える困難や周囲の無理解・誤解は想像以上で, 複雑な問題を抱えていること, "軽度"とは, 軽い, 問題が少ないなどとはかけ離れた深刻な問題が内在しているために, 知的障害を有する子どもとは異なる対応が必要であること（山崎, 2009）などが指摘されている。浅井・杉山・小石・東・並木・海野（2004）は, 同胞の障害が知的障害を伴わない（もしくは軽微である）場合には, 同胞と興味や感情を共有することや反応予測の難しさがあるなど, きょうだいは同胞との関係においてストレスを抱えることがあると指摘し, きょうだいに与える影響についてさらなる調査が必要であると述べている。

このように知的障害を伴わないことで, 障害認知の難しさや誤解といった特徴が, きょうだいにも複雑な影響を与えていることが予想される。障害の種別や程度がきょうだいに与える影響についても十分な検討が必要だろう。先行研究の多くは, 中重度の発達障害を対象としており, きょうだいが受ける影響が肯定的／否定的であるかという画一的な注目や, きょうだいが心理的問題を抱えているか否かといった視点からなされており, きょうだいの体験について長期的な視点で捉えようとする研究は十分ではない（大瀧, 2011）。障害児者のケアテーカー, あるいは援助対象としてのみならず, 障害児者のきょうだいであると同時に, 一人の生を生きる人としての体験や影響について探究することが重要と考える。

2 成人期への注目

本研究では, 次の点から, 成人期きょうだいの体験に注目する。まず1点目に, 成人期きょうだいは, 就職や結婚といった人生の岐路に際して様々な葛藤を抱えることが指摘されている（橘・島田, 1999；吉川, 1993）。また老年期を迎える親を前に, 親亡き後を考え始める時期でもある。原田・能智（2012）は, 青年期のきょうだいが自立して主体的に生きるという自らの発達課題について, 同胞の生と無関係に考えることが難しいと述べている。家族の中で重要な役割を果たすほど, きょうだいは人生の岐路で自分が家庭から離れることを難しいと考え, 親亡き後も, 自分が面倒を見ると考えることは少なくないとの指摘もある（山本・金・長田, 2000）。このように, 成人期は自身の人生と向き合い選択をしていく時期でありながら, 同胞の存在にも影響を受ける時期であるといえよう。しかし, このような傾向が知的障害を伴わない発達障害においても同様に見られるのか, 発達特性や障害の程度によってきょうだいが受ける影響にどのような相違があるのかは明らかになっていない。

2点目には, 発達障害者の就労に関する問題意識である。知的障害を伴わない発達障害者に対しては, 学校教育の段階から将来の自立を考えることが必要であるが（梅永, 2014）, 診断時期の遅れなどから, 現状では就労の際に問題が顕在化する例が多いとの指摘がある（五十嵐・横井・小峰・花田・川畑・加藤, 2014）。

変化に応じて家族の成長を支えることが必要であるが（中田, 2014），現状では将来の展望は見えにくく，就労や自立をめぐって社会生活上の問題を抱えやすいこと，そして家族も同様の悩みを抱えていることが指摘されており（田中, 2012），この時期の障害者と家族へのサポートが十分でない状況が窺える。家族ライフサイクルの視点からも，就労は一つの危機的な状況であり（久保, 2004），きょうだいにとっても，同胞の就労は家族の機能や自身の人生選択に影響を与えるライフイベントとなることが想像される。

したがって，同胞の就労にきょうだいとして，また人生選択の時期に自身の人生を生きるその人として，成人期きょうだいの体験を多様な視点から明らかにすることは，きょうだいや家族の体験に対する理解を深め，また障害をもつ本人への支援を考える上でも意義があると考える。

3 家族という文脈からきょうだいの現実の多元性を捉える試み

先行研究では，量的な研究を中心にきょうだいの一般的な傾向は明らかになりつつも，その多様性と複雑性を捉えること，またきょうだいやその家族が生きる社会的な文脈からの考察は十分ではない。土屋（2002）は，障害者と家族の関係性や家族全体について論じたものが少ないことを指摘しており，個々の主観的経験を捉えることが大事であると述べている。しかしながら，障害者家族に関するこれまでの研究では，障害者のケアを専従的に担う母親が中心に据えられてきたものが多く，社会的支援を必要とする当事者であるという認識の必要性，特に母についてその傾向が先行研究で指摘されつつある一方で，きょうだいの当事者性については，その発見が遅れてきた（吉川, 2002；田中, 2012）。障害者家族の関係性について検討するためには，同胞と近い発達段階にあるきょうだいについて，同胞，親それぞれとの二者関係だけでなく，家族メンバーの間で相互に影響を受けながら自身の生を生きる人として，その体験を捉えることが必要であるが，そのような研究の蓄積は乏しい。

また，これまでの質問紙を中心とした量的研究では，きょうだいが抱えうる心理的問題について，健常児の

みで構成される兄弟姉妹との比較を前提としており，きょうだいの体験の多様性が捨てられてしまうとの指摘もある（笠田, 2014）。きょうだいの体験について，一般的な傾向や受ける影響などの検討だけでは十分とはいえず，きょうだいが自身の体験をどのように意味づけ，過去から現在，そして将来に亘る人生にどのように影響を受けているのか，その繋がりといった深みや相互作用に注目し，障害者のきょうだいとしての体験の多様性と個別性について詳細に捉えていくことが必要である。

加えてきょうだい関係には，兄弟姉妹の出生順位や性別などの様々な条件が影響しており，そして同胞の障害特性の幅広さもまた多様性に迫ることを難しくしている側面がある。たとえ同じ家族内であっても，きょうだいの社会的現実は複雑で多岐に亘るだろう。きょうだいの多様性について探索するためには，多くのきょうだいから語りを収集することはもちろんであるが，多様性がどのようにもたらされているのかを探る視点も必要であると考える。

そこで本研究では，障害をもつ同胞（弟）の姉2名にインタビューを行い，「羅生門」的な語りを通して，きょうだいの体験の個別性や多様性とそれをもたらす要因について検討を行いたいと考える。「羅生門」的手法とは，家族をそのメンバー一人一人の目を通して捉えるアプローチの仕方（Lewis, 2003/1954）であり，一つの事件についての語りを複数並べることで，個人によっていかに多様に経験され表現されているかを示すところに特徴がある（小林, 1994）。また荘島（2008）は，家族を空間的・時間的な場所として眺めることで，家族の重なりに新たな意味を見出すことができるとして，これを「羅生門的語り」と名づけ，それぞれの経験や意味の問題を扱う点において有効な視角であると述べている。

本研究では，同胞と一つの出来事をめぐる姉妹の語りを並列し，きょうだいが社会的現実をどのように体験しているか，またそれをどのように意味づけきょうだいを生きようとしているのか，複数の視点から捉えることを試みる。同じ同胞をもつ姉2人のきょうだいとしての体験がどのように共通していてどのように異なっているのか，「羅生門」的手法によって迫ることで，きょうだいの体験の多様さを捉えるとともに，多

様性をもたらす要因についても検討することができると考える。語りを「羅生門」的に重ね合わせ,きょうだいの目を通して捉えられる同胞と家族の姿を描き出し,家族内の現実の多元性を捉えることは,きょうだいの体験とその多面性を捉えるために意義があるだろう。

4 目的

本研究では,ある知的障害を伴わない発達障害者の姉2人の語りを通し,次の3点について調査することを目的とする。①知的障害を伴わない発達障害者の成人期きょうだいの,同胞との関係における体験はどのようなものか,また家族の中で担っている役割はどのようなものか。②結婚や家からの独立など,自身の人生選択において,きょうだいは同胞の存在や障害からどのような影響を受けているのか,それによってきょうだいは自身の人生をどのように生きようとしているのか。③上記2点について,語りを羅生門的に重ね合わせ,相違点に注目することで,視点の違いからそれぞれに異なった形の現実を生きながらも,それらがいかに共通の現実に編み上げられるかについて検討する。きょうだいの体験について,ライフストーリーインタビューを通して個人の主観的な体験や意味づけに迫ると同時に,「羅生門」的語りから浮かび上がるきょうだいの体験の差異とそれを生む要因について検討することで,きょうだいの現実の多元性を捉えること,出来事の多面性を捉えることを狙いとする。

方法

1 研究協力者

本研究の協力者は,知的障害を伴わない発達障害者である弟の姉2名である。知的障害を伴わない発達障害の特徴をより捉えるために,診断が下されていること,知的障害がなく,学校教育では普通学級に在籍し,高卒以上の高等教育を受けていること,よりきょうだいの関係性を検討するために,年齢が離れすぎていな

いこと(同時期に学齢期にあることを考え,6歳差以内を目安とした),またきょうだい自身もライフイベントに際して選択の時期である成人期初期にあることを条件とし,募集を行ったところ,以前に筆者がインタビューを実施したことのあるきょうだいと,新たにそのきょうだいに協力を得ることができた。なお,以前にも協力していただいた方へのインタビューについては,前回から5年以上が経過している。以下に,事例の概要を示す。

【家族構成】 両親,Aさん,Bさん,弟の5人家族。インタビュー時,Aさん,Bさんは共に20代後半。弟はAさんとは3歳,Bさんとは5歳離れており,インタビュー時は20代中盤。

【障害をもつ同胞:弟の生育歴】 幼少期から衝動性や多動性が強く,対人関係に困難を抱えることが多かった。小学生時,発達障害の疑いを指摘され専門機関を訪れるも診断には至らず,中学生時にアスペルガー症候群,ADHD,LDの診断を受けたが,IQ値が対象外のため療育手帳は取得できなかった。小中高と普通級に在籍し,不登校を経験しながらも短期大学を卒業,大手企業に一般就職したが,数ヶ月で退職を余儀なくされた。インタビューの3年前に精神障害者保健福祉手帳を取得した。

【Aさん】 20代後半の女性,医療関係の仕事。幼少期から弟は"変わった我儘な子"だと思いながらも,いつも一緒で仲が良かった。自他ともに弟の面倒見役を担い,ある時「誰が育てたの!」と言ったら,親に「Aよ」と言われ納得してしまったことが記憶に残っている。他県への大学進学を機に,家族とは別居。実家を離れる決断にありえなさと後ろめたさを感じたが,離れたことで,それまで自分の一部のように思っていた弟を切り離してみることができるようになったと感じる。就職後も一人暮らしをしていたが,弟が退職し不安定になったことを見て,実家に戻ることを決断し,現在まで家族と同居を続けている。交際相手がいるが,弟の障害については伝えておらず悩んでいる。

【Bさん】 20代後半の女性,会社員。小さい頃から,妹と一緒に弟の母親役をやってきたと感じているが,一方で「ゴーイングマイウェイ」にわが道をきたという感覚もある。自分と比べて妹は,弟に色々と気づくことができる弟に近い存在で,家の中での弟の翻

訳家だと思ってきた。しかし妹が実家を離れたことで，自分も弟に意識が向くようになったと感じている。大学生の頃，母の手伝いで発達障害児者と家族の自助グループの運営手伝いをしていたことがあり，同じような状況の家族の話を聞く機会も多かった。現在に至るまで，家族と同居を続けている。

2 語りデータの収集

インタビュー調査は，2012年3月〜6月にかけて，筆者自身が行った。インタビューは，協力者が安心して話をすることができるよう，協力者の指定する場所（喫茶店，大学の小教室）にて実施した。インタビューガイド（表1）を用意し，質問項目を事前に協力者に伝え，自由に語ってもらった。本人の自発的な語りによる自然な流れを重視し，語りの内容によって，質問の順番を入れ替え個別に質問を加えた。また協力者には，研究協力依頼の際に，本研究の目的，プライバシーの保護と守秘義務に最大限の配慮をすること，研究への協力はいつでも取りやめることができること，得られたデータは研究以外の目的では使用しないことを伝えた。また，インタビュー内容については，事前に同意を得た上で，ICレコーダーに録音を行った。録音時間はそれぞれ約2時間〜3時間（総時間300分）であり，インタビュー終了後，逐語録に書き起こした。

3 データの分析

きょうだいの体験として得られた語りのデータについて，成人期の知的障害を伴わない発達障害の特徴や，就労をめぐる家族の動き，きょうだいの思いと将来展望，そして2人の語りの相違点に注目しながら，エピソードを抽出し，各内容に即した見出しをつけた。次にエピソードを時系列に沿って並び替え，KJ法（川喜田，1986）を参考にグルーピングを行った。その後，AさんBさんのライフストーリーの要旨を作成した。

その結果，姉妹の語りからは，同胞の障害者手帳取得を契機に，障害に対する思いやきょうだいとしての体験，役割に変化が起こっていることが見出された。また障害の診断と手帳の取得時期が乖離していること，そしてある時期まで通常教育を受けていながら，就労

表1 インタビューガイド

1	ごきょうだいの障害について知っていることを教えてください（障害名や手帳の有無，その種別など）。
2	成人後のごきょうだいとのやりとりや印象に残っていることについて教えてください。またその時の思いはどのようなものでしたか。
3	ご自身の進路や就職，結婚などのライフイベントについてのご経験を教えてください。その際，ごきょうだいとの関係やその障害によって，なにか影響を受けたと思われることがありますか，あるとしたらどのようなことですか。
4	その際の，家族の間でのやりとりはどのようなものでしたか。
5	現時点での，将来に対するお考えを教えてください。また，それによって現在の選択や進路選択に影響を受けていることはありますか。あるとしたらどのようなことですか。

を契機に手帳の取得に至っている点は，知的障害を伴わない発達障害の成人期の体験として特徴的であると考えられた。

ルイス（Lewis, 1986/1961）は「羅生門」的手法について，複数の語りを並べて呈示することで，主観性を部分的に浮かび上がらせると同時にそれぞれのメンバーが出来事を思い出す際の食い違いも明らかにすると述べており，語りの共通なところと不整合なところの両方を合わせることで，多面的な出来事の全体が浮かび上がる（小林，1994）。そこで，手帳の取得という一見単一であるはずの事象が，視点の違いによって姉妹の間でそれぞれにどのような現実として生きられているのか，羅生門的手法によって分析することが，成人期きょうだいの体験の多元性を捉えるという研究目的に適うと考え，分析の枠組みに据えることとした。具体的には，きょうだいの体験について，手帳取得のプロセスと，将来に対する考えの2つに区分し，前者をさらに①取得に至るまで，②取得，③取得後の3つの時期に区分した。後者については，将来をどのように見据えているかという点の検討が，それによって現在の自身の人生選択やきょうだいを生きることにどのように影響を受けているかという問いに答えうると考えた。

表2　手帳の取得プロセスにおける，きょうだいの体験の相違

共　通		差　異	
		Aさん	Bさん
取得前	・幼少期から就活まで，家族総出で支えてきた。退職するまでも，退職後も，混乱が続いている	・幼少期から，自分が面倒見役と思ってきたが，家を離れ，自分と弟を切り離してみることができるようになった ・「次は正社員になれるかもしれない」と夢を見ながら，現実に落ち込む	・弟の障害を受け入れることが姉としての使命と思ってきた ・「このままではやっていけない」と手帳の必要性を実感し，弟に説明していた
取得	・取得するかどうか，相談の範疇ではなかった	・驚きと，受け入れられない気持ち	・取得は，かねてより予測していた
取得後	・弟のために時間を使う ・見守るしかないと感じる	・弟に時間を使うのは親孝行でもある，と意味づけている ・「研修期間」と捉え，社会人としてのスキルを教える ・「お守り」としての手帳の必要性を実感する	・不安定な弟のために自分ができること，について考えるようになった ・弟の精神年齢が熟すには時間がかかる，と受け入れ成長を待つ

結果と考察

　本節では，同胞との関係における体験と影響について，姉妹の語りを呈示していく。2人の語りを羅生門的に重ね合わせると，語りや語り方に異なる点が見られる。そこで，それぞれの語りの相違点に注目しながら，まず手帳取得のプロセスについて検討し，次に，取得の体験や意味づけが，将来に対する思いにどのような影響を与えているのか考察する。

1　手帳の取得プロセス

　2人の語りからは，幼少期からの同胞との関係性や同胞像が，手帳の取得を機に変化していることが窺われた。そこで手帳取得を転機とした弟の見方の変遷として，取得プロセスにおける語りの相違点を表2のように整理した。両者の語りを，上記の時間軸に沿って相違点に注目しながら記述し，考察を加える。なお，AさんBさんの語りをそれぞれ文頭のA, Bで示し，引用は「　」で示す。

（1）手帳取得に至るまで

　弟が退職し就労に行き詰まったことで，家族は障害者手帳の取得を検討し始める。この時期，弟の心境と

重なり合うようなAさんの語りに対して，Bさんの語りは，姉としての「使命」ときょうだい3人の関係性に焦点があてられている。弟に寄り添うように過ごしたAさんと，それを俯瞰的に捉えていたBさんという構図が見てとれる。また弟に手帳の必要性を言い聞かせたというエピソードは，Bさんからのみ語られており，Bさんがこの取得前の段階から手帳を視野に入れていたことが窺える。

A1　「栄光と挫折」の日々　　入社3か月での退職は弟本人も不本意で，「栄光と挫折」の日々だったと思う。弟も家族も「なんで3か月で」という気持ち。退職後，弟は日雇いや短期派遣のアルバイトとひきこもりを繰り返すようになった。自分も弟も，毎度「このままやったら正社員になるかもしれない」と夢見るが，長続きしない。アルバイト先が変わる度に，状況は悪くなっている気がする。「（就職の）3か月で夢も見たし，今もあのまま続けてたらっていう夢もある」一方で，辞めないという選択肢はなくもなかったが，難しかっただろうし，残ってもやっていけなかっただろうとも思っている。

A2　現実に落ち込みながら声をかける　　退職後，弟は精神的にも肉体的にも疲れて，家族がいくら言っても，正社員での就職を目指すことは考えられなかった。退職して2, 3年は，弟と「どうするのって（言い），

どうしようどうしよう（と弟が言う）」やりとりが続き、弟は、新聞を見ては"俺の将来は・・・"と落ち込んだ。「考えても先が見えないのはわかっている。ただ、まあ・・・現実を見たらやっぱり落ち込む」と思いながらも、弟に過去を見るのを止めて現実を見ろと声をかけ続けた。

　Aさんの語りからは、弟の就労状況に一喜一憂し、それゆえに短期間での退職を受け入れられない思いが見てとれる。同時にこの時期のAさんは、将来に対する弟の不安に共感し、自身も焦りを感じながらも、現実に目を向けるよう声をかけることを姉としての自らの役割として意識していたことが窺われる。

B1　障害をもつ弟を受け入れることは「使命」
弟が人と「ちょっと違う」ことは小さい頃からわかっていたが、周囲と同じようにできない弟に対して我儘ではないかという疑問や怒りがあり、「なんであなたはそうなの」と違いを攻撃していた。中学生の時に診断を受けたことで、「あ、そういう障害なんだ」と納得した。弟に「うんざり」し、受け入れられないことの葛藤から、「ああ、なんで私はこの子に対してこんな風に、もう鬼のごとく思ってしまうんだろう」と思っていたが、障害と判明したことで、弟の振る舞いが単なる我儘ではないとわかり、弟を受け入れることが姉としての「使命」に変わった。

B2　どこでも行ける妹と、上から見ている自分
退職後、弟はうつが悪化。弟は、ずっと傍にいたからこそわかる「『どっかいっちゃったな、この子』みたいな。『私たちと一緒にいないな』みたいな」様子になった。

> それをね、私たちきょうだいでは、あのう、おこもりと表現し、あの子の心をね、こうなるんです、城壁が築かれる感じ。（略）もう本当に、うつにいる時は、ドームなんです。で、ちょっと良くなるとね、天井から光が差すの（笑）。（略）妹は、私はテントだと。私はテントだからどこにでもいけるから、X（弟）ちゃんの所にもいけるし、Bちゃんの所にもいけるし、っていう表現をして。あー確かに、と。（略）

> 私はどちらかというと、これがあの地べただとしたら、そこから城壁、日本のお城みたいなのを築いて、そのてっぺんにいる感じ。（略）こう、上から見てるから、妹と弟がわかる。

B3　手帳の必要性を言い聞かせる
就職の失敗で「このままではやっていけないとわかった」弟は、日雇いのアルバイトをするも、怪我をきっかけに強いうつ状態となった。「初めて、家に帰ってきて、弟が生きていることに安堵」する日が続いた。衝動的に自殺したくなると漏らす弟を、救急の精神科に連れて行くこともあった。「ちょっと強めの薬」を出してもらい落ち着かせ、「弟はそこでやっぱり、自分には環境が必要だと。そのためには今の派遣の会社じゃ無理なのわかるよね。手帳をまずとりましょう」と家族が言い聞かせる形で、手帳の取得に向けて話が進んだ。

　この時期、弟の就職後まもなくの退職が、姉妹の共通の現実として語られている。Bさんは、障害と知った時から障害者の姉としての「使命」を意識しており、弟の退職は、その役割意識が手帳を勧める方向に舵を切るきっかけとなっている。一方でAさんは、弟の退職をBさんほどには必然と捉えておらず、そのことは、手帳よりも正社員での就労を目指すことに意識を向けさせており、その中でAさんは姉として弟を励ます役割意識を強めているようである。

（2）手帳の取得
　ひとたび手帳が選択肢に上がると、手続きは滞りなく進み、きょうだいが口を挟む余地なく取得に至っている。Aさんは、過去に対象外となった手帳が今になって再浮上し取得したことに、驚きと抵抗感を語る一方、Bさんはそのような状況を想定していたと語り、手帳取得の心境は、その前後と比べると多く語られていない。Bさんからは、状況や経緯を考えれば当然避けられず、予測の範疇だったという思いが見える。

A3　受け入れられなかった
弟は中学生の時に発達障害の診断がついたが、IQは「130。でも90の部分もあって、ばらつきがある」ために療育手帳は取得

できなかった。退職後，弟はうつが悪化し，主治医に「診断書，書けなくもないよっていうレベルで」精神障害者手帳を勧められた。「手続き的にはとんとん」いったらしいが，自分は，弟が手帳の取得をSNSに載せたことで初めて知った。手帳を取得する以外他に「どうしようもない時期」だったが，いざ取得したと知ると，「え，取ったの？ っていう」驚きと受け入れられなさを感じた。

> やっぱり私の周りでも，友達とか，精神手帳とるのは甘えだ，みたいな，そういう見られ方ってすると思うんですよ。特に精神（障害者手帳）って。っていう部分で弟を見た時に，本当に甘えじゃないのか，とか，そういうのはあるし…（筆者：Aさんから見ても，甘えじゃないのかと？）取った時は，思いました。やっぱり，受け入れられてなかったと思うし，なんで，って思ったし，弟自身（に）も，手帳を取るってことがわかってるの？ っていうのは散々言って。

B4 手帳は予測の範囲だった 内定した時点で「問題を起こしてクビになる」のではないかと予想していたので，退職し手帳を取ることになっても「やっぱりね」という気持ち。「やっぱり会社に入れたのも，母のおかげなわけですよ。母が全てエントリーシートだとかを横でつきっきりで見，この会社は何日までじゃないのって，ね，ぎりぎりになるわけじゃないですか。SPIは私が代わりに受け，（略）バックアップを，ずっと，してるわけです（笑）。これ，ずっとね。小学校の時から夏休みの宿題から，ずっとね」。

このように，同胞が障害者手帳を取得したこと，そして取得プロセスのスムーズさが共通の現実として語られている一方で，それぞれにとっての手帳の存在意義には違いが見える。Aさんにとっての手帳は，甘えとしての取得という側面が強く際立っており，驚きや拒否感と同時に，現実を受け止め，社会の偏見も含めた障害観の引き受けを迫るものとして意味づけられているようである。そしてBさんにとって手帳は，生きていく上での必要物という意義が大きく，取得を予想していたことで感情的な揺れ動きは抑えられているよ

うである。元々取得を勧めていたという経緯からも，事実として受け入れることに抵抗感が少なかったことが，語りの少なさとして表れているようである。

（3）手帳の取得後
手帳の取得後も，弟は障害者雇用に抵抗を示し，支援機関とも繋がれず状況は好転しない。この時期の2人の語りには，支援の不足で弟には成長の機会が望めないという思いが共通して見られる。今後も弟をサポートしていく必要性も共通するが，そのニュアンスは異なっている。Aさんには，見守ると同時に社会人モデルとしての役割を意識し，成長を促そうとする姿勢が見られるが，Bさんは一歩離れたところから弟を見ているようであり，長期的に待とうとする姿勢が見られる。

A4 焦りながらも見守るしかない 弟は，金銭管理や仕事探し，確定申告も一人でこなすが，生活面は苦手で朝は一人で起きられず，主治医の元にも十分に通院できていない。退職後，手帳の取得と並行して就労支援センターにも介入してもらったが，弟が消極的だったために続かなかった。日雇いが続くことで「肉体的にも精神的にも経済的にも，弟的にはマイナス」だと思う。親は「まずは手帳を使って」就職した後で次のステップを考えれば良いと勧めるが，障害者枠での就職に抵抗がある弟は納得できない。20代中盤を迎え就職口が減っていくことに，自分も含め家族で焦りも抱いたが，障害者雇用は「ああ俺もこんな仕事しかないのかって絶対言うし，でもいくら言っても本人が思わなければきかないっていうのは何度やってもわかってるし」と思うと，本人の意思が伴わないとだめだと，見守るしかない。

A5 社会人としてスキルを教える時期 弟は金銭のこだわりから，自分たちの意見を聞かずに時給だけでアルバイトを選ぶので，向かない仕事に大変な思いをすることも多い。今はもう「やって全てが経験」だと，「いろんなところで学べているのかな」と思うようになった。弟は「1日1日を頑張っている」状況で，目の前のことに精一杯なのだと思う。弟は，例えばひげそりは何を買えばいいのか，仕事中の手荒れは

どうすればいいか，仕事から帰宅して寝るまでの時間はどのように過ごせばいいか，自分たちきょうだいにアドバイスを求める。社会人としての自分たちを見ながら「もう失敗して学ぶ」のだと思う。そういう姿を見て「本当に，ゆっくりちょっとずつ学んでいくんだなっていう」ことがわかった。「バイト期間っていうのが，ある意味，なんていうんですかね，研修みたいな形？　として知れる」と思うようになり，姉として「今はもう社会人として（スキルを）教える」時期と考えるようになった。

A6　手帳が守ってくれるかもしれない　　弟と喧嘩をして自分が怪我をしたことがあった。手帳は甘えという思いもあったが，段々と「何かあった時に」「手帳を持っているということが，やっぱり，いい・・・のかな」，手帳が「守ってくれる」こともあるかもしれないと思うようになった。今は，主治医もそういう意味で手帳を勧めたのではないかとも想像している。弟は障害者年金を受給していないが，バスに無料で乗れるなど「経済的な問題が，弟の場合はすごく影響するので，そういう意味では安心かな」とも思うようになった。

B5　アドバイスを受け入れられない弟　　弟の能力を考えると，今の日雇いアルバイトは，仕事内容や人間関係を見ても弟に合っているとは思えない。「お姉ちゃんとしては，そういうレベルの職場にしがみつくのもいかがなものかと。キャリアアップという観点から言えば，ちょっと，どうなの，みたいなところも」ある。しかし辞めることを勧めても「弟はそれを受け入れられなかった」。家族が弟に良いのではないかと思われる色々なプランを提示しても「弟が納得しないと，左から右に物を移すってこともできない」状況が続いている。

B6　「この子は本当にちっちゃいんだ」と受け入れる　　これまでにも，弟の年齢と中身のギャップを感じて「この子は本当にちっちゃいんだ」と思ってきた。現在「就職支援的なもの」もない状態で，しかし「サポートセンターみたいなところにいっても，なかなかそこに踏み出せない弟がいる。ま，そこに母が引き

ずっていくんですけど，そういうのを見て，ああだいたいその・・・（発達障害の親の会の）話も聞くようになって，この子の・・・私の20歳くらいの時を弟が迎えるのは，多分30くらいかなっていうのも見えてきて」，弟を受け入れやすくなったと思う。

B7　今が一番弟に関わっている　　今が一番弟に関わり，気にしていると思う。うつが悪化し，弟は，刃物を見ると衝動的に自殺したくなると漏らすようなような状態になった。その姿を見て，自分も弟に対してできること，言うことが変わったと思う。これまでもバックアップはしてきたが，「今は本当に弟が・・・うーん，弟のために，っていう意識をもってやってる部分がありますね」。

B8　支援がないと能力は低下する　　弟がうつになった時に，弟の能力について説明を受けたことがある。下は知的な障害のレベルから，上は「東大なんか余裕で入れる人と同じくらい，それ以上のレベル」までばらつきがあると聞き，「かわいそう」「うつになるのは当然」と思ってきた。最近になって，弟の「出来る部分」は落ちてきたと思う。就職も「うーん，っていうところ」に日雇いでは，弟にとって必要なものを受けられていないように思う。「いろんなね，アルバイトをして，でもちょうどその頃仕事がね，不景気でなくなって，またそこでいろんなことがあるわけじゃないですか。それなりの職場にしかいけないから，弟が必要な支援を受けられるような職場にはいけない」「やっぱりトレーニングしないと，人間落ちるんだなあ」と感じている。

　この時期，手帳を取得したにもかかわらず十分に利用できない弟の姿，そして期待通りの効果をもたらさない手帳の存在が，姉妹の共通の現実として語られている。手帳を十分に使うことができないことについてAさんは，頑なでアドバイスからも自分を閉ざしている弟を見守るしかないと考えながらも，一方では，弟なりに精一杯頑張っている姿に社会スキルの学びに対するレディネスがあると捉えることで，この時期を就労の準備期間と意味づけている。弟の学びと成長の可能性を保持し，自身を教える存在として位置づけるこ

表3 将来を見据えた現在の心境に関する，きょうだいの体験の相違

共　通		差　異	
		Aさん	Bさん
将来	・支援は一生必要	・自分が直接面倒を見ていく	・当面，直接面倒を見るのは親で，自分は親をサポートする
	・当面は親が面倒を見ていく	・親亡き後は，自分も子どもも人生が変わるだろうと予想している	・いよいよとなれば，妹と自分で養わなければいけないが，遠い先のことだと思う
	・結婚相手には弟を受け入れてもらいたい	・交際相手に手帳を開示することを迷う	・将来は未知だが，弟の影響は少ないとも思う

とで，能動的に関わろうとしている。そして手帳については，弟を何かの時に手帳に守られるべき対象として捉え，手帳に対してお守りという新たな意味づけを与えることで，その存在を肯定しようとしている。一方Bさんは，弟の様子を一旦静観することで，手帳に対する期待を低めているようにも見える。弟を「本当にちっちゃい」幼い存在として再定義することで，手帳をうまく利用できないことを説明し，それでも弟のペースで発達していくだろうと考えることで，自らを，弟を見守る存在として位置づけている。また，弟のように能力のアンバランスさを抱える障害に対する支援が手薄であることと，それによる弟の能力の低下を強く実感しており，弟のハンディキャップが社会との関係の中で一層意識されているようである。このようにAさんとBさんはそれぞれに，手帳の取得によって弟像の変化を体験し，手帳に対しては，新たな存在意義を見出したり，あるいは期待値を下げたりすることで，その存在を肯定しようとしている。同時に弟との関わりの中で，手帳でカバーしきれない部分を補おうとそれぞれの役割を意識することで，現状へのもどかしさを抱えながらも姉として弟をサポートしていくという共通の現実が編み上げられている。

2　将来に向けて

前節では，手帳取得のプロセスをそれぞれがどのように体験し，意味づけ向き合おうとしてきたかを示した。このような手帳取得への態度は，将来への思いにもまた，それぞれ異なる形で影響している可能性がある。

そこで本節では，姉妹の将来に向けた語りについて呈示し，将来の計画や思いと，それを踏まえて現在をどのように生きようとしているのか，検討する。2人の語りの相違点を表3のように整理した。Aさんは，先が見えない中で弟の将来を1つずつシミュレーションし，支援の不足を自分と将来の家族で補うことを考えている。近い将来，交際相手に弟への理解をどのように得るか，また自分が結婚するとしたら弟にはどのような影響を及ぼすかという点で，Aさん自身の将来像に弟抜きではいられない様子が窺われる。一方Bさんは，弟の将来に亘る支援の不足という点では一致するものの，それによって弟の能力が生かされずに低下していくことに視点が向いており，自身の人生への影響は多く語られていない。結婚などの具体性がインタビュー時点で低かったこともあり，将来は「未知」と語るが，しかし今後も弟の存在に大きく影響は受けずに行動していくだろうと予測している。Bさんにとって，重要な他者への開示といった葛藤はこの時点では現実的ではなく，パートナー選択への影響は少ないように思われる。またBさんは，今後も弟をケアする主体は母であると捉え，自身はその母をサポートする役割と位置づけており，Bさんの将来像における弟の存在はまだあいまいなようにも思われる。支援は一生必要と語るが，その関与は具体的には語られていない。

A7　想定外の状況に，先が見えない　過去に不登校の時期もあったが，それでも学校生活は「先が見えていた」と感じる。「まさかこんな，バイトとか日雇いとか悩むことがあったなんて」想像しておらず，就職して「そのまま普通に，平凡に」過ごしていくのだ

ろうと思っていた。

> その時は先が見えないって思ってたと思っていた
> けど，春が来たら進学して，卒業してっていう，卒業
> が目標でやっていける。だけども，学校だったら，
> 本当にいつから授業があって，予定も全部決まって
> るじゃないですか。まあ退職があるように，退学
> とかもあったかもしれないけれど，卒業して，就職
> とか退職，バイトとか日雇いで，彼の生活は大分変
> わったと思う。（筆者：先が，見えていた…）う
> ん。…うーん…まあ，見えないっていったら見
> えない，ですよね…。安定もしていないし。

A8 将来を1つずつシミュレーションしている

家の中で，将来の話はタブーになった。話さずとも
「先が厳しいのはわかっている」し，話すことで弟が
精神的に不安定になると「ゼロ，振り出しに戻る感じ
で，嫌」だと思う。先のことは「考えてない」が，将
来「一番大きくなるのは経済的問題」と思っている。
自分が持ち家を相続するつもりはなく，弟が住めばい
いと思っている。親が「早く死んじゃったら」自分が
弟の経済的支援を考え，親の面倒も自分が見なければ
と思う。親が健康だと「仮定」したら，「とりあえず
はそこでクリア。弟も，とりあえず手帳とったし，自
分の必要な収入は自分で確保できてるから，（略）そ
こでクリア。で，家は，私が貰うとかはないし，弟が
使っていいと思うし，（略）お金と住む場所はクリア。
（略。洋服などは）一緒に見に行ってあげたら喜んで
買っていたので，自分で出来ているし，クリア」。

A9 親が亡くなったら，人生が変わるかもしれない

昔は，結婚しても弟が50, 60, 70になったら一緒に住
んで支えようと考えていたが，大学進学で家を離れた
時，「あ，離れての支援も可能かな」と思うようになっ
た。将来自分が結婚して，遠方に転勤することがあれ
ば弟を呼ぶだろうし，自分が家に戻ったほうが良い状
況になるのであれば「それも考えなくはないかもし
れない」。今は母が弟を見てくれているから，自分た
ちへの負担は少なくて済んでいる。「だから，母が死
んだら，多分サポート体制も見直さなきゃいけないし，
そうしたらやっぱり，きょうだいへの影響も大きくな

る。私の人生も変わるかもしれない」。今は，元気な
親の姿を見て「あと20年は母が」と思っている。「だ
から弟が70, 80になった時には，私や，私の子にも影
響するかもしれない」。

A10 一緒に暮らすなら，支援を「10もらうのは心
苦しい」　自分たちが老いた時には，住居や経済面
での支援が必要になるかもしれない。

> 今，精神手帳を取っていて，それでその，もし弟が
> 働けなくなったらっていうのは大きいと思うんで
> すね。そうしたら，じゃあ収入どうするのか，手帳
> 使ってじゃあどこに暮らすのか，一緒に暮らすの
> かってなった時に，じゃあ一緒に暮らします，じゃ
> あうちの扶養に入れたら支援うけられなくなり
> ました，とかなったら，それはそれで大変だし…
> （略）なんか支援が，0か10か，みたいな感じだと思
> うんですね，今のシステムっていうのが。でも10も
> らうのは心苦しいし，住居の方は一緒に見るから，
> とか，なんかそういうのが色々出来たら…。

A11 交際相手に手帳を伝えるべきか悩む　過去
の交際相手は発達障害を十分に理解してくれなかった
ので，相手に弟を受け入れて欲しいと思うと，今の
交際相手には弟のことを話せないでいる。自分の交
際相手の存在は「弟にもすごく影響」があるし，結婚
を考えると，弟の障害を相手とどのように共有するか
は「大きな問題」だと思う。「弟も，普通進学，普通就
職が一応出来たレベルだし，弟レベルの人で診断を受
けずに働いている人は多い，まあレベルでもある」か
ら，障害や手帳を伝えるか，悩む。「明らかに影響の出
るレベル，見た目にも障害があるとわかる，生活支援
が必要なレベルであったら，考えるラインってあると
思う」が，現状では結婚後も弟に経済的支援が必要か
といえば「そこまでじゃないし，近くにいて面倒見た
方がいいっていうレベルでもない。（略）見た目，会っ
た時にわかるかっていったら，そうでもない。…で
あったら，そこまでなのかなあっていうのはある」。
「相手には伝えなかったらわからないし，そんなに支
障っていうのもない」のではないかという思いとの
間で揺れる。「いつかは言った方がいい…言わない

でっていうのは，いけないのかな。ただ…わかんないです」。弟の存在は「今は影響がないけれど，じゃあこの先も影響がないと言い切れるかといったら，また違ってくる」と思うと，「発達障害がちょっとあって，っていうのと，精神手帳とっていて，っていうのと，また違いますよね」。

A12　親孝行も意識し，弟のために家に戻った

弟のうつが悪化した後，週末に実家へ帰る度に，包丁が小さくなっていることに気づいた。弟が「危ないから仕舞ってくれ」と言ったと知り，「家がどんよりというか，危険だな」と感じ，一人暮らしを止め実家に戻ることを決めた。「何かあった時に，元々（弟を）止めるのが私だったりしてたので…（笑）もう，そこにつきますよね」。このままでは家がぴりぴりするのではないか，と思い決断，同居を再開して2年半が経った。自分が就職した頃から，結婚するまでは「家に親孝行できる時期なのかな」と思っていたから「ためらいなく戻った」し，これから先は，また変わるかもしれない。

> うーん，やっぱり弟を見ていた時期，もあるし，自分の人生を考える時期でもある。自分も結婚とか転職とか，を考えたとき，やっぱり30前後って考えるじゃないですか。そうなると，弟だけも見てられないし，自分の生活だってその，大丈夫なのか，っていうのもあるので，まあこの5年間，自分が就職して，弟も就職して，弟退職して，で，まあ就職して続けられたので，余裕があったから，ちょっと弟のことも見てられた。じゃあ，今度は私，っていうのがこの5年間なのかな。（略）（就職して）3,4年…なので，そこが弟のために家にいた時期。これから，そろそろ家出ようかな，ですよね（笑）

B9　支援難民を実感する

弟の就労をめぐって「大変」な状況が続くが，20歳を過ぎると，受診できる病院はなく，弟が利用できる「就職支援的なもの」がないと実感している。「うーん…もう遊牧民になっちゃうわけじゃないですか。遊牧民ってそんなかわいく…難民ですね」。

社会に出て，学校の支援っていうのは結構あるわけですよ。発達障害に関してね。社会はないでしょう。で，行く病院もないでしょう。で，コーディネーターとかありますけど，まあそういうのが受けられるには…手帳を使っての就職なわけですよ。で，それはあの子にとっては，帯に短し，かといって，普通に就職するには，襷に長し，っていう感じ。

B10　母の理解者としてサポートしていく

両親がいつまでも生きているわけではないと思うと，弟が「いよいよというか，まあなんかっていう時は，私と妹で弟を養わなきゃいけない」と思うが，「まだ遠い先々のこと」で，「彼が先に死んだらお葬式は私がやらなきゃかなっていうくらい」の認識でもある。母が生きているうちは大丈夫という思いと同時に，弟が自分の20歳の頃と同じレベルになるまでに，あと10年はかかるのではないかと思うと，「まだまだ，だから…想像ができない」。両親が老いた将来は心配でもあるが，弟にとって「母と私はスーパーマン」だから，母が老いて「減ってきた分」を，代わりに自分が補いサポートしようと思っている。それまでは母の話を聞き，母の理解者としてメンタルをサポートする役割になるだろうと想像している。

B11　将来は未知の領域

不器用さから，弟が将来なにか犯罪に巻き込まれやしないか心配に思っている。自分が結婚することになれば，相手に弟への理解は求めざるを得ないと思うが，まだ「未知の領域」。弟に優しくしてくれる人がいいと思うが，その時になれば関係ないかもしれないし，自分が「したかったらするわ」とも思っている。以前は，将来は経済的な面でも自分が「頑張んなきゃ」と思っていた。しかし，アルバイトでお金に固執する弟を見て，自分が頑張らなくとも当分は「経済的な意味では，まあ…ない…大丈夫なのかなあ」と思うようになってきた。

B12　支援は一生必要だと思う

今後も，弟への関わりは「多分そんなに変わらない」と思っている。親との同居が続く限り「食う寝るに困ることはない」と想像しているので，「そういう部分では，きっと，そ

んなに心配はしていない」。しかし弟にとっては，何らかの支援が一生「絶対に」必要とも思う。「（しばらくは）見守る…感じになるんでしょうね。今，みたいに何かを支援するっていうのは，どうなんだろう，でもあの子の…この今の日本経済的なことを見れば，やっぱり支援は必要なのかなと思うし…わかんないですけどね…」。

　将来展望を語る時，Aさんの語りは具体性を増し，それに伴ってパートナーとのことも切実になっていく様子がわかる。Aさんは，今後しばらくは弟と離れる時期があるだろうと予測し，親孝行としての同居を決断しているが，その先の将来にはまた弟の存在が大きく関わってくるだろうと見据えている。自身や将来の家族と共に弟をサポートしようと考えることで，切迫したリスクをもつ未来を生きることを想像しているようである。また，このような将来に亘って影響を受けるという予測は，現在のAさんの焦りや，それによって弟の成長を促そうとする働きかけに繋がっているようであり，Aさんが自身を弟の社会人モデルに位置づけ，スキルを伸ばそうと働きかけている「今」の態度に影響を与えているといえるかもしれない。一方でBさんは，「いよいよとなれば」と具体性は低く，弟の働く姿を前に，自分が頑張らなくても大丈夫かもしれないと認識を変化させている。将来の影響度やサポートの主体性についても，母のサポートを意識することで相対的に低くなっているように思われ，Bさんにとっての将来像は「まだ遠い先々のこと」であり，「未知」の未来を生きることを想像しているようである。リスクを見積もりながらも，今もこの先も自分は「ゴーイングマイウェイで」いくという思いが，弟を幼い存在と捉え，その成長を見守ろうとする形でBさんの「今」に影響を与えているようである。

総合考察

　本研究では，知的障害を伴わない発達障害者のきょうだいのライフストーリーについて，手帳の取得をめぐる体験と将来への思いという観点から分析を行っ

た。ここでは，手帳の取得という出来事をめぐるきょうだいの体験について，姉妹の視点を切り口に検討する。また，姉妹の語りを羅生門的に重ね合わせることで浮かび上がる相違点について，差異を生む要因に焦点をあて，成人期のきょうだいの体験と役割について検討し，きょうだいの多様性と，それら差異を抱えながらこの時期の家族はどのように維持されているのか考察する。

1　手帳をめぐるプロセス

(1) 手帳取得の前段階：支援難民の弟をずっとバックアップしてきた

　手帳取得に至るまでのAさんBさんの語りからは，高等教育を終えたのちに就労に行き詰まる弟と，先が見えない状況に焦りながらも，きょうだい家族が総出となって弟のサポートに取り組む姿が見てとれる。知的障害を伴わない発達障害者の就労については，通常教育課程を卒業することが多く，在学中の職業自立のためのスキル習得が難しいこと（山岡, 2014），成人期に選択できる社会参加の場が限定的であり，知的に高くても一般就労できる可能性は極めて低いこと（氏家, 2014）など，高機能であっても学校卒業からの移行が容易でないことが明らかになっており（土岐・中島, 2009），姉妹の語りもその状況と重なる。本事例のように，大学を卒業した後であっても，障害者手帳を取得し，障害者として社会参加の場を探さざるを得ない現状がある。またBさんが語った，支援「難民」の状況で「ずっと自分たちがバックアップしてきた」という言葉からは，社会的支援の不足を自分たちで補ってきたという思いが窺われ，成人期になって支援の不十分さが益々実感されると同時に，孤立し社会との接点が失われることへの焦りを抱いている状況が見てとれる。この時期の同胞の就職と退職は，障害を抱え一般就労を目指すことの難しさを家族にも痛感させる体験となっており，それまでの同胞像，つまり障害の診断はありながらも社会的には障害者でないことによって，社会的な支援が受けられず行き詰まるきょうだいの姿が窺える。

(2) 手帳の取得：障害者になる，という選択

このような現状を打開する手段として見出されたのが，精神障害者手帳の取得であったと考えられる。支援の必要性を他者に説明し，目に見えない困難を可視化するために手帳が選択されている。Aさんは当初手帳を受け入れられなかった思いを語っており，同胞の障害が判明し10年以上経っていてもなお，手帳の取得に戸惑いと葛藤を抱いたことがわかる。背景には，本人や家族の積極的な選択というよりも，他に利用できる社会資源がない中で余儀なくされた決断だったとの思いがあろう。障害の診断から時間が経過していても，本人やきょうだいにとって手帳の取得は少なからず戸惑いや拒否感をもたらしており，障害があることと手帳の取得は直結していないことがわかる。

加えて，取得した手帳が精神障害者手帳であることが家族に与えている影響も大きいだろう。わが国では，発達障害に特化した手帳が存在しないという状況が長く議論されており，伊藤・二宮・太田・田中（2005）は，知的障害あるいは精神障害の枠での手帳取得しか選択肢がないことについて，軽度発達障害としての自己理解・受容と制度上の自己受容のずれが当人・保護者に負担を強いるとして，診断名よりも手帳取得や「障害者になること」を受け入れる難しさを指摘している。2011年に発達障害は精神障害者手帳の対象に正式に認定されたが，このような制度と障害の枠組みのずれが当事者と家族にもたらす葛藤が解消されたとは言い難く，当事者にとっては，依然として精神障害者のための手帳という意味合いが強い。Aさんの"甘えでは？"，"受け入れられなかった"という語りからは，精神障害に対する社会のスティグマが一層強く感じられ，精神疾患と見られることへの抵抗があることがわかる。障害を抱えながら生きていくという状況は変わらずとも，幼少期に療育手帳で対象外となった手帳が，精神障害者手帳に形を変え現れるという体験は，手帳の社会的性格と同胞の状態像の不一致によって，障害者になることに加え，精神障害のレッテルも引き受けることを迫るものとなっている。目に見えない困難を可視化させる手段としての手帳である一方で，それが精神障害として可視化されてしまう戸惑いが窺われ，Aさんにとって弟の手帳取得は，「障害者になる」以上に，「精神障害者になる」という意味合いが強く

体験されている可能性がある。同胞が抱える障害や困難さと，手帳がもつ名称や社会的な意味合いとが等号ではない状況において，特にAさんの意識が手帳取得の意味づけに向いているのは，このような状況への葛藤とその対処とも見ることができるかもしれない。

(3) 手帳の取得後：障害者ラベルを受け入れ開示することの葛藤

手帳の取得後，姉妹の語りからは，障害者枠での就職に抵抗を示し日雇いアルバイトを続ける弟と，その姿に焦りつつも，本人の意思が伴うのを待ちサポートする家族の姿が浮かび上がってくる。Aさんは，手帳はあくまでステップだと勧めても弟が納得しないと語り，Bさんもまた，弟がキャリアアップを望めるような職業環境に繋がれないことを語っている。支援や障害者雇用を目的とした手帳取得であっても，実際のプロセスにおいては，手帳の取得を受け入れることと，障害者雇用すなわち障害者ラベルを受け入れることとは直結していないようである。志賀（2012）は障害者雇用の現状について，労働集約的な低賃金労働が中心でキャリアアップが難しいことから，発達障害者には相当の心理的負担がかかることを覚悟するべきであると述べている。特に本事例のように，コミュニケーションの苦手さなどは際立っても知的障害を伴わない場合には，同胞の能力と，障害者雇用が想定している労働がアンバランスであることの葛藤，そして障害者になる決断としての手帳取得の負担と，このような枠組みの雇用を受け入れるという負担の両方が，手帳をめぐって本人と家族にかかっているといえるかもしれない。

また，将来に向けた語りと併せてみると，手帳の取得は，きょうだいの同胞像に変化をもたらしていることがわかる。Aさんは，手帳の取得は，それまでの「ちょっと障害があって」とは「違う」と語り，診断がついていることと，それが社会的に認定されることの意味は一致していないようである。手帳の取得は，診断とは異なり社会的に障害が規定されるため，困難を可視化し社会に説明する役割を果たすと同時に，同胞本人だけでなくきょうだいにも，障害者とその家族としてのラベルの受け入れを迫っているといえるだろう。

そしてこのような同胞像の変化は，姉妹に手帳を開示することの迷いも同時にもたらしている。Bさんは，「会社ではクローズしてる」と語り，Aさんは「社会の理解が得られたらもっとオープンにいける」が現状では難しいこと，さらには，交際相手に打ち明けるか否かの悩みを吐露しており，能力の偏りと可視性の低さが，姉妹に開示をめぐる葛藤をもたらしていることがわかる。手帳を所持し支援は一生必要だと感じながらも，相反するように，生活介助は必要なく当面は自分たちにも影響なくやっていくだろうという状況は，障害をあえて言う必要はないという思いと，それでも重要な他者との関係においては手帳を開示すべきかというジレンマをもたらしている。このように，成人期における手帳の取得によって，“手帳を取る程ではない”障害から，社会的に認められる障害へと障害観や同胞像が変容すること，それによって開示のジレンマが生じている点には，知的障害がないという意味での軽度障害の特殊性が浮き彫りになっているといえるだろう。

また，このような手帳取得のプロセスは，障害をもつ同胞をどう意味づけるかをめぐる葛藤や個人差を示しているといえる。本研究における知見の転用可能性を考える時，2事例では限界があるだろう。しかし，この家族では手帳の取得をめぐって意味づけの「ゲーム」が行われているが，家族によっては，また別のテーマをめぐって同様の葛藤が経験される可能性もあるだろう。このようなきょうだい家族の葛藤を捉えることは，成人期のきょうだいの体験と自身の人生への影響について捉える一つの手がかりとなるのではないかと考える。

2　きょうだいの体験に差異をもたらす要因は何か

本研究では，羅生門的手法によって姉妹のペアデータを重ね合わせることで，一つの出来事をめぐって姉妹の生きられている〈現実〉にはどのような相違があり，それらは何によって生じているのかという検討が可能になり，きょうだいの体験とその多様性，個別性を捉えるという問いに答えることができるのではないかと考える。本節では，手帳のプロセスと家族関係，将来への計画という側面から相違と差異を生む条件について検討する。

(1) 障害が顕在化するプロセスへの関与度が，手帳取得をめぐる体験にもたらす違い

手帳の取得プロセスにおける2人の語りから見えてくるのは，弟の手帳取得をめぐって姉妹が生きられる現実の複雑性である。Aさんは，取得は「受け入れられない気持ち」を引き起こし，それまでとは一線を画した転換点として体験しているのと対照的に，Bさんは就職の時点で予測していたと語り，インパクトに差がある。このような違いは，どこから生じているのだろうか。

この時期，姉妹は居住形態の点で環境的に異なり，Bさんが家族と同居していたのに対して，Aさんは大学進学以来，実家から離れて暮らしていた。しかし週末に実家へ戻る度，包丁が小さくなっていることに気づき，手帳の取得と前後して，実家での同居を再開する選択をしている。手帳についての語りを照らし合わせると，どちらも弟を案じていることは共通するが，Bさんは，取得前に同胞のうつが悪化し，生死を案じる状態が続いたこと，そしてこの時の勧めに従って弟がようやく手帳の取得を納得したことが語られている。Bさんにとって一連の出来事は，同胞の一般就労への道のりの厳しさを実感する体験となっていたと想像され，成人期における障害特性と課題が顕在化したと同時に，現状では手帳以外に就労を可能にする選択肢がないことを認識したプロセスであったとも受け取れる。手帳の取得を知って驚き，甘えではないのか，本当によく考えたのかと感じたというAさんとの違いは，このような障害が顕在化するプロセスへの関与度にも一因がありそうである。

このような関与の程度とその時期の違いは，姉妹の生きる現実にどのような違いをもたらしたのだろうか。この点にも，軽度障害の特殊性が影響を及ぼしていることが考えられる。Aさんが「弟レベルでとらずにいる人もいる」と話すように，わが国の現状においては，障害を抱えサポートを必要としながらも，手帳を取得せずに生きていく発達障害者も多い。そのような人々の存在や現状は，本人のみならずきょうだいにも手帳の必然性をもたらしにくく，取得の必要性を納得するのに段階を要しているようである。Aさんが言う弟の「レベル」が示すものは，発達特性の個人差が大きいために，非常にあいまいである。このような軽度障害

の特徴が，きょうだいにとっては障害の捉え方や受け止めるプロセスを多様にしているかもしれず，成人期に求められる社会性について新たな困難を実感するプロセスであったともいえるだろう。障害が目に見えずあいまいで，また本事例のように，貯金額に合わせて仕事を探し確定申告まで一人でこなす状況は，障害特性を十分に理解していると思われるきょうだいに対しても，障害の存在は実感させる一方で，社会的に障害者と認定される手帳取得の必然性は十分にもたらされ難い。Aさんが語ったように，就労によって同胞や家族が体験した困難は，学校課程では想像もしなかった事態である。就労に際して，同胞が苦手とする社会性が一層求められ，障害特性の新たな側面が顕在化した時期であったと考えると，取得前に手帳を取らざるを得ないと実感していたBさんとは逆に，Aさんは取得後の弟の様子から，「何かあった時」のお守りという手帳の新たな価値を見出し，弟にとって必要なものと意味づけていくことで，必要性を納得するプロセスを辿っている。手帳をめぐって姉妹は，目に見えない障害の捉え難さ，困難さが可視化されるプロセスを個々に辿っており，そのようなプロセスの複雑さが，弟の手帳の取得をどのように体験したかというバリエーションをもたらしたと思われる。

またこのように，きょうだいの体験は同胞との二者関係からだけでなく，家族を取り巻く社会の障害観や社会的な構造，文脈からも大きく影響を受けていることがわかる。田中（2012）は，障害者家族ときょうだいが抱える問題に関する先行研究を概観する中で，きょうだいの心理的負担などを取り上げた研究は多いが，社会構造を視野に入れた研究が少ないことを指摘している。今回，手帳をめぐる体験の個人差が示されたという点では，手帳という一つの社会的支援，社会構造からきょうだいがどのように影響を受けているのか，その一端が示されたといえる。

（2）同胞への関わりに対する姉妹の相違点と家族の関係

家族に関する姉妹の語りでは，母がサポートの中心であること，そして父に関する語りの少なさが共通している。この家族では，母を筆頭に女性が同胞のサポート役を担っており，姉妹の関わりがどちらかとい

えば優しさのあまり弟を比較的甘やかす方向に傾きがちであるのも，このような家族関係が影響しているかもしれない。特にBさんの「お姉ちゃんとしては」，「この子は本当にちっちゃい」という語りからは，長姉としての意識と，末っ子であり障害を抱える弟という，二重に面倒を見る存在として同胞を位置づけてきたことが窺われる。一方でAさんは，姉であり妹でもある立場として，幼少期から現在まで弟の面倒見役であることを自認している。弟に直接的，情緒的に関わろうとするAさんと，全体を冷静に俯瞰し，母のサポートを通して間接的に関わろうとするBさんという姉妹の違いは，それぞれの個性が表れている点であると同時に，このような家族の構造と関係性も影響している可能性がある。

また姉妹の語りでは，父に関する語りが少ないのと同様に，弟の男性性に触れられた語りは少ない傾向が窺われる。むしろひげそりや洋服を買いに行って喜んだというエピソードなど，成人男性というよりも「ちっちゃい」末っ子としての同胞が強調される語りが多いのも，姉妹の共通する点である。3人きょうだいの中で，同胞は唯一の弟（男性）でありながら，その男性性よりも，末っ子で障害があり，加えてうつ病に罹患したという三重の意味でのケアを受ける人というポジションが姉妹の中で固定されている。きょうだいの中で唯一の男性ということへの期待というよりは，Aさんは元々将来一緒に住むことを考えていたことからもわかるように，その将来像については期待が高くないようにも思われ，きょうだいとして同胞をケアしなければという役割意識も，このような同胞像と期待値の表裏の関係にあるといえるかもしれない。

（3）将来への思いに関する相違点

姉妹は将来をどのように生きようと考え，それぞれの現在にどのような影響を与えているのだろうか。Aさんは，弟の存在は自身や将来の子どもに影響があると考えるが，Bさんは，母をサポートすることで弟を支えることを考えている。葬式くらいは，と具体性が低いBさんに対し，Aさんは将来に亘って責任と役割を意識しているように見える。サポートし続けるという点では共通するものの，自身の人生に受ける影響の予測は異なり，担うと想像している役割も違うよう

ある。

このような違いを生む要因の一つには，家族の関係性ときょうだいが担ってきた役割の違いがありそうである。母親が参加する発達障害児者の自助グループを手伝ったことがあるBさんは，Aさんを弟の翻訳家と表現しており，このことは，Bさんと母親の，そしてAさんと弟の距離の近さを想像させる。家族内の距離感が，そのまま将来それぞれが想定するサポートの役割にも影響している側面があるといえるかもしれない。

また，知的障害がなく介助の必要性が低いことによって，きょうだいに求められる将来の役割が不透明であることも，きょうだいの思いを多様にしているようである。障害が中重度の場合には，例えば施設や成年後見人などのケア役割を引き継ぐ可能性が想像されるが，知的障害を伴わない場合には，将来の道筋は見えにくく，きょうだいの将来に亘る役割をあいまいにし，個々の想定に任されることが，きょうだいの体験と思いの多様性に繋がっている可能性があるのではないだろうか。

もう一つは，このような状況において自身と同胞の距離をどのようにとるか，自身の人生に同胞の存在をどの程度組み込むかという思いの違いが，将来像に影響を与えている可能性である。姉妹の語りには，障害者の姉としての側面を強調するBさんと，自身の人生をどのように生きるかという側面が際立つAさんという視点の違いを見ることができそうである。将来，弟を扶養に加える可能性を想像しているAさんと比べると，Bさんは，結婚など「したかったらする」と話すなど，弟との関係性を意識しながらも，自身の人生選択への影響は相対的に低いようにも受け取れる。そしてこのような将来像の予測は，パートナー選択や手帳の開示への切実感もまた低くしていると思われる。一方Aさんの意識する責任は，障害者の姉としてのみならず，自身の人生と同胞の関係を強く意識していることの表れともいえる。これから先の時間をしばらくは「私の番」と考えているように，自身の人生を，姉としてのAさんと，「私」としてのAさんの間で軸足を移すことを意識しながら生きているようにも受け取れる。交際相手への開示をめぐる葛藤も，単に相手の有無だけでなく，今後の自身の人生に同胞がどれくらい関与すると考えているか，その程度の違いであるともいえ

そうである。

成人期は，自身のライフコースをそれまで以上に意識し，就職や結婚，原家族からの自立など，人生の選択を重ねていく時期である。同時に障害児者のきょうだいである以上，同胞との同居別居に関わらず，自身の人生と同胞の存在は切り離して考えることができない。きょうだいは，自身の人生を生きる「私」と，きょうだいとしての「私」の両方を抱え，その両側面によってきょうだいをその人たらしめているが，この時期にどちらの側面により軸足を置き，どの視点から自身を捉え語るかが，きょうだいの語りにバリエーションをもたらしているようである。原田ら（2012）は，障害者のきょうだいは，自らと兄弟姉妹の2つのライフストーリーを重ね合わせながら生きていると述べ，その重なりを「二重のライフストーリーを生きる」と表現している。きょうだいが自身の生を生きることと同胞への配慮が切り離せないことは，障害の程度が違い知的障害を伴わない場合であっても，共通する点だといえる。その上で本研究では，知的障害を伴わないことによって，きょうだいが担おうと考える役割もまたあいまいで不透明であることが，きょうだいの体験や将来展望に影響を与えていること，そしてそのような自身の人生と同胞への配慮を抱えながら生きることの個人差が示されたといえるだろう。

（4）選択の主体性が保障される体験

このような2人の体験の差は，それぞれの個性に基づく差として捉えて良いだろうか。ここでは，Aさんの体験に注目してみたい。Aさんは過去を振り返り，志望大学のために家を離れる選択について，ありえなさと罪悪感から決断をためらったこと，しかし，自分の道を行っていいと後押ししてくれた親や教員の存在があったことを語っている。それまで弟に対する自身の責任を強く感じていたAさんだったが，実家を離れたことで，支援観や選択の幅が広がったと語っている。同居時はAさんと同胞の間に強力な関係が築かれていたこと，しかし実家を離れて同胞や家族を見つめ直すことができたことは，Aさんにとって一つの転機であったことがわかる。この体験は，同胞との距離を捉え直すと同時に，自身の主体的な選択が尊重される機会であったと思われ，これによってAさんには，自

身を犠牲にせずともできることがあると実感し，同胞をどのように支えていくかという，きょうだいとしての役割に対する認識の変化が促されていると見ることができる。

就職から数年後，Ａさんは，再び家族と同居する選択をしている。親孝行も意識し，弟のために「ためらいなく」と語る決断は，一般的な青年期の原家族からの独立とは逆の動きが起こっており，成人期に至っても，きょうだいの人生選択が同胞とは無関係ではいられない様子が見てとれる。そして数十年後にも再び自分や自分の子どもに影響があるだろうと考える姿は，将来に亘って同胞の存在が自身の生き方や人生選択に影響を及ぼすと，きょうだい自身が予測していることを示している。

この時，家に戻る選択が「弟のために」とＡさんの主体的な選択としてなされたと思われる点は，きょうだいの生や選択を考える上で重要な点であろう。Ａさんにとっての進学をめぐる決断は，きょうだいとして同胞を支えるとはどういうことか，自身の人生を生きることとどのようにバランスをとっていくかを問う側面をもたらしていたといえる。実家に戻るという今回の決断の背景には，かつて同胞ではなく自身の選択を優先していいと主体性が保障された経験があるだろう。進路で家を離れるというＡさんのエピソードについて振り返ってみると，決断に際しては教員の後押しがあったことも大きいが，同時にその選択が家族によっても尊重されていたことがわかる。一つには，家を離れた経験が，Ａさんにとっては家族との物理的そして心理的な距離の確保となっていたと思われる点である。離れる決断が尊重されても，家族との関係を通してその後の生活がＡさんに罪悪感をもたらすものとなっていたならば，それは主体性の保障には繋がらなかっただろう。この時期のＡさんと家族とのやりとりの詳細は今回の語りだけではわからないが，Ａさんにとって心理的にも同胞や家族と離れられたという体験として残っていることは，一旦家族から離れるという決断が尊重されたと同時に，それが家族に対する罪悪感や忠誠心の葛藤を強くもたらすものとならなかったという点で意味があったといえそうである。また，Ａさんは社会人になって再度家に戻る決断をしているが，その選択がＡさんの意思であると同時に，家族構造として

も受け入れられている点も，主体性の保障に寄与したことが推測される。同居の有無は，本人だけでなく家族にとっても変化をもたらすものであるが，そのような柔軟性と変化に対する許容が家族の側にもあったといえる。

このような要因を背景とした経験が，現在そして将来に亘って，「私」としてのＡさんと，姉としてのＡさんのバランスを計っていく上で，なお影響を与えていると見ることができる。きょうだいも自身の人生を選択していく成人期に，自身の人生を生きようとする選択が，罪悪感なく，つまり同胞や原家族への忠誠心を測ることなく，そして裏切る意味合いを付与されることなく決断されることが，きょうだいがきょうだいでありながら，同時に自身の人生を生きる上で重要であろう。親亡き後が次第に具体化するこの時期に，親役割をそのまま引き継ぐのではなく，きょうだいの立場として同胞に向き合い将来を考えるためには，このように主体性が尊重されることが重要であり，それによって，きょうだいの体験や人生選択への影響における多様性を保障することができるかもしれない。

またＡさんの場合は，主体性の保障に関わる体験が進学を機に起こっていたが，就職や結婚など，きょうだいが人生選択を迫られる様々な発達段階において起こりうるであろうし，家族の関係性に加えてその上位システムである社会や文化からの影響もあるだろう。このような営みが，基本的にはきょうだい自身に任され密やかに行われているという指摘（大瀧，2012）を鑑みれば，家族の中できょうだいが担う役割や相互的な関係性を捉えること，その上で必要に応じてきょうだいの主体性が保障されることが，きょうだいと家族の支援を展望する際の重要な視点になると考える。これまでにも，就職や結婚など人生岐路において自身と同胞の間で葛藤すること（山本ら，2000など）や，その際に親から自由な選択を保障されることの重要性（笠田，2014）が中重度障害を中心に指摘されてきた。本研究においては，知的障害を伴わない発達障害の成人期きょうだいが選択と向き合う姿を示したと同時に，きょうだいが保障される体験について，親ときょうだいの二者関係に留まらず，きょうだいが生きるシステム，文脈の中で配慮されることの重要性を示した。

3　家族の移行期としての視点

　姉妹の語りからは，同じ家族，同胞であっても体験には差異があり，生きられている現実の多様性と複雑性が明らかになった。出生順位や性別といった条件に加え，羅生門的な語りからは，同胞や家族との関わり方の個性や，同胞との関係性を自身の人生にどの程度組み込むか，また社会やパートナーとの関係をどのように捉えるかといった点における差異が，きょうだいとしての体験に個別性と多様性を与えていたことがわかった。また一つの出来事に対する姉妹の反応の差からも，きょうだいの生きる現実の多元性が見出された。成人期においてもきょうだいは同胞の存在に影響を受けていることの一端が示されており，きょうだいとしての体験に対する理解と，状況に応じた支援が整備されることの必要性は疑いないだろう。しかしその一方で，本研究において見出されたきょうだいの多元的な現実と体験の多様性は，きょうだいであることがすなわち支援の対象と結びつけられるものではなく，このような状況の中できょうだいがどのように生きようと考えているのか，その体験の幅広さ，個別性にも同様に目が向けられることが，きょうだいへの理解の深化に繋がることを示しているといえるだろう。

　このような多様性を踏まえた上で，AさんBさんの語りから，このきょうだい，家族に起こったことを捉えてみると，きょうだいとしての役割のあいまいさや，パートナーへの影響，そして成人期に至っても家族が中心的にサポートを担っている状況が明らかになったといえる。特に手帳の取得は，本人のみならず家族にもまた障害像の転換をもたらしており，手帳を経て，家族は障害者家族への移行を体験していることが窺える。学童期に診断を受け入れるプロセスを経験した家族は，成人期に至り，社会的に障害者とその家族になることを受け入れる段階を迎えていると見ることができよう。田垣（2006）は，行政に障害者と認められることは，本人に障害者としての自覚を迫ると同時に，家族や友人に対しても「あの人は障害者である」というまなざしをもたらすと述べているが，同胞像の転換に向き合う心理的な作業が，この時期の姉妹，家族にもたらされているようである。

　また，志賀（2012）は，障害特性の理解と障害者手帳開示による雇用は同時進行するものではないことを述べており，姉妹の語りと照らし合わせても，就労を通した自立の試みや生き方の模索は，手帳の取得が終わりではないこと，社会的に障害者になるという選択への期待や葛藤に折り合いをつけながら，新たな意味を見出す作業に取り組んでいることがわかる。当人と家族にとって，手帳の取得と障害者雇用への移行は，一般就労を試み続けるのか障害者として生きていくのか，障害をどのように受け止め，折り合いをつけ生きていくのかといった問いを投げかけるものであり，このプロセスは取得後も続いていることがわかる。この家族の例では，社会的に支援が得られない代わりに家族が就労への移行期を支える役割を担い，きょうだいは自身の人生と将来を勘案しながら，同胞と社会を繋ぐモデルの役割を担っていた。手帳という選択肢の浮上によって，それまで社会的には健常者枠で生きてきた発達障害者とその家族が，手帳を取得し障害者として生きることを選択する際には，障害観の転換が本人にも家族にも求められる可能性があり，このような移行期を支える視点が支援の臨床においても必要となるのではないだろうか。

まとめと今後の課題

　本研究では，知的障害を伴わない発達障害者のきょうだいの語りについて羅生門的に重ね合わせることで，同胞の障害者手帳の取得をめぐる体験と将来への考えについて検討を行った。姉妹のペアデータを収集することで，きょうだいの体験の多様性について理解を深めることを目指し，成人期のきょうだいが体験する共通性と多様性を呈示したこと，また手帳の取得をめぐる体験についてプロセスを記述したことで，知的障害を伴わない発達障害者ときょうだいの成人期の姿を紐解く手がかりと臨床実践への示唆を呈示したことは，本研究の特徴である。きょうだいの物語や体験のバリエーションを積み重ねていくことは，きょうだいの多様性を確保すると同時に，他のきょうだいやそれに関わる周囲の人々にとって，道筋の参照枠となる役割を

果たすことができると考える。

　一方で，今回はきょうだいの体験について，内的世界に迫りその多元性と多様性，その要因について検討するため，ある一家族の姉妹に焦点をあてた。しかし，家族という一つのシステムが家族間の相互作用によって成立していることを考えれば，今後はきょうだいに加え同胞や家族の語りを収集することで，家族の文脈におけるきょうだいの体験について一層の理解を深め，より包括的な家族の姿を捉えることが期待される。また，きょうだい間のペアデータに限定せず，多くのきょうだいから語りを収集することを通して多様性を明らかにすること，その際，手帳や雇用に関する制度の影響など，変わりゆく日本社会の文脈を考慮した分析を行うことも必要であろう。今後の課題としたい。

注

1)　2000年代初頭「軽度発達障害」という文言で表現されていた時期がある。田中（2008）は，特別支援教育と発達障害者支援法という2つの支援法が施行されたこの時期のパラダイムシフトに「なんらかの，しかし決して小さくない役割を負っていた」と述べているが，一方で，障害が軽いという誤解も生じるため，2007年に文部科学省が公的に使用しないことを決めた。本研究では，知的障害を伴わない発達障害と表現するが，引用に関しては基本的に原文通りの表記とする。

引用文献

浅井朋子・杉山登志郎・小石誠二・東誠・並木典子・海野千畝子 (2004) 軽度発達障害児が同胞に及ぼす影響の検討. 児童青年精神医学とその近接領域, *45*, 360–371.

原田満里子・能智正博 (2012) 二重のライフストーリーを生きる——障がい者のきょうだいの語り合いからみえるもの. 質的心理学研究, No.11, 26–44.

平川忠敏 (1986) 障害児のためのコミュニティケアネットワークシステム研究 (1). 日本教育心理学会総会発表論文集, *28*, 1044–1045.

五十嵐美紀・横井英樹・小峰洋子・花田亜沙美・川畑啓・加藤進昌 (2014) 成人期発達障害専門デイケアの取り組み. 精神科臨床サービス, *14*, 403–410.

伊藤則博・二宮信一・太田深雪・田中康雄 (2005) 学習障害児へのライフ・ステージを見据えた支援のあり方に関する研究 (3) ——社会自立に向けた支援の実践から. 北海道教育大学教育実践総合センター紀要, *6*, 65–73.

笠田舞 (2014) 知的障がい者のきょうだいが体験するライフコース選択のプロセス——青年期のきょうだいが辿る多様な経路と，選択における迷いに注目して. 質的心理学研究, No.13, 176–190.

川喜田二郎 (1986) KJ法——渾沌をして語らしめる. 中央公論社.

小林多寿子 (1994)「経験の物語」と「複合的自叙伝」——ライフヒストリーの重ね合わせをめぐって. 井上忠司・祖田修・福井勝義（編），文化の地平線——人類学からの挑戦 (pp.70–90). 世界思想社.

久保紘章 (2004) 自閉症児・者の家族とともに——親たちへのまなざし（コレクション3）. 相川書房.

ルイス, O. (1986) サンチェスの子供たち——メキシコの一家族の自伝（柴田稔彦・行方昭夫, 訳）. みすず書房. (Lewis, O. (1961) *The children of Sánchez: Autobiography of a Mexican family*. New York: Ramdom House.)

ルイス, O. (2003) 貧困の文化——メキシコの〈五つの家族〉（高山智博・染谷臣道・宮本勝, 訳）. 筑摩書房（ちくま学芸文庫）. (Lewis, O. (1954) *Five families: Mexican case studies in the culture of poverty*. New York: New American Library.)

中田洋二郎 (2014) 子どもの育ちを支える家族への支援——保護者ときょうだいへの支援のあり方. 臨床心理学, *14*, 41–45.

西村辨作・原幸一 (1996) 障害児のきょうだい達 (1). 発達障害研究, *18*, 56–67.

大瀧玲子 (2011) 発達障害児・者のきょうだいに関する研究の概観——きょうだいが担う役割の取得に注目して. 東京大学大学院教育学研究科紀要, *51*, 235–243.

大瀧玲子 (2012) 軽度発達障害児・者のきょうだいが体験する心理プロセス——気持ちを抑え込むメカニズムに注目して. 家族心理学研究, *26*, 25–39.

志賀利一 (2012) 知的障害を合併しない発達障害者の就労支援の課題. 自閉症スペクトラム研究, *9*, 35–44.

荘島幸子 (2008) トランスジェンダーを生きる当事者と家族——人生イベントの羅生門的語り. 質的心理学研究, No.7, 204–224.

橘英弥・島田有規 (1999) 障害児者のきょうだいに関する一考察 (2) ——新しい教育・福祉資源としての視点から. 和歌山大学教育学部紀要教育科学, No.49, 67–81.

田垣正晋（編）(2006) 障害・病いと「ふつう」のはざま
　　で——軽度障害者どっちつかずのジレンマを語る.
　　明石出版.

田中智子 (2012) きょうだいの立場から照射する障害
　　者のいる家族の生活問題. 障害者問題研究, *40*(3),
　　26–34.

田中康雄 (2008) 軽度発達障害——繋がりあって生きる.
　　金剛出版.

田中康雄 (2012) 成人になった発達障害の人の"生きに
　　くさ"を理解するには. 教育と医学, *60*, 488–495.

土岐淑子・中島洋子 (2009) 高機能広汎性発達障害の
　　就労支援. 児童青年精神医学とその近接領域, *50*,
　　122–132.

土屋葉 (2002) 障害者家族を生きる. 勁草書房.

辻井正次 (2004) 広汎性発達障害の子どもたち——高機
　　能自閉症・アスペルガー症候群を知るために. ブ
　　レーン出版.

氏家武 (2014) 発達障害者の就労支援——児童精神科医
　　の立場から. 臨床心理学, *14*, 655–659.

梅永雄二 (2014) 大人の発達障害の就労問題, 職業生活上
　　の支援. 精神科臨床サービス, *14*, 372–380.

山本美智代・金壽子・長田久雄 (2000) 障害児・者の
　　「きょうだい」の体験——成人「きょうだい」の面
　　接調査から. 小児保健研究, *59*, 514–523.

山岡修 (2014) 発達障害者の就労自立と社会参加におけ
　　る現状と課題. 臨床心理学, *14*, 823–826.

山崎晃資 (2009) 特別支援教育と"いわゆる"軽度発達障
　　害. 児童青年精神医学とその近接領域, *50*, 210–218.

吉川かおり (1993) 発達障害者のきょうだいの意識. 発達
　　障害研究, *14*, 253–263.

吉川かおり (2002) 障害児者の「きょうだい」が持つ当
　　事者性——セルフヘルプ・グループの意義. 東洋大
　　学社会学部紀要, *39*, 105–118.

謝　辞

　本研究にご協力くださいましたAさんとBさんに, 心
より感謝申し上げます. 本当にありがとうございまし
た. また, 本論文の作成にあたり貴重なご意見をくださ
いました査読者の先生方と東京大学大学院の能智正博先
生に深くお礼申し上げます.

（2015.9.29受稿, 2017.10.26受理）

質的心理学研究　第17号／2018／No.17／164－184

幼児はいかに友達と食べ物を分かち合うか
——「森のようちえん」のお弁当場面にみる食の自律性

水谷亜由美　岐阜聖徳学園大学教育学部
MIZUTANI Ayumi　Faculty of Education, Gifu Shotoku Gakuen University

要約
本論文では，食の自律性が，いかに「森のようちえん」のお弁当場面における友達との分かち合いに反映されているのかについて検討した。食べ物の交換や提供が禁止されていない「森のようちえん」で，20ヶ月に渡るフィールド調査を行い，分かち合い行動の生起の仕方，特徴を分析し，食の自律性との関連を考察した。「森のようちえん」の分かち合い行動は，空腹感をはじめとする生理的な欲求から生じやすく，提供者と受領者の欲求が一致すると円滑に進んでいった。だが，分かち合いには，友達との関係性や，好物への愛着や作り手の愛情などの食べ物の価値が影響していた。幼児は，しばしば一つの食べ物に付与された多様な価値や意味をめぐって葛藤し，いずれかの価値や意味を優先させたり，あるいはそれらの両立を試みたりして，意思と規範の調整を自ら図っていたのである。そして，分かち合いは，生理的な欲求を中心とした行動から，近い将来を展望して交換条件を提示するなど，文化的な価値や社会的な意味を考慮した行動へと変容した。葛藤への対処は幼児にとって簡単ではないが，時間的，空間的な制約がゆるやかな「森のようちえん」の保育環境は，その場にふさわしい規範を幼児自身が生み出し，意思との調整を図ることを容易にしていた。分かち合いにおいては，幼児が葛藤に対処し，意思と規範を調整することを通して，食の自律性が発揮されていたことが示唆された。

キーワード
分かち合い，お弁当，森のようちえん，幼児，食の自律性

Title
How Do Preschool Children Share Food in Their Lunchboxes with Friends?: Autonomy in Eating during Lunchtime in the "Waldkindergarten"

Abstract
How autonomy in eating was reflected in preschool children's food sharing behavior? This question was investigated by observing children's eating behavior in the "Waldkindergarten" for 20 months. Results indicated that children often shared the food in their lunchboxes and this behavior had various meanings, such as satisfying hunger, eating preferred foods, and communicating with friends. Moreover, food sharing usually happened because of physiological needs and sharing was easy when children's desires were matching. However, children frequently gave cultural value to food or tried to get along with their friends by giving their food to friends. Furthermore, children were troubled by the meaning prioritizing, and how to satisfy different meanings. In the "Waldkindergarten", they gave and took food by amending their desires and rules because they could develop satisfactory rules by themselves according to the circumstances. Results of this study suggest that autonomy in eating was reflected in considering various meanings, and regulating when and where, with whom, and what food is shared.

Key words
sharing, food in lunchbox, Waldkindergarten, preschool children, autonomy in eating

問題と目的

　本論文の目的は,「森のようちえん」の幼児がお弁当[1]を友達[2]と分かち合う行動には,いかに幼児の食の自律性が反映されているのかということについて検討することである。

　幼児教育では,幼児が集団生活を通じて「自主,自律及び協同の精神並びに規範意識の芽生えを養う(学校教育法第23条第2項)」ことが,目標の一つとして示されている。自律性の育ちは基本的な生活習慣の形成に必要であり,自己発揮と自己抑制の調和のとれた自律性は道徳性の芽生えにつながる(文部科学省,2008)。対人葛藤場面における幼児の方略は,他者への依存や利己的な自己主張から,自他双方の要求を考慮した主張へと変化するといわれるように(山本愛子,1995),幼児は相手や状況を見て,自分本位な行動では集団生活は成り立たないことに気付いていく。幼児は友達との集団生活において存在する規範と,個人の価値観や経験に基づいた規範に沿って行動するようになるのである。だが,幼児がしたいことと集団の一員として期待されていること,幼児自身がした方が良いと思うことは必ずしも一致するとは限らず,葛藤が生じる。よって,幼児は自らの意思と,集団内または個人内の規範を調整し,いかに行動するのかを決定していく。幼児にとっての自律性とは「幼児の意思と規範との間に生じる矛盾を調整して行動できること」と捉えられる。

1　幼児にとっての食の自律性

　幼児は,自らの生活を営む上で自律性を発揮しており,それは食事場面にも及ぶだろう。上記の自律性の定義を踏まえると,食の自律性は「食べることに関する意思と規範を調整し,自ら摂食できること」と考えられる。人間にとって,食べるという行為には生理的側面のみならず,社会的,文化的な価値や意味が多様にある。たとえば,空腹を満たすこと,食事中の友達とのやりとりを楽しむこと,旬の食材から季節を感じることなどがあるが,「食べたい／食べたくない」と

いう意思や「食べた方が良い／食べない方が良い」という規範的判断には,それらの多様な価値や意味が影響を与えていると考えられる。河原(2009)によると,食の自律性は養育者に食べさせてもらうことから自分で食べることへの移行や,手づかみで食べる行為から食事の基本的なマナーを意識し道具を使って食べる行為への移行などに見られるとされるが,幼児が食べる行為の多様な価値や意味を考慮し,自ら食べ方を決める行動にも食の自律性は発揮されているのではないだろうか。

　一般的な幼稚園の食事場面は,移動がなく,一定時間お互いに顔を見合わせて座る。どの幼児も眼前に食べ物や食具があり,食べるという目的を共有するため,類型的な行動がとられやすく,集団での言語的な相互交渉が生じやすい(富岡,2010;伊藤,2013)。それ故,幼児集団の食事場面では,友達とのやりとりを楽しむという社会的な意味に注目が集まりやすい。たとえば,幼児は友達と横に並んで食べることを好んだり(外山,1998),「……あるひと,てーあげてー」という発言を頻繁にしたりし(柴坂・倉持,2009;外山,2000),友達とのやりとりを重視して,その契機を得るために行動を調整しているのである。また,幼児にはお弁当に入った苦手な食べ物も残さず食べる行為が見られ(伊東・竹内・鈴木,2007),お弁当を通して家族からの愛情を受容するという意味を重視していることも窺える。だが,一般的な幼稚園の食事形態においては,後述するように多くの制約によって捉えにくくなっている価値や意味もあり,それが自律性の発揮の仕方にも影響を及ぼしていると考えられる。

2　食べ物の分かち合い行動と食の自律性

　本論文では,食事中のやりとりを通して意思と規範を調整する行為の一つである分かち合いに注目する。分かち合いをする時,幼児は「おにぎりを渡したい」や「お腹がすいたから,全部一人で食べたい」などの意思を持つ。同時に「○○君にあげた方が良い」や「みんなで1個ずつ食べた方が良い」という規範も意識され,自分と友達の意思との差異,あるいは意思と個人内や集団における規範との矛盾に葛藤する。幼児期の報酬分配の研究動向を調査した橋本(2012)は,

幼児の分配における利己的なバイアスは，自己の観点から分配原理の取り込みと適用を行っているという自律性の萌芽だと述べるが，食べ物の分かち合い行動においても，一つの食べ物をめぐる様々な価値や意味を調整しており，そこに食の自律性をみることができると考えられる。そこで，本論文では，分かち合いにおける食の自律性を「分かち合う行為や食べ物をめぐる価値や，意味を考慮し，食べ物を分かち合うか否かと，分かち合いの方法について自ら決めることができること」と捉える。

では，食べ物の分かち合いとは，どのような行動であろうか。食物分配について西田・保坂（2001）は「力づくではなく個体から個体へ食物が移動すること」（p.264）と定義しており，要求に応じてまたは自発的に他の個体に食べ物を譲ることであると理解できる。このような行動は，繁殖や食物学習を目的とした行動や大きな獲物を仲間で分配する行動など，人間以外の動物にも見られる（西田・保坂，2001）。チンパンジーやボノボでは，食物分配が集団内での物乞いから始まることが多い（山極，1994）。たくさんのサトウキビがあっても特定のオスのところに物乞いをしに行くメスのボノボの行動が報告され（黒田，1999），食物分配が群れのなかの順位や社会関係の形成及び強化に関連して生じると考えられている。また狩猟採集民では，分配を前提に獲物を捕りに行き，得た獲物は分配の要求がなくても積極的に分け前を渡し，平等主義的な社会性が食物分配によって支えられているといわれている（山極，2012）。

幼児の分配行動については，熊木（2016）によると，他者からの要求や悲しそうな表情に応じた分配から，平等な分配，選択的な分配への発達的変化が見られ，他者を喜ばせるという利他的動機，社会規範の順守，将来の自分の利益に対する期待という分配の動機の変化が関連する。幼児には自己利益への欲求があり，認知的な抑制能力と将来の利益のために目の前の小さな利益を我慢する満足の遅延の成熟が関連すると示唆されている。食べ物の分配については，外山（2008a）が，ゼロ歳代後半頃から食べさせてもらう大人に対して生じ始め，他者の認識と他者の心を想像する社会的な能力の発達と関連して生じる行動だと述べる。バーチとビルマン（Birch & Billman, 1986）の実験では，よ

り親しい間柄の方が分配行動は生じやすいことが示され，将来的な利益や分かち合う相手との関係性を調整しながら行うことが示唆されている。

先行研究では，食べ物が複数人の間で移動し，分かち合いをするか否かの選択には葛藤が伴うと指摘されていた。そのような「食物分配」の特徴を踏まえ，本論文では，分かち合い行動とは「①将来的に見返りが期待された双方向の動作であり，提供側にも受領側にもなり得る，②食べ物や行動の移動は同量・同質の物とは限らないが，価値のバランスが図られている，③社会集団のなかで予め決められた制度ではなく，個人の意思に委ねられた行動である」とする。バーチとビルマン（1986）によると，渡された物を一方向に分けるような実験においても，他者との関係性や将来的な利益との関連がみられるが，お互いに異なる物を持つお弁当では，より複雑に利益を検討する行為が生じると推測される。そこで，手渡す時点で何らかの見返りが予期された行動，分配の往復が内包された，いわば交換ともいえる行動に注目することにした。さらに，調査協力園での分かち合いは，個人の意思が反映される集団内の行動であり，集団を維持するために制度化されたボノボやチンパンジー，狩猟採集民の「食物分配」（黒田，1999；山極，1994, 2012）とは異なる意味を持つため，「食物分配」とは区別して「分かち合い」と表記する。

3 「森のようちえん」の分かち合い行動

多くの保育の場において，保育者や養育者は栄養バランスを考慮して食事を摂ることを重要な課題としており（今村，2008；外山，2008b；吉田，2012），食べ物の分かち合い行動を禁止や抑制している。それぞれの幼児の栄養管理や衛生面，食物アレルギーへの配慮から，幼児同士のお弁当の提供や交換は制限される。また，給食では同じ食べ物が配膳されており，幼児同士で提供や交換を行うことにはなりにくい。食事は，遊びの場面よりも時間的空間的な枠づけや規範的な振る舞いが求められる環境下で行われるため，分かち合いも生起しにくい。そこで，時間的空間的な制限がゆるやかな環境下にあり，幼児の分かち合い行動が頻繁に見られる場の一つである「森のようちえん」で観察を

行うことにした。

　「森のようちえん」は,「森などの自然豊かな場所で,年間を通して子どもを保育する活動とその団体名」(今村, 2011, p.128) である。1950年代のデンマークで,保護者らが自主的に始めた自然体験活動を含む保育が発祥といわれている。日本では,2008年に全国ネットワークが設立され,広く知られるようになった。日本にある「森のようちえん」は,保護者を含む自主的なグループが通年で運営する場合や園外活動の一部に森のようちえん活動を取り入れる場合,自然学校や任意団体が行事で実践する場合があり,活動場所,頻度,活動形態は多様である。だが,どのタイプの「森のようちえん」も豊かな自然環境のなか,自由保育と自由遊びを中心に幼児の自主性と五感を重視する保育を行う点は共通する。お弁当を食べる場面 (以下「お弁当場面」と表記する) は,一人ひとりが自由に食べる場合や全員で話し合って一斉に食べる場合など様々である。分かち合い行動への対応も園の方針によって異なるが,お弁当をいかに食べるのかについて幼児の意見が尊重されることは共通している。

　調査協力園の「森のようちえん」のお弁当場面では,大人は見守ることを基本とし,「いつ,どこで,何を,だれと,どのように食べるのか」の判断が幼児に委ねられていた。幼児は空腹を感じた時に自ら摂食行動を生起したり,凸凹した岩の上でもおかずがこぼれないように道具を用いて食べたり,「食べよー」と友達に声をかけながら食べたりする行為が見られた。分かち合い行動も,友達との食事のなかで自然発生的に生じており,そこに分かち合い行動をめぐる価値や意味を調整する食の自律性が反映されていると推測された。

　そこで,本論文では「森のようちえん」におけるフィールド観察に基づき,以下の検討を行う。第一に分かち合い行動はいかに生起したか,第二に分かち合い行動は集団においていかに定着したか,第三に幼児は食べ物にどのような価値づけを行い,分かち合いをめぐる葛藤をいかに調整したか,第四にある幼児の分かち合い行動は長期的にいかに変容したかについてである。以上を通して,「森のようちえん」での日常的な分かち合い行動はいかにして生じ,どのように食の自律性が見られるのか,ということを明らかにする。

方法

1　調査

(1)　調査協力者

　調査協力者は,奈良県にあるNPO法人の「森のようちえん」の幼児及びスタッフである。20XX年度は幼児6名 (3歳児3名と4歳児3名),20XX＋1年度は幼児11名 (3歳児6名と4歳児3名, 5歳児2名) である。観察期間中,きょうだい関係にある幼児は存在しなかった。調査にあたりスタッフと保護者に研究の趣旨を説明し,文書による承諾を得た。

　調査協力園は,園舎を所有せず,年間を通して山を中心とした豊かな自然環境のなかで幼児の自主性を重視した保育を行う。幼児は,9時20分から14時20分の間,保育士資格や幼稚園教諭免許を持つスタッフ2〜3名 (交代制) と共に,ゆるやかな時間と空間のなかでほとんど自由に一日の活動を展開している。週4日の登園日は毎回お弁当を持参し,お弁当をいつ,どこで,だれと食べるかということについては幼児の判断に委ねられている。スタッフは,基本的には見守る姿勢をとっているが,栄養を摂取し丈夫な身体を作ることや保護者の用意したお弁当を粗末にしないこと,片付けをしてから遊ぶことについて日常的に幼児へ伝えている。全員が集合する帰りの会の前 (13時過ぎ) にお弁当を食べたか否かを確認するが,摂食を強く促すことはなかった。お弁当を食べる回数は1回とは限らず,複数回に分けて食べてもよい。全員で同時に食べる場合,数人の友達と共食する場合も一人で食べる場合もある。週1回は保護者参加の日があり,親子で食べる場合もある。観察期間,調査協力園には重度の食物アレルギーを持つ幼児は在園せず,分かち合いが禁止されることはなかった。スタッフは,保護者に幼児が友達と分かち合いをする場合があることを説明し,分かち合いは共通理解されていた。

(2)　調査方法

　20XX年8月から20XX＋2年3月まで計63日,週1回程度の頻度でフィールド調査を行った。20XX年度

は計25日, 20XX＋1年度は計38日観察した。

観察は, 登園時から降園時まで同行し, それぞれの幼児のお弁当場面を中心に行った。記録は現場メモとデジタルカメラによる動画, 静止画の画像記録を採取した。お弁当場面は, 幼児がお弁当を取り出してから片付け始める時間とした。お弁当場面での会話や食行動, 表情などの記録に加え, 遊びや一日の生活と食事時間のつながりを把握するため, お弁当場面以外の活動内容やお弁当場面が開始する経緯についても記した。

観察者は, 幼児と信頼関係を形成するため, 遊び場面はスタッフと同様に参入し, 会話をした。だが, 食事中は「消極的な参加者」(箕浦, 1999) の立場をとった。幼児に危険が生じる場合のみ積極的に関与し, それ以外は観察者から会話を開始しなかった。話しかけられた場合には直接的な影響力を及ぼさない程度の返答をするにとどめた。

観察の他, 毎回保育前後にその日のスタッフや保護者に所感を尋ね, 学期末に園の代表スタッフに該当学期の保育の様子や幼児の育ちについてインタビューを行い, 求められれば意見交換をした。本論文では, お弁当場面の観察資料を主な分析資料とし, 他の資料は適宜参照して解釈の修正と幼児理解の深まりを図った。

2 分析

(1) 分析資料

観察時の記録から幼児の発言や表情, 仕草, 視線などを詳細に記述し, フィールドノーツを作成し, それを分析資料とした。

本論文で扱う分かち合い場面は, 西田と保坂 (2001) の定義を参考にし,「食べ物の共食, 譲渡, 交換により, 食べ物が力づくではなく移動した場面及びそれらの行動をしようとした場面」を指す。それに対し, 分かち合い行動は「幼児が所有する食べ物を他者へ移動させる行動, または移動させようとする行動」を指す。行動のきっかけとなる時点から, 行動が終了または行動に関する発言が終了した時点までを1件とした。

観察した63日のうち, 8月は登園する幼児が少数であった。友達と共に食べる場面は少なく, 幼児同士の対人関係との関連を考察することは難しい。そこ

で, 20XX年8月の2日と20XX＋1年8月の3日は分析対象から除外し, 他の事例分析の補助として使用した。分かち合い場面は, 58日中45日生じ, 合計174場面となった。

174場面のうち26場面は提供者あるいは受領者のどちらかがスタッフや保護者などの大人であり, 在園する幼児ではなかった。大人とのやりとりは大人の意図が反映され, 幼児同士のやりとりとは異なる意味を持つと考えられる。大人が単独で提供者や受領者となった場合は除外し, 大人を含む幼児複数が受領者になった場合は分析対象とした。結果, 幼児同士の分かち合い場面148場面, 分かち合い行動190件を分析対象とした。交換または同一場面で異なる幼児が同時に分かち合いをした場合は, 2件の行動としてカウントするため, 場面数と行動数は一致しない。

本論文において調査協力園の幼児, スタッフ, 関係者の氏名は, プライバシーを保護するためすべて仮名とした。年度初日に満3歳である幼児には無線, 満4歳の幼児には一重下線, 満5歳である幼児には二重下線を引いて表記した。同一幼児でも, 20XX年度と20XX＋1年度では学年が上がるため, 表記の仕方は事例により異なる。

(2) 分析方法

分析はエスノグラフィーの手法を用いて次の4つの視点から行った。まず, ①お弁当場面と分かち合い行動の頻度, 参加者, 移動する食べ物, 種類から, 分かち合いがいかに生起したのかを明らかにした。次に, ②分かち合い行動自体への関心や友達との関係性の変化から, いかに友達との相互作用を行い, 分かち合い行動が定着化していったのかを検討した。そして, ③食べ物の価値と譲渡や交換に伴う葛藤に着目し, なぜ葛藤しながら分かち合うのかについて考察した。最後に, ④一人の幼児の分かち合い行動の変容を通して, 関係性の変容や自己調整の発達との関連を分析し, いかに食の自律性を発揮していたのかについて検討した。

結果と考察

1 分かち合い行動の生起の仕方

「森のようちえん」の分かち合い行動はいかに生起したのだろうか。一日の生活におけるお弁当場面の生起と分かち合いの生起の仕方を概観する。

(1) お弁当場面の生起と分かち合いの生起

調査協力園では、お弁当をいつ、どこで、だれと、どのように食べるのかということについて、判断は幼児に委ねられていた。お弁当場面と分かち合い場面の生起には、以下のような特徴があった。

a) お弁当場面の生起　お弁当場面は、9時20分に登園し、遊び場に移動した直後から、13時50分頃の帰りの会直前までの間に生起していた。1日あたりのお弁当場面の平均生起回数は1.6回（range：0回–5回）、1回あたりの平均時間は16分（range：1分未満–67分）であった。

食べる場所は、遊び場の拠点にブルーシートを敷いたエリアとすることが多いが、ごっこ遊びで使用するおうちのなかを選ぶこともある。天候に応じ、日向や日陰、雨宿りができる場で食べることもあった。幼児それぞれが食べる時間と場所を選択するため、図1の20XX年10月17日のように全員で一斉に食べる場合もあれば、20XX＋1年7月10日のように数人の友達、または一人で複数回食べる場合もある。

b) 分かち合い場面の頻度　幼児同士の分かち合い場面の生起割合は77.6%であり、1日あたり平均2.6場面生起した（表1）。新たな3歳児を迎えた20XX＋1年度1学期に最も多く分かち合い場面が生起し（平均3.8場面）、20XX年度の3学期には分かち合い場面の生起が少なかった（平均0.9場面）。1日に複数回生じる日がある一方で、全く生起しない日が13日あった。

c) 分かち合いの参加者　分かち合い行動は、幼児全員が1回以上参加していた。1対1で分かち合う場合もあるが、その日登園した幼児全員に提供すること（10場面）もある。食べ物同士あるいは食べ物と要求の交換（24場面）もある。同年齢の幼児に限ら

ず、年下の幼児、年上の幼児と分かち合う場合もあった。交換の場合は、5歳児が18場面において関与し、6場面が3、4歳児のやりとりであった。

d) 分かち合いで移動する食べ物　分かち合いで移動する食べ物は、おにぎりやサンドイッチ、焼きそばなどの主食が89件と最も多く、続いて50件が果物であった。果物は3歳児からの移動が27件と多い。5歳児は、果物を受領するが提供はほとんどしない特徴も見いだされた。

その場で交換をする場合、「主食と主食」であることが最も多く8場面だった。「主食と副菜」が6場面、「主食と主菜」が3場面だった。だが、必ずしも同じ種類の物の交換ではない。食べ物と食具を交換する場合や食べ物の代わりに遊ぶ約束をして食べ物を提供する場合もあった。

(2) 分かち合い行動の種類

分かち合い行動は、提供者と受領者の意思によって生起の仕方と結果が異なる。まず、受領者は友達のお弁当が欲しい時、「要求する／要求しない」という選択をする。要求された場合、提供者は「渡す／渡さない」という選択をし、受領者が「受け取る／受け取らない」という選択を行う。分かち合いは、このような提供者と受領者の意思が交錯した上で生起し、選択の仕方によって、6種類が考えられる。①「要求する―渡す―受け取る」、②「要求する―渡す―受け取らない」、③「要求する―渡さない」、④「要求しない―渡す―受け取る」、⑤「要求しない―渡す―受け取らない」、⑥「要求しない―渡さない」である。調査協力園では②「要求する―渡す―受け取らない」は生起せず、⑥「要求しない―渡さない」は分かち合い行動の定義に当てはまらない。そこで、調査協力園での分かち合いは、以下の4種類に分類された。

a) 要求に応じた提供　受領者が相手の食べ物を欲しくなり、「要求する」。すると、提供者が要求を受け入れて食べ物を「渡す」。受領者は、期待した食べ物を「受け取る」行為をし、分かち合いが成立した場合である。このような分かち合い行動は55件観察された。

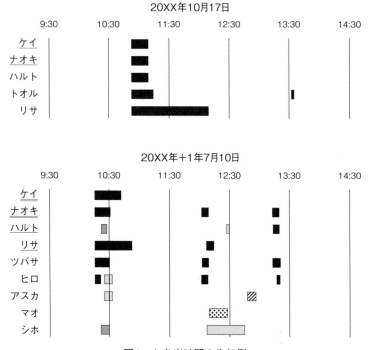

図1 お弁当時間の生起例
注：同じ時間と場所を共有して食べた幼児は同じ模様で表示している。

表1 幼児同士の分かち合い場面の生起日数と生起場面数

		生起日数（生起割合）	生起場面数（一日平均）
20XX年度	2学期（観察13日）	11日（84.6%）	28場面（2.2場面）
	3学期（観察10日）	6日（60.0%）	9場面（0.9場面）
20XX+1年度	1学期（観察13日）	12日（92.3%）	50場面（3.8場面）
	2学期（観察13日）	10日（76.9%）	43場面（3.3場面）
	3学期（観察 9日）	6日（66.7%）	18場面（2.0場面）
合計		（観察58日） 45日（77.6%）	148場面（2.6場面）

注：生起割合は学期ごとの「生起日数／観察日数」，平均生起場面数は「生起場面数／観察日数」から算出している。

事例1-1 「ちょっと，ちょうだい」
20XX年11月14日
　ナオキは，おでんを食べるトオルに「ちょっと，ちょうだい」と手をのばした。トオルは，無言で箸に突き刺したウインナー天をナオキの口に運んだ。ナオキはにっこりし，ウインナー天に思い切りかぶりついた。

b）要求に対する拒否　　受領者が食べ物を「要求する」が，提供者は「渡さない」。手渡すことを拒み，要求を断ったあるいは反応を示さないことで分かち合いが不成立となった行動は17件観察された。

事例1-2 「無言の抵抗」
20XX＋1年10月30日

表2　分かち合い行動の頻度（参加者と移動した食べ物）

単位：件

	移動した食べ物	受領者				
		3歳児	4歳児	5歳児	異年齢複数	合計
提供者 3歳児	主食	9（4）	7（1）	15（2）	3（1）	34（8）
	主菜	1	1	1	1	4
	副菜	2（2）	6	5（2）	4	17（4）
	果物	6（2）	6（1）	5（3）	10	27（6）
	食具	0	0	1	0	1
	小計	18（8）	20（2）	27（7）	18（1）	83（18）
4歳児	主食	8（2）	3（3）	5（1）	3	19（6）
	主菜	0	0	0	2	2
	副菜	2（1）	4	2	2	10（1）
	果物	5（2）	6（1）	5	5（2）	21（5）
	小計	15（5）	13（4）	12（1）	12（2）	52（12）
5歳児	主食	12（4）	5	18（4）	1	36（8）
	主菜	3	1	0	0	4
	副菜	7（2）	2	3（1）	1	13（3）
	果物	0	1	0	1	2
	小計	22（6）	9	21（5）	3	55（11）
合計		55（19）	42（6）	60（13）	33（3）	190（41）

注：（　）は生起した分かち合い行動の内，結果的に食べ物が移動しなかった件数を示す。内数。

表3　分かち合い行動の頻度（種類別，学期別）

単位：件

	20XX 年度		20XX+1年度			合計
	2学期	3学期	1学期	2学期	3学期	
a）要求に応じた提供	13	3	26	11	2	55
b）要求に対する拒否	3	0	3	7	4	17
c）自発的な提供に応じた受領	17	4	38	23	11	93
d）自発的な提供に対する拒否	3	3	8	9	2	25
合計	36	10	75	50	19	190

ハルトがパイナップルを食べていた。ツバサは「これちょっと分けてやったら？（分けて欲しいの意）」と言った。ハルトは全く返答せず，パイナップルを食べ続けた。

c）自発的な提供に応じた受領　提供者が自ら食べ物を「渡す」。受領者が渡された食べ物を「受け取る」ことにより，分かち合いが成立した事例である。93件が提供者からやりとりが生じ，受領者が受け入れた。

> 事例1-3 「りんご，がぶって！！」
> 20XX年10月24日
> 　リサは「あげる，りんご。がぶって！！」とトオルの口元にりんごを突き出した。トオルは「がぶりって食べるわ」と答え，大きな口でかぶりついた。ぱきっとりんごがわれる音がした。リサは，驚いたように「おっ」と言って笑うと，自分もりんごをかじった。

　d) 自発的な提供に対する拒否　　提供者が自ら食べ物を「渡す」ことを望むが，受領者が「受け取らない」行動をとると分かち合いは不成立になる。自発的な提供が拒否されて不成立になった行動は25件だった。

> 事例1-4 「絶対おいしいのに！」
> 20XX年11月28日
> 　ケイは，ススムに「これ，おいしいよ」と切干大根を渡そうとした。ススムはそれを横目で見て「いらん」と低く小さい声で言った。ケイは「おいしいのに」と身体を上下に小刻みに揺らした。その後も，ケイは「絶対においしい」と何度も差し出すが，ススムは断り続けた。

　分かち合い行動は，幼児の「食べたい」「食べて欲しい」という摂食に関する欲求に基づいて生起していた。提供する場合も受領する場合も，自らの意思で分かち合いを行うか否か決断し，行動していたといえる。

2　友達との相互作用にみる分かち合いの定着過程

　幼児の分かち合いは①友達の模倣から生じやすく，②自分が提供者であることを意識するなかで，③分け合う友達との平等性を意識するなかで，以上の3つの特徴を示しながら定着化していった。そして，分かち合いを行った友達との関係性にも変容が見られた。

（1）友達の分かち合い行動の模倣

　友達に興味を示し始めた幼児は，友達の言動を観察しながら食べていた。友達の言動の模倣から自発的な提供が始まる次の様な場面があった。

> 事例2-1 「アスカちゃんのちゅるちゅる食べた」
> 20XX＋1年6月19日
> 　トオルとのスモモの分かち合いを終えたリサが，バナナの皮をむいていた。アスカは，箸で焼きそばの麺をつまむとトオルの方に運び始めた。トオルがリサに向かって，「おれも，バナナちょっと，ちょうだい」と言った瞬間，アスカがトオルの口に焼きそばを突きつけた。トオルは，口を開ける。パクリと焼きそばを口にはさんだ。口からは焼きそばがはみ出し，肩にも乗った。続けてリサが「はい」と言ってバナナをトオルに差し出した。トオルは麺を口からはみ出しながらバナナにかぶりついた。
> 　アスカは，興奮したように「アスカちゃんのちゅるちゅる食べた」と目を開いて言った。報告後は満足した様子で，すぐに自分の口に焼きそばを入れた。再び周りをきょろきょろと見回し始めた。

　アスカは，入園直後は付き添っていた母親と食べ，一人で登園するようになってからは一人で食べる行為が目立った。周囲を見渡すことなく黙々と食べていた。だが，この日は全員一斉にお弁当を食べる状況となり，アスカは時折，目の前に座るリサに視線を送っていた。この時期はリサがする言動を真似て遊ぶ行為が観察され，食べ始めにもリサを真似してお弁当を友達に見せる行為が見られた。事例場面直前には，リサがトオルにスモモを提供している。アスカはリサがした分かち合いの行為に興味を持ち，同じようにトオルに焼きそばを突き出したと考えられた。アスカの「友達と同じように自分の食べ物を手渡してみたい」欲求は，「個々のお弁当を友達と分け合って食べてもよい」という集団の規範と一致し，トオルに受け入れられた。アスカの模倣による分かち合い行動は，集団内規範を内化していく第一歩となったと考えられる。

　事例2-1のように，友達の模倣から分かち合いは生じやすい。これに類することとして，1組の分かち合い行動を見てから分かち合いが連鎖的に生じた場面は11場面観察された。

（2）提供行為の意識化

　分かち合いは他児の模倣から始まり，連鎖しながら定着していった。その過程において，提供者は分かち合い行動を意識化し，手渡すことへのこだわりが見ら

> **事例2-2 「みかん食べる人〜」**
> 20XX年10月17日
> 　リサが「みんなでみかん食べよー」と言い，立ち上がった。3つのみかんとお弁当箱を持って，<u>ナオキ</u>とハルトの傍に移動する。リサが「食べる人！」と声をかける。トオルと<u>ナオキ</u>は「食べる」と言い，遊びを中断してリサの傍に寄った。
> 　リサは，早速みかんの皮をむき始めた。だが，皮はかたくてなかなか上手くむけない。<u>ケイ</u>と<u>ナオキ</u>が「ちょうだい」と声をかけると，リサは「ちょっと，待って」と答え，必死に皮をむき続けた。皮をむき終わると，一人ひとりに1房ずつ手渡していく。<u>ナオキ</u>が自分でみかんを取り分けようとすると，リサは慌てて取り返した。「はい，トオル」「はい，<u>ナオキ</u>」と一人ずつの名前を呼びながら渡していた。

　リサは，一人で必死に皮をむき，待っている友達に1房ずつ順番に手渡す動作を繰り返した。受領者がみかんを持っていくことを拒み，友達一人ひとりの顔を覗きながら渡していた。リサは，自分が用意した食べ物を一人ずつ手渡す行為を通して，提供者が自分であることを意識し満足感を味わっていたと考えられる。この頃，リサは友達を誘って食べるようになっていた。この日以降，リサが友達に提供するためにみかんを複数個持参する行為も見られ始めた。保護者の話では，リュックサックに十数個のみかんを詰め込み，登園しようとすることもあった。手渡す行為への関心は，提供者であることの確認を求めるなかで生じ，自発的な提供の生起につながっていたと考えられる。リサが分かち合い行動の準備をし，友達を誘って実施しようとした行動には，分かち合いへの期待の高さと友達との相互作用という意味づけを重視したことが窺える。

（3）分かち合いにみる平等性

　集団で遊ぶことにこだわりが見られた時期には，持参した食べ物を持ち寄り，集めた食べ物を皆で平等に分ける行動が観察された。

> **事例2-3 「みんなで分けっこしよう」**
> 20XX＋1年11月20日
> 　ツバサがみかんを食べようとする。みかんを鞄から2個取り出した。<u>ナオキ</u>は「分けっこしよーぜ，みんなで分けっこしよーぜ」と言った。ハルトと<u>ケイ</u>もツバサの傍に寄る。ツバサは，ハルトに1個のみかんを渡した。ハルトは皮をむく。すると，<u>ケイ</u>が，思い出したように「あっ，<u>ケイ</u>君も持って来たんだった」と言い，鞄へと取りに行った。
> 　<u>ケイ</u>は，2個のみかんを抱えて戻ってきた。1個を<u>ナオキ</u>に手渡した。<u>ケイ</u>らは輪になり，1個ずつみかんを持つ。皮をむいて食べ始めた。

　みかんを持参したのはツバサと<u>ケイ</u>である。けれども，分かち合いを提案し，先導するのは<u>ナオキ</u>だった。ツバサも<u>ケイ</u>も，当たり前のように<u>ナオキ</u>にみかんを渡し，<u>ナオキ</u>の提案に基づいて分かち合った。事例2-3が生じた時期は，友達の言動を窺い，全員が一緒に行動することを望んだ時期だった。<u>ナオキ</u>を中心として，お弁当を食べるタイミングや場所，遊びの内容や展開の仕方を全員で合わせ，同じように行動しようとすることがあった。平等にみかんを分けるというツバサと<u>ケイ</u>の行動には，「同じ物を同じように食べると，4人の人間関係が保たれるだろう」と考えたことが反映されており，「同じ数ずつ分けることが良い」という平等の社会的規範が動機であった（熊木，2016）といえる。集団の一員としての自分の振る舞いを考えることにより，一度集めて平等に分け合う行為が生じ，友達と対等な関係であることを確認していたと推測される。

（4）分かち合いにみる友達との関係性の変化

　事例2-1や事例2-2では，友達への意識を持った時に分かち合いが生じた。分かち合いには友達との関係性が反映され，幼児が意図的に分かち合いを行い，関係性が変化したとみられる場合もあった。

a）友達との関係強化　友達の表情を窺い，自らお弁当を差し出した提供者が，受領者の喜ぶ表情を見て同じように喜ぶことがあった。

> **事例2-4 「おなかすいたなら，あげる」**
> **20XX＋2年1月8日**
> 　ナオキは，全部食べ終えると「もうおなかすいた」と言って片付けを始めた。その声を聞いたケイは，スプーンで自分のご飯をすくうと，「あげる」と言う。ナオキは振り向き，大きな口を開け「あーん」と言って食べようとする。ケイは「ちがう」と言い，ナオキのボトルにスプーンで2杯のご飯を入れた。ナオキは一気にご飯をかきこむ。ケイはじっとナオキが食べる様子を見つめる。そして，ナオキが食べきったことを確認すると，ケイは横から3杯目のご飯を入れて渡し，笑顔を見せた。

　お弁当を食べ終えたナオキは，要求はしないが，物足りない様子だった。ケイはナオキの表情を見つめると，自分のお弁当のご飯を差し出した。思いがけずお弁当を分けてもらったナオキは，即座に大きな口で食べた。ケイのご飯を食べて笑顔になったナオキを見て，ケイはさらにご飯を追加して差し出した。ケイは，2年間ナオキと共に集団生活を過ごし，お弁当を分かち合う経験を繰り返してきた。ケイがナオキに食べ物を渡すやりとりは18場面観察されたが，そのうちナオキがお返しをしたのは1場面であり，ケイからナオキへと一方向に食べ物を渡す関係性が窺える。ケイはナオキからの見返りは期待しておらず，食べ物の提供行為に喜びを感じていたと推測される。20XX＋1年度2学期後半から，崖の上に登って降りられなくなったケイをナオキが助けに行ったり，一緒に摘みとった木イチゴを手渡し合ったりし，お互いに相手を喜ばせていた。ケイが食べ物を渡してナオキを喜ばせた行動は，生活全体におけるナオキとケイの人間関係と関連して生じていたと考えられる。

　b）友達との関係修復　友達と喧嘩し，一緒に遊ぶことができない時にも分かち合いは生じた。そして食後に，一緒に食べた幼児同士の関係性が変化することもあった。

> **事例2-5 「仲直りした！」**
> **20XX＋1年6月19日**
> 　ハルトとケイは，お弁当場面直前に喧嘩をした。スタッフが仲裁するが，わだかまりは残り，二人は少し離れてお弁当を用意した。ケイはハルトに背中を向けて座り，お弁当を食べ始めた。
> 　お弁当を食べ始めてしばらくすると，ハルトが，トウモロコシを握った手をケイの顔の横にのばした。ケイは，驚いて振り向く。ハルトは「これ，甘いんだよ」と差し出した。ケイは黙って受け取り，腰をあげる。「だったら，おにぎり。これ」と振り向き，身を乗り出してハルトに渡した。ハルトが受け取ったのを確認したケイは，前を向き「仲直りした！」と嬉しそうに言った。スタッフは「良かったね〜」と声をかけていた。

　ハルトは，食事開始時からずっとケイの様子を窺っていた。ハルトは，ケイがツバサにお弁当を分けて欲しいと訴えたが断られ，落胆している様子を見つめていた。ハルトはケイとのわだかまりを何とかしようとしていたのかもしれない。「これ，甘いんだよ」という言葉は，ケイにとっては唐突であったようだが，ハルトにとってはケイとつながりを持つために考え抜いた働きかけだったのだと推測される。ケイは，突然の自発的な提供に驚くが，ハルトのトウモロコシをそのまま受け取った。一瞬にして笑顔になり，自分のおにぎりを差し出した。「仲直りした！」と叫んだことから，ケイはトウモロコシを受け取ると同時にハルトの存在も受け入れたとみることができる。食後のハルトとケイは，普段通り一緒に遊んでいた。ハルトとケイにとって，トウモロコシの分かち合いがお互いの存在を受け入れるきっかけになったといえる。分かち合いにより，友達との対人関係が修復される場合もあることが事例2-5から窺えた。

　以上のように，食べ物の移動に伴って友達との関係性に変化が生じる。分かち合いは，友達への関心と対人関係を円滑にしようとする動きのなかで生起し，日常的な行動として定着化していったと考えられた。

3　食べ物の価値づけと分かち合いに伴う葛藤の調整

　提供者から受領者へ移動する食べ物には，その幼児にとっての価値が付与されている。その価値の捉え方に応じ，幼児は「渡す／渡さない」「受け取る／受け取らない」という判断をし，分かち合いをしていた。

（1）食べ物の価値づけ

　事例1-1, 1-3のように提供者と受領者の意思が一致すると，両者は気持ちの赴くままに分かち合いをした。だが，事例1-2や1-4のようにお互いの価値判断は必ずしも一致するとは限らない。さらに，自分の意思と集団内の規範や個人内の規範に矛盾が生じて葛藤する場合もあり，そこに幼児による食べ物の価値づけとの関連が窺えた。そこで，分かち合いに際して葛藤が見られた22場面を抽出し，食べ物の価値が提供行為にいかに関連するのか検討した。なお，ここで扱う葛藤場面は，提供者が要求に応じて「渡す／渡さない」という判断をし，次なる行動が生起するまでに躊躇あるいは分かち合いに対して抵抗を示した場合である。即座に応答した場合も葛藤がないとは言い切れないが，葛藤の有無の判断は困難である。受領者にも葛藤は生じるが，食べ物の価値をめぐる葛藤は提供者に見られやすい。そこで，提供者の葛藤が明白な場面を抽出し，どのような価値が食べ物に見いだされているのかについて検討した。

　a）好物への愛着　　自分のお弁当に好物が入っている際，幼児は興奮して自慢をする。羨ましくなった友達から要求されると「あげない」と要求に応じることを拒み，悩むことがあった。

事例3-1　「お肉はダメなんだけど…」
20XX＋1年6月25日

　ナオキは，ツバサのお弁当箱の蓋を開けた。「へへ」と言う。ツバサは「あー，ダメ！肉なんだよ」と言う。「だって，これさー，だって，これ，好きなんだよ。好きなんだよ。だって，こん中に肉入ってるんだもん」と言った。ナオキは「うっわー」と言った。ケイは「でも，ケイ君あげないからねー」と口をとがらせた。ツバサが「何が？」と言うと，ケイは「えー，ケイ君ね，お弁当ねー，ちょっとあげないよ〜」と言った。
　ケイは「ケイ君，お弁当あげないよ」と言い張る。ツバサは，仕方なくおにぎりのラップをめくり，ケイの口に近づける。ケイが思い切りかぶりつくと，お肉もケイの口に入りかけた。ツバサは「あー，肉ダメ〜」と言った。ケイは，慌ててお肉をつまむとツバサに渡す。ご飯だけを口に入れた。ツバサは，安心したようにお肉を食べ始めた。ケイは「はい，プレゼントで，これあげる」と言い，自分

のおにぎりを1個手にとった。「おいしいよ」と付け加え，ツバサのお弁当箱に入れた。

　ツバサがお弁当を友達に差し出すことは珍しくない。お弁当を分かち合って「仲間だもんね」という発言をよくしていた。ところが，この日持参したおにぎりは特別だったと思われる。ツバサの大好きなお肉が入っており，興奮した様子で準備をしていた。ケイやナオキが要求する前に「ダメだよ」と言ったのだが，ケイが「だったらあげない」と言い返したことで，ツバサは困惑していった。好物のお肉は渡したくないが，仲の良いケイの要求には答えたかったのかもしれない。ツバサは，ケイがおにぎりにかぶりつく様子を心配そうに見つめ，分かち合いをする決断をした後も葛藤は続いていたとみられる。事例1-2も別の幼児が好物のパイナップルの提供を拒んだ場面であった。同様の姿は22場面中15場面観察され，好物は幼児にとって格別な物になることが示されている。

　b）作り手の愛情や思い出　　お弁当は，自分のために保護者が用意した食べ物である。保護者が心を込めて作った物，自分のために購入した物であると自慢し，大切に食べようとする。同じ食べ物でもその日のその幼児にとっては特別である場合もあり，食べ物の価値は変容していた。

事例3-2　「クリスマスのごちそう」
20XX年12月25日

　ハルトは「今日は，ピザ，イエーイ」と言う。ピザを鞄から取り出しながら「ピザが2個だ。なんで2個なの？ハハハ，まーいーや」と独り言をつぶやき，上機嫌だった。ケイがハルトに「何これ？」と尋ねる。ハルトは「ピザ，ピザだよ。ほら，昨日焼いたもん」と家族のクリスマスパーティーのごちそうだったことを説明した。ナオキは，ハルトのピザをじっと見つめ，「ハルト，ちょっとでいいからちょうだい」と言った。ハルトは，ピザを自分の口に運び続けたため，ナオキはもう一度「ちょうだい」と訴える。すると，ハルトは，顔を上げずに「ダメ」と言った。ケイとトオルも「ちょうだい」と言ったが，「ダメ」と言う。ナオキは「だったら，これあーげない」と自分のお弁当を見せた。ケイ

とトオルも,真似をし「だったら,これあーげない」と言った。ハルトは,下を向いて,じっとピザを見つめた。

　ハルトは少し考えた後,ピザをちぎり,<u>ナオキ</u>に手渡した。続いて<u>ケイ</u>,トオルにも渡す。すると,<u>ナオキ</u>は「だったら,あげる」と言い,自分のご飯をスプーンですくってハルトの口に運んだ。<u>ケイ</u>,トオルも同様に,スプーンでご飯や味噌汁をすくってハルトの口に運んだ。

　ハルトは,前日の家族とのクリスマスパーティーの出来事を朝から大きな声で話していた。お弁当はパーティーのために母親が作ったピザであった。お弁当の自慢をすることが少ないハルトだが,ピザを友達に見せていた。嬉しそうに話すハルトを見た<u>ナオキ</u>と<u>ケイ</u>,トオルは食べたくなり,ハルトが差し出しやすいよう「ちょっと」と遠慮がちに要求した。だが,ハルトはピザを手放さない。一人で食べきるには多いと思われる量だが,要求を断った。普段は仲の良い<u>ナオキ</u>の要求を強く拒む行為は珍しい。「昨日作った」と何度も話していたため,ハルトにとってピザは昨晩の楽しさを象徴する食べ物であったと思われる。ハルトが拒むほど<u>ナオキ</u>の要求する口調は強くなった。ハルトがピザを見つめて沈黙した時間は,ピザへの愛着と仲間入りへの期待をめぐる葛藤の表れであったと推測される。クリスマスであったこの日,事例直後もハルトがピザの分かち合いに対して葛藤を繰り返したことに加え,<u>ケイ</u>も前日に家族で作って食べた手巻き寿司をアレンジしたお弁当を自慢していた。作り手の存在や家庭での思い出が食べ物の価値を高めていると考えられる。

(2) 食べ物の価値と分かち合い方法の提案

　「好物は分けたくない」という欲求がある一方で「友達と分かち合いたい」という欲求が生じた場合,幼児は分かち合いの方法を考え,両方の欲求が実現できるよう行動を調整していた。分かち合うこと自体は納得しているが,要求通りに分かち合うことに抵抗を示した幼児は,事例3-3のように分かち合う食べ物を代えたり,事例3-4のように人物を選択したりして,自己の欲求を満たしていた。

> **事例3-3　「ハムよりジャムサンドの方が甘いよ」**
> **20XX＋1年6月19日**
> 　ツバサが「ねぇ,ねぇ,<u>ナオキ</u>君,サンドイッチあげるからさー。ハムかいちごジャムどっちがいい?」と聞いた。<u>ナオキ</u>は「うーん」と悩んでから「じゃあ,ハム」と答えた。ツバサは「いちご,こっちの方が甘いんだよ」と慌てて返答した。<u>ナオキ</u>が「えっ?」と聞き返すと,ツバサは「こっちの方がさ〜,いちごジャムの方が甘いよね〜」と言った。そこで,「じゃあ,こっち」とジャムサンドを指差した<u>ナオキ</u>に対し,ツバサはジャムサンドを手渡した。

　ツバサは<u>ナオキ</u>と分かち合いをしようとし,「サンドイッチあげる」と提案した。だが,自分が食べようと思っていたとみられるハムサンドを要求されると,ツバサは分かち合いを拒む姿勢を見せたのである。ハムサンドは,ツバサの好物であり価値の高いものであったと推測される。そこで,ジャムサンドを提供したいと考えたのだろう。「いちごジャムの方が甘い」と訴え,<u>ナオキ</u>を説得した。ツバサはハムサンドを食べたい欲求と<u>ナオキ</u>と分かち合いたい欲求の両方を叶えるべく,ハムサンドの代わりにジャムサンドを渡す工夫をしたといえる。

> **事例3-4　「4歳になったらね」**
> **20XX＋1年6月25日**
> 　ヒロは,<u>リサ</u>とアスカとお弁当を見せ合って食べ始めた。<u>リサ</u>はヒロのお弁当を覗きこみ「えー,果物もあるやん」とブルーベリーの入った容器を羨ましそうに見つめた。<u>リサ</u>は「ヒロ,仲間になってもいい?」と聞き,分けて欲しいと主張した。ヒロは「いいよ」と同意した。見ていたアスカは「アスカちゃんもいい?」と尋ねた。すると,ヒロは「駄目だよ。3歳やからね,まだ。4歳になったらいいよね」と言った。「まだ3歳なの〜」と言うアスカにヒロと<u>リサ</u>は背を向けた。
> 　そこにタカシがやってくる。「僕,4歳になったから,これくれ!」とブルーベリーを指さした。ヒロは「はい」とブルーベリーを手渡す。待っていた<u>リサ</u>も「ねえ,<u>リサ</u>も4歳になったから,これくれ」と言い,ヒロは<u>リサ</u>にもブルーベリーを手渡した。

> アスカは，ヒロのブルーベリーを分かち合う三人の
> 背中を見つめ「人のとらないの！」と叫んでいた。

　ヒロは入園直後から分かち合いを要求されることが
多く，要求に応じて手渡す行為が観察されていた。時
には分かち合いをしているうちに自分が食べる分がな
くなってしまうこともあった。事例3-4でも，分かち
合いを行うこと自体は好意的に受け止めているように
みえた。だが，全員の要求に応えていると，自分の食
べるブルーベリーがなくなると考えたのだと思われる。
ブルーベリーはヒロの好物である上，父親が自分のた
めにお弁当箱に入れてくれたものである。数が減るこ
とに悲しみも伴う。そこで，自分と同じ4歳の友達に
は分け，3歳の友達には分けないという線引きをし，規
範として機能させた。年齢を基準にし，選択的な分か
ち合いを行うことで，自分の食べる分を確保していた
といえる。
　このように，提供者は，自ら判断した食べ物の価値
と欲求とのバランスを図りながら，手渡す相手や食べ
物の種類，量を調整していた。自分なりの基準を設け，
納得できる方法を生み出していたと考えられる。

（3）返礼としての交換
　提供者が価値を見いだした食べ物を手渡した後，受
領者が自らの食べ物を提供者へ渡す行動，いわゆる返
礼をすることもあった。

事例3-5　「お返しあげる」
20XX＋1年6月25日
　ヒロがタカシに「ちょっと食べてもいい？」と
タカシのお弁当箱に箸を近付けた。タカシは「い
いよ」と答える。ヒロはタカシのご飯を箸で口に
いれようとするが，なかなかつまむことができな
い。そこでタカシはスプーンでご飯をすくい取る
と，ヒロの口にご飯を入れた。「おいしい？」と尋
ねる。ヒロは「うん」と答えた。そして，ヒロはす
ぐに箸で自分のコロッケを切り分ける。1切れのコ
ロッケを箸でつまむと，タカシの口にコロッケを入
れた。タカシはコロッケを嬉しそうに食べた。

　ヒロとタカシは，この日はお弁当の分かち合いを繰
り返していた。タカシがヒロのラズベリーに興味を持
ち，「1個ちょうだい」と要求したことが始まりである。
何度かヒロがタカシにラズベリーを差し出した後，今
度はタカシが「お返しする」と言って，ご飯を用意し
たのである。そして，事例3-5の場面でタカシは自ら
ご飯をヒロに差し出した。続けてヒロも，お返しにコ
ロッケを差し出した。交換された食べ物は別々の素材
であり，量も異なる。だが，お互いに分かち合うこと
に合意し，お礼の気持ちを行動に表すことで交換とい
うやりとりに発展したと考えられる。そして，最初は
返礼として分かち合っていた二人は，次第に贈与して
共に食べるという体験を楽しんでいるようにみえた。

（4）条件付けられた交換
　分かち合いに納得ができない時，幼児は相手に条件
を提示し，交渉することでお互いの主張を調整する行
為が見られた。事例3-6のように自分が食べてみたい
食べ物を要求すると同時に自分の食べ物を差し出し，
交換した場合もあった。

事例3-6　「あげるからちょうだい」
20XX＋1年5月29日
　ケイは，立ち上がって，ハルトの後方から口元に
おにぎりを持っていった。「このおにぎり，あげる
よ。いる？」と聞く。ハルトは，最初は驚いて身体
をそらしたが，ケイからおにぎりを受け取り一口
かじった。ケイは「ハルト，交換してよ」と要求
し，ハルトのお弁当箱を覗き込んだ。ハルトは「何
と？」と聞き返す。ケイは「何かと」と言う。ハル
トは，しばらくお弁当箱を見つめた。サケご飯を
すくい取りケイの口に運んだ。

　ケイは，事例の場面直前，じっとハルトのお弁当を
見つめていた。ケイはハルトのお弁当に入っているお
かずやおにぎり，おかずに刺さっているピックを確認
する。ケイは，ハルトが自分の差し出したおにぎりを
かじった瞬間に交換を要求した。ケイの視線はハルト
のお弁当箱に注がれており，ハルトがおにぎりを味わ
う時間も与えなかった。ケイは，ハルトのお弁当の一
部を分けてもらうことが目的で自分のおにぎりを差し

出したのだろう。ハルトはケイの強い口調に圧倒され，サケご飯を手渡したように見えたが，ケイはハルトが「渡す」決断をしやすいよう，自分がおいしいと思ったおにぎりを手渡し，交換を持ちかけたと考えられる。ハルトがサケご飯を手渡すまでに要した時間は，ケイとの関係性とおにぎりに相応する食べ物は何かを考える時間であったと推測される。

　また，交換するのは食べ物だけではない。食べ物を渡す行為と遊びへの参加の約束が同等の価値を持ち，お互いに納得する場面があった。

事例3-7　「鬼ごっこする人，あげる」
20XX＋1年12月11日

　ケイが，食後に鬼ごっこをする計画を話し出す。ケイは，ツバサに「鬼ごっこするの？」と聞いた。ツバサは食べながら頷く。すると，ケイは「そのかわりちょうだい」と言った。ツバサは「いいよ〜」と明るい声で答え，りんごを手渡す。ケイは「冷たい！」と大きな声をあげて笑顔になる。ツバサはかじっていたりんごを飲みこみ，「ケイに1個あげた。ケイに1個あげた」とスタッフに報告した。羨ましがるスタッフにケイは「鬼ごっこするからだって。りんごくれた」と言った。

　ケイが「鬼ごっこする？」と尋ねると，マオは頷いた。ツバサはさっと立ち上がり，マオにりんごを手渡した。マオは嬉しそうに受け取った。三人は1切れずつりんごを食べた後，一緒に鬼ごっこをして遊んだ。

　りんごを分けて欲しいとケイに要求された当初，ツバサは断る姿勢を見せていた。けれども，ケイが鬼ごっこをする計画を話し，遊びに誘うとツバサの態度は変わった。ケイの要求を即座に受け入れ，りんごを手渡した。さらに，一緒に鬼ごっこをする意欲を示したマオにも抱え込んでいたりんごを手渡す。ツバサにとって鬼ごっこをすることは，大切なりんごを手渡すことと同等以上の価値があると判断したのだろう。「鬼ごっこをする」という条件にツバサは納得し，一人で食べたかったりんごを手渡す判断をしたと考えられる。ツバサからケイとマオへのりんごの提供は，鬼ごっこをする約束とりんごを手渡す行為の交換といえるのではないだろうか。

　食べ物同士あるいは行為との交換を行った24場面

のうち18場面は，5歳児が関連していた。熊木（2016）は，満足の遅延が自己利益への欲求を抑えた分配を促進すると述べるが，5歳児になると欲求を直接的に伝えるばかりではなく，自分の要求を満たすためにはどうすると良いかという方略的思考をするようになるからだと考えられる。

（5）価値の共有に向けた自己決定

　自分の欲求の主張と抑制する行為の調整は，自分の利益と相手の利益のバランスをとる行為でもある。幼児は，たとえ「一人で食べたい」欲求を我慢したとしても，分かち合うことで得られる利益があると判断すれば自ら食べ物を差し出していた。

事例3-8　「味見してみたい」
20XX＋1年7月10日

　サンドイッチを食べるヒロの前に，リサが「これ，何の味？」としゃがんだ。サンドイッチを指差して近付く。ヒロは，手を上にあげてから降ろし「分からへんの！」と言った。すると，着替えを袋に入れていたツバサが「じゃあ，ちょっとさ，食べてもいい？」と声をかけた。ヒロは首を横に振る。ツバサは「味見したら，ツバサ分かるのに〜」と頬を膨らませる。ヒロは下を向き，サンドイッチを見る。リサも「リサも味見したい〜」と言った。ヒロは一瞬動きが止まったが，サンドイッチをツバサに「はい」と言って渡した。ツバサは，受け取ってかぶりついた。黙って食べていた。リサは「リサも味見してみたい…」と要求する。ヒロは，続けてリサに手渡した。リサは，受け取って食べた。ヒロの右横からマオが近付く。「マオちゃんも食べてみたい」と声をかけた。ヒロは，マオを見るが，渡すことはなく，自分の口にサンドイッチを入れた。

　仕方なくマオは「どんな味する？」とツバサに尋ねた。リサが「ピーナッツバターの味」と答えた。ツバサは「バターの味」と言う。リサが「ピーナッツ」と繰り返したため，ツバサは頷き「うん，分かる。ピーナッツ。みかんとピーナッツ」と説明をした。

　ヒロは，黙々とサンドイッチを食べる。マオは，食べているヒロをじっと見る。マオが「オレンジとピーナッツ？」と指差して尋ねると，ヒロは「ジャムだ〜」と答えた。

事例3-1のツバサや事例3-2のハルトと同様，ヒロは好物への愛着と父親の愛情を感じるサンドイッチを一人で食べきろうとしていた。ツバサの要求に対して首を横に振り，抵抗していた。けれども，受領者であるツバサも諦めない。「ちょうだい」という言葉を「味見したい」という表現に変え，ヒロの拒否する態度を揺るがそうとした。ツバサの意図通り「味見」という言葉はヒロの価値判断を変容させた。沈黙の後，サンドイッチを差し出す行動をとった。ヒロには，サンドイッチをだれにも渡したくない欲求と共においしさをリサやツバサに伝えたい気持ちがあったと考えられる。リサとツバサは，分かち合いを通してピーナッツバターの味を理解した。実際に匂いを嗅いで，舌触りを確認し，味わうことで納得していったように見えた。二人の反応を受けたヒロは「ジャムだ～」と興奮していたが，自分の表現したかった味が友達に伝わると，サンドイッチが減った喪失感が解消されたと見られた。一方でヒロはマオの要求を拒み，事例3-4と同様に自分の食べる分を確保するための調整も行っていた。友達とサンドイッチの価値を共有する喜びと同時に，より多く食べたい欲求も満たす方法を考え，行動していたと考えられる。

　分かち合いで移動する食べ物が，その幼児にとって特別な意味を持つことがある。食べ物本来の価値に加え，好物という価値や作り手の愛情が添加されている。家族との楽しい思い出の象徴という価値も感じられる。これらの場合，お弁当を分かち合うことは容易ではない。大切であるが故に，自分一人で食べきりたいと思うこともある。一方で，友達との関係を重視する幼児にとって，友達の要求や交渉も無視できない。そのため，幼児は，食べ物を手渡すか否か，受け取るか否か悩むのである。幼児は分かち合いを通して，目の前の食べ物の価値に対する個人内規範と集団内の人間関係から生じる規範を意識し，自分の要求と友達の要求をいかに満たしていくのか模索する経験をしていることが示唆された。

4　ある幼児の分かち合い行動にみる食の自律性

　一人の幼児を取り上げ，友達への意識の持ち方や関係性，及び分かち合いの生起の仕方の変容について学

期ごとに区分し，縦断的に検討する。対象とするケイは，20XX年度4月に4歳児で入園し，観察期間中，最も分かち合いへの参加頻度が高い男児であった。148場面中89場面においてケイが関与し，分かち合い行動は108件観察された。

（1）集団での行動へのこだわりと分かち合い行動への関心

　ケイは，20XX年度2学期の観察初日から分かち合いを行っていた。初めは一人で食べる行為が目立ったが，徐々に友達と場所や時間を共有して食べるようになり，分かち合う頻度は増加していった。「おいしいよ。食べてみて」と自己主張したり，自らの要求が拒否されて葛藤したりし（事例1-4），分かち合い行動への関心の高まりが窺えた。集団で行動することにこだわりが見られ，食事場面も友達とお弁当を提供したり受領したりして共に過ごす場面（事例2-2，3-2）が生じていた。

（2）一人での行動への嗜好と分かち合い行動の減少

　20XX年度3学期になると一人で食べる行為が生じ，分かち合い行動は7件と最も少ない。やりたい遊びを重視し，友達と主張が違う場合は一人で遊ぶ時期だった。分かち合い行動が減少する反面，「梅干しが入っているからすっぱい」と言葉で食べ物の価値を説明する行為は増加した。

（3）新たな友達との関係形成と自発的，選択的な分かち合い

　20XX＋1年度1学期は，分かち合い行動の頻度が最も多く37件であった。事例4-1のようにケイは入園したばかりの3歳児との分かち合い行動が多く，自発的な提供が17件と最多だった。遊びの最中には「仲間になる？」「仲間だよね」という発言が頻繁に聞かれていた。喧嘩した相手とも分かち合いを通して関係修復をする事例2-5のような場面もあり，集団内の対人関係を意識して自らの食べ物を手渡す自己決定をしていたとみられる。相手に対する要求がある時に分かち合いは生起しやすく，その場での交換が生じた場面が11件と最も多く生じた。見返りを期待し，食べ物の価値の比較と調整をしながら選択的に分かち合いを行っ

表4　ケイの分かち合い行動の頻度（種類別，学期別）

単位：件

| | | 20XX 年度 | | 20XX+1年度 | | | 合計 |
		2学期	3学期	1学期	2学期	3学期	
提供側	a) 要求に応じた提供	5	1	2	3	0	11
	b) 要求に対する拒否	0	2	3	0	0	5
	c) 自発的な提供に応じた受領	4	1	16	9	7	37
	d) 自発的な提供に対する拒否	2	0	1	6	1	10
受領側	a) 要求に応じた提供	7	2	7	2	1	19
	b) 要求に対する拒否	0	0	1	4	0	5
	c) 自発的な提供に応じた受領	4	1	7	6	1	19
	d) 自発的な提供に対する拒否	0	0	0	2	0	2
	合計	22	7	37	32	10	108

ていたとみられた。

事例4-1　「はい，あげる」
20XX＋1年6月25日
　一人でおにぎりをかじっていたケイが，唐突に立ち上がる。「はい，あげる。タカシ」と言い，お焼きを手渡す。タカシは「何？」と不思議そうにした。ケイは「わかんないけど，おいしいよ」と言い，ヒロにも手渡す。タカシとヒロは，不思議そうに眺めながらお焼きをかじった。

（4）友達との関係性の強化と条件付けられた交換や交渉

　20XX＋1年度2学期は，1学期に続き分かち合い場面は多いが，不成立に終わった行動も12件と最も多い。事例3-7のように，ケイは自分の要求を主張して提供や交換の交渉をするが，相手が納得せず断られることもあった（事例4-2）。一方で，ケイが事例4-3のように相手の主張を拒む場合も観察された。相手の要求を拒否しても揺らぐことのない関係性が形成されていたと推察される。2学期にはどの年齢の友達ともお互いに意見を主張し合い，葛藤を調整しながら分かち合いを行っていた。

事例4-2　「お弁当あげるから待ってて欲しい」
20XX＋1年11月20日
　先に遊び始めたナオキが目の前を通る。ケイは「食べないの？」とお弁当を見せて叫んだ。ナオキは「うん？」と聞き返し，ケイの前に戻ってくる。ナオキは，お弁当を見つめた。ケイが「だったら，待っててくれる？ケイのこと」と言う。すると，ナオキはそのまま立ち去り，鬼ごっこを再開した。ケイは「だったらいいのに！だったら，2回いいよ～。ケイ君待ってたら」と叫ぶが，ナオキは遊びに夢中になっていた。

事例4-3　「いらない」
20XX＋1年9月4日
　ツバサは，さつまいもを1切れ持ち「これあげよっか」とハルトとケイに差し出した。ケイは「いらない」と言った。ツバサが「いらないの？なんで？」と聞くが，ケイはアスカとの会話を続け，返答しなかった。

（5）安定した人間関係と友達の欲求を想像した提供

　20XX＋1年度3学期は，20XX年度と同様に一人で食べる場面が増え，分かち合いの頻度は低下した。不成立になった場面も少なく，友達の心情や利益を考慮した自発的な提供をする変容が見られた（事例2-4）。
　このように，友達との関係性の変化に伴い，ケイの

分かち合いは変容していった。新しい友達と出会った時期は，相手を喜ばせようとする自発的な分かち合いや，一緒に遊んでいた友達と平等に分ける分かち合いをしていた。友達と対等に意見が言えるようになると，長期的な利益を期待して自分の要求を主張し，交渉をしていた。利他的動機から平等の社会的規範，長期的な利益という動機を基に分配を行うようになるとする熊木（2016）の分配行動の動機の発達的変化がケイの分かち合い行動にも見られたといえるだろう。さらに，ケイは必ずしも見返りを求めず，分かち合うこと自体に喜びを感じて分かち合う行動が観察されていた。

また，ケイは食べ物の価値の共有を求める行為がどの時期にも見られ，自発的な提供者になることが多かった。ケイが「食べてみて」と差し出す時の多くは，「ママが作ってくれた」という説明が加わる。母親が何ヶ月も前から梅を漬けて干した話，母親が自分の好きな卵を使っておかゆを作ってくれた話をすることもあり，母親が作ったお弁当を食べる喜びや感動を伝えようとしていることが窺える。言葉の表現が増えるに伴い，「おいしいよ」と言って差し出す頻度は減ったものの，母親が作ったお弁当のおいしさや喜びを伝えたいという欲求がケイの分かち合い行動を推し進めていたと考えられる。

総合的考察

「森のようちえん」の食べ物の分かち合いには，いかに幼児の食の自律性が反映されていたのであろうか。分かち合いをするか否かの決断方法や分かち合いの仕方は場面ごとに異なるが，以下のような価値や意味を見いだし，調整することで食の自律性が発揮されていたと考えられる。

まず，空腹感をはじめとする生理的な欲求を満たすことがあげられる。空腹を満たそうと食べ物を要求する行為（事例1-1）や要求を拒否する行為（事例1-2）が一例である。分かち合いが見られた比較的初期の段階からどの時期にも一貫して見られ，分かち合い行動をするか否かの判断の基本となっていることが窺えた。そして，事例3-5のように提供者と受領者の欲求が一致した場合には，円滑にやりとりが進んでいった。

だが，幼児は満腹でも友達から食べ物を受領したり，空腹を我慢して友達に提供したりする。社会的な関係が影響したり，文化的な価値が反映された様々な意味づけがなされたりしていたのである。たとえば，分かち合いは友達の模倣から始まり（事例1-3, 2-1），手渡す行為への関心を示すことで定着化した（事例2-2）。新たな関係を築こうとする時（事例1-1, 4-1）や集団での行動にこだわった時（事例2-2, 2-3）に分かち合いの頻度が増加し，人間関係が安定した学年末には少なくなる傾向もあった。分かち合いには，ルーティン（柴坂・倉持，2009；外山，2000）にも見られた友達とのやりとりを生むという意味に加え，食べ物を介して人間関係を変容させる意味があったと推察される。ケイの分かち合いの変容にも，友達の言動への関心や関係を形成，修復する状況との関連がみられ，分かち合いの頻度や人数，方法は集団内の状況や友達との関係性の変化に伴って変容していた。それは，自由保育を中心とし，予め友達と遊ぶ時間や内容が設定されていない調査協力園では，幼児自ら友達に働きかけ，自由に遊ぶなかで友達との関係を作っていく必要があったからではないだろうか。お弁当を分かち合うか否かの判断が人間関係に影響するため，バーチとビルマン（1986）の実験と同様に友達との仲の良さが関連したと考えられる。友達とのやりとりを生み出し友達との関係を取り持つという意味は，円滑な人間関係を築こうとする時に重視され，分かち合うことで友達への関心を高め，関係を形成，修復していたとみられた。

さらに，食べ物に付与された文化的な価値が，分かち合いで移動する食べ物の量や種類に影響を与えていた。食べ物本来の価値に好物への愛着（事例3-1, 3-3, 3-4, 3-8）や作り手の愛情の受容（事例1-4, 3-2, 3-4, 3-8），家族や友達との思い出（事例3-2）が付与され，その価値のバランスをめぐって葛藤が生じていた。それは，お弁当はだれもが使用することができる遊具や材料などの共有物ではなく，家庭から持参する私物（平野・小林，2015）であることが影響しているだろう。遊具や材料などの共有物は，基本的には「みんなのもの」（橋本，2010；松田，2006）という捉えがなされ，「先占の尊重」原則（山本登志哉，1991）により所有物になり得るどんぐりなどの自然物も目の前に多

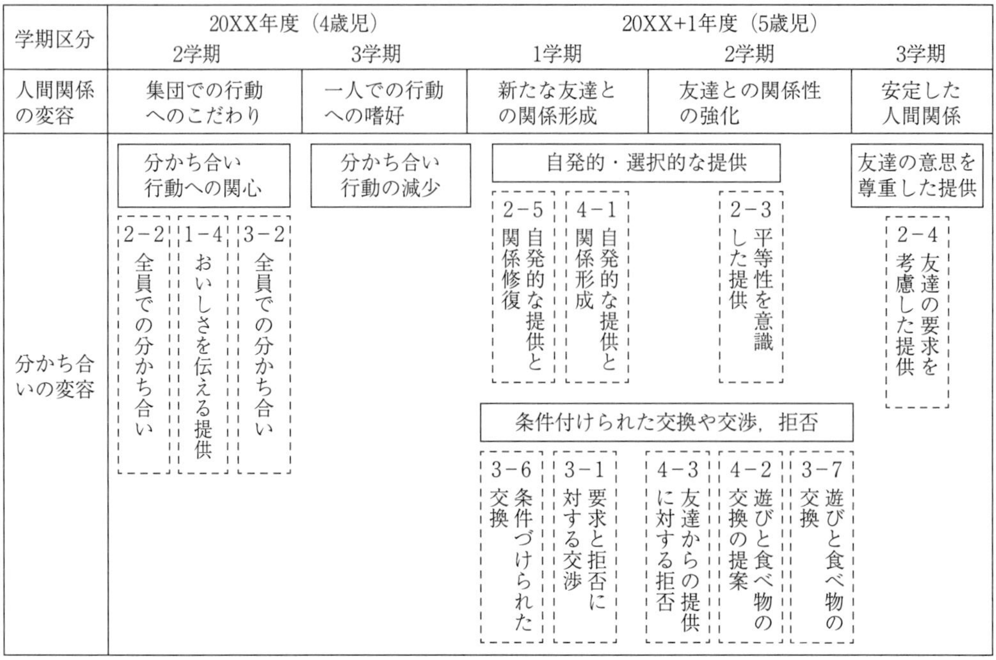

学期区分	20XX年度（4歳児）		20XX+1年度（5歳児）		
	2学期	3学期	1学期	2学期	3学期
人間関係の変容	集団での行動へのこだわり	一人での行動への嗜好	新たな友達との関係形成	友達との関係性の強化	安定した人間関係
分かち合いの変容	分かち合い行動への関心 2-2 全員での分かち合い 1-4 おいしさを伝える提供 3-2 全員での分かち合い	分かち合い行動の減少	自発的・選択的な提供 2-5 関係修復と自発的な提供 4-1 関係形成と自発的な提供 条件付けられた交換や交渉，拒否 3-6 条件づけられた交換 3-1 要求に対する交渉 4-3 友達からの拒否に対する拒否	2-3 平等性を意識した提供 4-2 交換と食べ物の提案 3-7 遊びと食べ物の交換	友達の意思を尊重した提供 2-4 友達の要求を考慮した提供

図2　ケイの友達との関係の変容と分かち合いの変容

注：事例番号に続き，ケイの立場から見た事例の内容の特徴を示した。

く存在するため執着は薄い。その一方で，所有物であるお弁当は，特別な意味を表象する「自分の食べ物」である故，簡単に差し出すことはできず，頑なな拒否や（事例1-2），条件付きの分かち合い（事例3-4, 3-6, 3-8, 4-2）をしたと考えられる。

このように，幼児は，しばしば一つの食べ物に付与されるいくつかの価値や意味をめぐって葛藤し，「したい／したくない」という意思と「した方が良い／しない方が良い」という規範の調整を図っていた。幼児は，友達との関係を維持するために好物をあげたり（事例3-1），食べたい物を受領できるよう，友達がしたい遊びを一緒にしたりしていた（事例3-7）。多様な価値や意味を比較し，いずれかを優先させていたといえる。また，いくつかの価値や意味を両立させて対処することを試みる場合もあった。友達に提供したいという欲求を満たすと共に，好物は自分が食べられる方法を考えたり（事例3-3），友達に好物を提供して楽しさを共有しながら関係を取り持つ一方で，自分の食べる量を確保したりし（事例3-8），複数の欲求を同時に満たしていた。つまり，幼児は，分かち合う食べ物や行

為に含まれた様々な価値や意味を考慮し，将来的に得られる自分と相手の利益を比較しながら釣り合うように調整する行為によって[3]，食の自律性を発揮していたといえるだろう。そして，3歳児では事例1-3や2-1のように「〜したい」という欲求が重視される傾向にあるが，5歳児は眼前の食だけではなく，近い将来を展望して分かち合っていた。提供した後の見返りを期待したり（事例3-6），食後の遊びや人間関係を考慮して交渉したりするようになり（事例4-1, 4-2），分かち合いの仕方は認知や社会性の発達に伴って複雑化していくことも示唆された。

では，なぜ「森のようちえん」では頻繁に分かち合いが生じ，食の自律性が発揮されたのだろうか。この問いについては，「森のようちえん」の保育環境が及ぼす影響を考えたい。幼児は分かち合いの度に食べ物の価値や行為の意味をめぐって葛藤しており，幼児にとって複数の意味づけを比較し，自ら行動を調整することは簡単ではないとみられた。だが，幼児が食の自律性を発揮し，自ら納得できる方法で分かち合うことができたのは，調査協力園の分かち合いの規範が，幼

児の意思と共にその場の状況に応じ, その場の幼児によって同時に生み出されるからではないだろうか。

　一般的な幼稚園では, 予め食べる時間や場所, 食べる量が設定され, 幼児個人あるいは集団で規範を変えることは難しい。「嫌いだから食べたくない」が「残さず食べて褒められ」たくて食したりするように, 予め提示されている規範を受け入れ, 内化して行動することになる。

　一方, 調査協力園では, 一日の過ごし方の判断が幼児に委ねられており, いつ, どこで, だれと, どのように食べるのかについて幼児の意思が反映される。けれども, 個人の意思のままに身勝手に振る舞ってよいということではない。その場にいる幼児に不平不満がないという意味で平等性が求められ, 互いに納得した規範が生み出された。そこで, 分かち合いにかかわる幼児は, 生理的な欲求から生じた「食べたい」という意思に加え, 食べ物の価値や遊びとのつながり, 目の前の友達との関係性や集団における自分の立場などから「いかに分かち合うか」について考え, 自ら規範を生み出し, 共有し, 適用していったといえよう。その場の状況に応じてどの価値や意味を重視するのかについて判断し, 友達とのやりとりのなかで規範を生み出すことで, 食の自律性は発揮されていたと推察される。実質的な食べ物の価値の釣り合いよりも, 相手に贈与することに楽しみを見いだす行為[4] が観察された（事例2-4, 3-5）のも, 規範が幼児によって作り替えられることも可能なゆるやかなものであったからだと考えられる。

　以上のように, 時間的, 空間的な制約がゆるやかな保育環境のなかで, 幼児は食べ物の価値や行為の意味を見いだし, 多様な価値と意味の間で葛藤しながら自らの振る舞い方を決めていた。分かち合いに関する意思と規範を自ら調整することを促す保育環境に支えられ, 食の自律性を発揮していたことが示唆された。

今後の課題

　友達と食べ物を分かち合う経験は, 幼児の食にどのような意義を持ち, そこで育んだ自律性が, 他の食事

場面や生活場面にどのように波及するのかについては今後の課題とする。また, 調査協力園は異年齢の集団であったが, 同年齢の分かち合いと異年齢の分かち合いには, 生起の仕方や内容, 広がり方に違いがあると考えられる。幼児の年齢や発達過程との関連についてもさらに検討していきたい。

　本論文の分かち合い行動は「森のようちえん」という少人数かつ自由度の高い環境で生じている。このように制約が少なく活動の柔軟性が高い保育の場における食事のあり方を提示することにより, 一般的な幼稚園や保育所での食事のあり方を見直す契機になるであろう。今後, 幼稚園や保育所の食事場面が栄養摂取や友達と一緒に食べる楽しさや喜びを共有する場であると共に, 幼児の自律性を育む場となるよう, 保育者の援助や環境構成の仕方についても考察していきたい。

注

1) 「弁当」については, 幼児教育の場において一般的に用いられる用語として「お」を付し「お弁当」と表記する。

2) 幼児集団における「仲間」については, 調査協力園では全員が互いによく見知った関係にあり, 現場でなじみのある「友達」と表記する。

3) 幼児の分かち合い行動は, 贈与と返礼が釣り合っている, または互いに釣り合わせようとしている点では, モース（Mauss, 2008/1925）の「贈与交換」やポランニー（Polanyi, 1975/1966）の「互酬性」の概念に似た意味を持つと考えられる。

4) 贈与することに喜びを見いだす行為は, 矢野（2008）のいう「純粋贈与」に近いような意味を持つ行為であるとみられた。

引用文献

Birch, L. L. & Billman, J. (1986) Preschool children's food sharing with friends and acquaintances. *Child Development,* 57, 387–395.

橋本祐子 (2010) 乳幼児の物の所有・占有・共有に関する理解の発達——研究動向と課題の展望. 教育学論究, No.2, 117–124.

橋本祐子 (2012) 幼児の報酬分配に関する研究動向と課題——3歳から6歳の分配行動を中心に. エデュケ

ア, No.32, 1–9.

平野麻衣子・小林紀子 (2015) 園の片付けにおける物とのかかわり——占有物・共有物に着目して. 保育学研究, 53, 43–54.

今村光章 (2008) 給食時における幼稚園教諭の発話分析——幼児期における「既存型」の食育の枠組みの解明を目指して. 岐阜大学教育学部研究報告. 教育実践研究, 10, 125–134.

今村光章 (2011) 森のようちえんの歴史と理念. 今村光章 (編). 森のようちえん——自然のなかで子育てを (pp.128–144). 解放出版社.

伊東暁子・竹内美香・鈴木晶夫 (2007) 食事を介した自己および両親に対する評価形成——幼児の弁当に焦点をあてて. 行動科学, 46, 49–58.

伊藤優 (2013) 幼児の集団食事場面に関する研究の動向. 広島大学大学院教育学研究科紀要第三部教育人間科学関連領域, No.62, 143–150.

河原紀子 (2009) 保育園における乳幼児の食行動の発達と自律. 乳幼児医学・心理学研究, 18, 117–127.

熊木悠人 (2016) 幼児期の分配行動の発達的基盤——動機の変化と実行機能の役割. 発達心理学研究, 27, 167–179.

黒田末寿 (1999) 人類進化再考——社会生成の考古学. 以文社.

松田純子 (2006) 子どもの生活と保育——「かたづけ」に関する一考察. 実践女子大学生活科学部紀要, No.43, 61–71.

モース, M. (2008) 贈与論（新装版）（有地亨, 訳）. 勁草書房. (Marcel Mauss (1925) *Essai sur le don: Forme et raison de l'échange dans les sociétés archaïques* (L'Année sociologique, seconde série, 1923–1924, t.1). Paris)

箕浦康子 (1999) フィールドワークの技法と実際——マイクロ・エスノグラフィー入門. ミネルヴァ書房.

文部科学省 (2008) 幼稚園教育要領解説——平成20年10月. フレーベル館.

西田利貞・保坂和彦 (2001) 霊長類における食物分配. 西田利貞 (編), ホミニゼーション (pp.255–304). 京都大学学術出版会.

ポランニー, K. (1975) 経済と文明——ダホメの経済人類学的分析（栗本慎一郎・端信行, 訳）. サイマル出版会. (Polanyi, K. (1966) *Dahomey and the slave trade: An analysis of an archaic economy*. Seattle: University of Washington Press.)

柴坂寿子・倉持清美 (2009) 幼稚園クラス集団におけるお弁当時間の共有ルーティン——仲間文化の形成と変化. 質的心理学研究, No.8, 96–116.

富岡麻由子 (2010) 子どもの食事場面に関する研究レビュー——かかわりの場としての機能に着目して. 有明教育芸術短期大学紀要, 1, 45–55.

外山紀子 (1998) 保育園の食事場面における幼児の席とり行動——ヨコに座ると何かいいことあるの？. 発達心理学研究, 9, 209–220.

外山紀子 (2000) 幼稚園の食事場面における子どもたちのやりとり——社会的意味の検討. 教育心理学研究, 48, 192–202.

外山紀子 (2008a) 発達としての共食——社会的な食のはじまり. 新曜社.

外山紀子 (2008b) 食事場面における1 ～ 3歳児と母親の相互交渉——文化的な活動としての食事の成立. 発達心理学研究, 19, 232–242.

山極寿一 (1994) 家族の起源——父性の登場. 東京大学出版会.

山極寿一 (2012) 家族進化論. 東京大学出版会.

山本愛子 (1995) 幼児の自己調整能力に関する発達的研究——幼児の対人葛藤場面における自己主張解決方略について. 教育心理学研究, 43, 42–51.

山本登志哉 (1991) 幼児期に於ける『先占の尊重』原則の形成とその機能——所有の個体発生をめぐって. 教育心理学研究, 39, 122–132.

矢野智司 (2008) 贈与と交換の教育学——漱石, 賢治と純粋贈与のレッスン. 東京大学出版会.

吉田隆子 (2012) 幼児の食行動に関する研究——子どもの視点から見た食事場面の意味. 日本食生活学会誌, 22, 325–330.

謝　辞

　観察にご協力いただいた「森のようちえん」の子どもたち, スタッフの皆様, 保護者の皆様に心より感謝申し上げます. そして, 奈良女子大学の本山方子先生と西村拓生先生には, 奈良女子大学大学院在学時以来, 大変有意義で的確なご指導をいただきました. 深く御礼申し上げます. また, 査読者の先生方からは, 本稿を改善していく上で貴重なご指摘をいただきましたこと, 厚く感謝申し上げます.

（2016.7.19受稿, 2017.11.1受理）

質的心理学研究　第17号／2018／No.17／185−204

職業アイデンティティ・ショックと対処方略
──来日インドネシア人看護師候補者の自己をめぐる意味の再編過程

浅井亜紀子　桜美林大学リベラルアーツ学群
ASAI Akiko　College of Arts and Sciences, J. F. Oberlin University

要約

本研究は，二国間経済連携協定で来日したインドネシア人看護師候補者が，日本の職場で感じた否定的情動とそれへの対処を，自己をめぐる意味の再編に着目して検討した。計9名の候補者に半構造化面接を行い，インドネシアの病院，看護学校で調査も行った。候補者は母国では「正看護師」であったが，日本では「看護助手」を表す制服や名札をつけ助手の職務に制限されることにショックを受けていた。その否定的情動は「看護師職への思い入れ」が強い候補者の場合に増幅した。日本滞在を継続するためには否定的情動に対処する必要があった。対処方略の一つは「看護助手としての私」を甘受することであった。自身の日本語の限界を認識し，看護師として機能不全となるのを回避するため「自己評価基準の変更」をした。また収入や旅行など仕事領域以外でのメリットに目を向ける「評価領域の変更」をして否定的情動を緩和した。さらに，来日当初の正看護師を目指す「目標」を再設定することで「看護助手」より「国家試験受験生としての私」というポジションを意識の前面に出し合格に向けて努力した。本研究は，文化接触に伴う職業アイデンティティ・ショックが，看護師をめぐる制度の違いに由来すること，また前面に出てくる私の意味（Iポジション）を変化させることでショックに対処していることを描き出した。それは自己評価や目標の変化を伴う心理過程としても説明できた。

キーワード

職業アイデンティティ，否定的情動，自己の意味，文化接触，インドネシア人

Title
Occupational Identity Shocks and Coping Strategies: Reorganization of Meanings Related to Self among Indonesian Nurse Candidates in Japan

Abstract

This study examined the process by which nine Indonesian nurse candidates in Japan coped with threats to their occupational identity. Data were collected via semi-structured interviews on how participants reorganized the meanings related to themselves as a result of the challenges associated with their new status. The results indicate that participants suffered from negative feelings surrounding their demotion — symbolized by their uniforms and name plates — from the status of "nurse" in Indonesia, to their current status of "nurse's aide". These negative feelings were strong among those who felt committed to the profession. To resolve these negative feelings, participants reorganized the meanings related to their identity. By accepting their status as "nurse's aides" they were able to view themselves as "candidates for the national nursing exam" and to focus on passing this exam. Our study suggests that cultural contact renders one's occupational identity unstable and indicates that this identity is restabilized by reorganizing the meanings related to the self and changing the standards by which, and the domains in which, self-efficacy is evaluated.

Key words
occupational identity, negative emotions, meanings related to self, cultural contact, Indonesians

問　題

　人が自分の生まれ育った文化圏の外へ移動する文化接触現象は昔からあり，社会心理学，文化人類学，社会学などの領域で研究されるようになってからでも100年余の歴史がある。文化接触に伴うストレスについて初めて言及したのはオバーグ（Oberg, 1960）で，彼は「社会的な状況で私たちがなじんできたサインやシンボルを，失うことによる困惑」をカルチャーショックと名付けた。カルチャーショックがネガティブでワン・ショットなイメージを伴う強い言葉であると共に，文化接触には個人を成長させるポジティブな側面もあるという理由でベリー（Berry, 2001）は，中立的な異文化受容ストレス（acculturative stress）という用語を使うことにした。ベリーは，移住者が自分の文化的伝統を維持したいと思っているかどうかを第1軸，ホスト社会の人々と関係を持ちたいと思っているかどうかを第2軸とし，それぞれの問いへの肯定・否定の答えの組み合わせで，同化，分離，統合，周辺化の4タイプの異文化への対処方略（acculturative strategies）が出てくるとした（Berry, 1997）。ベリーのこのモデルの影響力は大きかったが，文化接触の結果に力点を置いた質問紙法による研究では，時間経過とともに変化する異文化体験の様相や複雑性を理解することができない点が批判されている（Bhatia & Ram, 2009; Schwartz, Unger, Zamboanga, & Szapocznik, 2010）。

　ベリーの質問紙を使った心理測定法に代わるアプローチとして現れてきたのが，現象学的アプローチである。後者では，異文化でどのような経験をしているのかそのプロセスや異文化の渦中にある人の一人称による語りの意味を探究することに関心があり（Rosa & Tavares, 2013），インタビュー調査を主なデータ収集法としている。現象学的アプローチは，国や文化の境界を越えて移動する人が増加したグローバリゼーションのただ中で，個々人が多様な文化的要素を取り込みつつ複層的なアイデンティティを構築するプロセスを探究するのに適した方法論と考えられる。アイデンティティは，「自分は何者であるかについて自分が抱いているイメージ，信念，評価などの総体で，『わたし』を

『わたし』以外から区別するすべての特徴を含んでいる」（箕浦, 1995）と定義される。異文化接触においては，私が自分に付与するイメージ（自己定義）とは異なるイメージが他者から付され（他者からの定義），両者の間に葛藤を感じやすくなる。文化間移動に伴い，私について異なる意味づけが付されたとき，私をどう再編するのかが本研究のテーマである。

　ポストモダン社会のこのような自己の複数性に注目した概念に「対話的自己」（Hermans & Kempen, 2006/1993; Hermans & Gieser, 2012）がある。ミードの自己論やバフチンの多声性（multivocalities）の概念を源流に持ち，自己の内側を空間とみなし，複数の「Iポジション（I positions）」が，対話的に位置取っているとみなす。例えば，自己の中に社会的に異なる役割を持つ複数の「Iポジション」が葛藤することもあれば，親や教師など他者の声が「Iポジション」として現れることもある。多数の「Iポジション」は内部でそれぞれ分権化し，ストーリーを独自に語る著者のように機能する（Hermans & Kempen, 2006/1993）[1]。

　自己についてのポストモダン的な分析で重要になってくるのは，個人の中の複数性や分裂性に対し，個々人がどう意味づけし，対処しているのか読み解くことである。その過程に注目する研究を2つ紹介したい。

　アンドレオーリ（Andreouli, 2013）は，イギリスに帰化した33人の移民たち（ヨーロッパ，アフリカ，アメリカ，オーストラリア，アジアから）が，自身のイギリスと母国との関係において，自分のアイデンティティをどのように位置づけるかを検討した。移民はイギリスについて肯定的に捉えて同化したり，否定的に捉えて対峙したり，肯定と否定の両方を自分なりに意味づけて取り込んでいた。著者は，文化間移動における移民たちのアイデンティティ構築は，新しい文化に対するさまざまな社会的表象[2]についての対話的な意味交渉過程であり，それは常に動的で進行中のものであると結論づけている。

　またミーダル（Mirdal, 2006）は，デンマークに移住した75人のトルコ人女性のインタビュー研究から，移住時に恥（shame）を感じていたのはイスラム教徒として適切な性役割行動をしているかどうかに関してであったが，20年後にはデンマークで自分や家族が成し遂げた社会的，経済的な地位について恥を感じるよう

になっていることを見出した。異文化で暮らした20年間で, 恥の感情が自己のどの側面に現れるかが変化することをこの研究は示していた。

これらの研究は, 文化間移動に伴う自己のポジションの複数性や変化を, 移住者の意味づけから捉えている点に意義がある。しかし, これらの研究は, どのように意味づけの変化が起きているかの心理過程に十分迫ってはいるとは言えない。イギリスに帰化した移民たちがイギリスに対する複雑で葛藤するポジションを交渉しながら, それらとどのように折り合いをつけながら新しい意味を創造するのか, その心理過程を詳細に検討する必要がある。また, デンマーク移住直後と20年後のトルコ人女性の恥に対する意味づけが変化したが, どのような過程で起こったのかは明らかでなく, 時間軸に沿った変化の検討が必要であるとミーダル自身が論じている (Mirdal, 2006)。文化間移動に伴う自己の意味づけの変化の理解には, 移動先社会の制度や職場環境といったマクロやメゾレベルの文脈, また時間軸を入れた心理過程の検討が必要である。

本研究で対象とするのは, 経済連携協定 (Economic Partnership Agreement, 以下 EPA) で来日したインドネシア人看護師候補者である。EPA制度では, 母国では最低2年間の看護師経験を持つことが応募条件である。インドネシア保健省によるコンピテンシーテストなどのスクリーニングを通過した応募者は, 日本側の面接や病院とのマッチングに臨む。雇用契約が成立した看護師候補者は, 日本語研修を受講後[3] に配属先の日本の病院で勤務を開始する。来日看護師候補者数の2008年から2017年までの累計は622名となっている (厚生労働省, 2017)[4]。来日後3年の間に日本の国家試験を受験し合格すれば, 滞在期間の限度なしに日本で働くことができるが, 不合格の場合も一定の条件下でもう1年延長し再受験することができる。そこで不合格の場合は帰国しなければならない。日本では看護師国家試験合格を目指す「候補者」として勉強しながら看護助手として働く。看護助手の仕事は, 食事・排泄・入浴介助や環境整備などで, インドネシアの病院では家族によって行われていることが多く, 看護助手の仕事の実際にショックを受ける人が多い (浅井・宮本・箕浦, 2015)。国家試験に向けて, 国際厚生事業団 (Japan International Corporation of Welfare Services, 以下

JICWELS) によって年に2回の集合研修や模擬試験が行われる。しかし, 日常での研修の与え方は各病院に任されている。

本研究では, 日本の病院で働くインドネシア人看護師の職業に関するアイデンティティに着目し, (1) そのショックがどのように起こるのか, (2) さらにその否定的情動に対処するために, 自己をどう意味づけるのか, それぞれに影響する心理要因と環境要因を含めて検討する。

研究方法

1 データ収集方法と研究協力者

データ収集は2009年4月から2014年3月までの約5年間に日本とインドネシアで行った。日本での調査は, インドネシア人看護師だけでなく, 受け入れた病院の事務長や教育担当者とできる限り面接した。病院訪問の前には, 研究者の身分, 研究目的, データの匿名性の保証を記した書面にて病院の事務長に協力を依頼し, 後日電話やメールで連絡を取って訪問の許可を得た。

本研究の研究協力者は9名である (表1参照)。第1陣が8人, 第2陣1人で, 男性3人, 女性6人である。宗教は4人がイスラム教, 5人がキリスト教である。来日時独身だった候補者は7人, 既婚者 (子どもは母国) は1人, 離婚者は1人であった。9人のうち5人は3年以内に合格, 2人は不合格で帰国, 2人が不合格で延長した。延長した者のうち1人が翌年合格し, 1人は不合格で帰国した。

面接は著者と連携研究者がそれぞれ6人と3人に日本語で実施した。面接の録音時間は1.5時間から3時間であった。候補者との初回面接は, 受け入れ病院の担当者が同席することもあり, 病院の一室で行うことが多かった。2回目以降は候補者1人あるいは集団で, 喫茶店やレストランで行うことが多かった。

候補者への面接では, 半構造化面接によって, 母国での教育歴と職歴, EPA参加のきっかけや家族の反応, 日本での勤務や研修, 一日の仕事内容, 母国の仕事との違い, 職場での体験, 情動の変化や対処法, 日本人ス

表1 本研究の研究協力者の属性と病院での位置づけ

事例	陣	性別	年齢	家族	宗教	主な動機	病院の志向性	制服	名札	国家試験合否	面接回数	滞在年数
A	2	女	33	独身	キリスト教	出稼ぎ志向	国に協力	看護師	看護助手	不合格	2	3
B	1	女	26	独身	キリスト教	キャリア志向	法人の指示	候補者独自	看護助手	合格	4	9
C	1	女	27	独身	キリスト教	キャリア志向	国に協力	不明	不明	延長不合格	2	4
D	1	男	30	独身	イスラム教	キャリア志向	国際貢献	看護助手	区別なし	合格	8	8
E	1	女	28	独身	イスラム教	キャリア志向	国際貢献	ケアワーカー	看護助手	合格	3	9
F	1	女	26	独身	イスラム教	キャリア志向	国際貢献	ケアワーカー	ケアワーカー	合格	5	6
G	1	女	32	既婚子有	キリスト教	キャリア志向	国に協力	不明	不明	延長合格	2	5
H	1	男	34	離婚子有	イスラム教	出稼ぎ志向	国際貢献	ケアワーカー	ケアワーカー	不合格	4	3
I	1	男	27	独身	キリスト教	キャリア志向	不明	ケアワーカー	看護師候補者	合格	2	9

タッフ, 候補者や宗教関係の交友関係, 母国に置いてきた家族との関係を聞いた。研究を進めるうちに職場で身につける服装や名札といった非言語コミュニケーションツールが職業アイデンティティに関係しているケースがみられたので, 勤務中に着用する服装や名札の色やタイトル（看護師, 看護助手, 介護福祉士, ヘルパーなど）についても尋ねた。受け入れ病院の事務長や教育担当者への面接では, 候補者の受け入れ決定の経緯, 病院の日本人スタッフの反応, 日本語および国家試験対策の研修や勉強のサポート態勢の実態を尋ねた。

候補者の日本体験はインドネシアでの医療経験との対比で語られることが多いので, 来日者の背景を理解するために, インドネシアの病院やプスケスマス（地域保健所のことで日本の保健所に医療機能を加えたもの）と看護学校の調査を3回（2010年2〜3月, 2011年2〜3月, 2013年2月）, ジャカルタ市内および西ジャワ州スカブミで実施した。

候補者や病院・学校関係者との面接は, 本人の許可を得て録音し, 面接中にとったフィールドメモと共にフィールドノートを作成し基本データとした。

2 分析方法

分析は, グレイザーとストラウス（Glaser & Strauss, 1996/1967）の開発したグラウンデッド・セオリー・アプローチ（Grounded Theory Approach, 以下GTA）を修正したM-GTA（木下, 2003）を用いた。オリジナルのGTAでは, データを一文節や一文ごとに切片化してコーディングをするが, M-GTAではデータの中に表現されているコンテキストの理解を重視し, そこに反映されている人間の認識や行為, 感情, それらに関係している要因や条件を検討していく（木下, 2003）。職業アイデンティティに関しての危機が起こった状況や原因, それへの対処と経過を, 研究協力者の経験にできるだけ適合するように留意して第一段階のコーディングをした。これらのコードのうち類似のものをまとめて, それらを表すより抽象的なカテゴリー（軸足コーディング）を作成し, 次いで析出したカテゴリーを比較検討し互いの関係性を考察した。

論文の記述では, 匿名性を確保するために, 研究協力者の名前や病院の名前は, アルファベットで表記し

た。なお，面接日も候補者が特定できないように，言語データの後に面接までの日本の病院での在職期間を（何年何月）で示した。データの書き取りをできるだけ正確に行ったため，日本語がわかりにくいところがある。読みとりにくいところは（　）で補足をした。データの引用後には，在職期間とともに，録音より書き起こした面接記録はIN，観察を含めたフィールドノートはFNと表記する（例：2年4ヶ月IN）。2人の調査者はいずれもRと表記する。

結果と解釈

候補者たちは日本の病院でどのようなアイデンティティの変化を感じたのかを前半で述べ，それにどのように対処したのかを後半で述べる。フィールドノートと面接データをもとに事例を提示し次に解釈を行った。

1　職業アイデンティティ・ショックの実相とその生起過程

（1）ショックの実相：事例

事例A：　第2陣の女性Aは，サウジアラビアで働いているときにインターネットでEPAのことを知った。ビザは2011年まで有効であったが途中で滞在を切り上げて応募した。応募時点では日本の病院でどのような仕事をするのか，「看護助手」がどのような身分なのか十分理解しないまま来日した。

> R「国家試験受からないと日本ではナースとして働けないこと，聞きませんでしたか。」
> A「聞きます。聞きます。全部試験終わった。それから説明もらった。インターネットではわからない。看護助手，日本で何をするかここの病院に来るまではわからない。でも，食事，トイレ行く，お風呂手伝う。今どんどん慣れた。大丈夫です。はじめショック。」
> R「EPAに応募した時ナースの仕事ができると思って応募した？」
> A「はい，来ました。」
> R「しかし，日本では資格ありません。」

> A「しかく？何ですか？」
> R「Qualification. You are not qualified to work as a nurse here in Japan.」
> A「Ya, something we are missing. I am really a nurse but 注射，点滴，日本ではwe are zero. 何もしません。In Indonesia we are nurse, in Saudi Arabia, too. Look at here.」（パスポートの職業欄に「nurse」とあるのを見せながら）
> A「Nurse! I am working as nurse in the department of Kesehatan in Saudi. I'm nurse.」（何度もナースという言葉を繰り返した。）
>
> （6ヶ月IN）

Aは病院で働き出し，初めて実際の仕事内容がわかりショックを受けていた。病院は，Aの看護師としてのプライドに配慮し，看護師寮に入居させ看護師と同じ白い制服を着せたが，仕事は「看護助手」であった。

事例B：　第1陣候補者Bを受け入れた病院では，充実したサポート態勢をとっていた。午前中看護助手として働き，午後は専任講師から日本語と国家試験の勉強を教えてもらった。勤務開始1年8ヶ月目頃，Bを含めた候補者6人と連携研究者とが会食し，同席していたインドネシア語が得意なO氏が通訳をした。このときBには来日してから今日までの気持ちの変動を縦軸に，横軸に時間をとって波形で描いてもらったが，「病院に来た」「助手の仕事」と添え書きした部分が一番深く落ち込んでいた。Bは当時の心境を以下のように語った。

> R「日本に来たこと後悔していない？　『後悔』わかりますか？」（Oさんがインドネシア語に通訳）
> B「前は，ちょっとどうしてこの状態になりましたかとか，でも今は慣れたからもう大丈夫。」
> R「前，イヤだなと思ったことは？」
> B「前は，仕事がちょっと・・・」
> R「看護師の仕事ではなくて看護助手の仕事だからプライドが傷ついた感じがした？」
> B「そう，そう，そう。今は慣れました。周りの人もこの考えはもっていません。あなたは助手さんではなくて看護師さん。それで，ああ大丈夫だろうと・・・。『Bさんは看護師ですね』。ですから大丈夫。」（Oさんとインドネシア語で話した後に，）

O 「看護助手だと思っているスタッフはいないの
　で，それが安心する材料になっている」と通訳。
R 「K病院では，服はどうなっている？」
B 「服は特別。看護助手の人は青，看護師は白，私
　たちはピンク。名札は看護助手。」
R 「看護助手の仕事は，朝，来たら何をするの？」
B 「おむつ交換，髪の毛を洗ったり，環境整備，食事
　介助。」
R 「看護師さんと一緒に，検温に回ったり，傷の手
　当ての手伝いをしたり，看護師さんと一緒に働
　くことないの？」
B 「前の部長さんの時，看護師の仕事をどうぞやっ
　てみてと言われたが，記録が難しくて。看護
　師は忙しいですから指導ができなかったです。
　2ヶ月くらい看護師の仕事の見習いをやってい
　たことありますが，上の人から今の仕事は勉強
　することですから（と言われ），看護師見習いの
　仕事は辞めました。」

(1年8ヶ月FN)

事例C： Cの受け入れ先は，首都圏にある大規模
なH病院で，患者数が多く，高度治療の必要な患者も
受け入れる。Cの仕事は内科病棟入院患者の世話をす
ることで，患者の9割が高齢者である。朝8時30分か
ら配膳と下膳，食事と風呂介助，搬送を行う。12時に
は食事，13時に部屋で洗髪，爪切り，足の洗浄，おむつ
交換，検査室への搬送をする。

C 「インドネシアのクリニックでは，看護師は患者
　さんにどうぞ，と言って迎え入れ，患者さんが
　医者に診察を受け話している間，立っています。
　日本では注射は医者がするけど，インドネシア
　では看護師がする。注射はするが忙しい仕事で
　はない。『本当の看護師』の仕事をしていた。H
　病院では，筋肉の仕事（肉体労働），びっくりし
　て，Nさん（Cと同じH病院に配置されたが1年
　で帰国した候補者）帰っちゃったかもしれませ
　ん。わからないけど。H病院は大きくてすごく
　忙しい。大変だった。ショックだった。バイタ
　ル[5]までやれないとは思わなかった。ショック
　だった。もうやばい。心がとてもすぐにデプレ
　ス（depress）しましたが，頑張ろうといつもニ
　コニコ。回復するのに1年間かかりました。」

(2年3ヶ月IN)

事例D： Dを受け入れたK病院は地域の中核と
なる総合病院で，理事長が国際貢献のためにマッチン
グした5人（Dを含めた男性4人と女性1名）の候補
者全員を受け入れた（看護部長IN）。K病院は5人の
候補者たちに「看護師」の白い制服ではなく「ヘル
パー」と同じ水色の制服を与えた（名札は看護師と同
じ白い名札で「看護部」と書かれている）。リーダー
として働いた経験のある看護師歴7年のベテランDは
次のように語った。

D 「ショック。2ヶ月くらい，（精神的に）よくな
　い感じでそのまま働いて。…正直辞めたいと
　感じました。看護技術もできないと注射などの
　看護技術を忘れてしまうのではと不安でした。
　国家試験で看護理論など勉強をしているけど，
　技術は忘れてしまう。」
R 「ヘルパーさんからどう見られていましたか。」
D 「ヘルパーさんが，『あなたは看護師さんと一緒
　の仕事じゃないかな』って。私インドネシアで
　看護師さんしているから。『本当は看護師さんに
　なりたいでしょう。』今はヘルパーさんの仕事，
　あまり関係ないですよね。でも日本語がわから
　ないからしょうがない（ヘルパーの仕事でもし
　かたがない）。」
R 「ヘルパーさんが『本当は看護師さんじゃな
　い』って？日本の看護師さんはどう言いました
　か？」
D 「同じ。でも日本の看護協会は厳しいから，看護
　師の資格をもっていない人は看護師できない。
　だからヘルパーさんわからなかったから。」
R 「ヘルパーさんは，看護協会のこと知らないの
　ね。看護師さんたちは国家試験受けて知ってい
　るから。」
D 「しょうがないよ。私。候補者5人は気持ち同じ
　です。仕事やって，今は一応，給料もらっている
　んですから。お金もらって少し貯金して，少し
　家族に送って，いろいろなところ観光して。楽
　しいこと見つけます。」

(2年2ヶ月IN)

事例E： T病院は，看護師の人手不足ではなく国
際貢献のために1陣を2人受け入れた。インドネシア
では一流の4年制看護大学を出て，看護大学で教えた
経験もあるEは，自分のプライドが傷つけられた。

R 「最初に，看護助手として働いたときはどうでしたか？」

E 「最初の時，ショックでしたね。えーこれーと思って。もう話もできないし，意見も伝えられないしストレスでしたね，私たち。」

R 「病院はどう説明したの？」

E 「仕事の内容ですか？JICWELSの研修もあって，友達と話して。よく覚えていないけど，やっぱりショックでしたね。これからも本当にできるのかと思いました。でもやっぱり日本のルールでは，免許がないと看護師の仕事できませんから。病院の看護担当からも，少しそういう説明があって，私も看護学校に通わせてもらいました。病院でもずっと仕事ばかりだけではなくて，勉強させてもらったので，大丈夫だろうと。最初は勉強する気がなかった。」

（5年1ヶ月 IN）

事例F：　インドネシアにおける第1陣への日本での仕事の説明は十分でなかった。J病院の募集の説明には，「排泄介助，食事介助など」と書かれていたが，詳しく書かれていなかった。

R 「仕事の内容についてわかったときの感情はどういうのが近い？」

F 「驚き。驚きましたが，日本に来ちゃったので，しかたない」。

R 「自分の仕事はどういう内容かわかったのはいつ？」

F 「ここにきて初めてわかりました。インドネシアでは，病院の内容ももらいました。仕事の内容ももらいました。でも，あまりイメージができませんでした。『ケアワーカー』と聞きましたが，本当のケアワーカーはどんな仕事をするかわかりませんでした。」

R 「ケアワーカーの仕事はインドネシアではないですよね？」

F 「インドネシアではあるけれど，資格はない。でも病院で働いて，看護の仕事ではなくって。例えば，シーツを交換したりとか，物品，手袋は足りるかとか。清拭するときに使う水を準備したりとか，そういう仕事。」

R 「それはインドネシアでケアワーカーと言っているんですね。こういう仕事をすると思っていた

の？」

F 「全然思っていませんでした。注射は打てないかな，と思っていた。准看護師の仕事。そのときは，E病院の説明に『仕事は排泄介助，食事介助など』と書いてありましたが，詳しく書いていませんでした。『など』でした。」

R 「仕事の内容についてわかったときの感情はどういうのが近い？」

F 「驚き。驚きましたが，日本に来ちゃったので，しかたない。」

（2年2ヶ月 IN）

事例G：　Gは最初から日本に行きたかったわけでなかった。米国の公認看護師（Registered Nurse, 以下RN，米国看護師国家試験に合格した看護師）として行くプログラムに問題が起こり行けなくなったところに，インドネシア保健省からEPAを紹介され，参加した。夫との間では40歳まで自由にしてもよいという約束があったため，反対されなかった。5歳の長女は，自分の両親に面倒をみてもらうことにした。

R 「そのショックはどれくらい？」

G 「ショックはなかった。」

R 「割り切ってたのね。」

G 「あちらではもっとひどかったよ。けど，みんな（他のEPAの仲間は）わからないじゃない。ショック。かわいそう。」

R 「スカイプでアドバイスとかしたの？」

G 「うん。なかなか，プライド高いし。我慢すればね。」

R 「どういうふうに言ったの？」

G 「友達の経験を言って，（アメリカでRNになる前の）立場は大変よって。インドネシアは甘いじゃない。（来日前には）国から（十分）説明なかったけど，（日本政府から）説明があったから，しかたないじゃない。勉強時間もらえるからいいじゃない。アメリカでは，自分で勉強しなきゃいけない。日本はサポートいっぱいと思います。アラブでは，インドネシアの看護師は，看護師として働きます。でもここはアラブじゃないし。」

（4年2ヶ月 IN）

しかし，Gの受け入れ病院に比べ，他の候補者の病

院がよいサポート態勢であることに対する嫉妬が強かった。

> G「同じインドネシアから来るけど，やり方が違いました。病院によって違いました。私の病院は厳しい，勉強できません。同じチャンスあるのに，なんで。合格しないのは，日本のせいじゃないけど，病院によって違うよ。いろいろよ。T病院もほとんど勉強，O病院もほとんど勉強と，M病院もほとんど勉強。私残念。私最初ヤキモチ，本当にヤキモチ。なんで，私悪いことしていないのに。こうやって頑張っているのに。嫉妬，その嫉妬の気持ちが一番嫌だった。」
> （4年2ヶ月IN）

事例H： 候補者Hも，日本での看護助手としての職務に大きなショックは感じていなかった。来日して7ヶ月のときの面接では，日本で大変なことは，と尋ねると日本語の困難さや，規律の厳しさを語った。

> H「私の兄弟は7人いて，残りはやりたがらなかった。看護師の仕事は悪いとか便とか，おしっことか，気分が悪いから兄弟はやらない。私は大丈夫。日本語とても難しいです。漢字覚えられませんから。漢字と言葉，専門の言葉。でも一生懸命，一生懸命やっています。日本人は，仕事は厳しいですよ。インドネシアも厳しい。日本人はもっと厳しい。厳しい。仕事は速いし。たとえば，8時半や9時に始めてすぐ仕事。5時から6時まで。インドネシアは同じ仕事です。でも少しだけ厳しいです。」
> （7月0ヶ月IN）

3回目の国家試験を終えたときに，Hの来日経験とインドネシア帰国後の仕事について尋ねたが，職務についての不満は語られず，むしろ経済的なメリットと帰国後の夢が語られた。

> R「日本に来てからのモチベーションはどうですか。」

> N「今まで100％ですよ。」
> R「ハピネスは？」
> N「同じですよ。100％ですよ。エンジョイ・マイセルフですよ。」
> R「日本に来たときは？」
> N「全然日本語できなかった。」
> R「インドネシアに帰ったらどういうことしたいですか？」
> N「いろいろあります。店とか持ちたいです。・・・チリ（唐辛子）毎年3回収穫をする。いくらお金になりますか。初めてで1ヘクタールあたり50万ルピアくらい。チリは一番高いですよ。唐辛子。ジャカルタに，カラオケとかいろいろ店をしたいです。カラオケ大好きですよ。他に，いろいろしていると思います。楽しいだけ。お金あるから。」
> （2年2ヶ月IN）

事例I： 候補者全員で楽しく勉強した日本語研修が終わり，病院に配属されたときの苦しさを次のように語った。

> I「最初の6ヶ月はみんなと一緒だから幸せですね。この高い状態で病院に来てだんだん生活も苦しいなと。病院でも話したいのだけど，日本語出来なかったので友達できません。だんだん落ちてきました。去年の4月から8月までが底。その時は辞めようかなと思った。」
> （1年8ヶ月IN）

（2）ショックはなぜ起きたか：解釈

これらの9名の語りは，来日して配属された病院での看護助手の仕事に対する否定的情動を表している。このような候補者の仕事に対する否定的情動がどのように起こったのかをM-GTAで分析した結果を図1に示す。最も抽象度の高いコアカテゴリーは【　】で示し，その下位のカテゴリーを〔　〕で示し，最も下位のカテゴリーを〈　〉で示した。

否定的情動に影響する要因を，制度に関するものをマクロレベル，候補者を受け入れた病院をメゾレベル，候補者の心理や彼・彼女を取り囲む対人関係をマイクロレベルに分けて配置した。

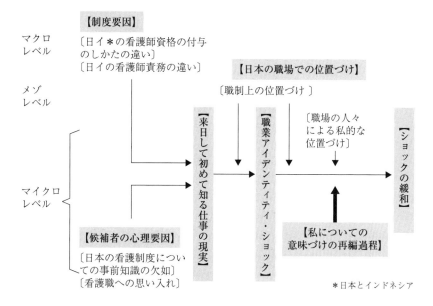

図1 インドネシア人看護師の職業アイデンティティ・ショックの生起過程

【看護助手の仕事の現実の認識】 事前の日本語の集合研修を終えた候補者は、各々の病院に配置されて初めて自分がどのような仕事をするかの現実を認識した。日本で「看護助手」や「ケアワーカー」として扱われることとはどういうことかを知らなかった者もおり、言葉では聞いても仕事の内実についての知識はなかった。

【職業アイデンティティ・ショックの生起】 候補者は母国で「正看護師」であったのに、日本で「看護助手」「ケアワーカー」と位置づけられることに怒りを表したり（Aの事例）、「ショック」（C, D, E, の事例）や「ディプレス」（Cの事例）など強い言葉で表現したりしていた。多くの候補者は看護師として〈プライドが傷つくショック〉を感じ、看護助手として〈患者に直接ケアできぬ不満〉を語った（事例A, B, C, D, E, F）。また、注射や点滴などの〈看護技術を忘れる不安〉もあった（事例C）。一方で職務のギャップにはあまりショックを感じないケースもあった（GやHの事例）。このような違いをどのように説明することができるであろうか。

【候補者の心理要因】 候補者の日本でのショックに影響した心理要因には、候補者が日本の看護制度について来日前に十分認識していなかったこと〔日本での看護制度についての事前知識の欠如〕と、候補者がどのくらい看護職に思い入れを持っているか〔看護職への思い入れ〕の2つの下位カテゴリーを見出した。

ショックを感じたほとんどの候補者から、〔日本の職務についての事前知識の欠如〕が語られた。Dは、来日前に読んだ職務についての病院側の説明が、「ケアワーカー」「排泄介助、食事介助など」のみしかなく、実際どのような仕事をするかは来日するまでわからなかった。インドネシアでは患者の食事や排泄など、身の回りの世話の多くを家族が担っており、「ケアワーカー」に相当するボキャブラリーはなかった。インドネシアでは職業としての「ケアワーカー」の社会的表象が共有されておらず、日本で仕事を始めるまで実態を理解できなかったことがショックを増幅させたと解釈される。特に1陣の場合は、EPAが正式に始まってから応募締切日までの広報期間が短く、日本での職務内容について十分説明できなかった事情もあった。

アメリカや日本ではそれぞれの国で実施されている資格試験に合格しなければ正規の看護師として働けないことをきちんと理解している候補者は少なかった。この知識を有していたGは、ショックをほとんど感じていないばかりか、「アメリカではRNになる前は大変、日本はサポートいっぱい」と国家試験がないインドネ

シアを「甘い」とみなしていた。来日前にアメリカの RN になるためのプログラムに合格していた G は国家試験に受かることが必須で，それまで患者のケアはできないという知識があった。アメリカでの「RN」に関わる知識を事前に持っていたので，日本でも当然看護師として働くことはできないと予測していた。看護師資格について，インドネシア基準しかなかった人は，複数の基準を持っていた人と比べてショックが大きくなったと解釈される。

候補者のショックに関係していたもう一つ心理要因は，〔看護師職への思い入れ〕であった。インドネシアでの看護師のキャリアが長く（〈看護師職の経験年数〉），リーダーや看護大学で教師をした経験者（〈母国での職務経験〉）は，看護師職への思い入れが強い。Fは看護師歴7年でリーダーも務めるほどであったから，来日後のショックは大きく「正直辞めたい」と思うほどだった。またEも看護大学で教師を務めた経験もあり「本当に続けられるか」と思った。インドネシアで指導的立場を経験した者にとって，無資格でできる看護助手の職務の現実を知ったときのショックが大きいことは容易に推測できる。このような事例とは対照的に，Hの場合は，将来の夢に語られているように，看護師職へのこだわりは強くなく，来日の経済的メリットを強調し，蓄財をもとに他のビジネスへの夢も語られている。その場合は，職務内容へのショックはそれほど多くは語られない。

ショックの強弱を左右したインドネシアでの経歴が創り上げてきた〔看護師としての思い入れ〕に見合うような職務かどうかは，候補者が日本の職場でどのように位置づけられるかに拠っていた。

【日本の職場での位置づけ】　候補者が日本の職場でどのように位置づけられるかには，候補者の〔職制上の位置づけ〕（メゾレベル）と〔職場の人々による私的な位置づけ〕（マイクロレベル）の2つの下位カテゴリーが見出された。職場での公的な位置づけや，私的な位置づけが，候補者の職務の緩和に影響する（【否定的情動の緩和】）。

〔職制上の位置づけ〕は，職場という公的な位置づけで，〈制服と名札〉と〈サポート態勢〉が見出された。インドネシアでは正看護師であったが，日本では看護資格を持たない候補者たちは，日本では看護助手

やケアワーカーとして位置づけられた。看護助手の仕事では，直接患者に触れることはできず，食事介助，排泄，風呂，患者の搬送，環境整備などを行う。候補者の中には与えられた〈制服と名札〉にショックを感じる者が少なからずいた（A，B，Dの事例）。看護助手という名札をつけたAが，調査者に自分のパスポートを取り出し職業欄の「看護師（nurse）」の表記を見せて怒りを表したが，候補者がインドネシアでは正看護師だったというプライドが傷つけられ，ショックが生じたと考えられる。病院側はAに看護師と同じ制服を着せ，看護師と同じ寮に入居させる配慮をしていたが，Aにとっては「看護助手」という名札とその仕事が大きな意味を持っていた。〈制服と名札〉は，職場で「この人は何者である」という他者からの意味づけのきっかけとなっており，候補者の職業アイデンティティ交渉に介在するシンボルとなっていると考えられる[6]。

Gは，看護助手として扱われることにショックを受けなかったが，国家試験の勉強の〈サポート態勢〉にめぐまれた病院に勤める候補者に嫉妬を感じた。Gのケースは，「看護助手」の身分だけでなく，病院の〈サポート態勢〉が，国家試験への勉学意欲に影響を与えていることを示している。多くの候補者は，仕事は看護助手ではあっても看護師国家試験準備に病院からサポートがあることでショックを和らげていた。

看護助手として扱われることのショックは，〔候補者を取り巻く人々による私的な位置づけ〕によっても影響を受けていた。候補者と一緒に働く看護師やヘルパーたちが，候補者を本当は看護師と認識していることで否定的情動は緩和される。Bは周囲の人々が「あなたは助手さんでなくて看護師さん」と言ってくれることで「大丈夫だろう」と語った。看護助手は仮の姿で本当は看護師と理解されることに安堵していると解釈された（〈日本人スタッフからの理解〉）。

【制度要因】　候補者が日本で看護助手として扱われる現実にショックを受ける背景には，〔日本とインドネシア（以下，日イと表記）の看護師資格の付与のしかたの違い〕や〔日イの看護師責務の違い〕が下位カテゴリーとして見出された。

日本や欧米諸国では，看護師国家試験に合格しない限り看護師として就労できないが，インドネシアでは看護師養成校（3年制のカレッジもしくは4年制の大

学看護学部）を卒業していれば看護師として働ける。インドネシアの看護師資格は，中東諸国では有効である（サウジアラビアで働いた経験のあるAの事例）が，看護師資格の付与がインドネシアと異なる日本では，ナースとは認められない。

　また〔日イの看護師責務の違い〕もショックと関連があった。インドネシアのジャカルタと地方のプスケスマスでの訪問調査より，インドネシアの看護師の業務は，日本の完全介護とは違い，家族が担う部分が多いことがわかった。富裕層の病院などの例外はあるが，一般に食事介助や排泄介助は患者の家族が担う。したがって完全看護の日本の病院では，看護師の責務範囲はインドネシアのそれより広い。このような日イの病院システムの違いが，「看護師」や「看護助手」「ケアワーカー」の職務についての社会的表象の違いを生み出し，この表象の違いがショックの背景にあると解釈できた。

　候補者の職業アイデンティティ・ショックは，インドネシア医療制度における候補者の看護師経験をベースに，来日後の職場での位置づけと，候補者本人の看護職への思い入れなど心理の双方から影響を受けていた。ショックから時間的経過に伴い，候補者が自分の否定的情動にどのように対処していったのかについては，次項で詳しく分析する。

2　職業アイデンティティ・ショックへの対処方略

　候補者Cはショックから立ち直るのに1年かかったと語り，Bは配属後1年8ヶ月の時点では「慣れてきた」と語っている。また，Aも配属後半年の時点で「今はどんどん慣れた。大丈夫です」と語っている。このことから，少なくとも1年たつと初期のショックから回復しているのが読みとれる。ここではまず具体的な6人の候補者の事例を示し，候補者たちがどのようにショックから立ち直ったのか，彼らの対処方略について検討する。

（1）対処方略：事例
　事例F：　Fの病院は，候補者を「ケアワーカー」として扱った。当初Fは「驚いた」が次第に「しかたがない」と思うようになった。

R 「仕事の内容についてわかったときの感情はどういうのが近い？」

F 「驚き。驚きましたが，日本に来ちゃったので，しかたない。」

R 「しかたないといつ思った？」

F 「日本に来てすぐ。しかたない。それから，勉強に集中してみたい，しよう，そういう感じ。昼は仕事をしていましたので，疲れました。夜は看護の本を読みたいけれども，家に帰ってご飯作って洗濯したりとか，もう疲れたから，読めない。最初は慣れていなかったから，あまり勉強できなかった。」

R 「どうやって元気づけていましたか？」

F 「自分の悩みをEPAの友達に聴いてもらって。電話ですね。タダなので。T社なら，夜9時までだったらタダだから。」

（2年2ヶ月 IN）

　自分の職場での体験の感情の動きを縦軸に，時間を横軸にとってグラフで表示してもらうと，配属直後は最も低かったが次第に上がっていった。その理由は「仕事に慣れたことと勉強の時間が増えたこと」という（11ヶ月FN）。

　Fの病院での教育体制は充実しており，候補者の教育担当看護師に加え，精神面と生活面を支援する相談役が，候補者の状況を細かく把握していた。国家試験科目の勉強は，看護師長が担当し，模擬試験を用いて毎日図書館で行っていた。毎日2時から5時までは勉強時間を与え，国家試験直前2ヶ月からは1時〜5時まで勉強時間を与えた。国家試験の科目内容の勉強は，NPO法人による授業を受けるなど，複数の教師に習った（2年2ヶ月FN）。

　Fは1陣のリーダー的な候補者の呼びかけで作ったスカイプでの勉強グループに加わり，国家試験前には毎夜8，9時から11，12時まで勉強会を3〜4時間行った。候補者は，それぞれの病院に散らばっているが，候補者としての悩みを互いに電話を通して話をすることで，勉強に集中した（2年2ヶ月FN）。

　事例I：　Iは，日本語や勉強ができずに落ち込んでいたが，JICWELS主催の研修でEPA仲間の頑張りに刺激を受けたことを語った。

I 「8月に研修所に集まって（第1回の模試）みんなと一緒に勉強して他の人の意見とか勉強とかの話を聞いて，△△さん，○○さん，同じ時に来たのに，なんでみんなもっとうまいのかなと思った。私が一番下手とその時思った。私も勉強同じ時間した，なんで私下手，みんなうまい。多分心からやる気があるかどうか確認しました。その時も最初から施設から大きなサポートもらったのですけど，やる気があるかどうか自分に聞いて，その時はもっと頑張ろうと思った。それで8月からだんだん上がりました。11月からずっと勉強，ずっと勉強して，合格しません。今年の2月の国家試験の後に気分が落ちましたが，他の友達から意見もらって上がってきました。」

（1年8ヶ月 IN）

事例C：　Cは自国での「本当の看護師」の自分と現在の「筋肉（肉体労働）の仕事」のギャップに大きなショックを感じ，回復するのに1年以上かかった。彼女がショックにどう対処していったかを尋ねた。

R 「どうやって頑張ってこられた？」
C 「もしEPAの仕事をしていなかったら，お金ももらっていない。ぜひ仕事をして我慢して頑張ってやります。漢字もやります。EPAのお給料は，インドネシアの7倍。でも日本の物価は高い。お母さんに『送ります』といっても，親は『Cちゃんは一人暮らしだから，お金必要だから』と言ってくれる。でもお父さんとお母さんには，ありがたいから，毎月ではないけど送っている。あと仕事で楽しいこと見つけます。おじいさん，おばあさんに良くすると，笑ってもらえるじゃない？それは楽しそう。みんなも優しいから。日本語わからないというと『教えるよ』。若い時，男の子の友達いっぱいいましたね，でも今はおじいさん，おばあさんがいっぱいいますね。看護長さんがいい人で，すごくほめてくれた。もし自分に元気がないときにも『大丈夫ですか』と声をかけてくれた。心はがっかりだったけど，『Cちゃんは大丈夫ですか』と声かけてくれる。彼女のように優しい人がいるから，まだ頑張れます。…お父さんが教えてくれた。『生活は簡単ではなくても，厳しい時も，淋しい時も，いや

だという時も，楽しいことあるから。一人の時すごい，心も（と言って涙があふれてきた）何でもやることとか，一生懸命心からして下さいね，Cちゃんは優しくしてね，優しいことがくるよ』。お父さんの言葉私覚えている。一生懸命頑張ろう，大丈夫，大丈夫，次は素晴らしいこときます。」

（2年3ヶ月 IN）

事例D：　7年のベテラン看護師のDにとっては，仕事の内容は深刻なショックだったが，次第に受け入れていった。

D 「EPAの看護師とスカイプで悩んでいることを話した。みんな，同じような仕事をしていた。じゃあそれは，一人じゃない，そしてみんな同じ気持ち。最終的にはしょうがないと思った。自分でみて，日本語ができないし，ヘルパーさんの仕事しかできない，それは重要。仕事やって，今は，給料もらっているんですから。少し貯金して，少し家族に送って，いろいろなところ観光して。楽しいこと見つけます。つらい仕事だけど，家族に送っているというのは喜びになる。」

（2年2ヶ月 IN）

Dの勤めるK病院では，Dを含め5人の候補者を受け入れた。K病院は，受け入れ当時，国家試験合格を目指す教育をどうするかについて戸惑っていた。

看護部長「受け入れが決まったものの，国は施設に任せるだけで何のサポートも得られなかったため，試行錯誤の中で始めた。」

（4年3ヶ月 IN）

不十分なサポート態勢の中，2回目の国家試験不合格となったDは，看護学校の先生に国家試験の勉強をボランティアで教えてもらう交渉をした。また，3回目の試験直前には，勉強時間延長を病院に申し入れ，同僚の日本人看護師には国家試験の勉強の援助を求めた。

D「2回目の国家試験不合格のときには, 最もつらかった。『自分は何のために日本に来ているのか』と問い,『自分は日本で看護師になるため』と考えました。別の候補者が国家試験の勉強に通っている看護学校のM先生と出会いました。『国家試験の勉強を一緒にみてもらえませんか』と頼みました。M先生は, いいと言ってくれました。地域のセンターで, 週1回6時から10時まで, 勉強を教えてくれることになりました。3回目の国家試験の半年前, K病院に『勉強時間を下さい』と頼みました。病院はいいと言ってくれました。」

(2年2ヶ月IN)

D「国家試験は1問1分ですから, 30秒で読めるように, 日本人看護師の人と一緒に読む練習をしました。1日5分。毎日読みます。看護師の人に『読む練習時間をしますが, ちょっと時間ありますか?』とお願いしました。」

(2年2ヶ月FN)

Dは3回目の国家試験に無事に合格を果たした。Dに今後の仕事のことで「心配はないのか」と質問をすると, 次のように答えた。

D「神様にまかせている。心配だけれどいいことだけ考えている。日本人は悩みがあったときあまり言えない, つらいと考えている人がいる。精神的につらいと自殺する。宗教があるのは強い。」

(4年0ヶ月IN)

事例E: 看護大学で教えた経験のあるEも, 当初はショックだったが, 勉強をするしかないと考えた。

E「(勉強) でもやるしかないと思いました。」
R「決心するのにどのくらい?」
E「半年くらいかな。集合研修のとき, できる友達をみると, 私もできるはず, と思って, これはだめだ, と思って。」

R「集合研修とかはよかったですね。」
E「研修で最初のとき, O先生とM先生も来ました。だから, 頑張らなきゃいけないと思いました。それだけでなく, 病院部長によばれて, ちょっとこれからどうする, これではだめだよ, と日本語で通じました。そのとき私泣きましたから, 日本語わからないと思っていたのに, わかりました。日本語わかるんだと思いました。日本語やらなきゃだめだと思いました。」

(5年1ヶ月IN)

T病院では, 教育部長と事務長が, 候補者の読む力など詳細に評価した上で, チームによる教育プログラムを考え, 看護国家試験の勉強, 看護助手, 生活の各領域でサポートする担当を決めていた。午前中は仕事, 午後は学習に時間をあてられた。国家試験前は6ヶ月間, 週2日は国家試験対策の学校で個別指導を受け, 残り3日間は仕事をした (5年1ヶ月FN)。

事例G: 候補者Gは, 前項で引用したように, アメリカではRNの資格を取るまでは候補者は看護師の仕事ができないという事情を知っており, 看護師アイデンティティを傷つけられることはなかった。しかしEPA候補者を受け入れている同じ系列の病院で, 彼女より勉強時間をしっかりもらっている候補者たちがうらやましかった。Gは, 勉強をみてもらっている看護学校のM先生に, 他の病院の候補者たちと一緒に時間外に勉強をみてほしいと頼み, ボランティアで教えてもらえることになった。国家試験の勉強に懸命に取り組んだが, 3年目の国家試験で1点だけ足りず不合格だった。悲しくて泣いた。しかし, その後は「帰国したら勝てない」と延長して受験することを決めた。

R「日本語は何級取ったの?」
G「N2級。」
R「いつ取ったの?」
G「おととし, 合格する前」
R「3年目の秋に取ったの?自分で受けようと思ったの?」
G「もし看護試験だめだったら, インドネシアに帰ったとき, 何もできないの。勝つことができない。とりあえず日本語能力。」

R 「何もできない。勝てない。それインドネシア語
　で何ていうの？」

G 「tidak menghasikan apa-apa. これは勝てない。ゼ
　ロ」

R 「こういうガッツ，やるからには得るものがない
　と，という考えはどこで身についたの？」

G 「お父さんかな。学校とか，『つらいことあって
　も，泣かないで。道あるから。神様に，お祈りし
　て，やって。何とかできる。』」

R 「お父さんから言われた『あきらめない，神様助
　けてくれる』っていうのは，いつ頃から言われ
　たの？」

G 「小さい頃から。悲しいときも。合格するまで。
　やるしかない。」

R 「国家試験受かるまで，お父さんと直接電話した
　ことありますか？」

G 「毎日電話してくる。ほとんど。3年間ほとんど
　毎日。今でも。」

R 「え，本当。お父さんと仲がいいんだね。」

G 「そうです。私（不合格になって）泣きましたよ
　ね。『じゃあいいよ，帰っても。インドネシア
　帰っていいけど来年絶対日本に行って受けるよ。
　負けないよ。帰国いいよ。合格するまで何回も
　やって』って。」

(4年2ヶ月IN)

(2) ショックへの対処：「私についての意味づけの再編」という立場からの解釈

インドネシアでは「正看護師」でありながら日本では「看護助手・ケアワーカー」として扱われるショックに伴う否定的情動の生起と緩和の過程については先に図1に示した。否定的情動の緩和のプロセスには，自身についての意味づけの再編過程が伴っており，その過程を詳しく示したのが図2である。【私についての意味づけの再編過程】を促す要因として【心理要因】，さらに【対人要因】が見出された。

【私についての意味づけの再編過程】 候補者は，インドネシアでは正看護師だが日本では看護助手であることに否定的情動を感じた（図2の①〔母国では正看護師だが日本では看護助手〕）。もし「インドネシアでは正看護師」にこだわる場合は，EPAプログラムから離脱することになる。しかし，多くの候補者は日本で看護助手・ケアワーカーとなることを選び，日本に留まった[7]。日本に留まり看護師候補者であり続ける

ということは，日本で押しつけられる〔候補者としての私〕を甘受しなければならない（図2の②）。候補者が看護助手としての自分を甘受しても，日本で看護師にならない限り，否定的情動は解消されない。候補者は次第に〔日本で国家試験合格を目指す受験生という私〕を前面に出し（図2の③），試験合格に向けての努力に拍車をかける。

さらに，合格に向けて勉強のサポート態勢を整えるべく，組織の現状を積極的に変えていこうとする〔組織環境の改善を働きかける私〕の創出（図2の④）がみられる。この働きかける私は，配属先のサポート態勢が整わず，候補者の合格への思いが強い場合に創出される。

【心理要因】 上記の私についての意味づけの再編（①から②，③，④への転換）を可能にする【心理要因】は何であったのか。これには，〔自己の評価基準の変更〕，〔自己の評価領域の変更〕，〔将来の目標設定〕，そして〔宗教的価値観の確認〕の4つの下位カテゴリーが見出された。

〔自己の評価基準の変更〕とは，候補者が自分の評価基準を低めることにより看護助手の身分を受け入れようとすることを言う。Fは来日直後に，また，看護歴7年のDは数ヶ月かけて看護助手の職務を受け入れた。候補者が〔候補者としての私〕を甘受するのは，看護師資格がないと看護師の仕事ができないという制度の現実を知り〈日本の看護制度の知識〉，また仕事での自分の日本語力がないことに強い限界を感じたからである〈日本語能力の限界〉（Dの事例）。日本の医療現場の現実を知り，また，自己の日本語能力の限界を認識すると，なぜ看護助手という自分がプライドを傷つけられるような位置を受け入れるのか。それは，もし日本語能力が低い自分が正看護師として扱われた場合，職務において機能不全に陥るリスク（失敗して他者から非難され恥を感じるリスク）が高いからである。そのようなリスクを避けるためには，自己評価基準を低めて，看護助手という低い位置づけを受け入れざるを得ない。

2つ目の心理要因は〔自己評価領域の変更〕である。これは，職業とは異なる自己の領域に注目し，そこに自己の肯定的な評価を行うことである。これには，〈経済的メリット〉と〈旅の楽しさ〉が見出された。

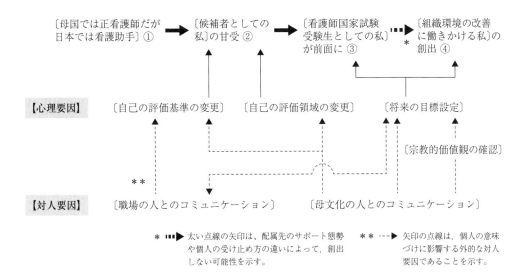

図2　ショックへの対処：私についての意味づけの再編過程

〈経済的メリット〉は，程度の差はあれ多くの候補者の口から語られており，看護助手扱いに耐え日本滞在を肯定する意味づけとなっている。母国の家族を経済的に支えているという認識（Dの事例）や帰国後のビジネスや将来の活動を実現するために貯蓄しているという認識（Hの事例）が日本滞在を支えていた。また，日本の国内を〈旅する楽しさ〉も，看護助手としての仕事のショックを紛らせるための肯定的な意味づけとしてみなされていた。

3つ目の心理要因は〔将来の目標設定〕である。もし自身がずっと看護助手として働かなければならないのであれば，看護技術は低下するばかりで来日した意味が半減する。自分が来日したのは，日本で国家試験に合格し正看護師になるためであると，〈来日目的を明確化〉している。Dは，2年目の国家試験不合格のとき，自分の実力不足に落ち込み，「私は何のために日本に来ているのか，自分は日本で看護師になるために来た」と来日目的を再確認している。また，〔将来の目標設定〕は，勉強会や研修でEPA仲間の勉強到達度と比較し自分が遅れていると認識したときにもなされる〈他の候補者の到達度と比較〉。事例Ⅰは，集合研修で他の候補者仲間の実力と比較して自分の力不足を認識して，「やる気があるかどうか自分に聞いて，そのときはもっと頑張ろうと思った」と語った。他者との比較や試験の失敗から実力不足を認識し，合格を目指す受験生という新しい意味づけを行い，自らを勉強へと動機づけていた。このように候補者は〔将来の目標設定〕をすることにより，自分自身の自己概念（インドネシアでは「正看護師」）と他者からみた「私」を一致させる方向で頑張ることで，否定的情動を緩和し自己の安定化を図っている。

候補者の勉強への動機には，仕事と研修の時間配分や専任教員の配置などのサポート態勢（図1の【日本の職場での位置づけ】）が影響をしている。サポート態勢は病院ごとに異なるが，教育専門のスタッフによるきめ細かい教育が行われている病院では，候補者のやる気で試験勉強が進んだ（B, E, F, I）。Eは看護学校で個別指導を受けていたが，復習をしないので教育担当から指導を受け，もっと日本語を勉強しなくてはならないと学習意欲を高めた。しかし，やる気があっても病院のサポート態勢が十分でない場合は，勉強が進まず否定的情動を感じていた。候補者の中にはサポート体制を改善しようと，病院に働きかける者がいた。Dは病院に勉強時間を増やすことを交渉し，日本人看護師にあまり負担をかけない援助を依頼した（試験問題の日本語の読みを1, 2分聞いてもらう）。またDとGは，国家試験対策を教えてくれるボランティア教師を探し出し，候補者仲間と勉強グループを作った。与

えられた環境の受け手から働きかける者への変化と解釈された（〔組織環境の改善に働きかける私〕の出現）。

このように職場がサポートする場合は，候補者は職場に感謝して，勉強への動機を強めた。一方，職場でのサポートが得られない場合は，目標達成が不可能となるリスクに否定的情動を感じ，自分が設定した目標に到達するために，〔組織環境の改善に働きかける私〕を出現させ，環境を変えるという行動を導いている。

4つ目の心理要因は，〔宗教的価値観の確認〕である。これは，職務における候補者の私の意味づけの転生を支え，否定的情動を緩和する重要な役割を担っている。宗教的価値観はイスラム教やキリスト教などの〈宗教の教え〉が基盤となっており，また宗教を基盤とした〈家族の教え・励まし〉も候補者を支えていた。キリスト教徒のCは，「厳しいときもいやだというときも，楽しいことがある」という父親の教えを支えとし耐えられた。またキリスト教徒のGも「つらいことあっても泣かないで。道あるから。神様，お祈りして何とかできる」という父親の言葉が候補者を支えていた。両者の父親の言葉はキリスト教の教えからきている。イスラム教徒Dも「神様にまかせている。宗教があるのは強い」と述べている。宗教的価値観は，勉強に困難を感じたときに，自分の行動を律し，困難を耐えて目標に向かわせる強さになっている。

これらの4つが，インドネシア人看護師の私についての意味づけの再編を可能にする心理プロセスとして見出された。

【対人要因】　私についての意味づけの再編を促す心理要因に影響する外的要因として，2つの対人要因が見出された。〔母文化の人とのコミュニケーション〕と〔職場の人とのコミュニケーション〕である。

〔母文化の人とのコミュニケーション〕：　日本語研修で一緒だった候補者同士は，各々の病院への配置後も対面あるいはスカイプなどで互いに連絡を取り合っていた。看護助手としての仕事の現実から受けたショックを共有し，自分一人だけが看護助手扱いされているのではなく，看護師資格がない者はみなそう扱われるという制度の理解を促した（D, F）。また，候補者として国家試験合格を目指すために，スカイプで勉強会を開き，互いを支え合い勉強を励ましていた（DやF）。候補者自身についての意味の再編は，個

人の内省に由来するものもあるが，EPA仲間や家族といった他者との会話から共同構築されるものもあった。

また，私への意味づけの再編は，〔宗教的価値観の確認〕によって促されていたが，これには親とのコミュニケーションが助けとなっていた（CやGの事例）。両親に自分の問題について話し，祈ってもらうことが，候補者が国家試験の勉強に向かうのを支えている。

上記の全国に散らばった〈EPA仲間〉や母国にいる〈家族〉など，母文化の人とのコミュニケーションには，スカイプや携帯などの情報通信技術（Information and Communication Technology, 以下ICT）の利用によって可能となっていたことは留意すべきことである。

〔職場の人とのコミュニケーション〕：　候補者は，日本人看護師やスタッフが自分に親切で理解をしてくれると認識したときに，「看護助手」としての職務に感じる否定的情動を緩和していた。Cは，仕事でのつらさを耐えて頑張れたのは「優しい（職場の）人がいるから」と語った。（Bの事例については本節1項（1）参照）。日本人病院スタッフからの親切や理解によって，候補者の否定的情動を緩和させ，仕事や勉強へと向かう動機を強めていた。

また，患者との良好な関係性は，候補者が看護師として患者をケアするやりがいや喜びを見出し，看護助手扱いをされることに対する否定的情動を緩和する。Cは看護助手の身分にショックを受けた上に，多忙な大規模病院に配置されたために勉強時間も確保できないつらさを味わっていたが，自分のケアを喜ぶ患者の笑顔をみることで否定的情動を緩和していた。

総合考察

本研究は，文化間移動に伴う職業アイデンティティ・ショックとそれへの対処方略を，私についての意味づけの再編という視点から検討した。従来の研究がとってきた移動先の文化の圧力を受ける受動的な存在としてではなく，移動者を，与えられた状況に主体的に働きかけ私についての新しい意味を構築していく

能動的存在とみた。文化間移動に伴う自己の意味づけの変化を理解するために，個人が置かれた職場環境や制度といった文脈を時間軸にそって検討した。

本研究から得られる理論的に重要な示唆は，以下の4点である。一つは，職業アイデンティティ・ショックは，母国では正看護師だが日本では看護助手という，他者から付されたラベルと自己認識のギャップに由来する。自己認識をめぐる自他のギャップを，エリクソンはアイデンティティの混乱や拡散の原因とみなしたが，グローバリゼーションとともに移動が多くなれば，誰にも起こりうる現象である。このギャップは，同じ状況であれば誰もが同じように感じるのではなく，個人と個人を取り巻く他者や環境との相互作用の中で強く感じたり，感じなかったりする。看護職の思い入れが強く，看護師経験が長く，事前に日本の看護職についての社会的表象（日本の看護師制度のあり方や看護職の知識）を持たない人が，日本の病院で看護助手として扱われる場合に否定的情動を強く感じる。看護師への思い入れが少なく，経験年数が短く，事前に日本の看護職についての社会的表象を持っている人の場合，看護助手として扱われても強い否定的情動を感じない。職場での制服や名札は職位を表すシンボルとして候補者の心理に影響する。候補者がインドネシアでは看護師であったことを周囲の日本人が理解してくれる場合も否定的情動は緩和される。EPA制度で来日した候補者が日本の職場でどのような情動体験をするかは，こうした個人の心理的特徴と，職場での位置づけとの関係性に拠るのである。

2つ目の理論的知見は，文化間移動に伴う自己についての意味づけの再編メカニズムの一端を明らかにした点である。候補者は，「母国では看護師だが日本では看護助手扱い」という状況から生起する否定的情動を緩和するべく，「候補者」「看護師国家試験受験生」「組織環境の改善に働きかける私」などの新しい「私」を創出していた。このような転生が可能になったメカニズムをまとめると以下のようになる。もし正看護師として働いたら日本語力の限界から機能不全に陥り恥をかく危険性がある。それを回避するために，自己評価基準を低める「自己評価基準の変更」がなされる。また，「看護助手」であることに感じる否定的情動を，〈他者との関係性〉や〈経済的メリット〉や〈旅の楽しさ〉で緩和するのは，自己評価基準を仕事領域とは異なる自己領域に変える「自己評価領域の変更」として理解できる。看護助手としての「私」を甘受すると否定的情動を感じるため，その傷ついた自己領域（仕事領域）から，より肯定的情動を感じられる他領域（対人関係領域，経済領域，私的領域）に変更する。同時に，「候補者」から「看護師国家試験受験生」としての私を創出させるために，「正看護師」になる〔目標設定〕が行われる。自己の内部で再編されうる上記の可変的な部分に対して，再編されにくい基底にある価値観も見出された。それらは親からの教えや宗教的な価値観で，候補者が困難を感じるときに，内省の中で，あるいは家族とのICTを介した会話の中で思い出され，自身の判断や行動の指針とされていた。

「私」の意味再編過程は，ハーマンスとケンペンの「対話的自己」論において現存するIポジション間の葛藤を和らげ，自己を統合の方向に導く第三のポジション（Andreouli, 2013；Surgan & Abbey, 2012）の創出とも捉えられる。しかし，多くの並列するIポジション同士の対話をどう調整し，自己全体に向けて再構築する機能の説明が不十分であるという問題があった（溝上，2008）。本研究は，主体としての「私」が，自分の置かれた文脈の理解を深める中で，異文化から押しつけられた「看護助手としてのIポジション」を甘受することで，看護助手をしながら「看護師国家試験に向け努力する受験生の私」を強く意識の前面に出していく心理を，私についての意味づけの再編過程として説明した。

3つ目に，自己の再編には，自身の内部だけでなく，他者との共同作業が重要であり，これを支えるICTの影響が示された点である。本研究では，EPA仲間や家族が，私の意味づけの再編の共同構築者となっていた。母国とのネットワークはホスト国への適応を阻害するという指摘（Kim, 2001）と適応を促進するという指摘（Märtsin, 2010）の双方が見出されているが，本研究では，「私」の意味づけの再編を促進する他者として立ち現われた。親やEPA仲間といった母国人とのコミュニケーションはICTの活用により促進されているが，ICTの異文化接触への影響については今後も検討していく必要がある（宮本・浅井，2016；Minoura & Asai, 2013）。

4つ目の知見は，個人の心理過程に与えるマクロレベルの要因の影響である。アイデンティティの葛藤には，看護師免許交付制度や看護師責務のあり方など日イの看護医療制度の違いが影響していた。「私」の意味の再編成過程において，候補者の受け入れ病院がどのように候補者を位置づけるかは，EPAの制度から制約を受けている。個人の内部のアイデンティティの問題が，対人関係や職場での位置づけといった対人や職場環境だけでなく，国の定める看護医療制度や国際協定（例EPA）というマクロな文脈の影響を受けるという視点は重要である。

本研究の意義は2つある。理論的には，文化間を移動した者の職業アイデンティティに関する否定的情動とその対処方略を，移動先の文化への適応という視点ではなく移動先で私について新しい意味を紡ぎ出していく意味の再編過程として検討したことである。否定的情動を個々人がどう捉え，どう対処したのかを社会的文脈の中での主体の「私についての意味づけ」とその心理プロセスを分析した。また面接と観察を組み合わせることで，職場の制服や名札といった物に付される意味にも焦点をあてたことである。

実践的な意義としては，今後増加するアジアからの看護・介護人材の受け入れ体制を整えていく上でいくつかの有用な示唆を得たことである。来日後の葛藤を少なくするためには，事前の十全な情報提供の必要性，制服や名札などで候補者のプライドを傷つけない配慮，候補者の正看護師を目指す動機づけを促進する精神的サポートや教育的サポート態勢が重要である。家族や宗教の教えが，候補者の否定的情動を和らげるのに重要な役割を担っていたが，仕事での否定的情動を仕事以外の領域で緩和する機能にも注目する必要がある。この点については過去のいくつかの研究（浅井，2006；末田，2012）でも指摘されているが，インドネシア人候補者の事例は，家族や宗教コミュニティの安定した関係こそが，国家試験に立ち向かう鍵になることを示唆している。

本研究の限界は，面接を日本語で行ったため，来日1年目は，限られた情報しか得られなかったことである。自分の言いたいことをある程度話せるようになったのは日本語学習開始後1年半から2年経過してからであった。もし来日直後に，インドネシア語ですべて

の面接を行うことができたら，その時点でのより豊かな語りを聞き取れたと思われる。第二言語に流暢な通訳者の確保の困難さや，通訳者が入ることの面接への影響の問題はあるが，今後の研究方法の課題にしていきたい。

本研究は，文化間移動によるアイデンティティの問題のうち，仕事領域を扱った。しかし，自己には仕事だけでなく，生活，文化，宗教などさまざまな領域があり，互いに関係しあっている。本研究でも職業に関する自己の否定的情動が，自己評価領域の変更によって，自己の生活や対人などの領域での肯定的情動によって補う過程がみられた。今後の課題は，候補者の職業以外の生活や宗教を中心にアイデンティティのゆらぎとそれへの対処を検討し，それぞれの領域間の関係性を包括的に捉えていくことである。

注

1) 例えば，会議出席をめぐり，私の中の職業人としての「Iポジション」は職務遂行を優先すべきと主張するが，母親としての「Iポジション」は欠席して家庭を優先すべきと訴える。私の中の祖母の声が家庭を優先すべきと言うかもしれない。これらの異なる「Iポジション」の対話的な相互作用を通して，私は最終的にどうするべきか決断する。

2) 「社会的表象」とは，モスコビッチ（Moscovici, 1988）によると，ローカルなコミュニティにおいて日常行われるコミュニケーション様式によって社会的に構築される知識である。「社会的表象」は，人々が内部に持つ認識やイメージと区別され，それ自体自存するとみなされがちな事柄（ここでは「イギリス」）が，どのようなプロセスで移民たちの間で社会的に構築されたかが問題にされている。

3) 第1陣は来日後6ヶ月間日本語研修が行われた。第2陣は来日前にインドネシア・バンドンで4ヶ月間研修を受けて来日し，来日後日本でさらに2ヶ月の日本語研修を受けた。第3陣はインドネシアで2ヶ月，日本で4ヶ月日本語研修を受けた。第4陣はインドネシアで3ヶ月，日本で6ヶ月研修を受け，第5陣からはインドネシアで6ヶ月，日本で6ヶ月，合計1年の研修を受けて病院に配属される。

4) 第1陣（2008年）104名，第2陣（2009年）173名，第3陣（2010年）39名，第4陣（2011年）47名，第5陣（2012年）29名，第6陣（2013年）48名，第7陣（2014年）41

名，第8陣（2015年）66名，第9陣（2016年）46名，第10陣（2017年）29名である（厚生労働省，2017）。

5）バイタルサインの略。脈拍又は心拍数・呼吸（数）・血圧・体温をさす。

6）病院側も，候補者をどのように位置づけるかについては試行錯誤であった。ある病院では，制服をめぐり候補者だけでなく病院内のスタッフからの反応をみて，制服を変えたケースもある。患者からの視点で「看護助手」と同じ花柄の制服を着せていたが，看護助手の人たちが自分たちと同じユニフォームを着ている候補者を同じ身分と勘違いし，候補者に業務を教え始めたため，3，4日たって制服は「看護師」と同じ白い制服，名札は「看護助手」と同じ水色にし，身分は定着したという。

7）調査者は途中離脱をした候補者と面接をすることはできなかったが，CがNさんの離脱について「H病院では筋肉（肉体労働）の仕事，びっくりしてNさん帰っちゃったかもしれません」と語っていた。Nの離脱は看護助手としての仕事に耐えられなかったとCは推察していた。

引用文献

Andreouli, E. (2013) Identity and acculturation: The case of naturalized citizens in Britain. *Culture & Psychology, 19,* 165–183.

浅井亜紀子 (2006) 異文化接触における文化的アイデンティティのゆらぎ. ミネルヴァ書房.

浅井亜紀子・宮本節子・箕浦康子 (2015) インドネシア人看護師・介護福祉士候補者の日本体験──EPAプログラム第1陣から第4陣までの軌跡. 科学研究費研究成果報告書.

Berry, J. W. (1997) Immigration, acculturation and adaptation. *Applied Psychology: International Review, 46,* 5–68.

Berry, J. W. (2001) A Psychology of immigration. *Journal of Social Issues, 57,* 615–631.

Bhatia, S., & Ram, A. (2009) Theorizing identity in transnational and diaspora cultures: A critical approach to acculturation. *International Journal of Intercultural Relations, 33,* 140–149.

グレイザー，B. G., & ストラウス，A. L. (1996) データ対話型理論の発見──調査からいかに理論をうみだすか（後藤隆・大出春江・水野節夫，訳）. 新曜社. (Glaser, B. G., & Strauss, A. L. (1967) *The discovery of grounded theory: Strategies for qualitative research.* Chicago: Aldine.)

ハーマンス，H. J. M., & ケンペン，H. J. G. (2006) 対話

的自己（溝上慎一・水間玲子・森岡正芳，訳）. 新曜社. (Hermans, H. J. M., & Kempen, H. J. G. (1993) *The dialogical self : Meaning as movement.* San Diego: Academic Press.)

Hermans, H. J. M., & Gieser T. (Eds.) (2012) *Handbook of dialogical self theory.* Cambridge, UK: Cambridge University Press.

Kim, Y. Y. (2001) *Becoming intercultural: An integrative theory of communication and cross-cultural adaptation.* Thousand Oaks: Sage.

木下康仁 (2003) グラウンデッド・セオリー・アプローチの実践──質的研究への誘い. 弘文堂.

厚生労働省 (2017) 受入れ実績（平成29年9月1日時点）. インドネシア人看護師・介護福祉士候補者の受入れについて. http://www.mhlw.go.jp/stf/seisakunitsuite/bunya/0000025091.html（情報取得2017/11/4）

Märtsin, M. (2010) Making sense of identity dialogues. *Culture & Psychology, 16,* 109–115.

箕浦康子 (1995) 異文化接触の下でのアイデンティティ──問題提起にかえて. 異文化間教育, No.9, 19–36.

Minoura, Y., & Asai, A. (2013) A virtual ethnic enclave among Indonesians coming to Japan through the Economic Partnership Agreement (IJEPA). A paper presented at the 17th World Congress of the IUAES, University of Manchester, 8 August.

Mirdal, G. M. (2006) Changing idioms of shame: Expressions of disgrace and dishonour in the narratives of Turkish women living in Denmark. *Culture & Psychology. 12,* 395–414.

宮本節子・浅井亜紀子 (2016) ICT技術がもたらす外国人医療従事者の意識の変容. 地域ケアリング, *18*(6), 84–86.

溝上慎一 (2008) 自己形成の心理学──他者の森をかけ抜けて自己になる. 世界思想社.

Moscovici, S. (1988) Notes towards a description of social representations. *European Journal of Social Psychology, 18,* 211–250.

Oberg, K. (1960) Cultural shock: Adjustment to new cultural environments. *Practical Anthropology, 7,* 177–182.

Rosa, C., & Tavares, S. (2013) Grasping the dialogical nature of acculturation. *Culture & Psychology, 19,* 273–288.

Schwartz, S. J., Unger, J. B., Zamboanga, B. L., & Szapocznik, J. (2010) Rethinking the concept of acculturation: Implications for theory and research. *American Psychologist, 65,* 237–251.

末田清子 (2012) 多面的アイデンティティの調整とフェイス（面子）. ナカニシヤ出版.

Surgan, S., & Abbey, E. (2012) Identity construction among

transnational migrants: A dialogical analysis of the interplay between personal, social and societal levels. In H. J. M. Hermans & T. Gieser (Eds.), *Handbook of dialogical self theory* (pp.151–168). Cambridge, UK: Cambridge University Press.

謝　辞

　本研究は日本学術振興会科学研究費助成金23653172, 23653172, 15K04035の助成によるものである。お茶の水女子大学名誉教授箕浦康子氏に，連携研究者としてご協力いただき，本論文の執筆にあたり貴重なアドバイスを多くいただいた。また査読の過程で3名の先生から重要かつ示唆に富むコメントをいただいた。また，9名のインドネシア人看護師の方々の協力なしには，本研究は実現しなかった。心より感謝申し上げる。

（2014.10.14受稿, 2017.11.27受理）

質的心理学研究　第17号／2018／No.17／205-225

「意味の行為」とは何であったか？
── J. S. ブルーナーと精神の混乱と修復のダイナミズム

横山草介　東京都市大学人間科学部
YOKOYAMA Sousuke　Faculty of Human Life Sciences, Tokyo City University

要約

本論の目的は，ブルーナーの「意味の行為」論本来の探求の射程を明らかにすることにある。ナラティヴ心理学の展開におけるブルーナー受容においては，「意味の行為」は専ら物語を介して対象を「意味づける行為」として理解されてきた。だが，彼が本来の主張として訴えたのは，人間の意味生成の原理と，その機能の解明という主題であった。これまでのブルーナー受容は，この論点を不問に処してきた傾向がある。これに対し我々は，ブルーナーの「意味の行為」論本来の主題の解明に取り組んだ。我々の結論は次の通りである。ブルーナーの主張した「意味の行為」とは，前提や常識，通例性の破綻として定義される混乱の発生に相対した精神が，その破綻を修復し，平静を取り戻そうとする「混乱と修復のダイナミズム」の過程として理解することができる。この過程は，何らかの混乱の発生に伴って生じた，今，この時点においては理解し難い出来事が，いずれ何らかの意味を獲得することによって理解可能になるような「可能性の脈絡希求の行為」として定義することができる。最後に我々は，ブルーナーの「意味の行為」論は，心理学の探求による公共的な平和の達成という思想的展望を有することを指摘した。この展望は特定の文化的脈絡の中で生きる我々が，他者と共に平穏な生活を営んでいくために精神が果たし得るその機能は何か，という問いと結びつくものであることが明らかとなった。

キーワード

行為の意味，意味の行為，混乱と修復のダイナミズム，ナラティヴ，フォークサイコロジー

Title
"Acts of Meaning", What Is It? : Jerome Bruner and the Dynamism of Confusion and Restoration

Abstract

In this article, I explore Jerome Bruner's research regarding "acts of meaning". According to the evolution of narrative psychology, his ideas came be to regarded not as describing acts of meaning but, rather, as elucidating "acts providing meaning", mediated by narrative. However, his original argument involved an exploration of the principles and functions of meaning-making acts; here I explore Bruner's acts of meaning as they were first conceived. As a conclusion, I suggest that acts of meaning correspond to the processes of confusion and restoration, which describe our minds encountered trouble defined disruption of presumptions or commonsense are restoring cracks and get back peace. In other words, these processes are "acts of possible context-exploring", whereby events beyond our understanding acquire meaning and thus become understandable. Finally, I suggest that Bruner's acts of meaning constitute an insightful analysis relevant to attaining peace via mutual negotiations; his vision prompts a question regarding the function of the mind for people living within a particular cultural context are get it all together.

Key words
meaning of acts, acts of meaning, dynamisms of confusion and restoration, narrative, folk psychology

ブルーナー心理学の「問い」

　2016年6月5日，心理学者ジェローム・ブルーナー（Bruner, J. S.）はその100年にわたる生涯を閉じた。晩年のブルーナーの最大の仕事の一つは，1980年代に一つのターニングポイントを持つナラティヴ心理学の展開に対する寄与であろう。この寄与を裏付けるように，晩年のブルーナーの仕事が最も関心を寄せていた研究上のキーワードが「文化」「精神」「ナラティヴ」であった（Bruner, 2002, 2006, 2008, 2010；横山, 2015, 2016）。これらのキーワードはブルーナーの思考の中で，常に以下の問いと結びついていたように思われる。それは，特定の文化的脈絡の中で生きる我々が，他者と共に平穏な生活を営んでいくために，精神が果たし得るその機能は何か，という問いである。本稿の主張はこの問いが晩年のブルーナー心理学の根底に息づいていた，というものである。だが，心理学者自身が抱いていたこうした探求の志向は，ナラティヴ心理学の展開におけるブルーナー受容においては屢々見落とされてきたように思われる。その帰結は，彼の思想と，彼が使用した概念との切り離された受容であろう（横山, 2015）。本稿はこの切り離された受容を問題と考え，1980年代以降のブルーナー心理学における諸概念と上述の探求の志向とが密接に結びついていたことを明らかにする。この作業を通してブルーナー心理学の展望を新たな視点のもとに理解し直すことが本稿の目的である。さて，先述の問いが晩年のブルーナー心理学の重要な研究課題の一つであったことは，例えば彼の最晩年の言明にも認めることができる。

> 　心理学は本質的に葛藤に満ちた状況というものを取り扱っている .... 私たちは自分たちの文化の成員として生きている。同時に，自分たち自身としても生きている。我々は，文化の中で生きることと，自分自身として生きることとの両方が，相互に何らかの仕方で上手く折り合いを得るような状況を絶えず探し求めている ....。
> 　　　　　　　（Bruner, quoted in Marsico, 2015, p.4）[1]

特定の文化的脈絡の下で共有された価値や規範の体系と，諸個人の信念や欲求，志向といったものとが衝突することによって生じる精神の窮状を，我々はどのようにして乗り越えていくのか。こうした問いがブルーナー心理学の探求の中核に位置づけられていたが故に，彼は「心理学は本質的に葛藤に満ちた状況というものを取り扱っている」（Bruner, quoted in Marsico, 2015, p.4）と明言するに至ったのではないか。では，以上に示したブルーナー心理学の中核に位置づくと考えられる研究課題と，彼の提出してきた「ナラティヴ（narrative）」，「フォークサイコロジー（folk psychology）」，そして「意味の行為（acts of meaning）」といった諸概念とはどのように結びついていたのか。以下ではこの問題について論究を進めていく。

ナラティヴ心理学の展開

　晩年のブルーナーの心理学に対する最大の寄与の一つは，ナラティヴ心理学の展開に対するものであることは既に述べた。特に1984年8月，カナダのトロントで開催されたアメリカ心理学会における招待講演の中で発表された「思考のナラティヴ様式と論理−科学的様式」（Bruner, 1985, 1986）の考え方は，現代のナラティヴ心理学の展開を支える一つの道標と目されてきた。

　この時のブルーナーの講演は，実証主義自然科学の方法論に依拠して人間の行為や精神の有り様についての文脈独立的に不変の法則の解明を目指す心理学と併存する新しいパラダイムの展開可能性を主張するものであった。すなわち，人間の行為や精神の有り様を，文脈依存的に可変的な意味の理解の問題として解釈学の方法論に依拠して研究する心理学の展開可能性を試論するものであった（Bruner, 1985, 1986）。この時，新しい心理学の基幹となるメタファーとして彼が採用した概念が「物語（narrative）」であった。というのも，彼は，我々が物語に向かう方法は，変転する文脈に応じて変化する意味を，解釈という方法に依拠して理解する行為に支えられていると考えたからである。ブルーナーはこうした考え方に立脚する心理学を「解釈主義心理学（interpretive psychology）」（Bruner, 1990, p.118）と呼んだ。

　ただし，解釈主義心理学の展開はブルーナーの議論のみによって支えられていたわけではない。むしろ，この展開は当世の時代精神として理解する方が理に適っている（Mitchell, 1987/1981; Polkinghorne, 1988; Sarbin, 1986）。例えばK. J. ガーゲン（Gergen, K. J., 1973）は，社会心理学は時代や場所を超えて不変の一般法則の解明ではなく，時代や場所に応じて可変的な対象として人間の精神や行為の研究を進める必要があることに早い時期に気づき，心理学の研究は人々の生きる「歴史的脈絡」（Gergen, K. J., 1973, p.319）と不可分に行われるべきである，と主張した。

　またサービン（Sarbin, 1986）はガーゲン（1973）のこの論考を引用して「ナラティヴ心理学」の具体的な構想に結びつけた。彼は心理学の探求が歴史的脈絡と不可分であるならば，歴史とは物語であり，それ故に，心理学は物語であるという三段論法を展開した（Sarbin, 1986）。間断なく連続する時間的経過に伴って変化していく出来事の流れを歴史と呼ぶならば，人間の行為や精神の動態もまた歴史を有するものと考えられる。そして，歴史が物語る行為と不可分であるとする解釈主義の歴史観に立脚するならば，絶えず変化していく人間の行為と精神の動態とを理解するための手段として物語が有効に機能すると考え得る（Mink, 1978; Sarbin, 1986; White, 1987/1981）。サービンは物語を媒介とした人間の行為の理解に係るこの原理を「物語原理（narratory principle）」（Sarbin, 1986, p.8）と呼んだ。

　物語原理は，予測し難い出会いや，日常生活の中で経験したやりとりに意味を付与するものとして作用する。

（Sarbin, 1986, p.19）

　人間の行為や精神の動態についての理解を，物語というルートメタファーに依拠して進める解釈主義心理学の試みは，自己やアイデンティティといった概念の研究にも及んだ。K. J. ガーゲンとM. M. ガーゲン（Gergen, K. J., & Gergen, M. M., 1983, 1984, 1986, 1988）は，自己という概念を精神の内奥に宿る実体として理

論化する立場に異を唱えた。そして，自己に関わる出来事の物語による再構成が「私とは誰か」という問いに対する応答，すなわち自己を定義すると主張した。彼らは，自己に関わる出来事の物語による再構成を「自己物語」と呼んだ。そして，ある人の人生で起こった様々な出来事の価値づけを示す評価軸（縦軸）と，人生や経験の時間的進行を示す時間軸（横軸）との二軸からなる平面図上に「物語としての自己」をモデル化することを提案した。

　同じ時期にマクアダムス（McAdams, 1985）はエリクソンの提出した「自我同一性（ego identity）」の概念から出発して，アイデンティティを一つのライフストーリーとしてモデル化することを提案した。エリクソンの自我同一性の概念は，思春期から青年期における心理社会的な発達課題として提出されたもので，自己についての過去に蓄積された内的に一貫した見方が，他者や社会に視点をとった場合の自己の存在意義についての一貫した見方と調和しているという感覚を指す。マクアダムスは，個人の発達段階に照らした自己についての内的に一貫した見方と，自己を取り巻く他者や社会からの要請とをアイデンティティ概念の下に統合する原理として，物語という手段が有効に機能すると考えた。その帰結が一つのライフストーリーとしてのアイデンティティという考え方であった（McAdams, 1985, 1993）。

　ただし，物語の構成的特質を鑑みるならば，諸個人の自己やアイデンティティについてのナラティヴモデルは，単一不変のものとは考え難い。というのも，自己を取り囲む社会－文化－歴史的状況の変化や，諸個人に固有の発達的変化を考え合わせるならば，物語的自己（narrative self）や物語的アイデンティティ（narrative identity）の変容や新たな創発を視野に入れる必要が出てくるからである。このような視点から「分散された自己（distributed self）」（Bruner, 1990, p.114）や「対話的自己（dialogical self）」（Hermans & Kempen, 2006/1993）といった考え方が登場してきた。ブルーナー（1990）は，自己は，諸個人を取り囲む社会－文化－歴史的状況や対他関係に応じて常に可変的なものであるという論点を強調した。そして，自己は言語を介して状況依存的，対話依存的に構成される概念的シンボルであると結論づけた。一方，ハーマ

ンスとケンペン（Hermans & Kempen, 2006/1993）は同様の立場から，自己を相対的に自律した多数のIポジション間の対話的関係の顕現というイメージによって捉えることを提案した。特定の立場を有する一人称の語り手を指示する「Iポジション」は，図－地反転の関係同様に，あるポジション（例えば，教師）が前景化している時には，他のポジション（例えば，父親）は背景化するものと考えられる。また，複数のポジション間に葛藤が生じると，そこに内的な対話過程が生じ，双方の統合を志向するメタ的なポジションの創発可能性が拓かれると考える。このようにハーマンスらは自己を多数のIポジションがせめぎあうダイナミックな内的対話過程の総体として捉えることを提案した（Hermans & Kempen, 2006/1993）。

　以上に示した展開の多くは構成主義と呼ばれるメタセオリーに立脚し，人々が言語を介した社会的なやりとりを通して生み出す様々な「語り」を自己やアイデンティティ，パーソナリティといった心理学的な概念と相関させることを試みるものであった。この試みによって，これらの諸概念を我々が精神の奥底に所有する不変の実体として捉える考え方を解体し，言語を介して営まれる人々の社会的やりとりの所産としてその都度立ち現れる関係的概念として再定義することが提案された。

　1980年代の末にポルキングホーン（Polkinghorne, 1988）は，今日ではナラティヴターンと呼ばれるこうした一連の動向を振り返って，人間科学における物語的知性という主題の下に諸学の知見を総説した。彼の議論はナラティヴターンの中核に位置づく考え方を的確に示している。

> .... 物語は人間が束の間の経験や個人的な行為に意味を付与するための一つの手段である。物語的意味には，人生や日常的な行為や出来事に参与する目的をエピソード単位にすることによって理解可能な様式にする機能がある。.... 物語は人間の存在を意味あるものにするための原初的な手段である。従って，人間科学における人間の研究は，概して意味の領域に照準を合わせる必要があるのであり，特に，物語的意味に照準を合わせる必要があるのである。
>
> （Polkinghorne, 1988, p.11）

ポルキングホーン（1988）の主張の要旨は以下の通りである。人間科学の探求は，人間の経験や行為に外形を与える意味の体系の探求を必要としている。意味の体系は言語によって構成された世界についての認識の総体を指す概念である。そして，人間の経験や行為に意味を与える手段の一つとして物語を位置づけるならば，物語は我々が意味の体系を構成するための手段の一つとみなすことができる。行為としての語りは，二つ以上の出来事を特定の筋立てに沿って，その意味的連関を見据えた文脈によって結びつける行為として定義される。行為としての語りに随伴して生成される物語上の意味は，語りの所産としての物語を対象とすることによって解釈や分析を加えることが可能になる。こうして我々は諸個人の積んだ経験や人生，行為の「意味」という主題を，人間科学の研究対象として扱うことができるようになる。ここでは，ナラティヴという概念は，行為としての語りと，所産としての物語を不可分の要件とする複合概念として理解されることになる（Polkinghorne, 1988）。ポルキングホーン（1988）が人間科学への物語論的アプローチの中核に位置づく考え方として提示した「経験や行為を意味づける手段としてのナラティヴ」という定式は，今日のナラティヴ心理学の展開においても広く共有された考え方の一つとして認めることができる。

　ナラティヴ心理学の展開可能性を積極的に論じてきたクロスリー（Crossley, 2009/2000a, 2000b, 2003）もその内の一人である。彼女は，言語を介した現実の社会的構成という構成主義の立場を認める。一方で，徹底した構成主義の遂行は，統一的で一貫性のある自己や，忘れ難い私的体験といった位相さえも，関係や状況に応じて可変的，流動的な，束の間の断片的構成物として社会的関係の中に攪拌してしまうことに懸念を表明する。

> ［社会構成主義を主とするポストモダンのアプローチには］どうしても，主体の「喪失」の状態に陥りがちなところがある。人間の心理学が，言語学をはじめとする様々な枠組みにそって構成されたものだということを認めないわけにいかないにせよ，かといって，人間の精神の基盤にある，個々の異なる筋書きで裏打ちされた個人的体験や主観を表

> 舞台から消し去るのではなく，その「特性」に配慮
> する，そういう研究態度が求められているのではな
> いだろうか。
>
> 　　　（Crossley, 2009, p.63 / 2000a：[　] 内引用者）

　こうした主張に基礎づけてクロスリー（2009/2000a,
2000b, 2003）は，ナラティヴ心理学の目的は，人々の
生きる現実が言語を介した社会的交渉の過程を通して
構成されるという考え方に同意しつつも，自己や私的
体験といった位相を，社会的関係に分散された束の間
の断片的構成物として理解するのではなく，諸個人に
固有の主観的世界と結びついた統一的で一貫性のある
心理学的体験として理解していくことにある，と主張
する。そして，物語という方法は，諸個人に固有の私
的体験や自己に，統一的で一貫した意味を与える手段
に他ならないと結論づける。

　ナラティヴ心理学の展開においてはクロスリー
（2009/2000a, 2000b, 2003）の議論のようにナラティヴ
という方法を，統一的で一貫した自己やアイデンティ
ティのモデルを構成する手段として位置づけるだけ
ではなく，個々の人生における私的体験の意味の理解
や，喪失やトラウマ体験といった心理的危機から諸個
人が立ち直っていく過程を理解する手段として位置づ
ける研究も多い（Atkinson, 1995; Crossley, 2009/2000a,
2000b, 2003）。これらの研究に共通してみられる志向
は徹底した構成主義（例えばGergen, K. J., 2004/1994）
への懸念の表明である。その帰結としてこれらのアプ
ローチは個人の主観性や私的体験の世界と，その具現
としての物語世界とをパラレルな二重構造の関係に
あるものと考える（Crossley, 2009/2000a, 2000b, 2003;
McAdams, 1985, 1993）。主観性や私的体験に付する諸
個人に固有の世界は，物語を媒介して部分的に他者に
開示される。語りが為される時間的・空間的状況や，
語り手と聞き手を含む対他関係に応じて如何なる物語
が構成されようとも，そこには語り尽くされぬ個人の
主観や私的体験の世界が想定される。すなわち，語り
の外側に汲み残された体験や自己の有り様を仮定する
という方法論によって，他者が立ち入ることのできな
い個的な領域を想定することになる。

　これに対し，構成主義を徹底する立場は，他者が立
ち入ることのできない個的な領域を想定することを一

つの認識論的誤謬とみなす。そして，今，ここ，という
時間的・空間的状況の中で，そこに居合わせた語り手
と聞き手とがおりなす社会的な応答関係の中で生成さ
れる束の間の「語り」が，自己や体験についての現実
を作り上げると考える（Shotter, 1997, 2001）。従って，
その背後に，統一的で一貫性のある自己や私的体験の
世界といった個的領域を仮定することは，一つの不可
知論に立ち入るものとして退けられる。この立場では，
人々の生きる現実は関わり合う人々の間で交わされる
言語を介した社会的交渉の所産としてその都度構成さ
れる一つのヴァージョンであるという考え方をとる。
従って，物語や意味もまた，諸個人に固有の主観的世
界や私的体験の世界といった曖昧な出所から引き出さ
れてくるものではなく，特定の状況下に居合わせた語
り手と聞き手による言語を介した社会的な応答関係
の所産として，その都度，その場で構成される一つの
ヴァージョンと見なされるのである。ガーゲンの言葉
を借りれば，これらは「『個人の心の達成』ではなく，
『関係性による達成』」（Gergen, K. J., 2004, p.273/1994）
として現出する。

　こうした立場に立脚する研究の一例として，ナラ
ティヴ心理学の今日的展開が人生や自己に関わる自
伝的物語といった大きな時間的枠組みの中に構成さ
れる「大きな物語」の分析に傾倒していることを
指摘したバンバーグとイェルガコポロ（Bamberg &
Georgakopoulou, 2008）の研究をあげることができる。
彼らは，ナラティヴ心理学の探求は，我々の日常生活
の中で，他者との間に取り交わされる様々な小さな出
来事についての語りに対しても同様に進められるべき
ことを主張した（Bamberg & Georgakopoulou, 2008;
see also Bamberg, 2006, 2011; Georgakopoulou, 2006）。
彼らは，人々の間で取り交わされる日常の小さな出来
事についての語りを「大きな物語」に対置して「小
さな物語」と呼ぶ。そしてこれらの小さな物語の分
析を，今，ここ，の時間的・空間的状況において進行
する「相互行為の中の語り（narratives in interaction）」
（Bamberg & Georgakopoulou, 2008, p.379）の分析とし
て遂行することを提案している。この際，彼らの分析
が焦点を当てたのは，日常的な相互行為の中の「語
り」に表れる発話者の立ち位置や感情的な志向の問題
として定義される自己やアイデンティティの顕示であ

る（Bamberg, 2006, 2011; Bamberg & Georgakopoulou, 2008; Georgakopoulou, 2006）。これらのアプローチの特徴は，言語を介した社会的な応答関係の過程にちりばめられた日常の小さな出来事についての「語り」の中に，発話者の自己やアイデンティティの様相を捉えようとする部分にある。

　以上，本節では1980年代を一つの基点として進行した「物語への転回」という学際的動向の概観し，ブルーナー（1986, 1990）やサービン（1986），ポルキングホーン（1988）といった論客の仕事を端緒とするナラティヴ心理学の基本的な考え方やその展開を明らかにした。

ブルーナーと「意味の行為」の受容

　では，ブルーナー（1990）が「解釈主義心理学（interpretive psychology）」と呼び，あるいはサービン（1986）が「ナラティヴ心理学（narrative psychology）」と呼んだ1980年代来の展開を総説することによって示されるこの動向の心理学に対する方法論上の寄与は何であったか。それは，第一に，我々の「行為としての語り」が，我々の自己や体験，精神の様態を意味づける手段の一つである，という考え方の導入である。第二に，行為の「所産としての物語」を分析することによって，我々の自己や体験，精神の様態を物語上の意味の問題として理解することが可能になる，という考え方の導入である。そして第三に，ナラティヴという概念を，心理学研究のための一つの方法概念として「行為としての語り」と「所産としての物語」とを不可分の要件とする複合概念として措定する考え方の導入である。

　解釈主義心理学の展開が用意した自己や体験，精神の様態の理解に向けた「物語の方法論」は，心理学の探求に新たな可能性を提供するものになり得たと言えよう。だが同時に，「行為」と「所産」の複合概念としてのナラティヴという考え方は，個々の研究の方向性を巡って，いくらかの混乱を招く事態を誘発してきたように思われる。それは，ナラティヴ心理学の研究は（1）「行為としての語り」，すなわち「意味づける行為」についての研究を行うものなのか，（2）「所産としての物語」，すなわち「自己や体験の物語上の意味」についての研究を行うものなのか，（3）あるいはその両方の研究を目指すものなのか，という議論である。言葉を換えて言えば，ナラティヴ心理学は（1）「意味の行為」の研究を進めるものなのか，（2）「行為の意味」の研究を進めるものなのか，（3）その両方の研究を進めるものなのか，という議論である。

　個々の研究がその目的と方法とを明示する限りにおいて，複合概念としてのナラティヴが生み出し得る混乱を回避することができよう。だが，「意味の行為」の研究が「行為の意味」の検討を不問に処するという暫定的措置や，反対に「行為の意味」の研究が「意味の行為」の検討を不問に処するという暫定的措置は，物事の成り立ちに関わるプロセスとプロダクトの関係を鑑みるならば適切な選択とは言えないだろう。なぜならば，物事の成り立ちは過程の帰結として成り立っているのが本来であって，結果だけ独立に存立しているわけではないからである。論考の筋立てに沿って言い換えるならば，「行為の意味」は，「意味の行為」の帰結として成り立っているのであって，「行為の意味」だけで独立に存立しているわけではない。このように考えるならば，プロセスの検討を欠いたプロダクトの研究が事態の内実を十分に捉え得ないのと同様に，「意味の行為」の検討を欠いた「行為の意味」の研究もまた，ことの内実を十分に捉え得ないと結論づけることができる（横山, 2016）。

　このように考えてくると残された活路は第三の選択肢，プロセスの帰結としてのプロダクト，行為の帰結としての意味というパースペクティヴを持った研究の構想ということになる。この構想を具体化するためにはまず「意味の行為」とは何か，という問題を解決する必要がある。ここで我々が「意味の行為」と呼ぶ行為は，二つ以上の出来事を特定の筋立てに沿って，特定の意味的連関に配慮しつつ，多様な文脈の機能によってむすびつける行為，要するに「行為としての語り」を象徴的に言い換えたものではない。そうではなく，そのもっと手前にある問いかけに対する応答として示されるものである。すなわち，（1）人間が意味を作り上げる行為とは如何なる行為であるのか，（2）人間は意味を作り上げることによって一体何を為し得る

のか，という問いかけに対する応答として示されるものである。

　この問いかけに対する一つの応答を用意していたのがブルーナーであった。だが，ブルーナーの「意味の行為」論は上の（1）と（2）の問いかけに対する応答を提示する議論としては受容されてこなかったように思われる。むしろ，経験を意味づける「行為としての語り」や「思考様式としての物語」という文脈の中で言及されるに留まってきた傾向がある。例えば，晩年のブルーナーの仕事を現代のナラティヴ心理学の展開における一つの思想的基盤に位置づけ，彼の仕事を積極的に評価してきたやまだ（2000, 2006, 2007）でさえ，ブルーナーの「意味の行為」という主題を次のように引用するに留まっている。

　物語とは，「経験を有機的に組織化する行為，つまり経験や人生を編集する行為」をさす。人間の経験は，外在化された個々の知覚や行動（behavior）を寄せ集めたら，その総和として自動的に出来るわけではない。…. 人間は，一瞬ごとに変化する行動を選択し編集し構成し秩序づけ，「経験」として組織し「出来事」を「意味づけ」ながら，生きているからである。個々の要素が同じでも，それをどのように関連づけ，組織立て，筋立て，編集するかによって，全体の意味は大きく変化する。物語とは，経験を有機的に組織化すること（organization of experiences），そして，それを意味づける「意味の行為」（acts of meaning : Bruner, 1990）である。
　　　　（やまだ, 2006, p.440; やまだ, 2000, 2007 も参照）

　要するに，ブルーナーの「意味の行為」は，時々刻々と変化していく我々の振舞いを，選び出し，関連づけ，筋立て，構成し，経験として組織し，出来事全体を「意味づける行為」を指示するものとして理解されてきた。そしてこの理解の下での「意味づける行為」は，経験を有機的に組織立てる「行為としての物語」と同義であるとされる。別所でのやまだの記述を引いて補うならば「意味は，時間の流れのなかで，二つ以上の出来事をむすびあわせる物語行為のなかで発生する」（やまだ, 2000, p.11）。「文脈を与え，筋書きをつくる行為によって，個々の出来事が組織されるとともに意味化される」（やまだ, 2000, p.11）。物語の機能につ

いてのこうした定式化は，ナラティヴ心理学の展開においては既に馴染みのものであると言えよう。このことは例えばマレイ（Murray, 2002）の次のような言及にもみることができる。

　ナラティヴ心理学に立脚する時，人間の特質についての主だった定義は，我々は物語を作り出し（story-creating），物語を語る（story-telling）生き物である，というものである。我々は皆，物語の作り手であり，物語の語り手である。物語は，人間が自らの現実についての解釈を組織立てる手段である。物語の基本的な機能は，我々が日常生活の中で出会った出来事に意味を付与することである。
　　　　　　　　　　（Murray, 2002, pp.653-654）

　だが，出来事や経験を「意味づける行為」としての物語，という定式化の中には「なぜ，人は語るのか」，「人は語ることによって何を為し得ようとするのか」といった問いに対する応答が含まれていない。言い換えれば「意味づける行為」と呼ばれる行為の原理と機能とが明らかにされていない。ここで「我々は出来事を意味づけるために語る」という応答は，同語反復的であり行為の必然性に迫る応答でない。従って，ここで我々が求めている応答としては認めることができない。仮にブルーナーが「意味の行為」という言い回しによって表現しようとしたことが，やまだ（2000, 2006, 2007）やマレイ（2002）の言うように物語を媒介として対象を「意味づける行為」というところに留まっていたならば，ブルーナーの「意味の行為」という主題から我々が得られるものは少ない。だが，もしもブルーナーが「意味の行為」という言い回しによって表現しようとしたことが，何らかの人間的な行為の原理と機能に関わる主張を持つものであったならば，我々はそこに心理学研究の展開に向けた一つの方法論上の可能性を発見することができるだろう。ここに至ってブルーナーの「意味の行為」とは何であったか，という問いが一つの必然性を持って立ち上がってくる。以下，ブルーナーの「意味の行為」の理論的読解に取り掛かろう。

ブルーナーの「意味の行為」とは何であったか

ブルーナー（1990）は「意味の行為」という標題によって何を明らかにすることを目論んでいたのか。まずはこの論点から確認していく。彼は，『*Acts of meaning*』（Bruner, 1990）の序文の中で，同著を「意味の行為」と題した理由について次のように書いている。

> 私がこの本を*Acts of Meaning*と名付けたのは，次に示すような重要な主題を強調するためである。すなわち，意味生成（meaning-making）に係る特質とその文化的成り立ち，ならびに，意味生成が人間の行為の中で果たす主要な役割について強調するためである。
>
> （Bruner, 1990, p. xii）

ここには少なくとも二つの論点がある。一つ目は，人間が意味を作り上げる行為の特質と，そこに文化というものがどのように関わっているのか，という問いである。二つ目は，意味生成というものが人間の行為の中でどのような役割を果たすのか，という問いである。言い換えれば，ブルーナー（1990）がここで強調していたのは人間の意味生成の「原理」と，意味生成が人間の行為の中で果たす「機能」の研究であった。意味生成の原理と機能の研究という主題は，同著の中で繰り返し確認が為されている。

> .... 人間の心理学の中心となる概念は**意味**にあり，意味の生成に関わる，その過程と，やりとりにある。
>
> （Bruner, 1990, p.33：強調原文）

> 心理学は人間を文化に結びつけている意味生成（meaning-making）と意味使用（meaning-using）の過程を巡って組織されなければならない。
>
> （Bruner, 1990, p.12）

上の引用部でブルーナーが主張していることは，人間の意味生成と意味使用の過程を探求することを通して，人間と文化との結びつきを明らかにする仕事を心理学の中心過程に位置づけるべきである，というものである。この読解の時点でブルーナーの「意味の行為」論を，物語を介して人生や経験を「意味づける行為」として理解するに留まっていることへの注意が喚起される。そして我々は，人間の意味生成と意味使用の過程とは一体如何なる行為過程であるのか，という問いに導かれることになる。この問いに対する応答をブルーナーの「意味の行為」とは何か，という問いに対する応答と同義として考えることに飛躍はないだろう。

先の引用部でブルーナーは「人間の心理学の中心となる概念は意味にある」と明言していた。では，ブルーナーの議論において「意味」という概念は一体何を指示しているのか。ブルーナーのテクストに当たっておこう。意味生成の行為という主題に関わって彼は次のように書いている。

> 意味生成の行為に関わる確証的な原因は存在しないのであって，解釈されることになる行為，表現，そして脈絡があるだけである。
>
> （Bruner, 1990, p.118）

人間の意味生成の行為に関わって，その発露となる源泉がどこかに存在するわけではない。当の行為に関わっているのは，特定の行為主体が担う行為や表現と，それらが位置づく脈絡，そして当の行為や表現の受取手による解釈行為という三項のみである。こうして「意味」は，行為－脈絡－解釈という三項の多様な結びつきの中にその都度生成されるものと考えられることになる。

さて，行為－脈絡－解釈という三項の中でブルーナーが特に強調したのが「脈絡」という概念であった。彼は，発話行為理論（speech act theory）の理論家たちの主張を引いて，我々の行為や表現の意味は，当の行為や表現が位置づく脈絡との関係において規定される，という論点を強調した。この強調は，行為や表現が位置づく脈絡の検討を，意味の規定を巡る問題の中核に位置づけることを意味する。この点についてブルーナーは次のように書いている。

> 我々が，何らかの原則に基づいた仕方で意味を解釈し，意味を生成することができるのは，我々が，特定の意味が生成され，交流されるより大きな脈絡の構造と一貫性とを明確にすることができる，その度合いに依存すると私は信じている。
>
> （Bruner, 1990, pp.64-65）

　行為や表現の意味は，それらが編み込まれる脈絡との関係において規定される。従って，我々がそれらの意味を理解しようとするならば，先立って当の行為や表現の位置づけられる脈絡が如何なるものであるか，ということを理解する必要がある。もしも脈絡の把捉が適わなければ，それらの意味は不明瞭なままに留めおかれることになる。それ故，ブルーナーは次のように述べた。

> 文化心理学は，人間が多様な文化的脈絡の中で意味を生成する際に引き受けている諸々のルールについて探求する。これらの脈絡は常に**実践の脈絡**である。我々は人々がそれらの脈絡の中で**行っている**，あるいは**行おうとしている**ことについて常に問う必要がある。
>
> （Bruner, 1990, p.118：強調原文）

　物事の意味は，脈絡との関係において規定される。それ故に，意味の検討は脈絡の検討を必要とする。そして，我々の日常の行為や表現が位置づく脈絡は，実践の脈絡として記述し直すことができる。ここまではいいだろう。ここにブルーナーは実践の脈絡がある種の規則を内包していることを付け加えている。そして，人々が実践の脈絡の中で引き受けている諸種の規則が，我々の意味生成の行為に関わっていることを示唆している。では，この規則とは一体如何なるものであるか。ブルーナーはこの点について次のように書いている。

> 文化に根ざした心理学は，発話，行為，そして発話と行為とが生起する状況との間には公的に解釈可能な対応関係があるという立場をとる。言わば，我々の発話の意味と，我々が与えられた状況の中ですることとの間には同意された規範的関係（agreed-upon canonical relationships）というものがある。そして，

> このような関係が，我々が他者と共に生活していく，その仕方を統制している。
>
> （Bruner, 1990, p.19）

　我々が日常の中で行う様々な発話や行為の意味と，それらが位置づく脈絡との間には，特定の脈絡の下での発話や行為の適切性や妥当性に関わる「同意された規範的関係（agreed-upon canonical relationships）」というものが存在している。言わば，物事についての通例性を支える解釈枠組みである。この同意された規範的関係が維持されている限りにおいて，我々は特定の脈絡の下での他者の発話や行為が一体何を指示しているのかを把握することができる。この時，物事は例外なく円滑に進行しているものと見なされる。

　ブルーナー（1990）は人々が日常の実践的脈絡の中で引き受けているこのような規則，すなわち，行為－脈絡－解釈を結ぶ「同意された規範的関係」の心理学的遂行を「フォークサイコロジー（folk psychology）」（Bruner, 1990, p.35）と呼んだ。そして，このフォークサイコロジーの円滑な機能が，我々が特定の文化的脈絡の下で他者と共に生活していく，その仕方を統制しているのだと主張した。彼はフォークサイコロジーとは何か，という問いに対して次のように答えている。

> フォークサイコロジーとは，人がどのように「暮らしていく」のか，自分自身の精神と，他人の精神とはどのようなものなのか，ある状況下での行為がどのようなものと予測できるのか，可能な生き方とは何か，どのようにしてその生き方に自分自身をゆだねるのか，などについて，それらを多少ともまとまりを持ったものとして関係づけ，標準化した形で述べるものである。
>
> （Bruner, 1990, p.35）

　ブルーナー（1990）の言う「フォークサイコロジー」は，人々が日常生活の中で抱いている人間の行為や精神状態についての素朴理論を指している。先述の通りブルーナーは物事の通例性と結びついたこの素朴理論を，人々の日常の至るところに張り巡らされた「同意された規範的関係」あるいは，端的に「常識（common sense）」として記述した。我々が日常の実践

的脈絡の中で引き受ける「当たり前さ」についての感覚は，我々にとって「通例そうあるべきもの」という意味において何らかの規範性を含んでいる。それ故ブルーナーは，フォークサイコロジーは規範性を内在していると主張した。

> フォークサイコロジーは，規範性を帯びている。フォークサイコロジーは，人間の状態に関わって当然とみなし得ることや，当たり前になっていることの双方，またはいずれかに焦点をあてる。
> （Bruner, 1990, p.47）

我々の日常の行為に際して，同意された規範として暗黙に感受される「フォークサイコロジー」の円滑な機能を前提することによって，我々は日常生活の中で出会う様々な出来事に，その都度の行き当たりばったりとしてではなく，ある程度の見通しを持って臨むことができる。もしも，フォークサイコロジーの円滑な機能を前提しなければ，我々は世界に相対する行為の全てを，その都度，想定外の事態に対するものとして一から組み立てなければならないことになるだろう。だが，実際にはそうならない。

では，フォークサイコロジーは個々の共同体の成員によって一体どのように学習されていくのか。ブルーナーによればフォークサイコロジーは，先行する世代から後続する世代へと個々の実践共同体の有するシンボルシステムを介して文化−歴史的に継承される。視点を換えて言えば，後続する世代は先行する世代によって既に担われている実践に参加し，当の実践において用いられているシンボルシステムを用いて互いにやりとりを行うようになる。その過程で，当の実践の中で分かち持たれているフォークサイコロジー，つまり常識を学習していくのである。

だがその一方で，我々の日常は絶えず常識の範囲内に収まって進行しているかと問われるならば，この問いには直ちに否と応えることができるだろう。我々の日常には，常識や通例性から逸脱し，抱いていた前提や期待から外れ，想定を超えた出来事というものが常に起こり得る。すなわち，行為−脈絡−解釈を取り結ぶ「同意された規範的関係」が脆くも破壊される事

態は，我々に馴染みのものである。そして，この「同意された規範的関係」が破壊される瞬間にブルーナーは我々の「意味の行為」が発現すると考えたのである。言わば，我々は未知の事態の理解可能性に向けて「意味の行為」に取り掛かるのである。

> 我々の発話の意味と，我々が与えられた状況の中ですることとの間には同意された規範的関係というものがある。そして，このような関係が，我々が他者と共に生活していく，その仕方を統制している。ここには，これらの規範的関係が破壊された時に，常軌を取り戻すための交渉の手段もある。このことが，解釈と意味とを文化心理学の，あるいはあらゆる心理学，精神科学の中心的主題たらしめているのである。
> （Bruner, 1990, p.19）

人は自身がそれまでに依拠してきた常識や前提，言葉を換えて言えば，行為−脈絡−解釈を取り結ぶ「同意された規範的関係」の破壊に相対する時，屡々，動揺し，狼狽える。だが，我々は想定外の事態を眼前に，いつまでも狼狽えたままでいるわけではない。自身がそれまでに依拠してきた前提や常識を正当化しようと，破壊によって生じた亀裂の修復を試み，既知の状態を取り戻そうとする。あるいは，新たな前提や常識を自らの思考の内に取り込むことによって，言わば仮定として成立し得る可能性の状態に定位することによって精神の平静を取り戻そうとする。

この時，前提や常識，通例性の破壊の帰結として生じた混乱状態から，精神が平静を取り戻そうと運動する過程を本論では「混乱と修復のダイナミズム（dynamisms of confusion and restoration）」と呼んでおこう。この「混乱と修復のダイナミズム」の過程は，何らかの不測の事態について他者との間に相互に理解可能な意味を作り上げようとする「意味の行為」の過程として理解し直すことができる。

では，「意味の行為」の過程とは一体如何なる行為過程であるのか。先の議論において我々は，物事の意味は，当の物事が位置づく脈絡との関係において規定されると述べた。ここまでの議論を総括してこの定式を敷衍するならば「意味の行為」とは，対象の意味

が特定の脈絡の下に規定される手前にあって，何らかの意味が落着し得る可能性の脈絡を探索する行為として定義することができる。今，この時点においては未だ不可解な出来事として我々の眼前に横たわっている出来事が，いずれ何らかの意味を獲得し，理解可能となるような可能性の脈絡を探索する行為こそ，ブルーナーが「意味の行為」という言葉によって示そうとした人間の行為なのではないか。この行為は，我々の日常に張り巡らされた規範的な素朴理論が遂行する「当たり前さ」，彼の言うフォークサイコロジーが破壊される瞬間に発現する。

　ここに至って我々はブルーナーの「意味の行為」を次のように定義することができる。ブルーナーの主張した「意味の行為」とは，前提や常識，通例性の破綻として定義される混乱の発生に対した精神が，その破綻を修復し，平静を取り戻そうとする「混乱と修復のダイナミズム」の過程として理解することができる。この過程は，何らかの混乱の発生に伴って生じた，今，この時点においては理解し難い出来事が，いずれ何らかの意味を獲得することによって理解可能になるような「可能性の脈絡希求の行為」として定義することができる。

　「希求」という言葉は，今，この時点においては無いものが，いずれ何らかの形で得られることを願い，求めている状態を指す。従って「意味の行為」として理解される「可能性の脈絡希求の行為」は，今，この時点においては不確かな意味の脈絡を，新たに生成していく行為を含んでいる。この意味において「意味の行為」は可能性への投企という特徴を有している。「可能性への投企」という行為の特徴に依拠する時，「意味」という概念は「意味の行為」の先に不確定性に基礎づけられたものとして展望される可能的概念となる。

　ブルーナーが「意味の行為」という主題によって強調していたことは，物語行為の所産として具象化される人々の生きた「行為の意味」の研究ではなかった。そうではなく，人間が意味を探索し，生成する行為過程として理解される「意味の行為」の研究に他ならなかった。要するに，彼の心理学が展望していたのは行為のプロダクトの研究ではなく，行為のプロセスの研究であった。ブルーナー（1990）の「意味の行為」論の理論的読解を通して明らかになることは，この事実

に他ならない。

　人間の精神は，他者との間に共有可能な意味を如何にして作り上げるのか。そして，他者との間に共有された意味を我々はどのように使用するのか。そこに文化の有する規範や象徴体系といったものは如何に関わっているのか。ブルーナーは，これらの問いこそが心理学が本来探求すべき重要な課題であると考えていた。

> 私は，心理学はその説明の体系において「意味を用いないで」おこうとする努力をやめるべきであると主張してきた。心理学の研究対象である人間と文化こそ，共有された意味と価値によって統制されている。人々は，自らの生を，共有された意味と価値の希求と達成にあて，それらに生をかけるのである。
>
> （Bruner, 1990, p.20）

　この引用部には，ブルーナーが「意味の行為」という言葉によって表現しようとした主題が提示されていると言えよう。それは，人間が共に生活する他者との間に共有可能な意味を探し求め，作り上げていく行為の研究が，人間科学としての心理学に残された一つの重要な課題であるという主張である。では，我々は一体如何なる手段を用いて「意味の行為」を遂行するのであろうか。ブルーナーは，ここに行為としての物語の本源的可能性を捉えていたのである。

「意味の行為」の媒体としてのナラティヴ

　ナラティヴ心理学の展開を振り返る時，物語の機能として一般的に馴染みのある考え方の一つは次のようなものであろう。すなわち，「物語の基本的な機能は，我々が日常生活の中で出会った出来事に意味を付与することである」（Murray, 2002, p.654），あるいは「物語は人間が束の間の経験や個人的な行為に意味を付与するための一つの手段である」（Polkinghorne, 1988, p.11），といったものである。「思考の物語様式」（Bruner, 1985, 1986）というアイデアを皮切りに，物語の方法論に依拠した心理学研究の展開可能性を検討してきた

ブルーナーの論考も，大略この筋に沿って受容されてきたことは既に述べた。つまり，物語とは経験を有機的に組織立て，意味づける行為を指示するものであり，ブルーナーの「意味の行為」とはこの意味での物語行為と同義のものである，という理解である（やまだ，2000, 2006, 2007）。

だが，『*Acts of meaning*』の理論的読解を通して「意味の行為」についての理解を新たにした今，我々はブルーナーのナラティヴ概念についても理解を新たにする必要がある。彼は，ナラティヴという概念を一体どのようなものとして位置づけていたのか。ブルーナー（1990）のテクストに当たっておこう。

物語は，例外的な振舞いに，主人公の志向的状態 .... と何らかの文化の規範的要因 .... との双方を含ませる仕方で意味を与えるように構成される。**物語の機能は，規範的な文化的通例性からの逸脱を緩和し，少なくとも理解可能にするような志向的状態を見つけ出すことにある。**.... このことはまた物語に一つの平和維持の機能を持たせるものかもしれない....。

（Bruner, 1990, pp.49-50：強調原文）

ここには確かに物語行為に係る「意味づける行為」の側面が含まれている。そのことは疑いないだろう。だが，ブルーナーはこの論点に留まらず，人間の行為としての語りの原理と機能にまで立ち入って議論を進めている。すなわち，物語を，規範的通例性から外れた出来事に，何らかの意味を見出すことによって理解可能にしようとする精神の志向的状態を発見するための手段として論じているのである。このことを強調して彼は次のように書き加えている。

［トラブルが］物語の状況に組み込まれることによって——つまり，物語が，文化的慣習と，文化的慣習からの逸脱との双方を含み込むことによって，ある個人の志向的状態に関わる問題を解明することができる。

（Bruner, 1990, p.51：［　］内引用者）

ブルーナーに従えば，前提や常識，通例性の破壊として定義されるトラブルの発生は，行為としての語りの契機となる。そして行為としての語りは，トラブルの発生に伴って生じた，今，この時点においては理解し難い出来事が，いずれ何らかの意味を獲得することによって理解可能になるような「可能性の脈絡希求の行為」として理解し直すことができる。既に明らかなように，これはブルーナーが「意味の行為」と呼んだ行為と重ねて理解することができる。そしてブルーナーは，物語を分析することによって我々は，人々の間に分かち持たれた規範的通例性と，そこからの逸脱を緩和し，理解可能にしようとする精神の志向的状態との双方を明らかにすることができると主張した。これはどういうことなのか。ブルーナーが考えていたのはおそらく次のような方法論であった。

ブルーナー（1990）の「意味の行為」の方法論は，トラブルの発生に焦点を当てる。トラブルという概念は，人々にとっての通例性や常識，前提，想定された世界の破壊を指示する。ブルーナーの考えを敷衍するならば，時間的にみて何らかトラブルが発生する手前の時点において，同意された規範的通例性と，諸個人に固有の精神の志向的状態とは，言わば並行して進んでいる。要するに，ある状況下で当たり前だと思われていることと，個人的に当たり前だと思っていることとが並行している状態である。この時，物事は，普段通りに，滞りなく進行しているものと見なされる。しかし，そこに同意された規範的通例性を破壊する何らかのトラブルが発生したと仮定しよう。この時，トラブルの発生を契機として，それまでに維持されてきた規範的通例性の軌跡の外側に，精神の志向的状態が押し出される。規範性と志向性の二つの軌跡は，両者の間に緊張関係を内包しながら展開していくことになる。だが，我々の精神はこの緊張関係をそのままに留めおこうとはしない。逸脱事象を何とか理解可能なものにし，精神の平静を取り戻そうと運動する。この緊張関係の中を事態の再安定化に向けて進行する精神の志向性のダイナミクスを解明する試みこそ，ブルーナーが「意味の行為」という主題に託した心理学研究の方法論的可能性だったのではないだろうか。そしてブルーナーの物語概念は，人間の精神が，いずれ何らかの意味が落着し得る可能性の脈絡を探索する行為，すなわ

ち「意味の行為」を媒介する手段としての位置づけを与えられていたのではないだろうか。実際この論点は,彼の後年の論考においても同様に引き継がれている。

> 生とは「いつもの人々が,いつものことを,いつもの場所で,いつもの理由からしている」ことである。この当たり前さの中に,破綻が生じる時に,物語の豊かなダイナミクスの引き金が引かれる。つまり,その破綻にどのように対処し,その破綻をどのように引き受け,事態をどのように馴染みの平常へと取り戻すのか,といったダイナミクスである。
> （Bruner, 2002, p.89）

我々の日常生活の中に張り巡らされた規範的通例性が破壊される瞬間に,行為としての語りが展開する。物語のダイナミクスは,事態の破綻にどのように対処し,当の事態をどのように引き受け,どのように平静を取り戻すか,という問題に関わって進行する。ブルーナーはこのダイナミクスこそが,我々の精神の志向性に関わる問題を明らかにすると考える。「意味の行為」の方法論と密接に結びついた方法概念として理解されるブルーナーの物語概念は,人々の生きた「行為の意味」という行為のプロダクトを研究するための手段ではなく,人間が意味を希求し,生成する行為として理解される「意味の行為」のプロセスを研究するための手段として理解し直される必要がある。我々の読解はブルーナーが考えていた人間の心的なプロセスとしての「意味の行為」を,物語化されたプロダクトとしての「行為の意味」を研究するための方法論的前提として無検討に引用してきたナラティヴ心理学の展開に対して一つの再考を迫るものである。

「意味の行為」の解明の先にあるもの

では,人間の「意味の行為」の解明の先にブルーナーは一体何を見ていたのか。ブルーナーは『*Acts of meaning*』の随所で以下の主張に類する言明を行っている。ここに我々はブルーナー心理学の思想的展望と,心理学の担うべき探求課題への一つの示唆を得ること

ができる。

> 人類は,恨み辛み,派閥争い,合併,変転する協定関係に伴って生じる利害の衝突に永遠に苦しめられるだろう。だがしかし,これらの手に負えない現象について興味深いことは,これらの現象が如何に我々をバラバラにするかではなく,それにもまして如何に多くの場合,これらの現象が中和され,許容され,恩赦に与するか,ということである。.... 人間について言えば,驚くべき物語の才を持つ人類にとって,平和維持の主要な方法の一つは,いつも通りの生活の中に生じる衝突の脅威を緩和する状況を提供し,表現し,展開するための人間の物語の才にある。
> （Bruner, 1990, p.95）

> たとえ,甚大なる個人的犠牲を伴ってもなお,人が他者と共に生きていくことを何が可能にせしめ,何がそれを実現せしめているのか ....。これこそ心理学の出発すべき原始点である ....。
> （Bruner, 1990, p.32）

この引用部に我々はブルーナーの「意味の行為」論の基底に脈打つ彼の思想を読み取ることができる。本稿の冒頭において仮定したように,ブルーナーの「意味の行為」の研究は,特定の文化的脈絡の下で生きる我々が,他者と共に平穏な生活を営んでいくために精神が果たし得るその機能は何か,という問いと密接に結びついていることが今や明らかである。前提や常識,通例性の破綻として定義されるトラブルの発生に相対した精神が,他者との間に相互に理解可能な意味を作り出そうとする「可能性の脈絡希求の行為」として定義される「意味の行為」の研究は,心理学の探求による平和の達成にまでその視野を広げる。

「意味の行為」は如何に研究可能か

では,「意味の行為」は如何に研究可能になるのか。ブルーナーが「意味の行為」の媒体としてナラティヴ

を位置づけていたことは既に示した。従って、我々はナラティヴの分析を通して人間の「意味の行為」の解明に取り組むことができると考えられる。だがここで、ナラティヴという概念の持つ指示対象の二重性については改めて注意を払う必要がある。すなわち、ナラティヴという概念は、「行為としての語り」と「所産としての物語」とを不可分の要件として成り立つ複合概念であるという点である。この点をおさえた上で「意味の行為」の研究と言えば、それは行為の研究を指示するが故に、一つの「発話行為としての語り」の分析を進める研究として理解されるだろう。これに対し、「行為の意味」の研究は、行為としての語りの「所産としての物語」の分析を進める研究として理解されるだろう。だが、ナラティヴという概念を「プロセス」と「プロダクト」とを不可分の要件とした複合概念として理解することが一般的になっている現況を鑑みるならば、「行為」の研究と「意味」の研究とは一方をとって、他方を捨てるという関係にあるものではない。むしろ重要なのは「過程の先に導かれる結果」、「行為の先に展望される意味」という見通しの下に、「意味の行為」の検討と「行為の意味」の検討とを不可分のものとして展開していく研究の試みであろう。こうした研究の方向性は、既にホルスタインとグブリアム（Holstein & Gubrium, 1995）の議論によってある程度の見通しが与えられている。

　ホルスタインとグブリアム（1995）は、意味生成の行為過程の検討が、そこで生み出される意味の検討と同程度に重要であることを指摘した。その上で、意味生成の行為として相互交渉の中で進行する語りの「方法」の検討と、語りの進行に伴って特定の脈絡の下に生成、規定されていく語りの「意味」の検討とを輻輳的に進めることを提案している。彼らは、人々の意味生成の過程の研究は、どのような状況の下で、どのような方法によって、どのような意味が紡ぎ出されるのか、という三つの問いと対応する分析を必要とする、と主張した。だが、彼らの議論は人々に意味生成の行為を発現させる原理について、相互行為からの派生ということ以上に特定可能な方法論を示していない。

　ここに我々はブルーナーの「意味の行為」の方法論を導入する。すなわち、前提や常識、通例性の破壊として定義される何らかのトラブルの発生が、意味生成

の行為を発現させると考える方法論である。この方法論を導入することによって新たに二つの問いが出現する。一つ目の問いは、ある状況において行為主体が想定しているフォークサイコロジー、すなわち、同意された規範的通例性が如何なるものであるか、という問いである。二つ目の問いは、そこからの逸脱と見なされる行為や事象、すなわち規範的通例性を裏切る行為や事象が如何なるものであるか、という問いである。「意味の行為」は、規範的な通例性から逸脱する事象に相対した精神が、当の事象を理解可能にし、事態を再安定化させる意味の脈絡を探索するプロセスとして進行する。ここではナラティヴは、不測の事態の意味が落着し得る可能性の脈絡を探索する行為の媒体として機能する。かつてブルーナーが述べたように「発話や文の志向は、可能性としての意味の諸相へと意味の探索を開始し、意味の探索へと導かれる」（Bruner, 1986, p.25）。

　このように整理してみると、ブルーナーの「意味の行為」の方法論という視点からいくつかのナラティヴ研究をサンプルとして取り上げ、研究の具体的な方向性を示唆できるように思われる。例えば、超常現象や怪異現象を直接体験した人々が、その体験をどのように語り直すのかを発話行為レヴェルで探求したウーフィット（Wooffitt, 1998/1992）の研究である。超常現象や怪異現象との遭遇は、言わば、想定された通例性を破壊する現象との遭遇として理解することができる。こうした体験を人はどのよう説明可能にしているのか。ウーフィットは、行為としての語りの「方法」の分析を通してこの問いに接近している。ただし彼の研究は、超常現象や怪異現象の体験者がその体験について語る時の「語りの方法」の解明を主たる目的としたものであった。従って、体験者が超常現象や怪異現象との遭遇をどのように解釈し、意味づけようとしているか、という問題については異なる問題関心として位置づけられている。

　「意味の行為」の研究により示唆的な知見を提供し得るのが、構成主義的な悲嘆理論（grief theory）の分野である（Neimeyer, 2006/2002）。この分野は、死別や離別、失業といった喪失の体験を、人々が意味の再構成を必要とする機会として位置づける。そして、彼らが当の体験をどのように受け止め、意味づけ直し、そ

こから立ち直っていくのか，その意味生成の行為過程を研究する。喪失は，言わば，それまでに当たり前とみなしていた生活世界の破綻という事態と結びついている。人々がその破綻にどのように相対し，その破綻をどのように引き受け，平静を取り戻していくのか，という問題関心は，ブルーナーの「意味の行為」への関心と近接するものとして考えることができる。

ただし，「意味の行為」の解明に向かう関心は，何らかのトラブル状況に遭遇した諸個人の精神のダイナミズムのみに向かうものではない。ブルーナーは，利害関係を巡る衝突を緩和し，他者と共に平和の実現に尽力することを可能にする人間の才に「意味の行為」の本源的可能性を捉えていた。異なるフォークサイコロジーを有する人々が，葛藤状況を乗り越え，絶えざる交渉過程の先に相互に理解可能な意味を作り上げることによって平和の実現に向かう時，そのプロセスにおいて精神が果たし得る機能は何か。こうした問題の解明こそブルーナーが「意味の行為」という研究主題に込めた思想的展望であった。

ブルーナー（1990）の「意味の行為」の行為論としての内実を明らかにすることによって，我々は人間が意味を希求し，生成する精神のダイナミクスという研究主題を取り出すことができる。この主題は，可能性に向かう精神の志向性という論題の究明を強調する。志向性（intentionality）という概念は，心が何ものかに向かっている，あるいは何ものかに向かい続けている状態を指す。ブルーナー（1990）はこの概念を発話行為理論の主要な論客の一人であるサール（Searle, 1997/1983）の著作から引いている。ブルーナーの心理学がこのような可能性に向かう精神の志向性という研究主題を持っていたことを，ここでは改めて確認しておこう。

人間に固有の精神の力は，我々に，通例性や，予測可能性や，正当性を超え出た空想を駆り立てずにはおかない。そして，他者を自身の空想の中に引き込まずにはおかない。我々は，絶えず，我々の周囲の状況をしのぎ，今，ここに取って代わることについて思いを巡らせ，現実から乖離したものを生み出し，そこにはない，いまだかつて経験したことのないものを生み出す。この傾性は，言葉の創造的な力に

よって助長されている。
（Amsterdam & Bruner, 2000, p.235）

特定の文化的脈絡の中で生きる我々が，他者と共に平穏な生活を営んでいくために精神が果たし得るその機能は何か。人間の精神的な，そして，文化的な平和の達成に寄与し得る心理学の探求が，未だその探求の途上にあると仮定するならば，ブルーナーの「意味の行為」の行為論としての解明は，その探求の一つの理論的結束点となり得るのではないか。すなわち，我々はここに一つの平和の心理学を構想し得るのである。

「意味の行為」といくつかの理論的課題

以上，ブルーナー（1990）の『Acts of meaning』の精緻な読解によって「意味の行為」の行為論としての内実を明らかにしてきた。だが，ブルーナーに特有の荒削りな議論は，行為としての「意味の行為」の実証的探求を進めるに当たってはいくつかの理論的課題を残している。これを受けて以下では，ブルーナーの「意味の行為」論が抱えているいくつかの課題を提示することによって，今後の研究の展望を明らかにしておきたい。

1　トラブルの類型に関わる問題

第一の理論的課題はトラブルの類型に関わる問題である。ブルーナーの「意味の行為」は，前提や常識，通例性の破綻として定義されるトラブルの発生に対した精神が，その破綻を修復し，平静を取り戻そうとする「混乱と修復のダイナミズム」の過程として理解することができる。これが本論における我々の結論であった。だが，ブルーナー自身は人々が実際に直面するトラブルの特質についてまでは論の精緻化を図らなかった。要するに，我々が日常生活の中で如何なるトラブルに遭遇し，それらに如何に対処するのかについては詳論を展開するには至らなかった。

例えば，我々の前提や常識，通例性が破壊される場面については，離別や災害といった環境の変化に起因

するものと，他者とのコミュニケーションのズレに起因するものとの少なくとも二種類を想定することができよう。前者について言えば，空間的，時間的にそれまで当たり前としてあったものがなくなることによって生じる混乱を考えることができる。また，後者については，他者との相互的なコミュニケーションの場面において，互いに想定している前提が異なっているために生じる混乱を考えることができる。

ブルーナー（1990）が「意味」と「解釈」という概念を中核に据えた公共的な平和の達成を自らの心理学の思想的指針にしていたという我々の結論に従うならば，環境の変化に起因するトラブルについてはその存在を指摘するに留め，ここでは，他者とのコミュニケーションのズレに起因するトラブルについて議論を進める方がよかろう。晩年のブルーナーの研究関心が，文化の有する堅固な規範体系である法と，多様な解釈の可能性に拓かれたナラティヴとの関係に向かっていたことを鑑みても，この選択は妥当なものと言えよう（Amsterdam & Bruner, 2000; Bruner, 2002）。というのもブルーナーにとって法廷で語られる物語は訴訟を巡る一連の「敵対的なナラティヴ（adversarial narratives）」（Bruner, 2002, p.37）を乗り越える力を有するものとして理解されていたからである。

法廷で語られる物語は，原告が被告によって侵害されたと主張する事実問題，あるいは，被告が原告に対して行った行為が，それを禁止する法令に違反するものであるかどうかを巡って構成される。被告側は起こった事件の経緯について原告側とは異なる見解を提示し，係争中の行為事実が原告の権利を侵害するものではなく，法令に違反するものではないことを主張することによって告訴を論駁しようとする。それに対し原告側は，当該の行為が自らの権利侵害に付するものであり，特定の法令に違反するものであることを主張することによって提訴を正当化しようとする。ここに我々の言うトラブル状況が発生する。

では，二つの対抗的なナラティヴの克服は如何にして可能になるのか。この問いに対するブルーナー（2002）の応答はおそらく文化–歴史的に洗練されてきた正義や公正に関わる基準や慣習に基づいた文化的，制度的実践の参照という範囲を超え出るものにはならない。ここで問題となるのは，ブルーナーの議論にお

けるトラブルの克服は，常に同質の文化を生きる成員間の問題解決として論じられている，ということである。言葉を換えて言えば，彼の議論におけるトラブルの克服は，同様の物語の方法を有する同質の文化の成員同士が，相互に他者への想像力を拡張することによって諸種のトラブルを克服することを目指すという論理構造になっているのである。

事実ブルーナー（1990）は，自らの持つ価値への関与を失うことなく，多様な観点から知識や価値を理解しようとする志向的な心性を「開かれた心性」（Bruner, 1990, p.30）と呼び，この心性を民主主義的な文化の要として論じている。だが，この概念が民主主義的な文化の創出という目的を共有し得る人々の間においてのみ有効に機能するものであることは明らかであろう。

つまるところブルーナーの議論は，同質の文化を生き，同様の物語の方法を有する人々の間に生じるトラブルの克服については有効な知見を提出し得る一方で，異質な文化を生き，異質な物語の方法を有する人々との間に生じるトラブルの克服については，理論的な限界を伴っている可能性があるのである。なぜならば，異質な文化を生き，異質な物語の方法を有する者同士が出会う場においてはブルーナーが前提にしたような「公的な意味や，解釈や交渉についての共有された方法」（Bruner, 1990, p.13）が未だ成立していないからである。

従って我々は，異質な物語の方法が出会うことによって生じるトラブルの克服という主題を，特定の文化–歴史的な慣習や制度的枠組みに回収しないような仕方で論じ直す必要がある。

例えば，二つの対抗するナラティヴの克服という論題について，我々は少なくとも二つの両極を想定することが可能であろう。一つ目の極は，一方が自らの主張を維持することを諦め，他方の主張に迎合することによって解決を図るケースである（従属による解決）。二つ目の極は，双方が互いに相手の主張を引き受けつつ，新たに共有可能な語りの地平を生成することによって解決を図る場合である（和合による解決）。「従属による解決」においては，一方の主張は維持されるが，他方の主張は相手の主張に沿うように調整することを余儀なくされる。「和合による解決」においては，

双方の主張を互いに共有可能な新たな語りの地平に適うように調整していくことが求められる。

我々は，自らの有する物語の方法が有効に機能しないような出会いにおいて，それでもなお異質な他者との間に，相互に共有可能な物語と意味の地平を新たに築きあげるための方法を探求する必要があるだろう。

2　落着する意味の類型に関わる問題

第二の理論的課題は，落着する意味の類型に関わる問題である。すなわち，意味の行為は一体どこに落着するのか，という問いに関わる問題である。我々の考えでは，ブルーナーの主張した「意味の行為」は，何らかのトラブルの発生に伴って生じた，今，この時点においては理解し難い出来事が，いずれ何らかの意味を獲得することによって理解可能になるような「可能性の脈絡希求の行為」として定義することができる。「意味の行為」を，意味の落着に向けた志向的な行為プロセスを指示する概念として理解する限りにおいて，「意味」という概念は行為の先に展望される不確定性に基礎づけられた可能的概念として位置づけられることになる。ただし，探究の焦点を行為に当てるからといって，行為の結果についての議論を回避することはできない。要するに，プロセスとしての「意味の行為」の探究は，どこかでプロダクトとしての「行為の意味」の理解と結びついている必要がある。

ブルーナーの考えを敷衍すれば，ある事象を特定の脈絡の下に理解可能なかたちで表象する機能を持った「意味」は，半ば個的なものであり，半ば公共的なものである。この言明の要点は，我々は個的な意味を私秘的にしておくというよりも，むしろ往々にして他者の前に提示し，その事象をどのように理解したらよいか，その解釈の適切性や妥当性を巡って交渉を重ねる，という部分におかれている（Bruner, 1990）。

さて，こうした意味の規定を巡る交渉の帰結には，意味の共有が達成される場合と，解釈の相違が貫かれる場合とを両極として，多様なヴァリエーションが想定され得る。ある事象についての理解が他者と相互に共有されたものとみなされる場合，当の事象の意味は，当の理解が通じる範囲内で公共化されたものとみなされる。言わば，個的な意味は，公共的な意味として，そ

の意味が通じる範囲内での他者とのコミュニケーションにおいて使用されるようになる。この事態を「意味の公共化」と呼んでおこう。

だが，公共化された意味は，常に，当の事象についての別様の解釈可能性に拓かれている。すなわち，当の事象の理解を巡って異なる解釈や見解が提示されることを免れ得ない。この際，かつて達成された公共的な意味は，それまでに前提となっていた意味の共有可能性を突き崩され，再び意味の交渉の過程へと投げ込まれることになる。

さて，この意味の再交渉の過程は，当の事象の理解について，かつて達成された公共的な意味に再定位する場合と，新たな意味を創出する必要に迫られる場合との二つの方向性があり得る。前者は，意味の再交渉の結果，改めてかつて達成された公共的な意味が，当の事象の理解を妥当しているとの追認が得られる場合である。後者は，意味の再交渉の結果，かつて達成された公共的な意味が，当の事象の理解を妥当しないという個的，関係的な判断を契機として，当の事象の理解を妥当する新たな意味生成の必要に迫られる場合である。

ブルーナーはこうした意味の落着の方向性を巡る議論を，彼のナラティヴ論の中で次のように書いている。

> 物語は共有された通例性の破壊に関わっており，これらの破壊がどのようにして解決されるか，に関わっている。一つの物語は，その特徴として，共有された通例性としての，何らかの前もって予想される前提から始まる。そして，前提の破壊へと移っていく … そして，はじめの通例性を修復していくか，あるいは，新たな前提を作り上げる（creating a new version）ために取り上げられた主題を展開していく。そして最後に，一つの解決がもたらされる
> （Bruner, 2008, p.36）

この文章はブルーナー（2008）がナラティヴとは何か，という自問に対して物語の典型的な構造を示すことを目的として記述したものであるが，彼の立論が物語の構造と「意味の行為」との同形性を指摘することに向けられていることを鑑みるならば，ここでの引用は我々の議論から外れるものではない。

要するに，我々の「意味の行為」の帰結には，（1）かつて達成された公共的な意味への再定位と，（2）新たな意味の探索と生成という二つの方向性を見出し得るのであり，本論が主張した「混乱と修復のダイナミズム」の帰結もまたこの理解のもとに解釈される必要がある。

3 個－フォークサイコロジー－文化の結びつきに関わる問題

第三の理論的課題は，個－フォークサイコロジー－文化の結びつきに関わる問題である。本論において言及したように，ブルーナー（1990）は人間の意味生成と意味使用の行為過程を探求することを通して，精神と文化との結びつきを明らかにする仕事を心理学の中核に位置づけるべきことを主張した。では，彼の探究は，精神と文化との結びつきについて如何なる洞察を与え得るのか。

この問題を検討するための一つの切り口としてブルーナーが提出した概念がフォークサイコロジーであった。彼の言うフォークサイコロジーは，我々が日常生活の中で抱く人々の行為や精神状態についての素朴理論を指しており，文化の下位概念として位置づけられている。ブルーナーは，この素朴理論が他者との間に分かち持たれ，ある種の予測可能な通例性を獲得すると考えることによって，フォークサイコロジーは規範性を内包すると主張した。

だが，彼のフォークサイコロジーの議論は，諸個人の志向性に帰属する個的な側面と，共有された規範として社会的な関係に帰属する集合的な側面との結びつき方という論点において曖昧さを残している。

ブルーナー（1990）の議論に従えば，フォークサイコロジーは先行する世代から後続の世代へと個々の実践共同体の有するシンボルシステムを介して文化－歴史的に継承される。フォークサイコロジーを特定の実践共同体の範囲内で共有された集合的な表象として理解する場合，フォークサイコロジーは個々の成員の行為や精神状態を外側から枠づける解釈枠組みとして理解されることになる。

一方，ある個人が先行する世代によって担われている文化的実践に後から参加し，当の実践において使用

されているシンボルシステムを介して共同体の成員とやりとりを重ね，その共同体で分かち持たれているフォークサイコロジーを学んでいく場合を考えてみよう。この時，その新参者はそれまで別の実践共同体において特定の役割を果たす中で，当の実践共同体で通用するフォークサイコロジーを身につけていると仮定する。この場合，この新参者の新しい実践共同体への参加は，古巣で身につけた信条や価値規範，思考様式といったものを少なからず持ち込むかたちで進行することになる。この場合に考えられるように，フォークサイコロジーを個人的な信条や価値規範，思考様式といった個人に帰属する表象として理解する場合には，フォークサイコロジーは個人の行為や精神状態を内側から枠づける解釈枠組みとして理解されることになる。

ここにフォークサイコロジー概念を巡る集合的なものと，個的なものとの結びつき方についての踏み込んだ議論の必要性が見出されることになる。だが，ブルーナーはこの問題について詳論を展開しなかった。従って，フォークサイコロジーの個的な側面と，集合的な側面との結びつき方については議論の精緻化の余地が残されていると言えよう。

ただし，彼の「意味の行為」論を敷衍することによって我々は以下の示唆を得ることはできよう。それは，諸個人の志向性と結びついたフォークサイコロジーの個的な側面と，共有された規範として機能するフォークサイコロジーの集合的な側面とが衝突する現場に，我々の論じてきた「意味の行為」が発現するということである。

それまでに当たり前と見なされていた前提や常識が，異なるフォークサイコロジーの侵入によって揺らぎ，不安定化する。侵入を受けた行為の主体は不測の事態を理解可能にし，事態を再安定化するために意味の行為に着手する。この時，異なるフォークサイコロジーの侵入は，意味の行為の契機となっている。意味の行為の帰結は，既知の意味の再認，あるいは新たな意味の生成という二つの可能性を有している。仮に，事態の理解についての新たな意味が生成され，創出された意味を基点とする新たなフォークサイコロジーが集合的なものとして機能するようになるならば，それらはいずれ実践共同体の新たな制度として構造化され，機能しはじめる可能性を有する。こうした主張をブルー

ナーは次のように展開している。

> 我々の**社会生活**の未完結性は，我々が，言語を介して，あるいは「お互いの精神状態を読み取り」，自分たちの理想の内に仲間を呼び込んで来るという我々の種に固有の能力を介して，他者との間に可能世界を共有することができるという我々の能力に内在している。.... それが如何なる形であれ，個人の可能世界が難なく集合的なヴィジョン .... になることができたならば，やがてそれらは，可能世界の共同体の中で，政治的，宗教的，法的に制度化されることになるだろう。
> （Amsterdam & Bruner, 2000, pp.235-236：強調原文）

「意味」の未決定性，不確定性に基礎づけられた行為過程の研究として理解される「意味の行為」の研究は，可能性の希求という人間の精神のダイナミズムを解明する仕事を心理学の重要な探究課題の一つとして位置づけようとする試みであったことを，我々はここに改めて確認することができる。

結　語

　上に論じたようないくつかの理論的課題を残す一方で，本論文は次の論点の解明においてその学術的意義を達しようと企図するものである。ブルーナーの主張した「意味の行為」は，前提や常識，通例性の破綻として定義される混乱の発生に相対した精神が，当の破綻を修復し，平静を取り戻そうとする「混乱と修復のダイナミズム」の過程として理解することができる。この過程は，何らかの混乱の発生に伴って生じた，今，この時点においては理解し難い出来事が，いずれ何らかの意味を獲得することによって理解可能になるような「可能性の脈絡希求の行為」として理解することができる。この理解のもとでは「意味」は，行為の先に展望される不確定性に基礎づけられた可能的概念として位置づけられる。ブルーナーは，現前する世界の内側に生きる存在としての人間が否応無く引き受けることになる規範性と，そうした規範的世界からの逸

脱を契機として，時には不確実な可能性の世界に自らを投げ込むことを通して平静を取り戻そうとする我々の精神の「混乱と修復のダイナミズム」の過程，すなわち「意味の行為」の過程に，心理学が探求すべき一つの重要な問いがあると主張した。そして彼は，人間の「意味の行為」の解明の先に，心理学の探求による平和の達成を展望していた。

注

1)　ブルーナーの著作からの引用は，全て筆者による原典からの訳出に基づいている。また本文中，訳書の併記がない文献についても筆者が原典より訳出を行っている。

引用文献

Amsterdam, A. G., & Bruner, J. S. (2000) *Minding the law*. Cambridge, MA: Harvard University Press.

Atkinson, R. (1995) *The gift of stories: Practical and spiritual applications of autobiography, life stories, and personal mythmaking*. Westport, CT: Bergin & Garvey.

Bamberg, M. (2006) Stories: Big or small: Why do we care? *Narrative Inquiry, 16*, 139–147.

Bamberg, M. (2011) Who am I? Narration and its contribution to self and identity. *Theory & Psychology, 21*, 3–24.

Bamberg, M., & Georgakopoulou, A. (2008) Small stories as a new perspective in narrative and identity analysis. *Text & Talk, 28*, 377–396.

Bruner, J. S. (1985) Narrative and paradigmatic modes of thought. *Learning and Teaching the Ways of Knowing, 84*, 97–115.

Bruner, J. S. (1986) *Actual minds, possible worlds*. Cambridge, MA: Harvard University Press.

Bruner, J. S. (1990) *Acts of meaning*. Cambridge, MA: Harvard University Press.

Bruner, J. S. (2002) *Making stories: Law, literature, life*. Cambridge, MA: Harvard University Press.

Bruner, J. S. (2006) Culture, mind, and narrative. In J. S. Bruner (Ed.), *In search of pedagogy: The selected works of Jerome S. Bruner, Vol. II* (pp.230–236). New York: Routledge.

Bruner, J. S. (2008) Culture and mind: Their fruitful incommensurability. *Ethos, 36*, 29–45.

Bruner, J. S. (2010) Narrative, culture, and mind. In D.

Schiffrin, A. De Fina, & A. Nylund (Eds.), *Telling stories: Language, narrative, and social life* (pp.45–49). Washinton, D.C.: Georgetown University Press.

クロスリー, M. L. (2009) ナラティブ心理学セミナー——自己・トラウマ・意味の構築（角山富雄・田中勝博, 訳）. 金剛出版. (Crossley, M. L. (2000a) *Introducing narrative psychology: self, trauma, and the construction of meaning*. Buckingham: Open University Press.)

Crossley, M. L. (2000b) Narrative psychology, trauma and the study of self/identity. *Theory & Psychology, 10*, 527–546.

Crossley, M. L. (2003) Formulating narrative psychology: The limitations of contemporary social constructionism. *Narrative Inquiry, 13*, 287–300.

Georgakopoulou, A. (2006) Thinking big with small stories in narrative and identity analysis. *Narrative Inquiry, 16*, 122–130.

Gergen, K. J. (1973) Social psychology as history. *Journal of Personality and Social Psychology, 26*, 309–320.

ガーゲン, K. J. (2004) 社会構成主義の理論と実践——関係性が現実をつくる（永田素彦・深尾誠, 訳）. ナカニシヤ出版. (Gergen, K. J. (1994) *Realities and relationships: Soundings in social construction*. Cambridge, MA: Harvard University Press.)

Gergen, K. J., & Gergen, M. M. (1983). Narratives of the self. In T. R. Sarbin & K. E. Scheibe (Eds.), *Studies in Social Identity* (pp.254–273). Westport: Praeger.

Gergen, K. J., & Gergen, M. M. (1984) The social construction of narrative accounts. In K. J. Gergen & M. M, Gergen (Eds.), *Historical social psychology* (pp.173–189). Hillsdale: Lawrence Erlbaum Associates.

Gergen, K. J., & Gergen, M. M. (1986) Narrative form and the construction of psychological science. In T. R. Sarbin (Ed.), *Narrative psychology: The storied nature of human conduct* (pp.22–44). Westport: Praeger.

Gergen, K. J., & Gergen, M. M. (1988) Narrative and the self as relationship. *Advances in Experimental Social Psychology, 21*, 17–56.

ハーマンス, H. J., & ケンペン, H. J. (2006) 対話的自己——デカルト／ジェームズ／ミードを越えて（溝上慎一・水間玲子・森岡正芳, 訳）. 新曜社. (Hermans, H. J., & Kempen, H. J. (1993) *The dialogical self: Meaning as movement*. San Diego: Academic Press.)

Holstein. J. A., & Gbrium, J. F. (1995) *The active interview(Qualitative Research Methods, 37)* . Thousand Oaks: Sage Publications.

Marsico, G. (2015) Interview with Jerome Bruner: The history of psychology in the first person. In G. Marsico (Ed.), *Jerome S. Bruner beyond 100* (pp.3–17). Springer International Publishing.

McAdams, D. P. (1985) *Power, intimacy, and the life story*. New York: Guilford Press.

McAdams, D. P. (1993) *The stories we live by: Personal myths and the making of the self*. New York: Guilford Press.

Mink, L. O. (1978) Narrative form as a cognitive instrument. In R. H. Canary & H. Kozicki (Eds.), *The writing of history: Literary form and historical understanding* (pp.129–149). Madison: University of Wisconsin Press.

ミッチェル, W. J. T. (1987) 物語について（海老根宏・原田大介・新妻昭彦・野崎次郎・林完枝・虎岩直子, 訳）. 平凡社. (Mitchell, W. J. T. (Ed.). (1981) *On narrative*. Chicago: University of Chicago Press.)

Murray, M. (2002) Connecting narrative and social representation theory in health research. *Social Science Information, 41*, 653–673.

ニーメヤー, R. A. (2006) 〈大切なもの〉を失ったあなたに——喪失をのりこえるガイド（鈴木剛子, 訳）. 春秋社. (Neimeyer, R. A. (2002) *Lessons of loss: A guide to coping*. Clayton South: Centre for Grief Education.)

Polkinghorne, D. E. (1988) *Narrative knowing and the human sciences*. New York: State University of New York Press.

Sarbin, T. R. (1986) The narrative as a root metaphor for psychology. In T. R. Sarbin (Ed.), *Narrative psychology: The storied nature of human conduct* (pp.3–21). Westport: Praeger.

サール, J. R. (1997) 志向性——心の哲学（坂本百大, 訳）. 誠信書房. (Searle, J. R. (1983) *Intentionality: An essay in the philosophy of mind*. Cambridge, UK: Cambridge University Press.)

Shotter, J. (1997) The social construction of our "inner" selves. *Journal of Constructivist Psychology*, 10, 7–24.

Shotter, J. (2001) Towards a third revolution in psychology: From inner mental representations to dialogically-structured social practices. In D. Bakhurst & S. G. Shanker (Eds.), *Jerome Bruner : Language, culture, self* (pp.167–183). London: Sage Publications.

ホワイト, H. (1987) 歴史における物語性の価値. 海老根宏・原田大介・新妻昭彦・野崎次郎・林完枝・虎岩直子 (訳), 物語について (pp.15–50). 平凡社. (White, H. (1981) The value of narrativity in the representation of reality. In W. J. T. Mitchell (Ed.), *On narrative* (pp.1–23). Chicago: University of Chicago Press.)

ウーフィット, R. (1998) 人は不思議な体験をどう語るか——体験記憶のサイエンス（大橋靖史・山田詩津

夫, 訳). 大修館書店. (Wooffitt, R. (1992) *Telling tales of the unexpected: The organization of factual discourse.* Hemel Hempstead, UK: Harvester Wheatsheaf.)

やまだようこ (2000) 人生を物語ることの意味──ライフストーリーの心理学. やまだようこ・江口重幸（編）, 人生を物語る──生成のライフストーリー（pp.1–38）. ミネルヴァ書房.

やまだようこ (2006) 質的心理学とナラティヴ研究の基礎概念──ナラティヴ・ターンと物語的自己. 心理学評論, *49*, 436–463.

やまだようこ (2007) ナラティヴ研究. やまだようこ（編）, 質的心理学の方法──語りをきく（pp.54–71）. 新曜社.

横山草介 (2015) ナラティヴの文化心理学──ブルーナーの方法. 質的心理学研究, No.14, 90–109.

横山草介 (2016) ジェローム・ブルーナーと「意味の行為」の照準──混乱と修復のダイナミズム（*Perspectives on "acts of meaning" postulated by Jerome Bruner: Dynamism of confusion and restoration.*）. 博士学位請求論文（青山学院大学）.

謝　辞

　本研究をその根底において支えてくれたのは故・ジェローム・ブルーナー博士の助言と温かい励ましの言葉でした. 心よりの敬意を込めてここに感謝申し上げると共に, 深い追悼の意を表します. また本研究は, 著者の学位論文の審査に当たって下さった高木光太郎先生, やまだようこ先生の導きに多くをおっています. この場を借りて心より感謝申し上げます. 最後に, 拙論を丁寧に読み解き, 論考の改善に向けて惜しみない助言を与えて下さった査読者のお三方に感謝申し上げます. 特に, 理論研究の先達として著者の思考をさらなる深みへと導き, エールを送って下さった査読者に心よりの敬意と謝意を表します.

（2016.10.5受稿, 2017.12.11受理）

BOOK REVIEW

書評特集：レジリエンス

「レジリエンス」ってなんでしょう？
松嶋秀明（滋賀県立大学人間文化学部）

　「レジリエンス（resilience）」は近年注目が集まっている概念である。定義は研究者によって差はあるものの，おおむね「逆境やリスクの存在にもかかわらず，良好な適応をしめすこと」とされている。精神保健領域だけではなく，災害に強い街づくりといったところでも「レジリエンス」という言葉は使われており，その適用領域は拡大している。質的研究による発展可能性もある。

　にもかかわらず，この概念は名称の難しさともあいまってか，いまひとつ理解されていない，ような気がする。難しさがどこからくるのかと考えてみると，2つのことがあるように思える。まず，第一に，この概念はどんなものとして理解したらいいのか，ということがわかりにくいことがある。逆境をはねかえす力かというとそうでもない。「秘めたる強さ」みたいなものでもないようだ。個人の能力という人もいる一方で，周囲の支援を重視する人もいる。一体どういうものなのだろう。

　第二に，何が新しいのか？という疑問である。虐待や，障害，病気，災害復興など，いわゆる「逆境」や「リスク」と切っても切り離せない関係にある領域では，ことさらに「レジリエンス」といわずとも，実質的にはそれに相当するような現象を扱った研究が多くなされてきたはずだ。こうした分野の人にしてみると「レジリエンス」という概念は，一体何が新しいのだろう，自分たちがやってきたことではないかという疑問を感じることもあるだろう。

　このようにレジリエンスについてまわる難しさを払拭するためには，これまでに公刊されている書籍を読むことからはじめるのがいいと思った。そこで，本特集ではこれまでに「レジリエンス」という概念に，中心的／周辺的を問わず関わってこられた方々に，「レジリエンス」をテーマにした本について書評をいただいた。対象になった本は，編者側から最近だされたレジリエンス関連の本のなかから選んでお願いしたものもあるし，評者の先生自ら推薦していただいたものもあった。単なる書評というだけでなく，ご自分の立場についても触れていただきながら，レジリエンスを論じていただいた。掲載順に紹介していくことで，編者の役割を果たしたい。ただし，ややネタばれ感があるため，もし，先生方の書評を味わいたいという方は，これ以降はとばして，書評を読まれてから

戻ってきていただけるとよいだろう。

　トップバッターの伊藤哲司先生にとりあげていただいたのは，枝廣淳子（著）『レジリエンスとは何か——何があっても折れないこころ，暮らし，地域，社会をつくる』（東洋経済新報社）である。伊藤先生は茨城大学において文理融合で設立されたサステイナビリティ学の研究・教育拠点の代表でもある。レジリエンスは，そこで広範な専門を架橋するキーワードのひとつとなっているという。このような広がりをもつレジリエンス概念を，広くとりあげている本書は，そのような伊藤先生の実践活動にも合致するし，この書評特集にとってもよい出発点となりそうだ。

　河野荘子先生にはスチュアート・ハウザー，ジョセフ・アレン，イヴ・ゴールデン（著）の『ナラティヴから読み解くリジリエンス——危機的状況から回復した「67分の9」の少年少女の物語』を書評いただいた。本書は，深刻な反社会的行動を繰り返す子どもたちが主役となる本である。河野先生は，これまでも心理臨床の面接場面から，非行少年の立ち直りを，クライエントのレジリエンスを育てる過程と結びつけて発信してこられた。河野先生は本書を通して得られた少年らのレジリエンスを支えた3要素について「納得する部分が多い」としながらも，時間の流れが加味されておらず，したがって「もともとの素質……を持っている個人だけが，立ち直ることができるかのように読めてしまう」のが残念だという。以前，レジリエンスに触れた講義の感想に，受講生のひとりがだしてきた感想を思い出した。彼は「レジリエンスとは資質なのでしょうか？」と問うて，「私にそれがなかったとしたら，私は立ち直れないのでしょうか？」と書いてきた。のちに，その学生は長い間，精神障害に苦しめられ，立ち直ろうともがいてきた学生であるとわかった。レジリエンスが当事者にとっても有用な概念であろうとするならば，時間の流れのなかにおかれることは不可欠かもしれない。

　川野健治先生にはジョージ・ボナーノ（著）の『リジリエンス——喪失と悲嘆についての新たな視点』（金剛出版）。ボナーノは「喪の作業」概念のように，喪失体験をした人々の心的過程として長年信じられてきたことに実証的データをもとに異議をとなえる。「困難・脅威をもたらす出来事に遭遇した時に被害が最小となるプロセスと，そのようなプロセスとなる原因を見出すことで，困難に出会う個人や地域の支援を実現していくことに，レジリエンス研究の意義がある」と考えておられる川野先生からすれば，この主張には納得がいくという。前述の河野先生と同じく，批判されているのは，レジリエンスを個人の資質と理解していく方向性である。ただし，と同時に，レジリエンスをどうとらえるかも大事だが，現場で役立つことが，まずはとても大事なのだということも痛感させられる。

　小森康永先生には，フィッツヒュー・モラン（著）の『がんサバイバー——ある若手医師のがん闘病記』（ちとせプレス）を書評いただいた。小森先生にはいつも新しい書に出会わせてもらっている。本書評特集ではとりあげていないがマイケル・ウンガーの『リジリアンスを育てよう——危機にある若者たちとの対話を進める6つの戦略』（金剛出版）だって，もともとは小森先生からのご紹介だ。翻訳でレジリエンスを知った私が書評依頼をする頃には，小森先生はまた先をいっておられる。レジリエンス特集であるという私の依頼に配慮してか，ウンガーの枠組みで本書を解説していただいているが，本書の著者の生き方そのものが，まさしく「レジリエント」だ。ちなみに，小森先生が最近，興味をもたれているのは「グラフィックメディシン」（M. K. Czerwiec, I. Williams,

S. M. Squier et al. (2015) *Graphic medicine manifesto*. University Park, Penn.: The Pennsylvania State University Press.)。ナラティブからはじまって，レジリエンスを経由し，そしていまはグラフィックメディシンにいたる。この前後関係のなかにおくことで，小森先生がレジリエンスに援助者と被援助者との水平的な関係や，言葉がもつ生成的な側面を大切にされていたのではないだろうかと想像できる。

　レジリエンス概念は精神保健に関わる分野のみならず，災害に強い街づくりといったことにも結びつく。矢守克也先生は，防災の専門家である。日本中どこかで大きな災害がおこれば，すぐに矢守先生のもとに連絡がくるという。阪神・淡路大震災の経験から「クロスロード」を開発されたのをはじめ，非常に多岐にわたって活躍されている。その矢守先生に書評いただいたのは，清水美香（著）の『協働知創造のレジリエンス――隙間をデザイン』（京都大学学術出版会）。矢守先生は，レジリエンス概念が新しく全てにとってかわるものではなく，これまでからあった理論・実践・実証的蓄積のいずれもと深い関連をもっているから，それらとの厳しい対質を欠けば，たちまちに「はやり言葉」へと堕する危険性を指摘されている。これまでにある諸概念と対話し，鍛えられる必要があるということだろう。これは伊藤先生も書評のなかで触れられていたように思う。

　最後にやまだようこ先生にはアンドリュー・ゾッリとアン・マリー・ヒーリー（著）『レジリエンス 復活力――あらゆるシステムの破綻と回復を分けるものは何か』（ダイヤモンド社）を書評いただいた。京都の流れ橋のように，失敗（崩壊）を前提として，いかにそれに対処しやすい仕組みをつくるかということが求められているという。これには大いに同意できる。先日，国際紛争での難民の問題にとりくんでいる研究者と話す機会があった。その先生は，「（最近，難民で世界的に話題の）シリアも以前は日本のように治安のよい国だった」といい，自分たちだっていつ難民になってもおかしくないという危機感をもって生活しているという。難民とは「……自国にいると迫害を受けるかあるいは迫害を受ける恐れがあるために他国に逃れた」人々とされる。つまり，まだ災いが現実にならないうちに，生活を根本から変える勇気をもった人ともいえる。それに比べて，我が身をふりかえれば，いままでのやり方に行き詰まりを感じつつも，やはり同じ生活を保持したいと思って先送りしてしまう欲求に勝てない自分がいる。レジリエンスとは，言うは易し，行うは……でもあるのかもしれない。

　いずれにしても，本書評特集を通して，異なる評者が共通して指摘されているポイント（広い領域に通用すること，個人の資質として理解されないように過程に注目すべきこと，概念をもっと鍛えていく必要があること）がわかったことは個人的に収穫だった。読者の皆さまにとっても，本書評特集が契機となって，レジリエンスについての理解が深まり，議論が進んでいくことを期待したい。

（書評担当編集委員）

BOOK REVIEW

「心」の問題にとどまらない
レジリエンス概念の広がりを

伊藤哲司（茨城大学人文社会科学部）

『レジリエンスとは何か——何があっても折れないこころ, 暮らし, 地域, 社会をつくる』
枝廣淳子（著）, 東洋経済新報社, 2015年3月刊, 本体価格 1,700円, ISBN：978-4-492-04567-1

「もともとは物理用語のひとつだった『レジリエンス』という言葉が, 『外的な衝撃にも, ぽきっと折れてしまわず, しなやかに立ち直る強さ』という概念として, さまざまな分野で使われるようになったのは, それほど昔のことではありません」。本書はそのような一文から始まっている。

たしかにレジリエンスという言葉は, 「心」に特化して使われるものではない。私たちの「心」のレジリエンスだけでなく, 「生態系」のレジリエンスもあれば, 「生活」のレジリエンス, 温暖化などに影響を受ける「環境」のレジリエンス, 被災をした「地域」のレジリエンス, そして「自治体」や「都市」のレジリエンス等々。ミクロレベルからマクロレベルまで用いられ, 多くの学問分野で中心的な鍵概念（キーワード）のひとつになった感がある。

本書はそのような, さまざまに使われる「レジリエンス」を, ひととおり概観してみるために役立つ一冊である。第1部「レジリエンスの基礎を知る」, 第2部「折れないこころ, 暮らし, 地域, 社会をつくる」, 第3部「自分と家族のレジリエンスを高めるには」という構成で, それぞれの分野や文脈で使われる「レジリエンス」について多くの事例が示されており, 俯瞰的に眺めてみることを可能にしてくれる。工学の分野でも使われるらしい「レジリエンス」については, あまり言及がなく, 「レジリエンス」が用いられるすべての分野をカバーしているとは限らないという留意は必要である。

著者は, 「レジリエンスとは, 個別の要素の特性ではなく, そういった要素がつながってできているシステムの特性のひとつなのです」と解く。しかしこれが

日本では, 十分に理解されていないのではないかと言う。「システムとは, さまざまな要素が互いにつながったり影響を与え合ったりして, 全体として何らかの営みをしたり機能したりしているもの」である。たしかにこの点についての私たちの理解は, 必ずしも十分とは言えないだろうし, 一方だからこそこの概念が, 多くの分野・レベルで使われうるのだということに気づく。

ところで評者は, 勤務先の茨城大学にある地球変動適応科学研究機関（Institute for Global Change Adaptation Science：ICAS）の機関長を2014年9月から務めている。このICASが取り組んでいるのが, 21世紀に入って時代の要請でできたサステイナビリティ学（持続可能性学）の研究・教育である。そこには, 文系・理系を問わず60人を超える研究者（教員）が学内の各学部や研究センターから参加しており, 文字通りの文理融合, 学際的な営みを継続させてきている。本書でも言及がなされているのだが, このサステイナビリティ学の中でも「レジリエンス」はキーワードのひとつになっている。そこでは地球システム・社会システム・人間システムそれぞれに注目し, またそれらのシステムが密接に絡み合う中に, 持続可能性を脅かすさまざまな問題が露呈していると見る。たとえば堤防のような堅い構造物で守ろうというよりは, ある程度の脆弱性を孕みつつ, 回復可能な柔らかい防御を考えるというようなことが, レジリエンスということでもある。

「心」を「心」だけで捉えようとしてはいけないのだと思う。「心」もまたひとつのシステムであり, 社会的な関係性のなかにある。そしてその社会的な関係性は, ひいてはグローバルな問題にまで繋がっている。そのような連綿とした関係性の編み目が広がっていることを考えれば, 「レジリエンス」が, 特定の分野を超えて使われているというよりは, そこに何らかの概念としての繋がりがあると見るべきなのであろう。本書は, それぞれの分野についての説明はやや概説的であり, 掘り下げた深みはあまり感じられないのであるが, 分野を超えて繋いで捉えようとしてみるための手始めには, 十分役に立つと言ってよい。

このような, ミクロレベルからマクロレベルまで使える用語が他にあるかと考えてみるに, 評者が把握し

ている範囲でいえば,「コンフリクト」ぐらいである。もちろん心理学では「葛藤」と訳され,一方地域研究などでは「紛争」と訳される。心の葛藤も,民族間の紛争も,本質的には同様のものと見なすことができるならば,そこからまた思索が始まっていくに違いない。

一種のブームのようになっている「レジリエンス」が,今後も長く使われる概念として鍛えられていくことだろう。当然それを「心」の問題だけに留めてしまうべきではない。そんなことを教えてくれる一冊である。なお著者は,アル・ゴア氏の『不都合な真実』の翻訳なども手がけた東京都市大学環境学部教授である。

非行からの立ち直りにリジリエンスはどう作用するのか

河野荘子(名古屋大学大学院教育発達科学)

『ナラティヴから読み解くリジリエンス——危機的状況から回復した「67分の9」の少年少女の物語』
S. T. ハウザー・J. P. アレン・E. ゴールデン(著),仁平説子・仁平義明(訳),北大路書房,2011年1月刊,本体価格2,800円,ISBN:978-4-7628-2736-5
S. T. Hauser, J. P. Allen, & E. Golden (2006) *Out of the woods: Tales of resilient teens.* Cambridge, Mass.: Harvard University Press.

非行からの立ち直りを研究することは,実は非常に難しい。何より,研究の大前提となる「立ち直った人」を見定めることが困難を極める。今非行をしていない人がいるとして,その人がこの先も絶対にしないと言いきれるだろうか? そもそも,今悪いことをしていないという本人の言葉は真実なのだろうか? 実にあいまいで,確かめる術もない。そのため,立ち直り研究は,各研究者が,立ち直った人を,「矯正施設への収容回数が1回のみの人」「過去10年間非行・犯罪行為をしていないと自己申告した人」など暫定的に定義して,進められる。心理学研究としては漠然としすぎているかもしれない。それでも,非行をしなくてすんでいる人が,どのような心理的変化を遂げて今に至ったのかを知ることは示唆に富む。

本書に登場する子どもたちは,ハイヴァレー病院への入院歴を持つ。ハイヴァレー病院は,薬物乱用や暴力行為といった深刻な反社会的行動を繰り返す子どもたちの治療施設である。著者らは,ここで,リジリエント群9名,対照群7名を選び,その子どもたちがハイヴァレー病院を退院した直後から10年間,各個人5回ずつ面接を行って,その時々での彼らの思い,将来展望,過去の意味などを語ってもらっている。そして,著者らは,リジリエントな子どもたちのナラティヴには,一貫して,「主体性(そのやり方が正しいかどうかは別として,自分の目標に向かって挑戦し,失敗からも学ぶ積極性のこと)」「内面を見つめること(感情に翻弄されすぎることなく,自分の思考プロセスについてふり返ること)」「人間関係を志向すること(人間関係を構築,あるいは再構築することをあきらめないこと)」の3つが存在することを見出した。この3つは,「社会的相互関係における有能感(コンピテンス)の本質的な側面」(p.228)とされる。

著者らの知見は納得する部分が多い。しかし,見出された3要素が「有能感の本質的な側面」であるのならなおさら,上記の知見に時間の流れが加味されていないのは残念である。このままでは,もともとの素質として3要素を持っている個人だけが,立ち直ることができるかのように読めてしまうからである。

私は,非行からの立ち直りは,小さなリジリエンスプロセスがいくつもいくつも積み重なって,大きなリジリエンスプロセスとなり,大きなリジリエンスプロセスが,少年と外界との接触を通して様々な場面で発動された結果,進んでいくと考えている。心理療法は,プロセスを促進させる起爆剤のようなものとして機能する。実際,心理面接を積み重ねていくと,立ち直る少年たちは,今まで一面的にしか表現できなかった自分や周囲の人々を,良い面も悪い面も併せ持つ複雑な存在として語り始める(「内面を見つめること」の1つ。p.221参照のこと)。自分や他者を複雑な存在として認識できるようになると,周囲の人々との人間関係を見つめ直し,再構築しようとする動きも起きる(「人間関係を志向すること」)。また,未来への目標を定め,それが実現するために積極的に取り組む姿勢も現れる(「主体性」)。今までは十分機能できていなかったこれら3つの要素が,同時並行的に活性化され

るのである。私は，心理療法で非行がよくなると大仰に構えるつもりはない。しかし，彼らが成長し，変化する兆候をつかむのに，心理療法は1つの有効な場を提供すると考えている。心理臨床家は，少年たちのリジリエンスプロセスが動き出す兆候のようなものを見逃さないようにすることが，何より大切なのではないだろうか。

　本書に紹介されているのは，リジリエント群4名のナラティヴのみだが，膨大なデータを分析するには，大変な労力が必要だったことだろう。リジリエントな子どもたちにも匹敵するくらいの，著者らのあくなき探求心には，頭の下がる思いである。

注
　本書では「レジリエンス」を「リジリエンス」と訳している。書評は，本書の記載に従った。

悲嘆を科学する

川野健治（立命館大学総合心理学部）

『リジリエンス──喪失と悲嘆についての新たな視点』
G. A. ボナーノ（著），高橋祥友（監訳），金剛出版，
2013年3月刊，本体価格2,800円，ISBN：978-4-7724-1287-2
G. A. Bonanno (2009) *The other side of sadness: What the new science of bereavement tells us about life after loss.* New York: Basic Books.

　本書の原題 *"The other side of sadness: What the new science of bereavement tells us about life after loss"* について，監訳者の高橋はあとがきで「悲しみの向こう側──悲嘆に関する新しい科学が喪失後の人生について明らかにしたこと」と訳している。本書の全体像を表すなら，おそらく原題のほうが近いだろう。

　喪失と悲嘆について，フロイトの「喪の作業」という概念は，その後の人々が死別の過程をどうとらえるかといった点に非常に大きな影響を及ぼすことになった（p.27）。苦悩は喪の過程の正常な部分であるが，心

理的エネルギーが不足して心の機能が減退している状態であり，すでにこの世に存在しない誰かを常に求める＝固着の状態に追いやられている。そこから解放される唯一の方法とは，意図的に個々の記憶や，リビドーがその対象に固着させている希望を再検討することであるとする。この理論は後継者に受け継がれ，例えばドイチェは，4人の患者が示した死別後の感情状態の混乱について，喪の作業を終えていないためだと指摘し，リンデマンはさらに，たとえ健康そうに見えて，以前と同じように暮らしていたとしても，隠された未解決の死別反応が蠢いていると確信した（p.34）のである。

　このように歴史的に強化されてきた概念がために，専門家を含む多くの人が，喪失とは回復に相当な時間がかかるなんらかの作業であり，一連の課題や段階を経ていくと捉えている。

　しかしこれには確たる根拠がなく，むしろ今日の科学的研究の成果は異なるという。本書においてこの議論の橋頭堡となるのがリジリエンスなのである。多くの人が喪失体験を効率的に受け入れることができ，日々の生活の打撃からほとんど影響を受けないようにみえる。ショックを受けて，傷つくかもしれないが，それでもなんとかバランスを取り戻し，人生をおくっていく（p.19）。たとえば9.11後に著者らが周辺地域で行った大規模調査では，友人や身内を失った人のうち半数以上はトラウマ症状やうつ病を呈さなかった。本書の邦題は，この議論におけるリジリエンス概念の重要性を強調しているといってよいだろう。

　かくしてボナーノの主張するリジリエンスとは，喪の作業に替わって，喪失後の人生のあり方を説明する際の要素であるから，一定の時間変化，つまりプロセスを示すものである。慢性的悲嘆，（通常の）回復とリジリエンスの3つのプロセスの違いを示す折れ線グラフ（時に遅延反応が加えられて4つになることもある）は有名であり，WebでBonnanoとresilienceで検索すれば簡単にみつけることができる。（通常の）回復のプロセスと比較するとリジリエンスは喪失体験当初からより症状が少なく，そのまま安定しているため，結果としてダメージも最小限になる。となると，高いリジリエンスを示す人の特徴とはどのようなものかを知りたくなる。本書では遺伝的なエビデンスには慎重

な姿勢をとっているが，心理的知見については，行動面での柔軟性，楽天的で自信に満ちた考えを持ち，適応力が高い人が該当するとしている。とくに喪失直後に感情の柔軟性を示した遺された人は，死別の苦痛により効果的に対処でき，悲嘆からの回復の可能性も高まるとしている。

評者は上記のようなレジリエンスの捉え方に賛成する。「困難・脅威をもたらす出来事に遭遇した時に被害が最小となるプロセスと，そのようなプロセスとなる原因を見出すことで，困難に出会う個人や地域の支援を実現していくことに，レジリエンス研究の意義がある」（川野，2013）と考えるからである。操作主義で簡単に測定しつつ，resiliencyという個人内変数としてしまうのは容易なアプローチではあるが，むしろレジリエンスを包括的な概念として，研究の文脈ごとに関連する要因を広く探るほうが有益ではないだろうか。

なお，本書はこなれた訳でとても読みやすい上に，ボナーノ自身もふくめた複数の具体的なエピソードをちりばめながら組み立てられていて理解しやすい。また，基本感情理論，自己奉仕バイアス，恐怖管理理論など心理学徒にはなじみの深い概念で議論が強化されている点も特徴としてあげることができる。11章の中国との比較研究などはエスノグラフィの導入のようで読んでいて楽しい。お勧めである。

引用文献

川野健治（2013）レジリエンス．矢守克也・前川あさ美（編），発達科学ハンドブック7 災害 危機と人間（pp.140-148）．新曜社．

ある若手医師のリジリアンス

小森康永（愛知県がんセンター中央病院精神腫瘍科部）

『がんサバイバー──ある若手医師のがん闘病記』

F. モラン（著），改田明子（訳），ちとせプレス，2017年5月刊，本体価格2,300円，ISBN：978-4-908736-04-9
F. Mullan (1982) *Vital signs: A young doctor's struggle with cancer*. New York: Farrar, Straus and Giroux.

「ニュー・イングランド・ジャーナル・オブ・メディスン」（NEJM）に "Seasons of survival"（1985）[1]を発表し，一気に「がんサバイバー」概念を確立したモラン氏の闘病記である。本書にresilienceという言葉自体は2回しか出てこないが，彼は正にリジリアントだ。私は原書を読んでレビューを書き，邦訳ゲラを読んで解説を書き，今回，著者本人に会って，リジリアンス視点での書評を試みる。がん領域は，貧困，災害，児童虐待に続いて，リジリアンス研究の主要なテーマになっているわけだが，このサバイバーシップがいかにリジリアンスと関連しているのかを考察する上で，絶好の「ケース」であることにまちがいない。

フィッツヒュー・モランは，ハーバード大学卒業後，シカゴ大学で医学を学ぶ。バスケットが好きなスポーツマンで，健康そのものだった。公民権運動の闘士でもあり，1975年当時，32歳の彼は，その活動を描いた著作『白衣と握りしめた拳』"White coat, clenched fist"（1976）のゲラをチェックしていた。小児科医になって6年目，順風満帆，サンタフェで，ソーシャルワーカーの妻と3歳の長女の3人で幸せに暮らしていた。父親は（グループセラピーを実践し，生命倫理を研究することになる）精神科医で，夫婦でワシントンDCに暮らし，ふたりのきょうだいもその近郊で独立。義父母はミネアポリスで健在と，どこにも病いの影はない。ところが，3月。乳児の胸部写真を指示した際，3ヶ月前からの胸痛が気になり，自らもレントゲン写真を撮って，偶然，縦隔腫瘍を発見する。異所性精上皮腫。ワシントンDCの病院に転院し，まずは生検が実施されるが，その際，大量出血で九死に一生を得る。化学放射線療法施行。9月には再就職し，次女誕生。しかし，胸骨壊死により大規模な形成外科手術，長期入院となる。この頃，3歳の男児を養子に迎えることを決断。

死ぬか生きるかの治療を終えた後で（主に医療という）社会を相手にいかに彼のリジリアンスが実現されたのかをマイケル・ウンガーの社会構成主義的リジリアンスの枠組みに沿ってみて行こう。その時，モランは逆境の中のひとりの若者だった。

＃1　彼らの真実を聴く

モランは1977年12月，「ワシントンスター」紙のインタビューを受け，記事が掲載されると，病院では

232

気まずい雰囲気となる。しかし,一般読者から激励の手紙をたくさん受け取り,それに後押しされて1983年,本書を世に問う。彼の主張は,「治癒するか否かという医学的二分法では自分の体験を到底表現することができない」とまとめられるわけだが,5年生存率という生物学的（身体的）視点で患者を片付けないでほしいという宣言は,医学界にとっては「問題」であり,そこに好奇心を持てるかどうかが大いに試されたはずだ。

急性期のエピソードをひとつだけ紹介しよう。入院患者同士の会話は深い洞察を導く。65歳の元海軍司令官,ツヴィッカー氏は,放射線療法が同じで毎日,モランの車椅子を押した。多少やつれてはいたものの,ハンサムで引き締まった体つきの,ペイズリーのバスローブがよく似合う男性だ。かつてはカリブ海を行き来する貿易船商人でもあった。彼はある日,こう言った。「死にそうな目にあったことは何度かあるよ。死は君を見つけたり見逃したりするようなものだ。実際自分でできることはほとんどない。私の心構えは,それに直面したときにできるだけしぶとく,平常心でいようということだ」。モランは彼に「死を喜んで迎える準備はできているの？」と問う。自称アイスクリーム・ジャンキーは,いつものようにアイスクリームをうまそうに舐めながら,その答えは明細書にはないと教えた。「彼にとって,その答えは達成が基準となるようなものではまったくなく,人生に伴うささやかな満足にあった。荒れた海域をUボートで航行しながら,戦いで得た勲章の数を数えたり,メダルを磨いたりすることは,そのときも今も,彼にとってほとんど意味のないことだった。むしろ,魚雷の中を生き延びて,友情やおいしいアイスクリームの喜びを享受することが人生に含まれていなければならなかった」（p.50）。

＃2　若者が自らの行動を批判的にみるよう　　　援助する

「サバイバーシップ」とは,がんを急性疾患ないし慢性疾患のどちらかに振り分ける慣習的視点への抵抗である。「私たちすべてのがんの経験に共通するのは,実際の治療や個別の病気の経過や,死か寛解かの不確実性といったことではなく,まさしくその状況全体の不確実性だということ」（p.vii）であり,「季節の考えは,個人の経験がたどるロードマップとして見るべきではない」（p.viii）という。ここで,医療者に何が提供できるのか。サバイバーシップのバイオサイコソーシャル・スピリチュアルな理解こそが,サバイバーとの協議を可能にしたはずだ。

＃3　若者が必要だというものにフィットする　　　機会を創造する

がんサバイバーのニードが満たされたのは2005年だ。全米科学アカデミーの医学研究所は次のように主張した（pp.x-xi）。「最初の治療を終えた患者は,明確で効果的に説明された包括的ケアのサマリーとフォローアップ計画を提供されなければならない。この『サバイバーシップ・ケアプラン』は,腫瘍科の治療を計画した主治医によって書かれなければならない」。

＃4　若者が耳を貸し,敬意を払うような仕方で話す

サバイバー・ムーヴメントの成功は,医学界がサバイバーシップの研究必要性を認めたからだ。

＃5　最も大切な差異を見つける

がん患者が他の疾患の患者とはどのように違うかという主張は,彼ら自身をパワフルに感じさせたし,そのアイデンティティの聴衆集めにも成功したと言えよう。

＃6　やめさせるより代わりを見つける

もしも「がんサバイバー」というアイデンティティが発見されなかったならば,今頃,がん患者はどのように自己主張し,そのように呼ばれていたのだろうと考えると,空恐ろしい。「モンスター・ペイシェント」か。「『がんサバイバー』は,生きた証言であり,捨て台詞ではない」（p.xxii）。

終わりに,サバイバーシップはロードマップではないが,マップではある。「がんを克服するためにまだしなければならないことは,再発防止法やがんを即座に抑制する技術を発見するだけではなく,サバイバーシップという中間地帯の地図を作り,その医療的および社会的問題を最小限にすることも必要である（Mullan, 1985）」。モランの言葉が沁みる。「道路の穴なんか気にしないで,旅を楽しむことだよ」。

注
1）　がん体験とは,診断後の生を生きるプロセスであり,①急性期,②延長期,③長期的な安定期（完治とほぼ同義）に大まかに分けられ,それぞれに固有の援助が必要なのだとされる。

引用文献

Mullan, F.（1985）Seasons of Survival: Reflections of a Physician with Cancer. *The New England Journal of Medicine, 313*, 270–273.

万華鏡の光と陰

矢守克也（京都大学防災研究所）

『協働知創造のレジリエンス──隙間をデザイン』

清水美香（著）・山口和也（写真・絵）, 京都大学学術出版会, 2015年3月刊, 本体価格4,200円, ISBN：978-4-87698-200-4

> 万華鏡のような言葉, レジリエンス
> あらゆることに向き合うことへの道しるべ

　これは, 本書の冒頭の扉に掲げられたフレーズである。このフレーズが, レジリエンスという用語をめぐる現状, その現状に対する本書（つまり著者）の評価, そして, 本書に対する評者の見立て──これらすべてをよく表現している。

　著者は, まず, レジリエンスに「はやり言葉」と化している一面があると認め, 自分はそんな風潮に「追従するものはない」（p.2）と宣言する。その上で, レジリエンスを次のように定義する。多様な分野で便利に使われているこの用語に関する書評を読もうとしている読者の多くも,「この著者（分野）の定義はどんなものか」を真っ先に気になさっているであろう。ちなみに著者清水氏の専門分野は, 公共政策, 社会システムデザイン, 災害リスクマネジメントである。

> 状況変化を重視し, 短・中・長期的な視点から社会に散在する点を線で結び, 木を見て森も見ながら, 予測しないことが起きても, 逆境にあっても折れない環境を生み出すこと　　　　　　　（p.12）

　この啓発的で創造的な定義の内実については, 本書を直接紐解いていただくほかない。特に, 本書全編を

通して登場するキーフレーズでもある「点を線で結ぶ」,「木を見て森も見る」については, 著者がそこに込めた思いを, 本書に直接あたって共有してほしいと願っている。

　他方で, このいささかレトリカルな定義は, 本書の, ひいては, レジリエンスという概念自体の, 魅力と同時に難点も示している。著者は, 概念としてのレジリエンスについてこう述べている。

> 鍵になる他の理論や概念とレジリエンスの関係性について1つ大きく言えることは,「レジリエンス」は他の理論や概念にとって代わるものではないし, 優劣や上下関係をつくるものでも, 競合するものでもないということ。他の個別の理論や概念と重複する部分もありますが, 1つの理論や1つの概念ではカバーしきれないところ, 特に俯瞰性や境界性に関わる隙間を埋めるときに主に役立てられる
> 　　　　　　　　　　　　　　　　　（p.102）

　まさに「万華鏡」の面目躍如である。ここで, 概念レジリエンスが, 総合・俯瞰, 連携・補完といった機能を他の概念群とともに果たすという認識については, 評者も賛同である。ただし, その実現のためには, 本書がそれほど重視していないと思われる一つの重要な基礎要件が存在するとは思う。どういうことか。

　ここでの認識は, 裏を返せば, 概念レジリエンスは, 膨大な理論的・実践的・実証的蓄積を有する他の多くの概念と深い関連をすでにもってしまっていることを示している。よって, それらとの厳しい対質を欠くとき, レジリエンスはまさに「はやり言葉」（プラスチックワード）となってしまうだろう。その意味で, ここでは, 著者の見解に異を唱えることになるが, 実践を導く道具としての使用時ならいざしらず, 学問を支える概念としては, レジリエンスは, 他の関連概念群と切磋琢磨して, その優劣・競合関係を争わねばならないと思う。

　ところで, 上の箇所で,「他の理論や概念」として直接的に考察対象になっているのは, リスク社会論, ガバナンス, コミュニティ, ネットワーク, 減災, 脆弱性, 適応性, イノベーションといった一群である。一見してわかる通り, これらの多くは, 災害に関わる公共政策という著者の専門領域と関わりをもっている。

しかし，レジリエンス概念の彫琢のための本質的な知的格闘の相手として選ばれねばならないのは，むしろ，心理学，社会学，文化人類学，哲学などを含む広範な社会科学の領域における膨大な研究財産だと思われる。

これは，エスタブリッシュされた学問分野や概念を墨守しようとしてのことでは，もちろんない。著者がレジリエンス概念を実りあるものにするためにぜひ必要だと本書で主張している根幹部分の多くについて，多くの先行財産がこれらの分野に存在するからだ。たとえば，レジリエンスは「状態（結果）」ではなくて「プロセス」だ，レジリエンスの根底には学び続けることが基本にある，といった主張（pp.4-7など）を目にすると，獲得メタファーに支配されていた旧来の学習観を参加メタファーによって塗り替えようとしてきた「状況学習論」，あるいは，「学習Ⅰ，Ⅱ，Ⅲ」を基軸としたベイトソンの「コミュニケーションとしての学習論」などがもたらした知的刷新に対して，レジリエンスはさらに何を付け加えうるのか，その点を明らかにしてほしいとどうしても思ってしまう。

あるいは，「繋がりというと，人と人の繋がりをまず思いつくことが多いと思いますが，ここでは人と人との間だけでなく，情報や知識や社会システムを含めて，多元的な繋がりに注目します」（p.48）との主張を前にすると，「アクターネットワーク理論」との接点が，「科学知と政策知は繋がっていただろうか」（p.231）と問いかけられると，「科学社会論」や「科学コミュニケーション論」との関係が，さらには，「ないものでなく，あるものに集中すること」（p.31）と忠告されると，たとえば，「疎外論」との連携が，それぞれ大変気になる。

もっとも，本書は，長年，日米間を行き来しながら，気候変動，都市問題，災害対応など，分野横断的な公共政策研究と実践に従事してきた著者の手になる書物であり，レジリエンス概念のロジカルな精緻化よりも，そのプラクティカルな適用と可能性の拡大に主眼が置かれていると言える。その意味で，上で披瀝した評者の論評はお門違いのものだったかもしれない。その点については著者の海容を請いたい。

他方で，「レジリエンスのレンズを通して」（p.238），「社会に，信頼を，多様性を，システムズ思考を，そして協働知創造を」。こう呼びかける著者の方向性について

は，評者も全面的に首肯できるし，及ばずながら，自分自身も同じ方向を向いて仕事をしてきたつもりだ。こちらのレンズは，万華鏡の光を美しく放っているように見えた。

しなやかな復活力

やまだようこ（立命館大学衣笠総合研究機構）

『レジリエンス 復活力──あらゆるシステムの破綻と回復を分けるものは何か』
A. ゾッリ・A. M. ヒーリー（著），須川綾子（訳），ダイヤモンド社，2013年2月刊，本体価格2,400円，ISBN：978-4-478-01233-8
A. Zolli & A. M. Healy (2012) *Resilience: Why things bounce back*. New York: Free Press.

----

1 レジリエンスとは何か？──しなやかな復活力

> レジリエントなシステムはいさぎよく失敗する。危険な状況を避け，進入を察知し，部分的な被害を分離して最小化し，資源の供給源を多様化する。必要とあれば縮小した態勢で稼働し，破壊されると自ら再構築して回復を図る。レジリエントなシステムはけっして完璧ではない。現実はむしろその反対だ。一見完璧なシステムはきわめて脆弱なことが多く，ときとして失敗を伴うダイナミックなシステムはこのうえなく頑強になりうるのだ。レジリエンスは人生そのものと同じように，起伏に富み，不完全で非効率的だ。それでも生き残るのがレジリエンスである。　（『レジリエンス 復活力』p.20）

レジリエンスということばの本来の意味は，「外部から力を加えられた物質が元の状態に戻る力」や「人が困難から立ち直ると力」をさす。日本語訳は難しいが，「しなやかさ」「弾力性」「回復力」「復活性」などの意味を含めて，私は「しなやかな復活力」と訳している。もとへ戻るという意味では，回復力でも良いかもしれないが，本書の次のような説明は，レジリエンスを考えるときに重要なポイントであろう。そして日本語には「しなやかさ」というすばらしいことばがあ

る。

> レジリエンスは必ずしも元の状態への「回復」を意味するわけではない。──レジリエントなシステムには戻るべきベースラインが存在しないこともめずらしくない──絶えず変化する環境に合わせて流動的に自らの姿を変えつつ，目的を達成するのである。
>
> (『レジリエンス 復活力』p.19)

2 強固なシステムとしなやかなシステム

東日本大震災では，「想定外」の高さの津波が発生した。強固な防波堤を築いていたのに，それさえ流されてしまった。復旧工事では，さらに高い津波を想定し，どんな津波にも耐える，さらに強固な防波堤を築くべきだろうか。村は高いコンクリート壁で囲まれ，海辺の景観はすべて消えても，何百年に一度起こるかどうかわからない次の津波に備えて，今度こそ壊れない壁を築くことが大切だろうか。

従来は，未来予測の精度をあげて，「強固」で「持続可能」なシステムをつくろうとしてきた。それに対して，本書では，現代社会や環境の理解しがたい複雑さ，相互依存性，不安定性を考えると，災害や大混乱を予測し，完全に避けるのは難しいという立場に立つ。むしろ，危機に直面した際に，被害を最小限にするような分散的で多様なシステム，全体として適応的に変化できる，弾力的に復活するシステムこそが重要だというのである。

私は，レジリエンスということばで，京都にある「流れ橋」を思い出す。大雨のたびに橋が壊れることを防ぐために，むしろ流されやすい橋にして，そのかわり橋桁だけは残し，修復が簡単にできるようにと発想を転換した橋である。

本書では，レジリエンスを「システム，企業，個人が極度の状況変化に直面したとき，基本的な目的と健全性を維持する能力」と定義している。

心理学では個人のレジリエンスをおもに追求してきたが，この概念は人間だけではなく，社会や政治システム，地球環境まで広い範囲のシステムの問題としてとらえられる。完璧な理想を目標にして，そこに段階

的に到達するために，強固な構造をつくるシステムは，大きな変化や危機にしなやかに対処しにくい。また，地球のどこかで起こったわずかな変化が，世界に波及する速度や影響の大きさも，あらかじめ予測することは困難である。

私たち人間にとって，社会や環境や地球の問題もシステムとして無関係ではない。突然の予測できない破局的な変化が起こっても，迅速に対応できるような「しなやか」なシステムが必要である。また，「壊れる」「失敗する」ことも前提のひとつに置いて，そのときどうしたら被害が最小限にできるかを考え，変革を怖れず，復活までを視野にいれたトータルで「しなやか」な発想の転換こそが，今後の社会に必要であろう。

レジリエンスを実践的に考える上で，必読書がある。『失敗の本質』である。第二次世界大戦のとき，戦争を始めてしまったことも大きな問題であるが，それ以降も，幾度も戦略を見直し，変化させる機会はあったのに，できなかった。なぜ負け戦を持続してしまい，被害が膨大になっても戦略を転換したり止めたりできなかったのか。この本を，今日の組織，今日の自分の問題として，ぜひ読んでみよう。

> 日本軍の組織的原理を無批判に導入した現代日本の組織一般が，平時的状況のもとでは有効かつ順調に機能しえたとしても，危機が生じたときは，大東亜戦争で日本軍が露呈した組織的欠陥を再び表面化させないという保証はない。
>
> 本書は，大東亜戦争における日本軍の失敗を現代の組織一般にとっての教訓として生かし，戦史上の失敗の現代的・今日的意義を探ろうとする。本書が，日本軍の作戦の成功例ではなくて，むしろ失敗例を取り上げるのも，まさにこのためである。
>
> (戸部良一・寺本義也・鎌田伸一・杉之尾孝生・村井友秀・野中郁次郎『失敗の本質──日本軍の組織論的研究』(pp.25-26)，中公文庫)

編集委員会からのお知らせ

編集委員会

【1. 編集委員会の活動（2017年度）】

2017年度の編集委員会の動向

2017年4月1日　新体制のスタート

2017年6月4日　2017年度第1回編集委員会を開催（成城大学）。
2017年度編集委員会予算案，第17号発刊までのスケジュール，第20号特集，第18号書評特集，「修正掲載」の修正期間，査読システムの改善について審議。その他2016年度の決算報告，論文審査状況，第14回大会編集委員会企画，査読のあり方について報告。

2017年9月9日　2017年度第2回編集委員会を開催（首都大学東京）。
第17号発刊までのスケジュール，第20号特集，査読体制ワーキンググループについて審議。その他論文審査状況，理事会の内容，第17号書評特集の状況，チェックリスト及びメール文書の変更について報告。

2017年10月31日　第18号「特集論文」締切。

2017年11月26日　2017年度編集役員会を開催（国際文献社高田馬場会議室）。
第17号発刊までのスケジュール，第20号特集，査読システムの改善，2018年度の新体制について審議。その他論文審査状況，第17号書評特集の状況について報告。

2018年1月28日　2017年度第3回編集委員会を開催（国際文献社高田馬場会議室）。
第18号発刊までのスケジュール，新査読体制，第21号特集，第18号書評特集，取り下げ論文再投稿に関する規約の修正，編集委員・編集監事の交代，次年度編集委員会の開催日について審議。その他論文審査状況，第17号発送見積について報告。

2018年3月20日　『質的心理学研究』第17号（特集「レジリエンス」）発刊。

※通常会議のほかに，役員会および委員会それぞれのメーリングリストを利用した電子会議が随時開催された。2017年1月1日から2017年12月31日までのトラフィック数は，それぞれ208, 301。

※投稿論文の審査結果
（2017年1月1日～2017年12月31日までの内訳，採択結果には2017年以前の投稿分も含む）

総投稿数	68本（うち新規投稿37本）
掲載	16本
修正掲載	10本
修正再審査	23本
掲載見送り	19本
審査中	51本
受稿取り消し	3本

【2. 編集委員会委員・編集事務局スタッフ（2004年度～2017年度）】（敬称略・50音順）

〈2004年度〉

編集委員長　　：やまだようこ

副編集委員長：秋田喜代美・能智正博・矢守克也

編集委員　　：麻生武・伊藤哲司・岡本祐子・佐藤公治・サトウタツヤ・南博文・無藤隆・茂呂雄二・
　　　　　　　　渡邊芳之

事務局・編集担当　　　：磯村陸子・野坂祐子

事務局・学会実務担当：佐久間路子

〈2005年度〉

編集委員長　　：やまだようこ

副編集委員長：秋田喜代美・能智正博・矢守克也

編集委員　　：麻生武・伊藤哲司・岡本祐子・川野健治・佐藤公治・サトウタツヤ・柴山真琴・辻本昌弘・
　　　　　　　　南博文・宮川充司・無藤隆・茂呂雄二・渡邊芳之

事務局・編集担当　　　：磯村陸子・野坂祐子

事務局・学会実務担当：佐久間路子

〈2006年度〉

編集委員長　　：やまだようこ

副編集委員長：秋田喜代美・能智正博・矢守克也

編集委員　　：麻生武・伊藤哲司・岡本祐子・鹿嶋達哉・川野健治・戈木クレイグヒル滋子・佐々木正人・
　　　　　　　　佐藤公治・サトウタツヤ・柴山真琴・田中共子・辻本昌弘・手塚千鶴子・南博文・宮川充司・
　　　　　　　　無藤隆・茂呂雄二・渡邊芳之

編集監事　　：磯村陸子・砂上史子

学会事務局　：小保方晶子・佐久間路子

〈2007年度〉

編集委員長　　：麻生武

副編集委員長：伊藤哲司・柴山真琴・能智正博

編集委員　　：鹿嶋達哉・川野健治・小島康次・戈木クレイグヒル滋子・佐々木正人・田中共子・辻本昌弘・
　　　　　　　　手塚千鶴子・宮川充司・森岡正芳・茂呂雄二・やまだようこ・山本登志哉・矢守克也

編集監事　　：磯村陸子・砂上史子

学会事務局　：小保方晶子・佐久間路子

〈2008年度〉

編集委員長　　：麻生武

副編集委員長：伊藤哲司・柴山真琴・能智正博

編集委員　　：遠藤利彦・鹿嶋達哉・小島康次・戈木クレイグヒル滋子・佐々木正人・杉万俊夫・田中共子・
　　　　　　　　手塚千鶴子・西村ユミ・森岡正芳・茂呂雄二・やまだようこ・山本登志哉・矢守克也

編集監事　　：砂上史子・中坪史典・松嶋秀明

編集委員会からのお知らせ

学会事務局　：小保方晶子・佐久間路子

〈2009年度〉

編集委員長　：麻生武
副編集委員長：伊藤哲司・柴山真琴・能智正博
編集委員　　：遠藤利彦・小倉啓子・小島康次・佐々木正人・杉万俊夫・田垣正晋・田中共子・西村ユミ・
　　　　　　　細馬宏通・南博文・森岡正芳・茂呂雄二・やまだようこ・山本登志哉・矢守克也
編集監事　　：菅野幸恵・砂上史子・中坪史典・松嶋秀明
学会事務局　：小保方晶子・佐久間路子

〈2010年度〉

編集委員長　：能智正博
副編集委員長：柴山真琴・田中共子・西村ユミ
編集委員　　：遠藤利彦・小倉啓子・斉藤こずゑ・佐々木正人・澤田英三・杉万俊夫・田垣正晋・細馬宏通・
　　　　　　　南博文・無藤隆・森岡正芳・渡邊芳之
編集監事　　：菅野幸恵・中坪史典・松嶋秀明・村上幸史
学会事務局　：小保方晶子・佐久間路子

〈2011年度〉

編集委員長　：能智正博
副編集委員長：柴山真琴・田中共子・西村ユミ
編集委員　　：小倉啓子・斉藤こずゑ・佐々木正人・澤田英三・田垣正晋・谷口明子・細馬宏通・南博文・
　　　　　　　無藤隆・森直久・森岡正芳・山口智子・渡邊芳之
編集監事　　：飯牟礼悦子・川島大輔・菅野幸恵・村上幸史
学会事務局　：小保方晶子・佐久間路子

〈2012年度〉

編集委員長　：能智正博
副編集委員長：柴山真琴・田中共子・西村ユミ
編集委員　　：伊藤哲司・斉藤こずゑ・斎藤清二・澤田英三・田垣正晋・田代順・谷口明子・永田素彦・
　　　　　　　無藤隆・森直久・山口智子・渡邊芳之
編集監事　　：飯牟礼悦子・川島大輔・村上幸史・渡邉照美
学会事務局　：新井貴拡（国際文献社）

〈2013年度〉

編集委員長　：伊藤哲司
副編集委員長：永田素彦・西村ユミ・山口智子
編集委員　　：大谷尚・斉藤こずゑ・斎藤清二・柴坂寿子・菅野幸恵・田垣正晋・田代順・谷口明子・
　　　　　　　松嶋秀明・森直久・好井裕明・渡邊芳之
編集監事　　：飯牟礼悦子・沖潮（原田）満里子・川島大輔・渡邉照美
学会事務局　：新井貴拡（国際文献社）

〈2014年度〉

編集委員長 ：伊藤哲司

副編集委員長：永田素彦・西村ユミ・森直久

編集委員 ：大久保功子・大谷尚・斉藤こずゑ・斎藤清二・坂上裕子・柴坂寿子・菅野幸恵・田垣正晋・
田代順・松嶋秀明・余語琢磨・好井裕明・渡邊芳之

編集監事 ：沖潮（原田）満里子・藤井真樹・藤岡勲・渡邉照美

学会事務局 ：新井貴拡（国際文献社）

〈2015年度〉

編集委員長 ：伊藤哲司

副編集委員長：永田素彦・森直久・好井裕明

編集委員 ：大久保功子・大谷尚・香川秀太・樫田美雄・金丸隆太・川島大輔・斉藤こずゑ・坂上裕子・
柴坂寿子・菅野幸恵・松嶋秀明・余語琢磨・渡邊芳之

編集監事 ：沖潮（原田）満里子・川崎隆・藤井真樹・藤岡勲

学会事務局 ：新井貴拡（国際文献社）

〈2016年度〉

編集委員長 ：永田素彦

副編集委員長：川島大輔・森直久・好井裕明

編集委員 ：青山征彦・伊藤哲司・大久保功子・香川秀太・樫田美雄・金丸隆太・近田真美子・坂上裕子・
松嶋秀明・松本光太郎・宮内洋・安田裕子・八ッ塚一郎・余語琢磨

編集監事 ：勝浦眞仁・川崎隆・藤井真樹・藤岡勲

編集事務局 ：新井貴拡（国際文献社）

〈2017年度〉

編集委員長 ：永田素彦

副編集委員長：川島大輔・松嶋秀明・好井裕明

編集委員 ：青山征彦・伊藤哲司・香川秀太・樫田美雄・金丸隆太・河原智江・近田真美子・田垣正晋・
松本光太郎・宮内洋・森直久・安田裕子・八ッ塚一郎・渡邉照美

編集監事 ：勝浦眞仁・川崎隆・北村篤司・境愛一郎

編集事務局 ：今泉美里（国際文献社）

『質的心理学研究』規約

2013 年 4 月改訂版
日本質的心理学会

1. 日本質的心理学会は，『質的心理学研究』（個別研究論文の投稿誌）と『質的心理学フォーラム』（研究対話を興隆する論考誌）の二機関誌を発行する。両機関誌は，質的研究において理論的・方法的な最先端の領域を切り開いていくことをめざしている。『質的心理学研究』は，学会員の投稿論文誌という性格をもち，オリジナルな研究を推進するための特集と一般論文からなる。

2. 本誌は，心理学およびその関係学問領域における質的研究に発表の場を提供し，質的研究の発展を図るものである。心理学のみならず，教育学・社会学・人類学・福祉学・看護学・文学・言語学・歴史学・地理学・経済学・経営学・法学・医学・生物学・工学など広く他領域の研究や学際的研究も歓迎する。

3. 本誌には，質的方法に基づく経験的研究・理論的研究・方法論的研究のほか，展望論文・コメント論文なども含め多様なオリジナル論文を掲載する。加えて，質的研究に関連する書籍の書評の掲載も行う。

4. 研究の施行および論文の執筆・投稿においては研究者倫理に基づいて行動しなければならない。投稿者は，論文の内容および研究手続き，公表の仕方において，人権を尊重し人びとの福祉に十分配慮しなければならない。

5. 本誌に投稿できるのは，オリジナル論文のみである。既に学会誌・紀要・著書などにおいて公刊，あるいは公刊予定・投稿中の論文をそのまま投稿することは認められない。ただし，新しいデータの追加，新たな視点による分析や考察などによって，オリジナルな研究として新規に再構成されたものはこの限りではない。また，科学研究費報告書・学会発表論文集・研究会発表資料などの報告は，「公刊」とはみなさない。

6. 本誌に掲載する論文は，原著・資料等の種別を限定せず，新たなタイプの論文の投稿も歓迎する。

7. 本誌では原則として毎号テーマを定めて特集を組み，原稿締め切りを提示して投稿論文を募った上で，一般の論文と同様の審査過程を経て掲載の可否を決定する。また，テーマにふさわしい筆者に論文を依頼することがあるが，依頼論文についても投稿論文と同様の審査を行う。なお，編集委員会の審議を経て，特集論文として投稿された原稿を一般論文に移行することも，またその逆もありうる。

8. 本誌への投稿論文の第1著者は，本学会員に限る。ただし，編集委員会の議を経て特別に依頼した特集論文に関してはその限りではない。

9. 論文の審査はすべてウェブ上で行われる。投稿論文は，投稿用のウェブページを介して投稿する。投稿の仕方の詳細は，本学会HP掲載の「『質的心理学研究』投稿論文原稿作成のための手引き」に従う。

10. 論文原稿は，一般論文か特集論文か（特集論文の場合にはその特集名も）明記し，論文題（日本文・英文），要約（日本文・英文）とキーワード（5項目以内，日本文・英文），本文，注，引用文献，図表の順に作成し，本文以下通しのページ番号をつける。なお，著者名・所属・謝辞は，論文本体には含めない。

11. 論文のフォーマットは，A4・32字×35行とする。引用文献の書き方については，「『質的心理学研究』『質的心理学フォーラム』共通　図表の作り方・文献引用の仕方」を参照する。

12. 論文本文の枚数は，論文題・著者名・要約・キーワード・引用文献を除き上記フォーマットで3枚から29枚まで（400字詰め原稿用紙で約8枚から80枚まで）である。図表・注・付記も上記の枚数に含め，図表については本誌1ページ大のものが400字詰め原稿用紙5枚に相当するものとして計算する。枚数の幅に柔軟性と余裕があるのは，「質」の良さを生かした多様な論文形式への挑戦を促すためであり，冗長な表現を許容するものではない。

13. 初回の投稿者は論文原稿とともに，学会HP上にある「投稿に際してのチェックリスト」に記入し添付する。また，記述や資料が一部重複している既刊の論文や公刊予定・投稿中の論文がある場合には，そうした原稿もPDF化して添付するのを原則とする。

14. 投稿論文は『質的心理学研究』編集委員会において査読を行う。査読は原則として編集委員2名で行うが，論文内容によっては3名以上の編集委員で行う場合もある。また，編集委員の他に学会内外から適任者を選んで査読を依頼することがある。

15. 査読の結果をもとに，下記の審査方針に従って編集委員会の責任で最終的な審査を行う。審査方針としては，研究の理論的・方法的な面における学界への新たな貢献やオリジナリティ，研究の質の高さを重視し，肯定的な側面を積極的に評価する。たとえば，研究視点の斬新さ，研究方法の開発，研究対象者の選定，データ分析の工夫，データの貴重さや面白さ，研究結果の提示の仕方の工夫，論文をまとめる構成力や文章力など，多面的な観点から論文の肯定的側面の発見に努める。

16. 審査結果は，「掲載」「修正掲載」「修正再審査」「掲載見送り」に分けられる。「掲載」と「修正掲載」は，審査方針に照らして本誌に掲載するのにふさわしい論文と判断されるものである。「修正再審査」は，すぐには修正しがたい大幅な修正が必要な論文であり，再投稿時には再び審査を行う。修正再審査は連続2回までとする。「掲載見送り」は，本誌へのオリジナルな貢献に乏しいと思われる論文や，本誌の趣旨に合わないと判断された論文，研究計画の立て直しやデータの取り直しなど根本的な改善が必要と考えられる論文である。

17. 「修正掲載」および「修正再審査」となった原稿を修正後に再投稿する場合には，前回の査読コメントへの返答，前回の原稿との比較，改稿のポイントなどをまとめた「修正対照概要」を作成し，修正稿とともに送付する。

18. 「掲載見送り」となった論文が改稿の後に本誌に再度投稿された場合，新規論文とみなせるだけの抜本的な改稿がなされているかどうかを判断した上で審査を行う。投稿者は投稿時にその旨を申し出て，改稿論文とともに前回の投稿論文と，前回の査読コメントとの比較を含む改稿のポイントをまとめた資料を添付する。

19. 投稿者は編集委員会に対して，審査結果についての質問や意見を書面で述べることができる。それに対して編集委員会は書面で回答する。

20. 論文の掲載が決まった場合には，完成稿を事務局まで送付する。その際，英文アブストラクトは専門家による校閲を受けて修正し，校閲の証明書類を添付する。図表や写真等で引用のために転載等を必要とする際には，投稿者の責任と負担で論文掲載までに許可をとり，その旨を論文に記載する。なお，図・写真などの印刷に関し，著者に若干の負担を求めることがある。

21. いったん受付の行われた論文の投稿を取り下げる場合は，編集委員会事務局宛に，受付番号，論文題，著者名を添えて，取り下げる旨を通知することとする。なお「修正掲載」および「修正再審査」と判断された論文が，所定の改稿期間を過ぎても再投稿されず，かつ著者からの連絡がない場合には，取り下げが行われたと見なす。

22. 編集委員会事務局は，下記に置く。
    〒169-0075　東京都新宿区山吹町358-5　アカデミーセンター
    （株）国際文献社内　『質的心理学研究』編集委員会事務局
    電子メールアドレス　jaqp-edit@bunken.co.jp

23. 本誌に掲載された論文の著作権は，日本質的心理学会にある。無断で複製または転載することを禁じる。

附則：本改正規約は2013年4月1日より施行される。

注）原稿の作成および投稿に際しては，「投稿について」（http://www.jaqp.jp/submitJJQP.html）に掲載されている規定などを必ず参照してください。

日本質的心理学会（2017/6/7版）

事務局記入欄
（論文番号　　　　　　　）

投稿に際してのチェックリスト

投稿前にもう一度, 最新版の「投稿論文原稿作成のための手引き」を熟読してから, 下記の項目にチェックしてください。

論文題目

（　　　　　　　　　　　　　　　　　　　　　　　　　　　　　　　　　）

Ⅰ．投稿論文の書式および文章表現に関するチェック項目

☐（1）A4判の用紙に縦置き・横書きで, 上下左右にそれぞれ3cm程度の余白をとり, 1ページ32字×35行（1,120字）に設定した。

☐（2）論文の枚数は, 図表, 注記, 付記も含めて, 400字詰め換算で約8枚～80枚（上記フォーマットで3枚～29枚）におさめた。

☐（3）句読点には, " , " と " 。" を使用した。

☐（4）図表にはそれぞれ通し番号と表題をつけ, A4判用紙に上下左右3cm程度の余白をとり, 1つずつ別の用紙に作成した。

☐（5）図表の挿入箇所を本文に明記した。

☐（6）「手引き」に従って引用文献を記載した。

☐（7）本文中の引用と引用文献一覧とのあいだで, 綴りや刊行年の合致を確認した。

☐（8）原稿の右上に通し番号をつけた。

☐（9）謝辞は本文に記していない。

☐（10）論文中では広範な読者が理解しやすいような工夫, たとえば論旨の展開に一貫性をもたせている, 簡潔明瞭な文体で書かれている, 不必要な重複表現がない, 正しい文法と語法を用いている等を十分行っている。

☐（11）英語については, ネイティヴの専門家の責任ある校閲を経ている。

Ⅱ．倫理的配慮に関するチェック項目

☐（1）実験や調査をする前に, 研究協力者から同意（インフォームド・コンセント）を得た。

☐（2）上記に関する具体的内容を本文中でも明記するとともに, 研究対象者のプライバシーを守るための配慮（仮名の使用など）もした。

☐（3）投稿する論文は, 自分のオリジナルな論文であり, 他誌への二重投稿や盗用はしていない。

☐（4）既刊の論文の引用に際して（本文・図表・尺度・質問紙項目などを含む）, 出典を明記した。

☐（5）既刊の論文の本文・図表・尺度・質問紙項目などを改変して引用する場合には, 出典と改変した旨を明記した。

☐（6）改変にあたり許可が必要な場合, あるいは, 未邦訳の尺度や調査用紙を翻訳・翻案して利用し論文に引用する際, 版権をもつ出版社等に許可を得た。

☐（7）自分が関与した共同研究による成果やデータを利用する場合には, 共同研究者の了解を得た。

☐（8）上記に関する共同研究者の了解を書面でもらった（初回のみ）。

以上の通り, 相違ありません。

年　　　月　　　日

投稿者署名　＿＿＿＿＿＿＿＿＿＿＿＿＿＿＿＿＿＿＿＿＿

『質的心理学研究』特集と投稿のお知らせ

編集委員会

　『質的心理学研究』では、論文原稿を「特集」と「一般」に分けて募集しています。審査基準は特集論文も一般論文も同じです。

　投稿時には、どちらへの応募か入力していただくことになっています。ただし、あとで編集委員会の判断の上、投稿者の許可を得て、一方から他方に移行する場合があります。

　投稿の際には、学会HP上の「投稿について」を必ず参照してください。

　論文の投稿資格は、「第1著者が投稿時に学会員であること」です。

　「一般」論文は、特に締切は設けておらず、随時受け付けています。

　「特集」は、原則として編集委員2名が責任編集を務めます。今後の各号において予定されている特集の内容、及び締切は以下の通りです。ご確認の上、投稿してください。

【第18号】

特集：ゆるやかなネットワークと越境する対話──遊び、学び、創造（香川秀太・青山征彦　責任編集）

締切：2017年10月末日（受付終了）

特集趣旨：昨今、特定の組織内での活動や、トップダウン型の意思決定、あるいは、中央集権型の社会形態に代わる新しい実践が拡大している。それは、多様な人々が自律的に動きながら流動的、分散的につながり、各々の異質性・多様性を生かして様々な物事を創造する活動である。言い換えれば、既存の分野や集団の枠を越えた越境活動、もしくは、集団の境界それ自体が曖昧となり消失さえするネットワーク型活動の活発化である。様々な領域で、この種の活動形態に依拠した実践、もしくは、影響を受けた新しい取り組みが野火的に拡がっている。

　例えば、企業や医療業界では、既存の部署や専門分野の枠を越えて協働する対話型セッションが、あるいは、職場外でも、自分が属する組織を越えて社会活動に参加したり、新たな学びの場やコミュニケーションの場の構築を試みるセカンドキャリアやワークショップ型の実践が広がった。教育業界でも、外部と連携する出前授業やプロジェクト学習、創造的学習が急速に普及・一般化した。また、SNS等のソーシャルメディアの発展と連動しつつ、反原発デモに代表される社会運動やフラッシュモブ等の祝祭的活動も各地で拡がった。その他の領域でも、市民参加型の行政、フューチャーセッション、ハッカソン等、従来の生活圏やジャンルや集団を越えて異質な人々がゆるやかに、流動的につながっていく活動が波及している。

　これらに対しては、例えば、創造、異質、多様、対話、学習、情動、知識、プレイ（遊び演じる遊演）といった概念が研究上のキーワードとしてあげられるだろう。普段の生活圏を越えて新たな知識やスキルや情報、あるいは異質な文化に触れること、多様性を生かしてそれらを創造すること、いつもとは違う自分や新しい自分を演じること、既存の枠組みを崩していくこと、異質さへの驚きや葛藤、創造の喜びという情動を経験すること、新しいコ

ミュニケーション方法, 場, コミュニティ, ネットワークを生み出していくこと。これらは総じて, 自らも変わりつつ社会や環境や道具を（つまり関係性を）創り変えていく新たな学習活動といえそうである。むろん, 活動ごとに特徴は様々で一括できない側面があり, それゆえ, 質的研究の強みを生かし, 各々の具体的な様相を検討していく必要がある。

ゆるやかな越境的ネットワークは, これからますます力をつけていくであろう社会形態と予想される。情報技術の発展と普及のみならず, 経済成長神話の崩壊, 原発事故, 大規模震災, 深刻な環境汚染, マスメディアの衰退, 強いリーダー神話の弱体化等々, 様々な事柄が背景にあって拡大が進んでいると考えられる。一部ではこうしたネットワーク型の活動が, 制度疲労も指摘される資本主義や経済中心社会の限界を補ったり, 乗り越えたりする大きな可能性を持つものとさえ論じられてきてもいる。

本特集号では, こうした現象に着目した質的研究を募集したい。個別の現象に着目し分析した調査研究はもちろんのこと, 自ら実践者として関わるアクションリサーチや実践研究, そして, 方法論的, 理論的研究も歓迎したい。

【第19号】

特集：身体を対象にした, あるいは, 身体を介した／通した質的研究（宮内洋・好井裕明　責任編集）
締切：2018年10月末日（厳守）

特集趣旨：日本質的心理学会は2004年に創立されたが, それに先立ち, 本誌『質的心理学研究』はすでに刊行され続けてきた。「質的心理学」という名称も定着し, 心理学領域のみならず, 社会学, 看護学, 教育学, 民俗学, 人類学, 障害学, 工学に至るまで, 現在の本誌を支える裾野は非常に広範囲となっている。ただ誤解を恐れずに言えば, 本誌刊行から十数年の月日が流れ, その裾野が広がるにつれて, 学会員間においても研究上のコミュニケーションが成り立たない場合も散見され始めた。

このような状況を憂慮し, 責任編集委員の一人である宮内は,「現在の質的心理学における"最大公約数"とは何か」ということを考えていた。いくつもの"公約数"が挙げられようが, そのうちの一つは「身体」ではないだろうか。しかも, 生きた／生きられた生身の身体である。そこで, この身体を対象にした質的研究, あるいは, 生身の身体を介した／通した質的研究による成果を今号では募集したい。

見る／見られる身体。動く／動かされる身体。管理する／される身体。変形する／される身体。交流する／される身体。彩る／彩られる身体。商品化する／される身体。ケアする／される身体。鍛える／鍛えられる身体。

このように, 思いつくままに述べていくと, 相互行為研究や, 社会現象の分析など, 多様な展開が期待され, これを機に新たなテーマが浮かび上がったり, 焦点が当てられたりするかもしれない。

身体を対象とした研究といえば, 私たちがまず頭に浮かぶのは『ボディ・サイレント』（ロバート・F．マーフィー著）であるが, 今回の特集テーマは,〈病〉に関する研究のみに閉じてはいない。

例えば,『ローカルボクサーと貧困世界：マニラのボクシングジムにみる身体文化』（2013年度第12回日本社会学会奨励賞受賞）という秀作がある。著者の石岡丈昇が, フィリピンのマニラ首都圏のボクシングジムに寝泊まりし, ボクサーたちと生活を共にした経験をもとに描いた, ボクサーについてのエスノグラフィーである。このエスノグラフィーは, マニラのローカルボクサーを描いたものではあるが, 一方でフィールドワーカーである石岡本人の生身の身体もまた対象となっている。さらに, フィールドワーカーである石岡が, ローカルボクサーとともに生活することによって, 石岡本人の生身の身体を通した質的研究にもなっている。

本特集が取り上げるのは, このような空腹の中の鍛錬によって, 感覚が鋭敏に研ぎ澄まされた極限状態の場だけではない。例えば, 細馬宏通は認知症高齢者グループホームで観察をすることによって,『介護するからだ』

を著した。ここでは，介護場面においてシンクロする身体の動きや，互いに調整し合う身体の動きなどが丁寧に描かれている。

　本特集では，見る側と見られる側のそれぞれの身体，あるいは双方の身体に焦点を当てた論文の投稿をお待ちしている。蛇足ながら，本特集は，日本国内で開催される予定の「スポーツの祭典」，第32回オリンピック競技大会（2020／東京）と東京2020パラリンピック競技大会の開催年に刊行される（2016年12月現在）。

　最後に，少し乱暴なことを記せば，質的研究の大半は，生身の身体を通してなされている。そのことに自覚的でチャレンジングな研究の成果を責任編集委員は期待している。

【第20号】

特集：プロフェッショナルの拡大，拡張，変容（近田真美子・中坪史典　責任編集）

締切：2019年10月末日（厳守）

特集趣旨：近年，医学や看護学領域におけるプロフェッショナリズム教育の重要性が叫ばれているのをはじめ，業務内容の拡大や質の向上に伴う資格化など，プロフェッショナル領域における役割の拡大，拡張，変容が生じている。

　例えば，看護の分野では，複雑で解決困難な看護問題を有する個人や家族及び集団に対して水準の高い看護ケアを効率よく提供するため，特定の専門看護分野の知識・技術を持つ専門看護師や認定看護師といった制度を設けている。また，2016年度からは，特定の研修を受けることで，看護師が医師の診療行為の一部（38行為）を担えるようになるなど，専門的知識や技術を逞しくするという方向での専門性の拡大がすすんでいる。

　一方，在宅支援のような現場では，互いの職種が各々の専門性を発揮し自らの役割に固執するのではなく，あくまでサービスを受ける側のニーズにあわせて，「何でも屋」の役割を担うような，専門職の行為や役割を柔軟に変容させていくという意味での専門性の拡大もみられる。

　このように，プロフェッショナルの拡大，拡張，変容は多様であるが，どのような専門家を目指すのか，プロフェッショナルとしてのあるべき姿を議論することが，専門性を問う重要な敷居になると思われる。そのためには，そもそも，その場に関与する人々が，プロフェッショナルという言葉に，どのような意味を込めているのか，吟味することが重要ではないだろうか。

　広辞苑によれば，プロフェッショナルとは「ある学問分野や事柄などを専門に研究・担当し，それに精通している人」とあり，専門家のことを指すが，そもそも専門性は資格に由来するものなのか，それとも，その経験に長けているという点で当事者性をも内包するのかという議論もあるだろう。「ケア」という行為1つをとってみても，保護，看護，支援，教育とその行為に込めた専門性の意味内容は幅広く，それらを実施する行為者も，保育職，看護職，教師など多様である。

　もちろん，特定の資格を取得しているもののみが従事可能で，資格がなければ，その業務を行うことが禁止されているような専門家も存在する。また，介護福祉士，キャリアコンサルタント，公認心理師などの国家資格化の動きにみるように，資格化することで専門性の資質向上を図るという意図もあるだろう。しかし，私たちは，日々の暮らしの中で，資格を取得していても，プロフェッショナルとは呼べないような行為が存在することや，逆に，資格が無くても，その名に相応しい振る舞いが存在することも知っている。では，この時，私たちは「プロフェッショナル」という言葉にどのような意味を込めているのだろうか。

　今回は，こうした「プロフェッショナル」というキーワードを基軸として，「プロフェッショナルの拡大，拡張，変容」をテーマに考えていきたい。「プロフェッショナルの条件」や「越境するプロフェッショナル」など，プロフェッショナルという言葉に纏わりつく意味内容をはじめ，その行為主体は誰を指すのかなど，様々な観点からの論考を期待している。

Japanese Journal of Qualitative Psychology, 2018 / No.17
Contents

Japanese Association of Qualitative Psychology
President: NOCHI Masahiro (The University of Tokyo)
Chief Editor: NAGATA Motohiko (Kyoto University)

Preface   **NAGATA Motohiko**

Special Feature: Resilience	
	(Editors: MATSUSHIMA Hideaki and ITO Tetsuji)
ANDO Ayana, & MATSUMOTO Kotaro	"Deaf Culture" and "Hearing Culture" from the Perspective of a Hearing Person Accompanying Deaf People in Their Behaviors and Activities
HANASHIMA Hirohisa	Experiences of Parents with a Socially Withdrawn Son: From Transition to Social Withdrawal and Overcoming Critical Situations
HIRANO Mari, AYASHIRO Hatsuho, NOTO Hitomi, & IMAIZUMI Kanae	Multiplicity of Individual Differences in Resilience Expressed Through a Projective Method: A Perspective of Resilience Orientation

Articles	
WATANABE Tsuneo	Phenomenologically Clarifying Dreams of Becoming Someone Else: Thematic Analysis Based on the Husserlian Intentionalities
UEHARA Miho	School Adaptation and Career Path: Through the Life History of Nikkei Youth
NAKAGAWA Yoshinori, & KUWANA Asuka	A Life-Story Study of a Folk Handicrafter: A Case Study in Geisei Village, Kochi Prefecture, Japan
KAGAWA Nanami	Classroom to Ask the Reality of Life: Through the Video Analysis of the TV Drama "Suzuki Sensei"
OTAKI Reiko	Experiences of Young Siblings of People with Mild Developmental Disabilities: Diversity of Experiences Using the Rashomon-Like Technique
MIZUTANI Ayumi	How Do Preschool Children Share Food in Their Lunchboxes with Friends?: Autonomy in Eating during Lunchtime in the "Waldkindergarten"
ASAI Akiko	Occupational Identity Shocks and Coping Strategies: Reorganization of Meanings Related to Self among Indonesian Nurse Candidates in Japan
YOKOYAMA Sousuke	"Acts of Meaning", What Is It?: Jerome Bruner and the Dynamism of Confusion and Restoration

Book Review
Special Feature: Resilience **MATSUSHIMA H., ITO T., KONO S., KAWANO K., KOMORI Y., YAMORI K., & YAMADA Y.**

『質的心理学研究』バックナンバー

数量化できないデータ（質的データ）をどう処理し，どうまとめれば良いのか。
質的研究から生み出された「知」を「共同の知」として蓄積し，次世代に伝えるために，
発表や議論の場，そして新しい研究スタイル研鑽の場を提供する。

第1号（創刊号）
無藤隆・やまだようこ・麻生武・南博文・サトウタツヤ編／2002年／B5判並製176頁／本体2800円

【論文】
田中共子・兵藤好美・田中宏二「高齢者の在宅介護者の認知的成長段階に関する一考察」
松嶋秀明「いかに非行少年は問題のある人物となるのか？」
田垣正晋「生涯発達から見る『軽度』肢体障害者の障害の意味」
西條剛央「生死の境界と『自然・天気・季節』の語り」
やまだようこ「なぜ生死の境界で明るい天空や天気が語られるのか？」
大倉得史「ある対照的な2人の青年の独特なありようについて」
やまだようこ「現場心理学における質的データからのモデル構成プロセス」
安藤香織「環境ボランティアは自己犠牲的か」

第2号　特集：イメージと語り（責任編集 やまだようこ）
無藤隆・やまだようこ・麻生武・南博文・サトウタツヤ編／2003年／B5判並製220頁／本体2800円

【特集論文】
川喜田二郎・松沢哲郎・やまだようこ「KJ法の原点と核心を語る」
矢守克也「4人の震災被災者が語る現在」
小倉康嗣「再帰的近代としての高齢化社会と人間形成」
小倉康嗣「コメント論文：審査意見に対するリプライ」
能智正博「『適応的』とされる失語症者の構築する失語の意味」
やまだようこ「ズレのある類似とうつしの反復」
【一般論文】
坂上裕子「断乳をめぐる母親の内的経験」
柴坂寿子・倉持清美「園生活の中で泣きが多かったある子どもの事例」
菅村玄二「生死の境界での語り」
やまだようこ「『実験心理学』と『質的心理学』の相互理解のために」
西條剛央「『構造構成的質的心理学』の構築」

第3号　特集：フィールドワーク（責任編集 サトウタツヤ）
無藤隆・やまだようこ・麻生武・南博文・サトウタツヤ編／2004年／B5判並製216頁／本体2800円

【特集論文】
森田京子「アイデンティティー・ポリティックスとサバイバル戦略」
宮内　洋「〈出来事〉の生成」
本山方子「小学3年生の発表活動における発表者の自立過程」
溝上慎一「大学生の自己形成教育における自己の発現過程」
矢吹理恵「日米国際結婚夫婦の妻におけるアメリカ文化に対する同一視」
【一般論文】
清水　武「遊びの構造と存在論的解釈」
やまだようこ「小津安二郎の映画『東京物語』にみる共存的ナラティヴ」

八木真奈美「日本語学習者の日本社会におけるネットワークの形成とアイデンティティの構築」
西條剛央「構造構成的質的心理学の理論的射程」

第4号　特集：質的心理学のあり方 （責任編集 やまだようこ・無藤隆・サトウタツヤ）

日本質的心理学会編／2005年／B5判並製248頁／本体3000円

【特集論文】
　大橋英寿・やまだようこ「質的心理学の来し方と行方」
　大谷　尚・無藤　隆・サトウタツヤ「質的心理学が切り開く地平」
　Jaan Valsiner「Transformations and Flexible Forms」（英文）
　無藤　隆「質的研究の三つのジレンマ」
【一般論文】
　荒川　歩「映像データの質的分析の可能性」
　小倉啓子「特別養護老人ホーム入居者のホーム生活に対する不安・不満の拡大化プロセス」
　やまだようこ「家族ライフストーリーが語られる場所としての墓地」
　渡辺恒夫・金沢　創「想起された〈独我論的な体験とファンタジー〉事例の3次元構造」
　清水　武・西條剛央・白神敬介「ダイナミックタッチにおける知覚の恒常性」
　野口隆子・小田　豊・芦田　宏・門田理世・鈴木正敏・秋田喜代美
　　　　　　「保育者の持つ"良い保育者"イメージに関するビジュアルエスノグラフィー」
　松嶋秀明「教師は生徒指導をいかに体験するか？」
　西條剛央「質的研究論文執筆の一般技法」
　安田裕子「不妊という経験を通じた自己の問い直し過程」
【書評特集】
　『ワードマップ　質的心理学』

第5号　特集：臨床と福祉の実践 （責任編集 能智正博）

日本質的心理学会編／2006年／B5判並製300頁／本体3300円

【特集論文】
　谷口明子「病院内学級における教育的援助のプロセス」
　湧井幸子「『望む性』を生きる自己の語られ方」
　能智正博「ある失語症患者における"場の意味"の変遷」
　田垣正晋「障害の意味の長期的変化と短期的変化の比較研究」
　渡邊照美・岡本祐子「身近な他者との死別を通した人格的発達」
　吉村夕里「精神障害をもつ人に対するアセスメントツールの導入」
【一般論文】
　村上幸史「『運を消費する』という物語」
　辻本昌弘「アルゼンチンにおける日系人の頼母子講」
　阪本英二「存在論的解釈についての対話」
　やまだようこ「非構造化インタビューにおける問う技法」
　篠田潤子「引退後のプロ野球選手にみる自己物語」
　趙　衛国「ニューカマー生徒の学校適応に関する研究」
　サトウタツヤ・安田裕子・木戸彩恵・高田沙織・ヤーン・ヴァルシナー「複線径路・等至性モデル」
【書評特集】
　ガーゲン社会構成主義の可能性

第6号　特集：養育・保育・教育の実践 （責任編集 秋田喜代美・無藤隆）

日本質的心理学会編／2007年／B5判並製224頁／本体2800円

【特集論文】
　砂上史子「幼稚園における幼児の仲間関係と物との結びつき」
　河野麻沙美「算数授業における図が媒介した知識構築過程の分析」

西崎実穂「乳幼児期における行為と『痕跡』」

【小特集：臨床と福祉の実践 Ⅱ（担当編集委員：能智正博）】

青木美和子「記憶障害を持って人と共に生きること」

松本光太郎「施設に居住する高齢者の日常体験を描き出す試み」

盛田祐司「中途身体障害者の心理的回復過程におけるライフストーリー研究」

【一般論文】

岡本直子「心理臨床の場における『ドラマ』の意味」

竹田恵子「生殖技術受診時に表出する身体観の相互作用」

白尾久美子・山口桂子・大島千英子・植村勝彦「がん告知を受け手術を体験する人々の心理的過程」

やまだようこ「質的研究における対話的モデル構成法」

【書評特集】

古典的研究と現代との対話：質的研究をめぐって

第7号　特集：バフチンの対話理論と質的研究（責任編集 茂呂雄二・やまだようこ）

日本質的心理学会編／2008年／B5判並製264頁／本体3100円

【特集論文】

桑野　隆「『ともに』『さまざまな』声をだす」

やまだようこ「多声テクスト間の生成的対話とネットワークモデル」

田島充士「単声的学習から始まる多声的な概念理解の発達」

矢守克也・舩木伸江「語り部活動における語り手と聞き手との対話的関係」

五十嵐茂「バフチンの対話理論と編集の思想」

松嶋秀明「境界線上で生じる実践としての協働」

【一般論文】

竹家一美「不妊治療を経験した女性たちの語り」

渡辺恒夫「独我論的体験とは何か」

川島大輔「老年期にある浄土真宗僧侶のライフストーリーにみる死の意味づけ」

安田裕子・荒川　歩・髙田沙織・木戸彩恵・サトウタツヤ「未婚の若年女性の中絶経験」

荘島幸子「トランスジェンダーを生きる当事者と家族」

戈木クレイグヒル滋子・三戸由恵・畑中めぐみ「情報の共有」

【書評特集】

方法論としてのグラウンデッド・セオリー・アプローチ

第8号　特集：地域・文化間交流——フィールドを繋ぐ質的心理学（責任編集 矢守克也・伊藤哲司）

日本質的心理学会編／2009年／B5判並製144頁／本体2200円

【特集論文】

菅野幸恵・北上田源・実川悠太・伊藤哲司・やまだようこ「過去の出来事を“語り継ぐ”ということ」

やまだようこ・山田千積「対話的場所モデル」

伊藤哲司・矢守克也「『インターローカリティ』をめぐる往復書簡」

矢守克也「『書簡体論文』の可能性と課題」

【一般論文】

奥田紗史美・岡本祐子「摂食障害傾向のある青年の拒食と過食の心理的意味と変容プロセス」

柴坂寿美・倉持清美「幼稚園クラス集団におけるお弁当時間の共有ルーティン」

【書評特集】

身体性と質的研究

第9号　特集：質的心理学における時間性・歴史性を問う（責任編集 山本登志哉・麻生武）

日本質的心理学会編／2010年／B5判並製220頁／本体2800円

【特集論文】

松尾純子「体験を語り始める」

大西　薫「子どもたちはつらい未来をどう引き受けるのか」
やまだようこ「時間の流れは不可逆的か？」
【一般論文】
近藤（有田）恵・家田秀明・近藤富子・本田（井川）千代美「生の質に迫るとは」
浦田　悠「人生の意味の心理学モデルの構成」
関根和生「幼児期における発話産出に寄与する身振りの役割」
畑中千紘「語りの『聴き方』からみた聴き手の関与」
桂　直美「教室空間における文化的実践の創成」
David R. Olson「Literacy, Literature and Mind」（英文）
　（文字通りの意味，文学的意味と心）（日本語解説　小島康次）
【書評特集】
この本からはじめる質的心理学──テキスト書評特集

第10号　特集：環境の実在を質的心理学はどうあつかうのか（責任編集 南博文・佐々木正人）

日本質的心理学会編／2011年／B5判並製184頁／本体2600円

【特集論文】
山﨑寛恵「乳児期におけるつかまり立ちの生態幾何学的記述」
青木洋子「食事における容器操作の縦断的研究」
佐々木正人「『起き上がるカブトムシ』の観察」
【一般論文】
西崎実穂・野中哲士・佐々木正人「一枚のデッサンが成立する過程」
木戸彩恵「日米での日本人女子大学生の化粧行為の形成と変容」
八ッ塚一郎「高校家庭科教科書の言説分析と教科再編への展望」
一柳智紀「聴くという行為の課題構造に応じた相違」
松本京介「青年の語りからみた金縛りの心理的意味」
【書評特集】
アクションリサーチ

第11号　特集：病い，ケア，臨床（責任編集 森岡正芳・西村ユミ）

日本質的心理学会編／2012年／B5判並製228頁／本体2800円

【特集論文】
前田泰樹・西村ユミ「協働実践としての緩和ケア」
原田満里子・能智正博「二重のライフストーリーを生きる」
鈴木智之「滞る時間／動きだす時間」
藤井真樹「共感を支える『共にある』という地平」
福田茉莉・サトウタツヤ「神経筋難病患者の Individual QOL の変容」
日高友郎・水月昭道・サトウタツヤ「神経難病患者の生を捉えるライフ・エスノグラフィ」
【一般論文】
渡辺恒夫「自我体験研究への現象学的アプローチ」
東村知子「母親が語る障害のある人々の就労と自立」
高橋菜穂子・やまだようこ「児童養護施設における支援モデルの構成」
関　博紀「名無しの環境」
【書評特集】
会話分析の新しい展開──ことばと身体の連鎖分析
【緊急特集】
震災とどう向き合うか──質的視点からの文献案内

『質的心理学研究』バックナンバー

第12号　特集：文化と発達（責任編集 柴山真琴・田中共子）

日本質的心理学会編／2013年／B5判並製224頁／本体2800円

【特集論文】
奥西有理・田中共子「地域国際交流の場におけるホストファミリーの異文化接触対応スタイル」
ビアルケ（當山）千咲・柴山真琴・池上摩希子・高橋　登
　　　　「バイリンガル児はどのように二言語で読書をするようになるのか」
山本登志哉「文化の本質的な曖昧さと実体性について」
【一般論文】
廣瀬文章・辻本昌弘「地域社会における伝統の継承」
池谷　彩「他者との関係の中で生成する『精神障害』経験と自己のありよう」
玉城久美子・船山万里子・浅井幸子・望月一枝・杉山二季・黒田友紀
　　　　「小学校の男性教師における低学年教育の経験」
酒井菜津子・宮坂道夫「断酒会における規範逸脱とその修正についてのナラティヴ分析」
高橋亜希子「総合学習における課題設定過程」
沖潮（原田）満里子「対話的な自己エスノグラフィ」
横山草介「ナラティヴの重奏化による現実の生成」
【書評特集】
喪失の多様性を巡って

第13号　特集：「個性」の質的研究──個をとらえる，個をくらべる，個とかかわる

（責任編集 渡邊芳之・森直久）

日本質的心理学会編／2014年／B5判並製280頁／本体3200円

【特集論文】
安藤りか「頻回転職の意味の再検討」
藤岡　勲「2つの民族的背景を持つ人々の両背景を統合したアイデンティティ」
豊田　香「専門職大学院ビジネススクール院生視点の授業満足基準が示唆する『開放型学習モデル』生成の試み」
綾城初穂「『聖域』としての個人」
【一般論文】
田中元基「認知症高齢者はどのように同じ話を繰り返すのか」
五十嵐茂「生の経験をどう語るか」
北村篤司・能智正博「子どもの『非行』と向き合う親たちの語りの拡がり」
一柳智紀「教師のリヴォイシングにおける即興的思考」
柴山真琴・ビアルケ（當山）千咲・池上摩希子・高橋　登
　　　　「小学校中学年の国際児は現地校・補習校の宿題をどのように遂行しているのか」
笠田　舞「知的障がい者のきょうだいが体験するライフコース選択のプロセス」
東條弘子「中学校英語科授業における生徒の『つぶやき』の特徴」
竹内一真・やまだようこ「伝統芸能の教授関係から捉える実践を通じた専門的技能の伝承」
水岡隆子・藤波　努「介護家族の意思決定プロセス」
【書評特集】
事例研究再考

第14号　特集：社会的実践と質的研究（責任編集 田垣正晋・永田素彦）

日本質的心理学会編／2015年／B5判並製212頁／本体2800円

【特集論文】
宮本　匠「災害復興における"めざす"かかわりと"すごす"かかわり」
神崎真実・サトウタツヤ「通学型の通信制高校において教員は生徒指導をどのように成り立たせているのか」
李　尞昕・宮本　匠・近藤誠司・矢守克也「『羅生門問題』からみた被災地の復興過程」
赤阪麻由・サトウタツヤ「慢性の病いをもつ研究者が主宰する病者の集いの場で生成される意味」
菊地直樹「方法としてのレジデント型研究」

【一般論文】

横山草介「ナラティヴの文化心理学」

矢守克也・杉山高志「『Days-Before』の語りに関する理論的考察」

山田哲子「知的障がいのある子どもを緊急に親元から離すプロセスとは」

田村南海子・塚本尚子「ドナー家族の脳死下臓器提供プロセスにおける体験と心理的軌跡」

矢守克也「量的データの質的分析」

【書評特集】

『質的心理学ハンドブック』はどのような意味で「原典」たりうるか？

第15号　特集：子どもをめぐる質的研究 （責任編集 斉藤こずゑ・菅野幸恵）

日本質的心理学会編／2016年／B5判並製252頁／本体3000円

【特集論文】

香川七海「青少年女子によるインターネットを媒介とした他者との〈出会い〉」

菅野幸恵・米山　晶「子どものとなりで育ちを見守る」

三浦依依子・川島大輔・竹本克己「聾学校乳幼児教育相談における母子コミュニケーション支援に関する一考察」

岸野麻衣「小学校における『問題』とされがちな子どもの学習を支える授業の構造」

【一般論文】

村田観弥「関係に着目した『発達障害』概念の様相」

坂井志織「慢性硬膜下血腫“疾患前”の患者経験」

広津侑実子・能智正博「ろう者と聴者の出会いの場におけるコミュニケーションの方法」

沼田あや子「発達障害児の母親の語りのなかに見る家族をつなぐ実践」

向　晃佑「複線径路・等至性モデル（TEM）による送球イップス経験者の心理プロセスの検討」

野口聡一・丸山　慎・湯淺麻紀子・岩本圭介「『宇宙にいた私』との対話」

一柳智紀「ワークシートの配布方法の相違が小グループでの問題解決過程に及ぼす影響」

【書評特集】

質的心理学研究の足下を見直すため，あらためて古典を読む

第16号　特集：質的研究における映像の可能性 （責任編集 好井裕明・樫田美雄）

日本質的心理学会編／2017年／B5判並製252頁／本体3000円

【特集論文】

やまだようこ・木戸彩恵「『かわいい』と感じるのはなぜか？」

牧野遼作・阿部廣二・古山宣洋・坊農真弓「会話における“収録される”ことの多様な利用」

劉　礫岩・細馬宏通「スポーツ実況における発話による出来事の指し示し」

堀田裕子「残されるモノの意味」

平本　毅「サービスエンカウンターにおける店員の『気づき』の会話分析」

【一般論文】

塚本尚子・野村明美・舩木由香・平田明美「1970年代の看護師長の語りから知る，よい組織風土の形成と維持のしくみ」

中井好男「滞日中国人のライフストーリーから見る自我アイデンティティの交渉と構築」

勝田　聡「保護観察中の性犯罪者の犯罪行動のプロセス」

柴坂寿美・倉持清美「幼稚園クラス集団における自由遊び時間での『乗り物遊び』」

古市直樹「小集団学習中にジョイント・アテンションはどのように機能しているか」

木下寛子「雰囲気が言葉になる時」

【書評特集】

質的研究と映像との関係を考える

日本質的心理学会
会員募集中

質的研究法に関心があるかたは，ぜひご加入ください（随時受付中）

・会計年度は4月1日〜翌年3月31日の1年間です。
・その年度の会費にて，その年度に発行される『質的心理学研究』および『質的心理学フォーラム』が配布されます。
・質的研究の情報が盛りだくさんのメールマガジン（月1回）を購読できます。
・大会（年1回開催）やワークショップに会員価格で参加できます。

〈入会手続き方法〉

（1）入会ご希望の方は学会費を以下のゆうちょ銀行の振替口座にご入金ください。

　　　一　　般　＝ 8000円
　　　院生・学生 ＝ 7000円

　　　（正規の院生・学生であれば，職の有無は問いません。研究生・研修生の方は一般でお願いします）
　　　また，有志の方のご寄付を募ります。寄付＝一口1000円です。よろしくお願いします。

> **口座番号 00190-7-278471　加入者名　日本質的心理学会事務局**

（2）会費納入後，学会webページ（http://www.jaqp.jp/）の「入会フォーム」より，名簿作成のため情報をお寄せください。入金を確認後，事務局よりお返事いたします。詳しくは学会webページをご覧ください。

お問い合わせは学会事務局まで

〒162-0801　東京都新宿区山吹町358-5　アカデミーセンター
（株）国際文献社内　日本質的心理学会事務局
メールアドレス　jaqp-post@bunken.co.jp
FAX番号　03-3368-2822

編集委員会（50音順）

編集委員長 ：永田素彦
副編集委員長：川島大輔・松嶋秀明・好井裕明
編集委員 ：青山征彦・伊藤哲司・香川秀太・樫田美雄・金丸隆太・河原智江・近田真美子・
田垣正晋・松本光太郎・宮内洋・森直久・安田裕子・八ッ塚一郎・渡邉照美

編集監事 ：勝浦眞仁・川崎隆・北村篤司・境愛一郎

編集事務局 ：今泉美里（国際文献社）

質的心理学研究 第17号
Japanese Journal of Qualitative Psychology, 2018 / No.17

初版第1刷発行 2018年3月20日

編　集　日本質的心理学会『質的心理学研究』編集委員会

発　行　日本質的心理学会
日本質的心理学会事務局
〒162-0801 東京都新宿区山吹町358-5 アカデミーセンター （株）国際文献社内
FAX 03-3368-2822 E-mail jaqp-post@bunken.co.jp
日本質的心理学会Webサイト http://www.jaqp.jp/

発　売　株式会社 新曜社
〒101-0051 東京都千代田区神田神保町3-9
電話 (03)3264-4973（代）・Fax (03)3239-2958
E-mail: info@shin-yo-sha.co.jp URL: http://www.shin-yo-sha.co.jp/

組　版　Katzen House
印刷・製本　長野印刷商工

ⓒJapanese Association of Qualitative Psychology, 2018 Printed in Japan
ISBN978-4-7885-1555-0 C1011